U0143774

白城魔鬼

奇蹟與謀殺交織的博覽會

艾瑞克・拉森
章晉唯 譯

The Devil in the White City

Murder, Magic, and Madness at the Fair That Changed America

ERIK LARSON

7
6
10
13
1893年哥倫布世界博覽會
1. 費里斯摩天輪
2. 中道區
3. 水牛比爾狂野西部牛仔秀
4. 63街和高架鐵路
5. 冷藏館
6. 伊利諾州展覽館
7. 女性展覽館
8. 交通展覽館
9. 礦業展覽館
10. 林島
11. 電氣展覽館
12. 行政大樓
13 製造業暨人文展覽館
14. 共和國雕像（大瑪麗）
15. 柱廊
16. 克虜伯槍炮展場

3
4
5
8
9
12
11
14
15
16

《白城魔鬼》媒體評論

「一本能量充沛，敘述全面的書……無畏地融合歷史和娛樂性，給予這本歷史書籍小說般的吸引力……而且真相更比小說來得詭異。」——《紐約時報》

「拉森對於大架構下的精采小故事獨具慧眼，他寫下歷史各種交會，描繪出鮮活的畫面，擴大了我們的理解。拉森將伯南偉大的夢想和亨利．賀姆斯邪惡的陰謀並立，兩則罕見的故事形塑出鍍金年代驚人的樣貌，預示了未來美國的世紀。」——《娛樂週刊》

「出乎意料的一本驚人作品……真實犯罪文學關鍵大作，令人想起楚門，卡波提的《冷血》。拉森是個歷史學家……卻有著小說家的靈魂。」——《芝加哥太陽報》

「拉森充滿熱情，經過努力的調查，深入研究臨床心理學，仔細考查當代資料，成功寫出半紀錄、半虛構歷史作品。……透過當時實踐者的身影，拉森也重現了時代的夢想……彷彿一段令人愉快的旅程。」——《邁阿密先驅報》

「非常具娛樂性……拉森對於場景敘述非常完美。他描繪出世博會的規模和夢幻般的衝擊，是

書中一大亮點。他寫出了一個充滿吸引力且令人感動的故事……講述人類能多高尚和墮落。」——《多倫多環球郵報》

「拉森講述這真實故事時帶著小說家的熱情，他描繪出雄偉的場景，歷史時刻的力量……在偉大事件背後，他讓人物有血有淚，通常還帶著幽默……拉森讓我們想見到那湖邊消失的城市，盼能重拾那已失去的真誠。」——《紐奧良皮卡尤恩時報》

「本書是大眾歷史文學夢寐以求的精采大作。讀者很快便會以為自己拿的是一本暢銷小說，忘記拉森的作品其實不是小說。」——《舊金山紀事報》

「本書充滿懸疑，又令人愛不釋卷，拉森同時向我們展現遠大的抱負，以及現代社會最令人作嘔的渴望。」——《時人》雜誌

「將兩位主角建築師丹尼爾．伯南和殺人犯H．H．賀姆斯並置，令人驚豔。芝加哥成為世界級城市的初貌、世博會的魔力，以及令人毛骨悚然的連續殺人犯，都讓本書值得一讀。」——《Elle》雜誌，二〇〇三年讀者選書獎

「伯南的創造力和賀姆斯的破壞力……彷彿是人性中的陰陽兩面，讓故事極具說服力。章節間輪流述說兩人的故事，更加扣人心弦，最終的效果比單獨敘述一人的故事更加刺激，描繪出的時代

也更加吸引人。」——《西雅圖郵訊報》

「本書……描述和小故事充滿亮點……拉森寫出一本傑出的大作，不只充滿懸疑，歷史細節上也不馬虎，簡直是最棒的睡前故事，讀來令人心滿意足。」——《波士頓環球報》

「芝加哥世博會生動的歷史紀錄，有金碧輝煌的一面，也有黑暗面……拉森是個有天賦的作家，語言令人驚訝，懂得用文字呈現，而非靠敘述。書裡來來回回述說角色的故事和軼事，過程中累積充足的動力。」——《紐約》雜誌每週最佳選書

「呈現人類想像力能展現的巔峰榮耀，以及道德能墮落至多恐怖的地步。簡而言之，這本書太厲害了。」——《底特律自由報》

「這是一個偉大的故事，描述專業，具娛樂性，又有個人洞見……拉森展現驚人的自信和熱情，文筆優雅，具學者風範。」——《紐約每日新聞》

「另一本成功探索美國歷史的作品……拉森技巧高超，在可怕的歷史細節和世博會遠大的影響間找到平衡。」——《今日美國》

「鉅細靡遺的呈現美國樣貌，以及今日美國對社會的衝擊。」——《休士頓紀事報》

「懸疑感十足，時代感強烈……《白城魔鬼》全部都是歷史事實，讀起來卻像懸疑小說。」——《里奇蒙時訊報》

「如書名一樣生動的作品……作者戲劇化的鋪陳下，『魔鬼』擁有了形體和力量。」——《奧斯汀美國政治家報》

「令人著迷的敘事，完全將讀者帶入過去。絕對是成功的傑作。」——《丹佛郵報》

「引人入勝。拉森總能找出令人心碎的細節。」——《達拉斯晨報》

「令人驚豔，鉅細靡遺，彷彿一本小說。」——《奧勒岡人報》

「好精采，讓你不禁自問，為何你從沒聽說這件事。」——《君子雜誌》

「引人入勝……紀錄技巧超凡……太令人嘆為觀止了。」——《芝加哥論壇報》

「驚為觀止……飽富歷史細節。」——《費城詢問報》

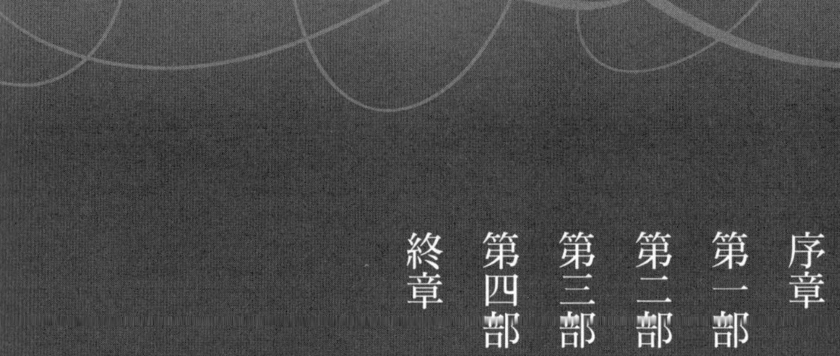

華美之下的斑駁鏽跡——鍍金時代裡的集體記憶

歷史部落客「海獅說」

一八七三年，馬克．吐溫的一篇長篇小說《鍍金時代》，一舉為十九世紀後期的美國社會做了最生動的註解。這是一個繁華與腐敗並存的時代，這是一個打破規則、什麼都有可能的時代，數百萬的歐洲移民來到了美國，為美國的工業革命提供了大量的勞動力。大量的重工業，包括鐵路、工廠、礦業都得到了飛速的發展，美國迅速累積到了驚人的財富。但也就是在這個時代，腐敗、貪汙、各種社會問題也在這裡找到了養分，進而與光明美好的那一半世界分庭抗禮。

艾瑞克．拉森在《白城魔鬼》描述的，就是這個時代的故事。

整部作品以一八九三年芝加哥世界博覽會的營造過程為背景，描寫著一名連續殺人犯H．H．賀姆斯的故事。事實上，整場駭人聽聞的謀殺案全都根據於真實的歷史事件，在當時這起事件公布時，殘酷的真相連最愛好血腥的「白教堂俱樂部」會員都嚇壞了。而讓他們更難以置信的是，當這一連串事件發生時，不要說沒有抓到兇手，整個芝加哥甚至無人發覺這起連環殺人案。這究竟是一個怎樣的時代？為什麼最光明的年代裡，會出現這最黑暗的殺戮？

工業革命許諾的光明未來

一八五一年，英國維多利亞女王盛裝前往倫敦的海德公園，為一場世界性盛會的開幕式剪綵。這是大英帝國國勢的頂峰，甚至到一個世紀後，這場國際盛會仍然為人不斷提起，它的展覽、它的建築，甚至這場盛會本身就是大英帝國工業實力的全部展現。那就是：倫敦萬國工業產品博覽會。

倫敦世博會一舉向世人展現了英國工業革命的成果。之後歐美各國便爭相競逐世界博覽會的主辦國，在首屆世博會之後最引人注目的，就是一八八九年的巴黎世博會。為了紀念法國大革命一百週年，巴黎決定要在市中心戰神廣場建立起一座最具象徵性的建築。

早在之前，官方就已經收到不少設計方案：有人提議建立一個巨大的斷頭臺象徵帝國結束、有人建議設計一個高聳灑水裝置在乾旱的季節噴灑巴黎。但最後，官方卻選擇了古斯塔夫·艾菲爾所設計的鋼鐵拱門高塔。世博會說：「這個世紀即將結束，我們應該歡慶現代化法蘭西的誕生！當今人們不斷提到金屬與機械的高度發展，我們有理由把金屬和機械作為勝利的標誌。」

不過在建造初期，鐵塔卻遭遇到大量市民的反對，甚至稱這座鐵塔是「這是滴在純淨白紙上一滴骯髒的墨水」，程度激烈是連建築師艾菲爾本人都始料未及的：「大家試想一下，巴黎的美麗建築怎麼能與一個使人頭暈目眩、怪異可笑的的黑色大煙囪放在一起？？黑鐵塔一定會用它的野蠻破壞整個巴黎的建築氛圍，令巴黎建築蒙羞。」

但事實證明，艾非爾鐵塔最後在這場博覽會上的光芒蓋過了一切，是整個世博會留給人類最璀璨的創作。隨著巴黎世博會獲得了巨大的成功，身為巴黎世博會的下一次舉辦國，美國的重擔如千斤般壓了下來……

顛覆歐洲人視野的「白城」

毫無疑問，十九世紀的美國開始走上了自己的黃金時期。一棟棟巨大高聳的新建築拔地而起，像一塊墊子上面布滿了縫衣針。「敢作夢」成為這個時代美國人的共同特徵，但是一八八九年巴黎博覽會以後，這個信心顯然逐漸黯淡了下來。

艾菲爾鐵塔鮮明的形象與構圖，立刻將美國擠下鋼鐵第一強國的寶座，整場巴黎世博會給美國帶來的屈辱無可言喻。當其他國家的展場皆表現出尊嚴和格調時，美國展場卻只亂糟糟的搭了幾個大帳篷和小攤子，一名特派記者寫道：「結果商店、攤商混雜，如一盤散沙，每家商店單看便已不堪入目，結合在一起更是莫名荒唐。」

因此，一八九三年的芝加哥世博會就成為全國一雪前恥的最後機會。而負責設計整個世博會場的，就落到建築師丹尼爾．哈德森．伯南的頭上了。

「要計畫就要有野心。小計畫沒有讓人熱血沸騰的魔力。」

在所有勇於夢想的美國人中，建築師伯南就是其中最好的一個例子。伯南是個有才華的藝術家和建築師，他的相貌英俊、身材強壯高大、雙眼湛藍清透，能夠讓客戶和朋友不自覺聚集到他身旁。巴黎世博會後，伯南一肩扛下芝加哥世博會總設計師的重任。一八九〇年十一月，世博會的初

步計畫終於出爐：在面積超過兩百六十公頃的面積上（約十個大安森林公園），圍繞著一個人工湖和大湖灣建造超過兩百棟建築，所有建築全都採用新古典式和白色基調，在人工湖的中央則有六點五公頃種滿植物的小島供遊人休憩。純白的景色讓外界給整個展覽區一個無比貼切的綽號：白城。

這一切只有僅僅二十六個月的時間全部完工。但最後芝加哥仍然克服一切成功完成了——建築師結合手下建築師之力，構想出一座夢幻城市，新材料熱石膏給藝術家提供了發揮才華的空間，創作出著名的「共和國雕像」、「哥倫布噴泉」。最後，成品的宏偉壯麗超乎任何人的想像，四處矗立著白色建築，天空清澈、湖水蔚藍，芝加哥盛夏炎熱的陽光全力照耀在這個白色城市上，但綠蔭匆匆的人工湖植物調和了這個畫面，為整幅景色帶來柔美的一抹清新。

賀姆斯：居住在盛世之中的惡魔

就在「白城」全力動工的當下，連續殺人狂賀姆斯也在芝加哥裡進行著自己的工程。他換了無數工匠和設計師，就只為了祕密打造出他心目中的「殺人屋」。

一般人總認為連環殺手看起來一定像個瘋子或狂人，但事實上未必如此，許多連環殺手外表多半與一般人無異，甚至很迷人。賀姆斯本人就是這個樣子，他的妻子是這樣描述他的：心地善良，熱愛孩子和動物。「他愛寵物，經常養貓狗，不時也會養馬。他會和動物相處好幾個小時，教牠們一些小把戲或一起玩耍。」然而看起來魅力十足、溫和的他卻在芝加哥博覽會期間，興建了一間名為「博覽會旅館」的地方，吸引許多年輕女性入住，並在裡面錯綜複雜的迷宮中，把人折磨致死。

到底為什麼，他會成長出這樣的人格？為什麼一個看起來就是「芝加哥精神」、「美國夢」的活生生代表，卻會犯下前所未有駭人聽聞的連環兇殺案？

這種扭曲人格能追溯到他嚴格虔誠的、被虐待的童年，甚至有人指出這一切扭曲殺人的原點，正是他早年間接觸的一起創傷事件。那時，他被當地學校的兩名惡霸強押進醫生的診所，並將他強押到一個骷髏頭標本前。

在那時，骷髏頭並不是用塑膠做的，而是有人從事一種叫做「拼骨師」的職業，將真正屍體的人肉剔除，並重新拼組而成。當時還只是個小男孩的賀姆斯在面對這種情況時，理應嚇得嚎啕大哭。然而眼前微笑的骷髏卻反而在他心中產生了一種謎樣的化學變化，在他心中喚起了一種不被世俗接受的興趣。對於這種詭異樂趣出現的原因，賀姆斯在之後的自白說：

「我一生下來，心裡便住著個惡魔。就像詩人生來有說不完的靈感，我生來就是個殺人犯。」

事實上讀完本書後，不難理解為什麼作者會將這兩個人當成敘述的主軸。他們兩人的故事，都呈現出一種巨大的類比：雪白的白城與漆黑的地窖、留名後世的輝煌與駭人聽聞的謀殺，全都與這場世博會緊密交織。這兩個人看似天差地別，但又好像有那麼一點相似之處，那就是：他們都打破世人的想像力。也許整個故事，作者就是嘗試在告訴我們這樣的一個信息：在一個什麼都有可能發生的時代裡，最好與最壞齊肩並行。

邪惡降臨（緒言）

十九世紀末葉，煙霧瀰漫、火車轟隆行駛的芝加哥城住了兩個人，他們相貌英俊，都有雙藍眼睛，兩人在各自的領域也都展現出罕見的才華。那時，美國即將邁入二十世紀，各方面發展扶搖直上，他們正好體現了當時代強大的發展力。一人是建築師，他建造了無數美國代表性的建築物，包括紐約熨斗大廈和華盛頓特區的聯合車站。另一人是殺人犯，他是美國都市連續殺人犯最早的原型，殺人數高居歷史之冠。兩人素未謀面，頂多擦身而過，但兩人命運卻在一場魔幻的活動中密切交織。如今，這場活動已沒幾個人記得，但在當時，眾人認為這是扭轉社會的大事，影響力可比美國內戰。

關於這兩人和這場活動的事，且聽我在書中娓娓道來，但在那之前，有件事我必須強調，故事中不少事件極其詭譎、駭人聽聞，但我筆下句句屬實，**絕非虛構**。文中的引文都出自信件、回憶錄或其他紙本資料。有件事還請讀者見諒，雖然事情大多發生於芝加哥，但我得數度跨越州界，如蓋爾警探經過鍥而不捨的追查，強忍著悲傷，走入那恐怖地窖的那一刻。另外，由於敘事需要，中途也將稍微岔題，進一步說明和屍體相關的醫學知識，以及奧姆斯德景觀設計中天竺葵的布置方式，也請讀者多多包涵。

迷霧、泥土和血雨腥風之下，本書講述的其實是生命如何瞬息而逝，以及在短暫的人生裡，為

何有人致力於不可能的挑戰，有人則譜出無盡的傷痛。說到底，故事真正述說的不外乎善惡、晝夜、乃至黑城及白城無可迴避的衝突。

艾瑞克・拉森
於西雅圖

要計畫就要有野心。小計畫沒有讓人熱血沸騰的魔力。

丹尼爾・哈德森・伯南
芝加哥哥倫布世界博覽會建築工程總監
一八九三年

我一生下來，心裡便住著個惡魔。就像詩人生來有說不完的靈感，我生來就是個殺人犯。

H・H・賀姆斯
自白
一八九六年

序章

奧林匹克號上

一九一二年

奧林匹克號上

時間是一九一二年四月十四日，[1]那是航海史上最黑暗的一天，當然，當時住在甲板C層六十三至六十五號套房的男人還不知道此事。他只沒料到自己那條腿會疼得這麼厲害。六十五歲的他，身子已發福，頭髮灰白，上唇的鬍子幾乎全白，但他那雙眼仍一如以往地湛藍，此刻甚至藍得可比大海。腳痛不但害他行程延後，現在又害他只能待在房間裡，他多希望跟妻子及其他頭等艙的旅客一樣，能去瞧瞧船上形形色色的設計。他就愛這艘船的奢華，像普爾曼[1]公司的火車廂或雄偉的壁爐，但腳痛實在掃了他的興致。其實他心裡有數，這腳痛的痼疾還是得怪自己，畢竟多年來，他毫無節制地縱情於美食、美酒和雪茄。他每天只要腳一痛就想到自己年壽將盡。踏上旅途之前，他才和朋友說：「我無意苟延殘喘，我這一生責任已盡，幹得也算不賴了。」[2]

這人是丹尼爾．哈德森．伯南[2]，他在世上已是個揚名立萬的建築師，曾在芝加哥、紐約、華盛頓、舊金山、馬尼拉和其他城市一展長才。他和妻子瑪格麗特（Margaret Burnham）在女兒和女婿的陪伴下坐船到歐洲，打算趁夏天遊覽歐陸。伯南選乘白星航運的奧林匹克號，不為別的，便是因為這艘船又大又新又氣派。他訂船票時，奧林匹克號是定期航線中最大的船，但出發三天前，一艘和奧林匹克號同級的姊妹船展開了處女航，那艘船的船體稍長了些，因此奪走了海上第一大船的名號。雖然方向相反，但伯南知道他的畫家好友法蘭西斯．米勒[3]此時正乘著那艘船，與他橫越同一片大海。

最後一絲夕陽透入伯南的套房，他和瑪格麗特前往樓下的頭等艙餐廳。為了讓他少受點罪，他們選擇搭乘電梯，但他好不甘心自己錯過那座宏偉的樓梯。他最愛樓梯欄杆上的鐵製雕花，還有頭頂上那美麗的圓頂，自然光會穿透鋼架間的玻璃灑入船心。腳痛已害他漸漸無法行走。一週前，他穿梭自己設計的華盛頓特區聯合車站時，居然不得不乘坐輪椅，簡直太丟人了。

伯南夫婦在奧林匹克號的頭等艙餐廳用餐完，回到套房中休息，不知何故，伯南又想到了法蘭西斯・米勒。他決定利用奧林匹克號上進步的馬可尼[4]無線電報機，在海上向米勒打個招呼。

伯南招手請來一個乘務員。乘務員是個中年男子，穿著一身潔白筆挺的制服，他收下訊息，爬上三層樓來到連接船員甲板的電報室。過了一會，他手裡拿著訊息回來了，並告訴伯南，電報員剛才拒收。

伯南腳痛已經夠煩了，這會怒火全湧上來，氣急敗壞要求乘務員回去電報室，要對方解釋清楚。

1 喬治・普爾曼（George Pullman, 1831-1897）是美國工程師和工業鉅子，普爾曼公司創辦人，以設計和製造臥鋪火車廂聞名，火車上有全是由非裔美籍人組成的「普爾曼服務員」（Pullman Porter），提供一流的服務。

2 丹尼爾・哈德森・伯南（Daniel Hudson Burnham, 1846-1912），美國建築師和都市規劃先驅。他是打造世博會的關鍵人物，也是美國都市發展的推手，影響了芝加哥、華盛頓特區等地。

3 法蘭西斯・米勒（Francis Miller, 1848-1912）美國畫家、雕刻家和作家，是波士頓美術館學校創立者之一，曾以審查員、顧問、壁畫家等身分參與維也納、芝加哥、巴黎和東京世博會活動。

4 古列爾莫・馬可尼（Guglielmo Marconi, 1874-1937）是義大利電氣工程師，亦是無線電報通訊發明者，致力於無線電設備研究和製造，史稱「無線電之父」，一九〇九年榮獲諾貝爾物理學獎。

伯南時時記掛著米勒，他也從未忘記讓兩人見面的那場活動。那是一八九三年盛大空前的芝加哥世界博覽會，工作伙伴中，他和米勒最為親近，兩人彼此扶持，歷經漫長波折，含辛茹苦才打造出這場盛會。這場世界博覽會全名為芝加哥哥倫布紀念博覽會，主旨是慶祝哥倫布發現美洲大陸四百週年，但在總監伯南一手策劃下，活動以「白城」(White City)之名聞名於世，格外迷人。

活動只為期六個月，但據閘門口的工作人員估計，約有兩千七百五十萬人到訪，當時美國全國人口也不過六千五百萬人。最高紀錄一天有超過七十萬人觀展。不過，世博會能順利舉辦也算是場奇蹟。伯南當時面臨重重阻礙，只要任何一個環節出問題，世博會便會胎死腹中。他結合手下建築師之力，構想出一座夢幻城市，其宏偉壯麗超乎任何人的想像。民眾來參觀時，不由得穿上正裝，神情莊重，彷彿走入一座偉大的教堂。

有人因目睹了這座城的美麗而感動落淚。他們首次嚐到一種叫「好傢伙玉米花」(Cracker Jack)的零食，以及全新的早餐食品「小麥穀枕」(Shredded Wheat)。建築師將埃及、阿爾及利亞、達荷美[5]等地的異境村落原封不動搬入會場，甚至連當地住民都請來了。光是開羅街展區便雇用了近兩百名埃及人，建造了二十五座獨特的建築物，其中包括一座能容納一千五百人的劇場，在那兒首次登臺的全新異國表演一度引起社會嘩然。

世博會不僅充斥異國風情，規模更是空前巨大。會場占地逾二百六十公頃，興建了超過兩百棟建築物。其中一座展覽廳便足以同時容納美國國會大廈、古夫金字塔、溫徹斯特大教堂、麥迪遜花園廣場和聖保羅大教堂。世博會還有一座機械設施，起初被視為「怪物」，屢屢遭到眾人反對，最後卻成為這場世博會的象徵。那座全新的設施巨大而懾人，連曾重挫美國人銳氣的艾菲爾鐵塔都相形失色。過去也不曾見過這麼多歷史名人齊聚一堂，包括水牛比爾[6]、西奧多・德萊賽[7]、蘇珊・安東尼[8]、珍・亞當斯[9]、克拉倫斯・戴洛[10]、喬治・威斯汀豪斯[11]、湯瑪士・愛迪生[12]、亨利・亞當斯[13]、法蘭茲・斐迪南大公[14]、尼古拉・特斯拉[15]、伊格納奇・帕德雷夫斯基[16]、菲利普・阿穆

5 達荷美（Dahomey）王國位於今日貝南共和國所在之處，以十八、十九世紀組成的「達荷美亞馬遜」女戰士部隊最為知名。一八九四年遭法國攻破，淪為法國殖民地。

6 威廉・費德里克・科迪（William Frederick Cody, 1846-1917），世稱水牛比爾（Buffalo Bill），美國內戰軍人，後來投入表演，以「水牛比爾狂野西部牛仔秀」享譽英美和歐陸。

7 西奧多・德萊賽（Theodore Dreiser, 1871-1945），美國現實主義作家，著名作品為《嘉莉妹妹》（*Sister Carrie*）和《美國的悲劇》（*An American Tragedy*）。

8 蘇珊・安東尼（Susan Anthony, 1820-1906），美國社會改革家和民權運動領袖，也是推動女性投票權的關鍵人物。

9 珍・亞當斯（Jane Addams, 1860-1935），美國社會改革家，眾人尊稱她為社會工作之母，致力於睦鄰運動，影響後世社會福利和社會工作，並成立了「霍爾館」（Hull House），一九三一年獲得諾貝爾和平獎。

10 克拉倫斯・戴洛（Clarence Darrow, 1857-1938），另譯丹諾，他是美國知名律師，多次為爭議案件辯護，包括煤礦罷工案和李奧波德與勒伯案等，一生為弱勢發聲，反對死刑，並對司法體制進行批判。

11 喬治・威斯汀豪斯（George Westinghouse, 1846-1914），美國知名實業家，西屋電氣公司創立者，進而推動交流電發展。

12 湯瑪士・愛迪生（Thomas Edison, 1847-1931）美國最偉大的發明家，多項發明影響全世界，包括留聲機、電影攝影機和電燈。十九世紀末，他的通用電氣公司和西屋電氣公司爭奪市場，進行「電流大戰」。

13 亨利・亞當斯（Henry Adams, 1838-1918），美國歷史學家，曾任美國歷史協會主席，知名作品為第三人稱自傳《亨利・亞當斯的教育》（*The Education of Henry Adams*）。

14 法蘭茲・費迪南大公（Archduke Francis Ferdinand, 1863-1914），奧匈帝國皇儲。一九一四年，他於塞拉耶佛遭刺殺後，奧匈帝國向塞爾維亞宣戰，成為第一次世界大戰導火線。

15 尼古拉・特斯拉（Nikola Tesla, 1856-1943），塞爾維亞裔美籍發明家和電機工程師，以設計出現代交流電系統聞名。

16 伊格納奇・帕德雷夫斯基（Ignace Paderewski, 1860-1941），波蘭音樂家和政治家，後來投入波蘭獨立運動，並曾任波蘭總理一年。

爾[17]和馬歇爾．菲爾德[18]。理查．哈丁．戴維斯[19]稱這場世博會是「暨美國內戰之後，國內最偉大的歷史事件」。[3]

那年夏天確實充滿魔力，但世博會也並非全然一片光明。興建這座夢幻之都時，數十名工人受傷，甚至喪命，他們的家人也因此陷入貧困。在一起火災事故中，共有十五人葬生火窟。世博閉幕典禮因一起刺殺事件取消，本世紀最大的慶功宴辦不成，倒辦了一場隆重的葬禮。事情不止於此，真相到最後才慢慢浮出檯面，讓人不寒而慄。世博會期間，有個殺人犯穿梭在伯南打造的美麗城市裡，他買下一棟占據整塊街區的大房子，雄心壯志簡直可比眾位建築師。當時許多年輕的女子受世博會吸引來到芝加哥，期盼能在此謀生，結果她們一一無聲無息消失在殺人犯的大宅裡。世博會之後，伯南和同事才注意到那一封封滿懷悲痛的信件，信件內容都描述著自己的女兒來到城中，就此杳無音訊。新聞媒體猜測，那些女孩肯定都消失在那棟房子裡了。當警探公布房中的發現，連最愛好血腥的「白教堂俱樂部」[20]會員都嚇壞了，這事如此駭人耳聞，竟無人察覺，他們簡直不敢置信。但這尚算合理，那時代的芝加哥各方面都在劇烈變動，可想而知，混亂之中不論所做何事，一名年輕英俊的醫生確實不易引人疑竇。不過，隨時間過去，就連最理性的人都漸漸對犯人感到毛骨悚然。殺人犯不但自稱為惡魔，更沾沾自喜地覺得自己那張臉愈長愈有樣子。而將他繩之以法的眾人身上陸續出了怪事之後，一切更顯得煞有介事。

對相信超自然力量的人來說，陪審團主席之死便是充分的證據。

伯南那條腿陣陣發疼，甲板嗡嗡震動，只要在船上，你都能感覺到奧林匹克號二十九個鍋爐透過船身傳上來的力量。不論你身在特等艙、餐廳或吸菸室，即使四周如凡爾賽宮或雅克賓式宅邸一樣奢華，這股力量時時提醒你自己其實身在船上，並航向大海最藍之處。

伯南和米勒是世博會少數還活著的建築師，不少人都已過世，像奧姆斯德、卡德曼、麥金姆、杭特，當然還有神祕過世的艾特伍。這幾個人過世後，伯南至今仍難以接受。不久，所有人都會離去，世博會再也不會活在任何人心中。

除了米勒，主要建築師還剩誰呢？只剩路易士・蘇利文。他現在憤世嫉俗，沉浸在酒精中，誰曉得成天在不滿什麼，但他倒是仍常來伯南的辦公室借錢或賣設計圖和草圖。

至少法蘭西斯・米勒身體仍健朗，要不是他那滿肚子的低級幽默，世博會工程期間的漫漫長夜恐怕會更難熬。

乘務員回來了。他眼神變了。他先道了歉，並向伯南說，他仍無法傳出這封訊息，但現在至少知道原因了。米勒的船出了意外。他說，其實奧林匹克號此時正全速向北航行，趕往現場，準備救援並照顧受傷的旅客。其他消息目前不得而知。

伯南移了移那條腿，身子不由自主痛得抽了一下，靜待接下來的消息。他希望奧林匹克號到達

17 菲利普・阿穆爾（Philip Armour, 1832-1901），阿穆爾美國肉品加工公司的創立者，他將活豬帶進城市宰殺，並大規模且有效率的以生產線肢解和分裝肉品，成為芝加哥商業鉅子。

18 馬歇爾・菲爾德（Marshall Field, 1834-1906），美國實業家，他在芝加哥經營百貨公司，並以高品質商品和服務著稱，提出許多創新經營概念和手法，例如：「顧客永遠是對的」、「不滿意包退」等等。

19 理查・哈丁・戴維斯（Richard Harding Davis, 1864-1916），當時美國首屈一指的戰地新聞記者，曾報導美西戰爭和第一次世界大戰。

20 開膛手傑克的犯案地點位在倫敦白教堂區，當年有幾個記者以此為名，和一群研究血腥、死亡事件的同好組成「白教堂俱樂部」（Whitechapel Club）。

事故現場時，自己能找到米勒，聽他抱怨這趟航行多不像話。特等艙中一片平靜，伯南打開他的日記。

那天夜裡，世博會的回憶再次湧上他心頭，格外清晰。

作者資料出處和補充註解

1 *The date was:* 伯南在一九一二年四月三日的日記寫下了房間號碼，內容出自Burnham Archives, Diary, Roll 2。欲知奧林匹克號和鐵達尼號的詳情，請參考書目中Brinnin、Lynch、Eaton和Haas的著作和《白星航運》（*White Star*）一書。《白星航運》書本內容源自一九一一年出版的《船的世界和造船者》（*Shipping World and Shipbuilder*），包括兩艘船的細部構造，以及奧林匹克號甲板和住艙圖設計。

2 "*This prolonging:* Moore, *Burnham, Architect,* 2:172.

3 "*the greatest event:* Miller, 488.

第一部

凍結的音樂

一八九〇—一九一一年，芝加哥

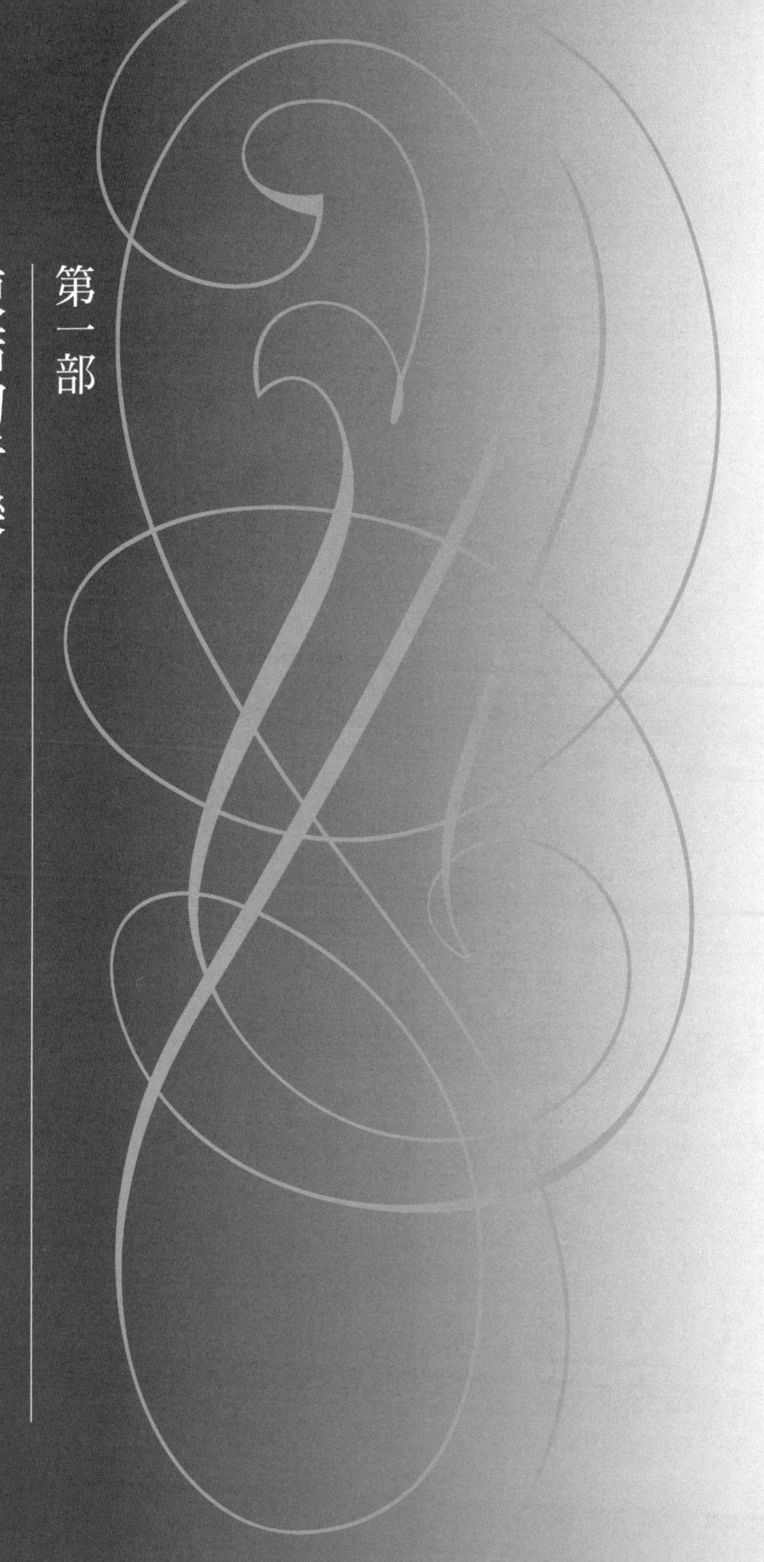

黑城

人竟如此容易憑空消失。

芝加哥一天進出上千列火車。列車上載著不少單身年輕女子，她們有些人甚至從沒進過城，卻想在這座最大、最難熬的城市中落腳。設立「霍爾館」的都市改革家珍・亞當斯曾寫道：「人類文明史上，從未有那麼多年輕女孩離鄉背景，隻身走在城市街頭，旅居異鄉工作。」[1]女人在城中尋找各種職缺，像打字員、速記員、裁縫師和織布工。雇主大多正直規矩，單純希望加快工作效率，提高利潤。但也有少數例外。一八九〇年三月三十日，第一國民銀行行員在《芝加哥論壇報》徵人啟事刊登了一則警告，告訴女性速記員：「近期的徵才廣告上，我們發現不肖雇主應徵女性速記員時，會列出限金髮、長相漂亮、獨自在城市中生活等條件，並向應徵者索求照片。這類廣告態度輕浮下流，為求人身安全，我們不建議任何女士回應如此不得體的徵才廣告。」

女子通勤走過的街道充斥一間間酒吧、賭場和妓院。官方縱容之下，邪惡滋生。班・赫克特[21]晚年曾試圖解釋老芝加哥長年風氣敗壞的原因，他在書中寫道：「老實人住的雅房及套房和現在差不多無聊。但轉念一想，當你知道外頭魔鬼仍在地獄之火上跳舞，其實挺開心的。」[2]馬克思・韋伯[22]將這座城市比作「剝了皮的人」[3]，事後證明他形容得極為傳神。

早年其實就常見無名死屍。光上千列火車進出城市便奪走不少人的性命。你可能一不小心踏下路緣就會被芝加哥特快車撞死。每天平均兩人死於平交道上。死者死狀淒慘，最後都只能救回血肉模糊的頭顱。城市還暗藏著其他危險。有軌電車曾從仰開橋上落下。馬匹曾失控狂奔，拖著馬車衝入人群。每天會有數十人葬身於火場。報紙標題最喜歡用「火烤」（roast）這個詞來形容火災的罹難者。而且當時傳染病肆虐，如白喉、斑疹傷寒、霍亂和流感。當然，還有謀殺。世博會期間，全國謀殺案數量瞬間攀升，尤其是芝加哥，狀況完全超出警方人力和經驗所能應付。一八九二年上半年，芝加哥發生近八百起暴力致死案件，相當於一天四起。多數案件動機單純，如搶劫、爭執、感情糾葛等，犯案者有男有女，有的是兒童射殺兒童的意外。這些案件一般人都不難理解。於是，當白教堂區連續殺人事件爆發，整個社會都為之震驚。開膛手傑克一八八八年大肆犯下五起殺人案，犯案原因至今不明，全美傳得沸沸揚揚，不過每個人都相信，這種事不會發生在自己的家鄉。

但世道人心時移世變。民風日漸敗壞，道德和邪惡的界線似乎愈見模糊。伊麗莎白・凱迪・斯坦頓[23]支持離婚。克拉倫斯・戴洛提倡自由戀愛。一個叫波頓[24]的年輕女子親手殺死了父母。

這時，一個年輕英俊的醫生手提醫療箱，步下火車，踏入芝加哥市。他進入煙霧和蒸氣瀰漫的璀璨世界，四周飄散死牛豬鮮美的腥氣。他覺得這裡正合他的胃口。

一封封信件後來出現了。西葛倫家、威廉斯家、史密斯家和無數家族不斷寄信，焦急地打聽著女兒和孫子女的下落，而他們不約而同都提到了位於六十三街和瓦利斯街口那棟陰沉詭譎的大宅。

21 班・赫克特（Ben Hecht, 1894-1964），美國小說家、劇作家和好萊塢電影編劇，曾兩度榮獲奧斯卡獎。
22 馬克思・韋伯（Max Weber, 1864-1920），德國哲學家和政治經濟學家，思想影響社會研究和理論甚鉅，公認為現代社會學和公共行政學奠基者。
23 伊麗莎白・凱迪・斯坦頓（Elizabeth Cady Stanton, 1815-1902），美國早期女權運動代表性人物，支持墮胎，並致力爭取投票權。
24 此處指的是麗茲・波頓案，麗茲・波頓（Lizzie Borden, 1860-1927）被控以斧頭謀殺父親和繼母，震驚全美，後來因罪證不足獲釋。

人竟如此容易憑空消失；真相竟如此輕易遭到忽略；在煙霧和喧鬧掩蔽下，邪惡竟毫不費力在此生了根。

這便是芝加哥，矗立於歷史上最偉大的世界博覽會前夕。

作者資料出處和補充註解

1 "*Never before*: Miller, 511.

2 "*The parlors and bedrooms*: Ibid., 516.

3 "*a human being*: Ibid., 193.

「麻煩才正要開始」

一八九〇年二月二十四日週一下午，兩千人聚集在《芝加哥論壇報》報社外的人行道上，其實不只這裡，城內二十八間日報、旅館大廳、酒吧、西聯及郵政電報公司門口都擠滿了人。《論壇報》報社外的群眾身分不一，包括生意人、職員、旅遊業務、速記員和警察，其中至少還有一個理髮師。送報小童一個個蓄勢待發，等待值得一報的大新聞。氣溫冰冷。建築之間的暗巷都飄著煙霧，舉目望去，幾條街外一片白茫。警察不時為亮黃色的街車開道，這種街車稱為「纜線車」(grip-car)，因為車子緊扣著埋在地下的電纜而得名。柏油路上一輛輛貨運馬車隆隆載著大量貨物，車前壯碩的馬匹在陰黑的天空下吐著白煙。

光是等待消息便教人莫名興奮，因為芝加哥人都以這座城市為豪。城裡每個角落，人人都注意著商店老闆、計程車司機、服務生和侍者的表情，想知道消息公布與否，結果是好是壞。今年芝加哥至此一切順利。芝加哥人口史上首度超過百萬，成為全國第二大城，僅次於紐約，不過原本人口排第二名的費城居民氣急敗壞指出，芝加哥趁一八九〇年年度人口統計前偷動手腳，臨時將一大塊土地劃入城內。芝加哥不在乎這項指控。大城市就是大城市。東岸人過去總認為，芝加哥這地方因宰豬業興起，充其量不過是一池貪婪死水。芝加哥今日若拔得頭籌，將一舉扭轉眾人的刻板印象。漏氣的話，芝加哥會飽受羞辱，短時間恐怕無法翻身，畢竟市政團隊成天在「膨風」，口沫

橫飛說芝加哥必會勝出。《紐約論壇報》編輯查爾斯．安德森．達納[25]諷刺芝加哥為「風城」（Windy City），可不是因為終年吹拂芝加哥的西南風。[1]

丹尼爾．伯南和合夥人約翰．魯特在魯克里大廈頂樓辦公室，前者四十三歲，後者才剛滿四十歲，兩人比一般人更迫不及待。他們私底下和人聯絡，得到對方口頭保證，甚至等不及結果出來，就直接跑去城市幾個區域場勘。他們是芝加哥首屈一指的建築師，也是建造高樓大廈的先鋒，美國第一棟摩天大廈便出自兩人之手，當時，他們彷彿年年刷新紀錄，每一年都在蓋全世界最高的建築物。魯特設計的魯克里大廈位於拉塞爾街和亞當街口，富麗堂皇，採光良好。他們搬進去時曾一同俯瞰著下方的湖泊和城市，當時除了建築工人之外還沒人見過此風景。但是，他們心裡有數，今日之事如果敲定，過去的成就將變得微不足道。

轉捩點將是一封從華盛頓傳來的電報。《論壇報》自家記者會將電報傳回。編輯、抄寫員和排版師會先編排好「號外」，接著鍋爐工會朝鍋爐多加些煤，讓蒸汽印刷機加速運作。最後職員會把每一條印好的新聞朝外貼到窗前，供路人閱讀。

芝加哥鐵路標準時間四點鐘一過，《論壇報》收到了第一封電報。

主辦世界博覽會最初究竟是誰的主意，連伯南也不確定。眾人原先只單純想慶祝哥倫布發現新大陸四百週年，但每個人腦中似乎同一時間冒出這念頭。起初這想法未掀起任何波瀾，反而被內戰後追求名利的浪潮所淹沒。當時對於慶祝遙遠的過去，美國興致缺缺。但是一八八九年，法國做出一件震驚全球的大事。

巴黎戰神廣場上，法國世博會正式開幕，那場巨大的盛會無比迷人，匯納來自四方的奇珍異物，遊客都相信這場世博會注定成為經典，未來難以超越。世博會中心聳立著一座鐵塔，高三百公尺，一躍成為世上最高的人造建築。鐵塔的設計師亞歷山大・古斯塔夫・艾菲爾[26]不僅因此名垂千古，更以鮮明的形象，將美國擠下鋼鐵第一強國的寶座。美國工程師確實曾打造出偉大作品，如布魯克林大橋和馬蹄鐵型火車彎道等，但與其相比簡直黯然失色。

美國其實自作自受。美國對巴黎世博會十分不以為然，根本無意展現自己在藝術、工業和科學上的成果。一八八九年五月十五日，《芝加哥論壇報》巴黎特派記者寫道：「有些國家的展場樣子敷衍了事，我們可說是其中之一。」他還寫道，其他國家的展場皆表現出尊嚴和格調，而美國的展場只亂糟糟搭了幾個大帳篷，擺些小攤子，既沒有藝術風格主軸，也沒有統一的規劃。「結果商店、攤商混雜，如一盤散沙，每家商店單看便已不堪入目，結合在一起更是莫名荒唐。」相較之下，法國傾盡全力展現其榮耀，震撼世人。記者寫道：「法國與其他國家一比高下立判。法國全面展現出其富饒和璀燦的一面，而其他國家相形見絀，理所當然成了陪襯。」

雖然美國人覺得艾菲爾鐵塔又醜又大，永遠破壞了巴黎宜人的風景，但最後，鐵塔寬底尖頂的設計，宛如火箭噴射出的雲霧，意外為城市注入一股活力。這份羞辱令人難以承受。由於美國國際地位和勢力日增，美國人的自尊心激發出一波強烈的愛國主義。美國需要一個超越法國的機會，尤

25 查爾斯・安德森・達納（Charles Anderson Dana, 1819-1897），美國記者、作家和資深政府官員，曾在《紐約論壇報》工作多年，亦是知名藝術收藏家。

26 亞歷山大・古斯塔夫・艾菲爾（Alexandre Gustave Eiffel, 1832-1923）法國工程師和建築師，最著名的作品為巴黎艾菲爾鐵塔和紐約自由女神像。

其必須「以艾菲爾之藝勝過艾菲爾」(out-Eiffel Eiffel)。忽然之間，以慶祝哥倫布發現新大陸的名義，來舉辦一場盛大的世博會，這想法變得格外誘人。

最初，大多數美國人相信，若要為國家追本溯源，世博會應該辦在首都華盛頓。就連芝加哥的編輯都同意這點。但各城市明白何謂世博會之後，便馬上摩拳擦掌競逐主辦權，因為爭完了國族顏面，其次便是各地方的面子，畢竟能主辦世博會，便代表自己是這時代人人嚮往的強大城市。突然之間，紐約和聖路易也想主辦世博會了。華盛頓爭取主辦權，因為他們是全國的政治中心；紐約則因為他們認為自己是一切的中心，聖路易勇氣可嘉，但其實沒人把他們放在眼裡。

要論市民的認同感，沒有城市比得過芝加哥，芝加哥市民老將「芝加哥精神」掛在嘴邊，彷彿那股力量觸手可及，一八七一年芝加哥大火之後，市民對城市重建速度也感到無比驕傲。他們不只修復了全城，也讓芝加哥改頭換面，變成全國商業、製造業和建築的龍頭。不過，全城的財富都撼動不了全國對芝加哥的刻版印象——一座愛宰豬勝過貝多芬的二級城市。紐約是美國文化和藝文之都，紐約的評論家和報紙勢必抓住這點，大書特書，更不會放過羞辱芝加哥的機會。不過，如果世博會成功，甚至勝過巴黎世博會，芝加哥也許能一雪前恥，一舉擺脫過去的形象。眼見紐約加入戰局，芝加哥市的日報編輯都紛紛開始問道：為何不能辦在芝加哥呢？《論壇報》也警告：「紐約的豺狼虎豹、飛禽走獸正對世博會張牙舞爪。」[2]

一八八九年六月二十九日，芝加哥市長丁威特．C．魁吉爾[27]召集了二百五十名芝加哥的大人物，成立市民委員會。委員會開會之後，通過一項決議，最後一段如此寫著：「芝加哥各界無不想舉辦世博會，他們認為此舉名正言順，因此不達目的，誓不甘休。」[3]

但是，一切終究操之於國會，而決定性的投票終於來臨了。

《論壇報》的職員站到窗前，貼上第一條新聞。最初的投票結果顯示芝加哥得到一百一十五票，大幅領先獲得七十二票的紐約。第三名是聖路易，接著才是華盛頓。一名國會議員反對世博會，倔強地投給了坎伯蘭峽。《論壇報》報社外頭群眾看到芝加哥領先紐約四十三票，爆出了歡呼和掌聲，口哨聲此起彼落。但大家心底都知道，芝加哥票數要過半才算真正勝出，而目前仍差三十八票。

票數漸漸開出。日光漸逝，天空化為一碗清湯。人行道上擠滿下班的男男女女。其中有不少女性打字員，她們從魯克里大廈、蒙托克大廈和其他摩天大廈中走出，大衣下穿著訂製的白上衣和黑長裙，恰似最新商用雷明頓打字機[28]的黑白鍵盤。計程馬車的司機咒罵一聲，緩下馬匹的腳步。點燈夫擠過人群外圍，點亮燈桿上的瓦斯噴嘴。剎那間，四周出現了色彩。黃色的街車向前駛行，藍衣的送報小童背著裝載喜悅和憂愁的郵包，搖搖晃晃經過。計程馬車點亮車廂後方的紅色夜燈。對街的帽子店前有隻鍍金的巨獅。高聳的大樓上，瓦斯燈和電燈一盞盞在夕暮中亮起，宛如一朵朵月光花。

《論壇報》的職員再次出現在報社窗前，貼上了第五輪投票結果。「群眾一片擔憂，氣氛凝重，心都涼了半截。」[4]記者如此寫道。紐約得了十五票，芝加哥只得六票。兩座城市的差距變小了。

27 丁威特・C・魁吉爾（Dewitt C. Cregier, 1829-1898），在當芝加哥市長之前是一名工程師，他設計的消防栓結合飲水和消防等功能，當年廣泛應用於全城。

28 雷明頓家族公司是軍火和打字機製造商。一八一六年由伊萊佛利・雷明頓（Eliphalet Remington, 1793-1861）成立，原本專門製造軍火，兒子接手後，開始製造各式用品，於一八七三年製造了第一臺商用打字機。

人群中的理髮師跟附近的人說，紐約多得到的票數一定是原本投給聖路易的那幾票。他這麼一說，一名陸軍中尉亞歷山大・羅斯（Alexander Ross）忍不住開口罵道：「各位，我敢說聖路易人人都會搶教堂。」另一人大喊：「或會毒死妻子的狗。」眾人不禁附和。[5]

紐約中央鐵路公司的總裁錢西・德普[29]是當時家喻戶曉的評論家，他在華盛頓投票現場察覺事有轉機，便提議休會，等明日再行投票。《論壇報》報社外的人群聽到這消息全報以噓聲，因為此舉顯然是想拖延時間，設法為紐約爭取更多票數。

這項提議遭到駁回，但眾議院投票後，仍決定短暫休會幾分鐘。於是，群眾繼續留在原地等待。

第七輪投票時，芝加哥只差一票便過半。紐約至此大勢已去。街上闃寂無聲。馬車都已停下。街車一輛輛塞在路上，形成一條銀色的大蟲向左右延伸，警察也完全視若無睹。乘客下車，目光望著《論壇報》報社窗口，等待最新的新聞。電纜在地下嗡鳴，為現場增添了一絲懸疑，久久不散。

不久，《論壇報》窗口出現另一個男的。他年紀輕輕，身材高瘦，臉上蓄著黑鬍。他面無表情望向群眾，一手拿著漿糊罐，另一手拿著刷子和一張新聞。他從頭到尾動作都不疾不徐，雖然眾人看不到，但從他肩膀便看得出他一舉一動。他將新聞放到桌上，緩緩轉開漿糊罐。他表情有點憂鬱，彷彿面前是具小棺材，嫻熟地替新聞上膠。過了好久，他才終於將新聞拿到窗前。

他的表情絲毫不變，並將紙條貼到了窗玻璃上。

❦

伯南靜靜等待。他的辦公室和魯特一樣朝南，不為別的，便是為了迎向外頭的自然光。其實全芝加哥人都渴望自然光，當時人造照明設施仍是原始的瓦斯燈，昏暗的火光無法穿透迷濛的煤煙霧霾。電燈只有在新蓋的建築中才有，但即使有電燈，屋內還是得裝瓦斯燈，因為當時要用電的話，地下室還得放一臺燃煤發電機，在這個時代，裝電燈根本是自找麻煩。天色變暗之後，街上和房內暗淡的瓦斯燈在煙霧中只照出一池池昏黃的光暈。四下闃寂無聲，伯南耳邊只聽得到辦公室的瓦斯桌燈嘶嘶作響。

已故的父親要是得知他專業地位崇高，辦公室高踞在芝加哥市上，肯定又驚又喜。

丹尼爾・哈德森・伯南一八四六年九月四日生於紐約州亨德森鎮，家族信奉史威登堡信仰[30]，講求服從社會價值，奉獻自我，為公共服務。一八五五年，他九歲時全家搬到芝加哥，他父親在那裡的藥品批發生意大獲成功。伯南學業表現不算亮眼。記者寫道：「他在中央高中平均成績不高，名次常落到前百分之五十五，成績最高也不過前百分之八十一。」[6]不過他繪圖和素描表現亮眼。他十八歲那年，父親雇用個人家教，將他送去東岸，準備哈佛和耶魯的入學考試。結果伯南發現自己有嚴重的考試焦慮症。「哈佛考試時，我和另外兩人去赴試，他們的準備都不如我充分。」他說，「結果兩人輕鬆過關，我反倒不合格，有兩、三科測驗，我根本都是坐在那裡，一個字都寫不出來。」[7]耶魯的考試也鎩羽而歸。兩間學校都拒絕了他，他對此始終未能忘懷。

一八六七年秋天，二十一歲的伯南回到了芝加哥。他在自己擅長的領域尋找工作，先在洛林和

29　錢西・德普（Chauncey Depew, 1834-1928），原為鐵路公司法律顧問，後來成為中央鐵路公司總裁，之後當選美國國會議員。

30　史威登堡主義（Swedenborgianism），又稱為「新教會」（The New Church）是從基督教分出的一支新興宗教，學說由瑞典科學家和神學家伊曼紐・史威登堡（Emanuel Swedenborg, 1688-1772）所建立。

詹尼[31]建築事務所（Loring & Jenney）謀得一份製圖員的工作。他在一八六八年寫道，他找到了一生的志向，並告訴父母自己想成為「國內或城內最偉大的建築師」[8]。但隔年，他卻和朋友衝到內華達淘金，最後失敗收場。接著他試著競選內華達議員也失敗。最後他乘著運牲口的車，身無分文回到芝加哥，並加入了L．G．勞倫（L. G. Laurean）開的建築事務所。一八七一年十月，由一隻牛、一盞燈、一陣風、一片驚惶之下引起的芝加哥大火[32]，燒毀一萬八千棟房子，逾十萬人流離失所。一夕之間，芝加哥建築師有了做不完的工作。但在這當口，伯南卻辭職跑去賣平板玻璃，最後又失敗了。後來他轉去從事藥商，結果過一會也不做了。他寫道：「我們家族都一個樣，同一件工作做久會膩。」[9]

伯南的父親既生氣又擔心，一八七二年把兒子介紹給建築師彼德．懷特（Peter Wight），懷特欣賞這年輕人製圖的才華，雇用他當製圖員。伯南當年二十五歲，他喜歡懷特，也喜歡這份工作。而且，他和懷特另一個製圖員格外投緣，那人是南方人，比他小四歲，名叫約翰．威爾堡．魯特（John Wellborn Root）。魯特一八五〇年一月十日生於喬治亞州的蘭普金，他是個音樂神童，還不會說話便會唱歌了。內戰時期，亞特蘭大陷落時，魯特的父親偷偷將他送上聯盟國一艘突破封鎖的船，讓他逃到英國利物浦。魯特獲得牛津大學入學許可，但他還來不及註冊，戰爭便結束了，父親將他召回美國，回到位於紐約的新家，魯特在紐約大學主修土木工程，成為聖派翠克大教堂建築師的製圖員。

伯南馬上就對魯特有好感。他喜歡魯特白皮膚和粗壯的臂膀，還有他站在製圖檯前的模樣。他們成為了好友，後來也成了合夥人。他們記錄第一筆收入三個月後，美國發生一八七三年經濟大恐慌，全國經濟暴跌。但這次伯南堅持了下來。兩人的合夥關係支持著他，並填補了他內心的缺口，相輔相成下，彼此能力也變得更強。他們一方面自己積極接案，一方面也去承接大型事務所委託的案子。

一八七四年的某一天，一人走進他們的辦公室，而在那電光石火之間，他們的人生全然改變。他穿著黑西裝，外表尋常，但他過去背負無數死亡和鮮血，並賺進驚人的財富。他原本是來找魯特，但魯特正好出城了。於是，他向伯南自我介紹，他叫約翰・B・雪曼（John B. Sherman）。

他也毋需多言，光是報上大名就夠了。雪曼是聯合牲畜飼養場[33]的創立人，他的鮮血帝國雇有兩萬五千名男女和孩童，每年宰殺一千四百萬頭牲畜，產值影響近五分之一芝加哥人口。

雪曼喜歡伯南。他喜歡他散發的氣勢、藍色的雙眸、堅定的目光以及對話中展現的自信。雪曼委託事務所在草原大道和二十一街口替他蓋一棟房子，那一區住著芝加哥的政商名流，不時還會看到馬歇爾・菲爾德、喬治・普爾曼和菲利普・阿穆爾這三大商業巨頭，身著黑西裝，一起走路上班。魯特設計出一棟三層樓的房子，以紅磚、黃褐沙岩、藍色花崗岩和黑石板打造，並以尖屋頂搭配山牆。伯南將圖修飾之後，親自主導興建。一日伯南站在房子大門口端詳著房子時，有個年輕人走到他面前自介，說自己叫路易士・蘇利文。那年輕人莫名自負，全身散發一股淡淡的傲氣，但他並非自以為是，而是天生氣勢凌人。這一刻，他的名字對伯南而言毫無意義。蘇利文和伯南聊起了天。

31 威廉・勒布朗・詹尼（William Lebaron Jenney, 1832-1907）是美國工程師和建築師，一八八四年蓋出了史上第一棟鋼骨結構的摩天大廈「家庭保險大樓」，眾人尊稱他為「摩天大廈之父」。
32 芝加哥大火發生於一八七一年，據傳是歐利瑞太太到牛棚擠牛乳，油燈被牛踢翻而引發大火。
33 聯合牲畜飼養場（Union Stock Yards）是一八六五年啟用的動物飼養、屠宰加工廠，經營了一百零六年，讓芝加哥贏得「世界豬屠夫」（hog butcher for the world）之名。

蘇利文十八歲，伯南二十八歲。伯南充滿自信地告訴蘇利文，他光蓋房子不會滿足，他說：「我想做大案子，興建大型建築，和有頭有臉的大人物打交道，並成立大型事務所。畢竟事務所幹得有聲有色，才能興建大型建築。」[10]

約翰・雪曼的女兒瑪格麗特也參觀了工程現場。她一頭金髮，年輕貌美，常藉口朋友德拉・歐蒂斯（Della Otis）住在對面來到工地。瑪格麗特覺得房子非常美，但她最欣賞的是自在地穿梭在沙岩和木材中的建築師。她晃了好一段時間，伯南總算意會到了。他向她求婚，她欣然答應。追求過程十分順利，但後來一樁醜聞爆發，伯南的哥哥偽造支票，危及了父親藥品批發生意。伯南馬上去見瑪格麗特父親，要求取消婚約，因為他不願讓對方家族受醜聞牽連。雪曼告訴他，他尊重伯南的榮譽感，但他不會答應。他平靜地說：「每個家族都有害群之馬。」[11]

後來，已婚的雪曼和朋友的女兒私奔到了歐洲。

伯南和瑪格麗特在一八七六年一月二十日結婚。雪曼在四十三街和密西根大道口替小倆口買了棟房子，靠近五大湖，但更重要的是靠近飼養場。他想就近看著他們。他喜歡伯南，也同意這門婚事，但他不完全信任這個年輕的建築師。他覺得伯南喝太多酒了。

雪曼雖然對伯南人格存疑，但仍尊重他的建築技術，也另外委託伯南不少建案，其中最大的肯定就是請事務所為聯合牲畜飼養場蓋一座大門，彰顯飼養場與日俱增的地位。最後他們建了一座石門，主體為三道拱門，以拉蒙出產的石灰岩製成，並配上銅製的屋頂，中央拱門上有座公牛像，那是雪曼最喜歡的公牛「雪曼」（Sherman），這無疑是魯特的巧思。雖然多年來，不再有肉豬走上飼養場稱為「嘆息橋」的巨大木坡道，但這座大門至今仍是芝加哥著名地標。

魯特也娶了飼養場主管的女兒，但這樁婚事並不順利。他替飼養場總裁約翰・沃克（John

Walker）設計房子，並遇見了沃克的女兒瑪麗（Mary）。他們交往時，她染上了肺結核，而病情不幸迅速惡化，明眼人都看得出新娘子的時日無多，但魯特仍忠於婚約。兩人的婚禮在魯特設計的房子中舉辦。他們的詩人朋友哈里葉・門羅[34]和其他賓客靜靜等待著新娘出現在樓梯上。門羅的姊姊朵拉（Dora）是新娘唯一的伴娘。「大家等不到人都嚇壞了。」哈里葉・門羅說，「但最後，新娘總算攙扶著父親手臂走了出來，像剛落地的白色鬼魂，喔，她拉著緞面裙襬，怯生生地緩步走下宏偉的樓梯，來到落地窗旁，外頭百花綻放，枝蔓糾纏。那畫面異常哀傷。」魯特的新娘臉色蒼白，身形乾瘦，誓言也說得有氣無力。哈里葉・門羅寫道：「她的喜悅啊，彷彿置於骷髏上的珠寶。」[12]

六週後，瑪麗・沃克・魯特過世了。兩年後，魯特娶了伴娘朵拉・門羅，她的詩人妹妹恐怕也因此心碎。哈里葉・門羅深愛著魯特，這點無所爭議。她住附近，經常造訪兩人位在亞斯特街連棟別墅的家。一八九六年，她出版了一本魯特的自傳，內容連純潔的天使看了都會臉紅。後來，她在回憶錄《一個詩人的一生》（*A Poet's Life*）中描述魯特和姊姊的婚姻「十分圓滿，我看著他們倆，便希望自己能同樣幸運地獲得幸福，絕不將就」[13]。但哈里葉一輩子都沒找到另一半，因此將一生貢獻給了詩，最後創立了《詩刊》（*Poetry*）雜誌，幫助艾茲拉・龐德[35]成為全國著名詩人。

魯特和伯南事業蒸蒸日上。委託如雪片般飛入事務所，其中一個原因是魯特解決了古今建築師在芝加哥這塊土地上所面對的難題。解決之後，儘管地理條件不佳，芝加哥仍成為了摩天大樓的誕

34 哈里葉・門羅（Harriet Monroe, 1860-1936），美國詩人、編輯和文評家，以一九一二年創辦《詩刊》雜誌聞名。這本雜誌給予美國詩人一個大展身手的舞臺，間接培養無數詩人。

35 艾茲拉・龐德（Ezra Pound, 1885-1972），美國詩人，意象主義代表人物，身為編輯和評論家，鼓勵了不少有潛力的作家，在現代文學具相當影響力。

生地。

一八八〇年代，芝加哥急劇成長，地價也瞬間攀升到無人能想像的地步，尤其是城內街車線所圍成的市中心區域「環線區」(Loop)。芝加哥地價上升之後，地主便想辦法增加投資報酬率。天空便是答案。

建築高度最大的阻礙是人，因為十九世紀時，人吃也吃不好，根本爬不了多少樓梯，幸好後來電梯問世，解決了這項問題，而愛里沙·格雷佛·奧的斯[36]同時發明了安全機制，讓電梯不再因意外墜落。然而阻礙不只如此。最根本的問題是芝加哥的土質，一名工程師表示：「若論打地基的難度，恐怕全世界都比不上芝加哥。」[14]芝加哥的岩床位於地下約四十米處，以一八八〇年代的工程技術而言，挖那麼深既不經濟，也不安全。地表到岩床間的沙土和紅土蘊含飽滿的水分，工程師稱之為「溼黏土」(gumbo)。即使蓋小房子，溼黏土仍會因受重而壓縮。建築師設計時，按慣例會將連接房屋一樓的外部走道蓋得比地面高十公分，希望房子完工下沉之後，走道會自然和路面接合。

當時解決土壤問題只有兩種方式。放棄蓋高樓，索性蓋矮房子，或運用沉箱工法將地基打在岩床上。採取沉箱工法的話，工人必須挖掘深井，鞏固井內的牆面，並灌入空氣，利用空氣高壓阻擋住水。過程中，工人經常因減壓症而喪命，當時此工法只有造橋建築師會使用，因為他們別無選擇。最著名的例子是約翰·奧古斯都·羅布林[37]，他運用沉箱工法建造了布魯克林大橋，但美國第一次用此工法其實是在一八六九年到一八七四年間，當時詹姆士·B·伊茲[38]在聖路易建造一座橫跨密西西比河的橋。伊茲發現，工人深入到地下十八公尺時，身體便會出現減壓症，此深度僅為芝加哥深井的一半。最後，在密西西比河東岸工作的建橋工人總共三百五十二人，其中十二人因壓力病症喪生，兩人終生殘廢，另有六十六人受傷，傷亡機率逾百分之二十。

但是，芝加哥地主想要獲利，而在市中心，要獲利便要蓋得更高。一八八一年，麻州投資者彼德・查頓・布魯克三世（Peter Chardon Brooks III）委託伯南和魯特事務所建造一棟破高度紀錄的辦公大樓，他打算將這棟大樓命名為蒙托克大廈。他之前已重金聘請他們在市中心建造了七層樓高的格蘭尼斯大樓。伯南曾表示，在格蘭尼斯大樓上，「我們總算大展身手……那棟建築令人嘆為觀止。全城的人都去參觀，也為之驕傲」。[15]格蘭尼斯大樓完工後，他們將事務所辦公室搬到頂樓，雖是事後諸葛，但此舉差點害死他們。布魯克希望這棟全新的辦公大樓要再高一半。他說：「如果土壤撐得住的話啦。」[16]

沒過多久，這對建築師搭檔便受不了布魯克了。他嫌東嫌西，百般吝嗇，而且毫不在意外觀，認為大樓只要能用就好。路易士・蘇利文的至理名言「形式追隨功能」，還比布魯克的囑咐晚上好幾年。布魯克寫道：「整棟建築是要拿來用的，不是拿來當裝飾的。建築的美感，應該反應在實用上。」外觀不該有像石像或山牆的裝飾，因為裝飾會積灰塵。他希望管子全裸露在外。「埋管根本是個錯誤，管子該露就露，必要的話好好漆一漆也就是了。」他省錢省到連大樓廁所都不放過。魯特原本在洗手檯下設計了櫃子。布魯克馬上反對，因為「櫃子會生灰塵、養老鼠。」[17]

建造蒙托克大廈，最棘手的是地基。魯特起初打算用一八七三年起，芝加哥建築師建造一般建

36 愛里沙・格雷佛・奧的斯（Elisha Graves Otis, 1811-1861），美國奧的斯電梯公司創立人，於一八五三年紐約世博會發表電梯安全機制。電梯普及後，也讓摩天大樓不再是夢想。

37 約翰・奧古斯都・羅布林（John Augustus Roebling），德裔美籍土木工程師，以設計鋼索吊橋聞名，最知名的作品為紐約布魯克林大橋。

38 詹姆士・B・伊茲（James B. Eads, 1820-1887），知名美國土木工程師和發明家，擁有逾五十項專利。他所建造的伊茲橋（Eads Bridge）是一座橫跨密西西比河，連結密蘇里和伊利諾的大橋，建於一八七四年，為世界首座全鋼骨結構大橋。

築所採用的工法。工人會在地下室地面將石頭堆成金字塔形，金字塔寬闊的底部會分散重量，減少下沉；尖頂則會承載並支撐全棟的基柱。但是，要撐住高達十層樓的石頭和磚塊，恐怕得在地下打造出吉薩金字塔群，屆時，地下室將堆滿石頭。布魯克馬上反對，他希望地下室能空出來放鍋爐和發電機。

魯特想到解決辦法時，肯定沒料到答案竟如此簡單。他打算挖到「硬盤層」(hard-pan)，也就是較堅固的黏土層，然後在那裡建一個近六十公分厚的水泥底座。工人會在底座上鋪好一層鐵桿，接著再垂直疊上另一層鐵桿。完成之後，他們會將**鐵格床**（grillage）灌漿，注入波特蘭的水泥，打造出一個堅固的水泥巨筏，魯特稱之為**浮動基底**（floating foundation）。其實他所說的是一塊人造基床，蓋好之後，基床便會是地下室的地面。布魯克喜歡這主意。

又新又高的蒙托克大廈一蓋好，壯觀雄偉，難以形容。蒙托克是第一棟有「摩天大廈」(sky-scraper）之稱的建築，沒人知道這詞是誰發明的，但非常適合。「就像提到哥德式大教堂，便想到夏特主教座堂[39]。」芝加哥建築師和評論家湯瑪士．塔馬吉[40]寫道，「講到商業高樓，便想到蒙托克大廈。」[18]

此時正值建築發明的全盛期。電梯愈來愈快，也愈來愈安全。玻璃匠也逐漸能做出更大面的平板玻璃。洛林和詹尼事務所中的威廉．詹尼是伯南建築生涯第一位雇主，他設計了史上第一棟以金屬梁柱承重的建築，支撐主體從外牆轉移到鋼鐵製成的骨架。伯南和魯特明白，詹尼的發明打破了建築高度最後的限制。他們以此工法建造出一棟比一棟高的建築，城市天際住著一群新崛起的商人，有人稱他們為「崖居人」(cliff-dwellers)。林坎．史蒂芬[41]寫道，這些人「辦公室必求空氣清新，視野遼闊，景致優美，並在商業核心中鬧中取靜」。[19]

伯南和魯特變成有錢人。不像普爾曼那麼有錢，也無法躋身到像波特・帕默[42]和菲利普・阿穆爾等一級名流之列，城裡的報紙也不會特別報導妻子身上的禮服，但兩人都沒料到自己能如此富有，伯南每年還有錢買一桶馬德拉酒[43]，在貨船上多繞世界兩圈陳放。

隨著事務所成功，合夥人各自的個性也愈見鮮明。伯南是個有才華的藝術家和建築師，但他最擅長的是贏得客戶的心，並完美地執行魯特優雅的設計。伯南相貌英俊，身材強壯高大，雙眼湛藍清透，客戶和朋友會像穿過透鏡的光線一般，不自覺聚集到他身旁。「丹尼爾・哈德森・伯南是我見過最帥的男人。」[20]後來主導帝國大廈工程的保羅・斯塔瑞[44]表示。他在一八八八年加入伯南和魯特事務所，協助各方面的工作。「不難看出他為何能得到委託。他光舉止和外表就贏一半了。尋常的話從他口中說出都變格外重要、令人信服。」斯塔瑞記得自己曾為伯南的忠告動容：「要計畫就要有野心。小計畫沒有讓人熱血沸騰的魔力。」[21]

39 夏特主教座堂（Chartres Cathedral）位於巴黎西南方的夏特市，原為羅馬式建築，但數度遭到火災摧殘，現存的教堂建於一一九四至一二二〇年間，屬於哥德式建築代表作，法國多數主教座堂都以此教堂為藍本。

40 湯瑪士・塔馬吉（Thomas Talmadge, 1876-1940）美國建築師，曾在伯南底下學習，並創造了「芝加哥派」（Chicago School）一詞來形容商業大樓的建築風格。後來以「草原派」（Prairie School）建築作品最為知名。

41 林坎・史蒂芬（Lincoln Steffens, 1866-1936），知名紐約記者，擅於調查城市貪汙，揭發醜聞，「扒糞運動」代表人物，曾於《麥克盧爾》（*McClure's*）雜誌發表一系列文章，後集結成《城市之恥》（*The Shame of the Cities*）。

42 波特・帕默（Potter Palmer, 1826-1902），芝加哥商人，原經營日用品雜貨店，主要客群瞄準女性。後期與馬歇爾・菲爾德和李維・賴特（Levi Leiter, 1834-1904）合夥，最終公司發展為中西部知名百貨公司馬歇爾・菲爾德百貨。

43 馬德拉酒（Madeira）是葡萄牙馬德拉群島所產的加強葡萄酒，種類繁多，可做為單飲開胃酒或用來搭配甜點。

44 保羅・斯塔瑞（Paul Starrett, 1866-1957），美國知名建築家，在紐約成立斯塔瑞兄弟營造公司，曾負責建造帝國大廈和熨斗大樓。

伯南知道魯特是事務所藝術之源。他相信魯特天賦異稟，能在眨眼間憑空想像出整棟建築物。「我從沒見過誰能像他一樣。」伯南說，「他會忽然出神，眼神空洞，不發一語，那一瞬間，整棟建築便會矗立在他面前，一磚一瓦都歷歷在目。」[22]他同時知道，魯特對於建築實務興趣缺缺，也不會為了增加案源，去芝加哥俱樂部（Chicago Club）和工會聯盟俱樂部（Union League）拉交情。

週日早晨，魯特都會去長老會教堂彈管風琴，也會替《芝加哥論壇報》撰寫歌劇劇評。他所學甚廣，哲學、科學、藝術、宗教都有所涉獵。芝加哥上流社會人人都知道他對任何主題都能侃侃而談，而且言談幽默風趣。「他相當能言善道。」友人說，「他彷彿什麼都懂，而且還不只是皮毛。」[23]他也有狡黠幽默的一面。有次週日早晨，他彈管風琴時表情特別正經。過了好一會才有人發現他在彈兒歌〈趕蒼蠅〉（Shoo Fly）。伯南和魯特一起時，一名女子如此形容：「以前他倆總讓我想到一棵大樹，旁邊轟雷劈空的畫面。」[24]

兩人都認同並尊重對方的專業，工作起來十分和諧，歷史學家評論指出，兩人分工合作，相輔相成，像「屠宰場」一樣精準，這比喻十分恰當，因為伯南不論工作或人際上，都與牲畜飼養場密切相關。非但如此，伯南創造的辦公室文化領先了全世界一百年。他在辦公室內設立了健身房。午休時間，員工會一起玩手球。伯南還開設了擊劍課。魯特也會在租來的鋼琴上即興彈奏。「辦公室堆滿做不完的工作。」斯塔瑞說，「但和我過去待過的辦公室相比，那地方氣氛輕鬆自在，並以人為本。」[25]

伯南知道，光憑單打獨鬥絕對無法達到他和魯特的成就。兩人合作能面對更艱難大膽的挑戰，畢竟當時建築師經常嘗試新工法，建築高度和重量又不斷遽增，失敗的話，造成的災難自然不可同日而語。哈里葉．門羅寫道：「兩人各自的工作對彼此來說愈來愈不可取代。」[26]

不只事務所，芝加哥也慢慢在成長。都市規模不斷擴大，一棟棟高樓拔地而起，社會豐足富饒，但同時城市也變得更加髒亂黑暗，危機四伏。煤渣紛飛的烏煙薰黑了街道，大大影響能見度，而冬日煤燒得更凶，情況尤為嚴重，有時舉目望去只見得到街角。火車、纜線車、電車、馬車川流不息，馬車種類繁多，包括薩里馬車、蘭道馬車、維多利亞馬車、布洛姆馬車、飛騰馬車和靈車[45]，每一輛車的車輪都包覆鐵皮，如無數環形的鐵槌，不斷撞擊路面。刺耳的鏗鏘聲響不絕於耳，半夜才會稍微停歇，夏夜家家戶戶都會開窗透氣，噪音更吵得令人難以入眠。貧窮的社區垃圾會高高堆在巷弄，大型垃圾筒中的垃圾都滿溢於地，淪為老鼠和蒼蠅盛宴。數十億隻蒼蠅薨薨飛舞。狗屍、貓屍和馬屍隨地可見。一月，屍體凍結於地，更顯一地淒涼。八月，屍體腫脹腐化，最後血肉多半流入城市的商業血脈——芝加哥河。大雨時分，河水注入密西根湖，在湖面形成如一條長羽般的油膩紋路，湖中有一座座小塔，塔下方抽水管會汲取湖水，作為都市飲用水。下雨之後，沒鋪碎石的道路會散發濃郁的臭氣，花崗石磚間會積滿馬糞、泥濘和垃圾，像傷口流出的膿水。遊客來到芝加哥，

45　薩里馬車（surrey）是四輪無門馬車，設有兩張朝前的雙人座椅，在美國最為盛行，名稱來自英國原產地；蘭道馬車（Landau）是四輪的敞篷馬車，座位可供四人對坐，低門的設計讓乘客和衣著一覽無疑，屬於城市馬車中最豪華的一種，名稱來自德國原產地；維多利亞馬車（victoria）為法式馬車，僅有一排兩人座位，並設有車篷，女士間流行聘請一個體面的馬車夫，乘此馬車出遊，名稱據傳是英王愛德華七世引進英國時，以維多利亞公主命名；布洛姆馬車（brougham）是輕型的四輪馬車，設有方型封閉式的雙門車廂，一般僅供兩人乘坐，名稱來自馬車訂製者布洛姆男爵（Henry Peter Brougham, 1778-1868）；飛騰馬車（phaeton）是敞篷式輕型四輪馬車，供雙人乘座，輪子特別大，座位設有避震設計，速度飛快，因此以希臘神話任性駕駛太陽車的法厄同（Phaëthon）為名；靈車（hearse）是長方形四輪馬車，車廂用來放置棺木或骨灰罈。

一則為之驚嘆，一則為之驚恐。法國編輯歐達夫・余詹[46]稱芝加哥「那城市複雜紛繁，豪奢放逸，滿是罪惡」[27]。出版商和作家保羅・林道[47]則形容芝加哥如「一面西洋鏡，反映世間駭人之事，卻又格外真實。」[28]。

伯南熱愛芝加哥，因為城裡提供不少機會，但他漸漸對這座城起了戒心。一八八六年，他和瑪格麗特已生了兩個女兒和三個兒子。二月，么子丹尼爾（Daniel）才剛誕生。那年伯南在大家稱為「郊區之雅典」的小鎮艾凡斯頓，買了一座寧靜的湖畔老農莊。房子共兩層樓，十六間房，四周「枝繁葉茂，老樹圍繞」，長方形的土地延伸到湖邊。雖然妻子和岳父反對，他仍毅然買下此地，等交屋後才告訴母親自己打算搬家。事後，他寫了封信跟她道歉。他解釋道：「我這麼做是因為我再也不忍心讓孩子待在芝加哥街頭……」[29]

伯南和魯特的成功雖然得來容易，但兩人確實也面臨過命運的考驗。一八八五年，一場大火燒毀了他們的代表作品格蘭尼斯大樓。火災時，其中一人仍在辦公室，並在大火中衝下樓梯，設法逃了出來。他們後來搬到魯克里大廈頂樓。三年後，他們在堪薩斯的旅館工程發生崩塌，造成一死多傷。伯南悲痛不已。市政府進行了死因研訊，想釐清事故是否和建築設計相關。伯南職業生涯第一次遭受輿論攻擊。他寫信給妻子說：「不論報紙怎麼說，妳都不用為此事擔心。社會大眾肯定會出聲譴責，挺過之前，我們定會碰上無數麻煩，面對這一切，我們要坦坦蕩蕩，直接扛下責任，不要說謊。」[30]

他大受打擊，尤其他的專業度大受官方質疑，那些人他也素未謀面。崩塌三天後，他寫信給瑪格麗特：「死因裁判官根本是個討人厭的庸醫，是個迂腐、無腦的政客，讓我無比煎熬。」伯南心裡難受又孤單，想回家了。「我想回家，重新安安靜靜和妳過日子。」[31]

這段時間，又發生了第三次打擊，但性質不大一樣。雖然芝加哥打響了名聲，成為工業和商業繁榮之都，但各界大人物認為紐約最瞧不起芝加哥的便是它缺乏文化資產。為了彌補這點，芝加哥大人物費迪南・W・佩克[48]提議建造一棟音樂廳，不但空間要大，音場也要好，更期望能以此堵住東岸人的嘴，順便賺點錢。佩克想在巨大的音樂廳外再建造一個更大的外殼，設置旅館、宴會廳和辦公室。芝加哥有間餐廳叫金士里餐廳（Kinsley's），地位相當於紐約最頂級的德莫尼柯餐廳（Delmonico's），當時一票建築師在此聚餐，他們不但同意這是芝加哥史上最重要的建築案，更認為伯南和魯特是此案的不二人選。伯南也這麼認為。

然而，佩克最終聘請了芝加哥建築師丹克馬・艾德勒[49]。佩克明白，建築物再怎麼雄偉，如果音場不好，都將成為失敗品。要說誰曾完美掌握音場設計的技術，艾德勒是唯一的人選。「伯南心裡很不高興。」[32]路易士・蘇利文寫道，他此時是艾德勒的合夥人。「約翰・魯特也不怎麼開心。」魯特看到音樂廳最初的設計稿時，他說蘇利文看來打算「用裝飾毀了另一個門面」。[33]

打從一開始，兩家事務所關係便十分緊張，不過沒人料到，蘇利文最後會不留情面地譏諷伯南這輩子最偉大的成就，接著沉淪在酒精和懊悔之中，毀了自己的職業生涯。此時，那份緊張關係仍

46 歐達夫・余詹（Octave Uzanne, 1851-1931），法國作家、出版人和記者。他最知名的貢獻為研究十八世紀作者，並出版了過去未出版的著作，包括波特萊爾（Charles Baudelaire）和薩德侯爵（Marquis de Sade）等人的作品。

47 保羅・林道（Paul Lindau, 1839-1919），德國作家、劇作家和評論家。

48 費迪南・W・佩克（Ferdinand W. Peck, 1848-1924），芝加哥知名商人和慈善家，他在教育局服務，也曾成立伊利諾人道協會，幫助弱勢孩童。

49 丹克馬・艾德勒（Dankmar Adler, 1844-1900）是建築師和土木工程師，和蘇利文合夥期間，建造許多芝加哥摩天大廈，是芝加哥派建築的代表人物。

不明顯，像是一股振動，或像鋼筋承載過重，無聲地發出尖鳴。追根究柢，兩人不對盤是因為對於建築的本質和目的看法有所分歧。蘇利文自認自己是藝術家和理想家。他自傳總以第三人稱書寫，並形容自己是「一個真誠的人，全心全意擁抱藝術、哲學、宗教和自然之美，並積極探索人類的本質，深深相信善良的力量」[34]。他稱伯南為「巨賈」，一心只想建造最大的、最高的、耗費最貴的建築。「他為人笨拙、不知變通、口不擇言。」[35]

音樂廳在一八八七年六月一日開工，完工後美輪美奐，成為美國當時最巨大的私人建築物。劇院擁有四千個座位，比紐約大都會歌劇院還多一千兩百個座位。而且能利用風吹過冰的系統，為場內提供冷氣。四周的建築中有商業辦公室、一間寬敞的宴會廳和擁有四百間豪華房間的旅館。一個德國的旅人回憶，他只要在床頭牆上轉撥號盤，就能要到毛巾、文具、冰水、報紙、威士忌和擦鞋服務。這便是今日芝加哥的會堂大廈，也是當時芝加哥最受讚譽的建築物。美國總統班傑明・哈里森（Benjamin Harrison）親自出席開幕典禮。

事後回想，這幾次的挫敗對伯南和魯特來說根本不值一哂。因為更可怕的事還在後頭，但是，在一八九〇年二月十四日世博會投票日當天，這對合夥人彷彿注定成功一輩子。

《論壇報》外一片寂靜。群眾需要時間消化消息。一個留一叢大鬍子人首先有所反應。他之前發誓芝加哥獲得主辦權之後才要刮鬍子。他走上旁邊聯合信託公司銀行樓梯，到最高處之後，大聲歡喝，有個目擊者說那彷彿是火箭升空的轟然巨響。其他人紛紛加入，不久，兩千名男男女女和年幼的電報投遞員及報童一同爆出歡呼，聲音如潮水湧過山谷，迴盪在磚石和玻璃間。報童衝出去報號外時，全城的電報投遞員也從郵電公司和西聯電報公司衝出，跳上他們的波普牌「安全式」腳踏車，一人去了太平洋大旅館，另一人去帕默旅館，其他人則分別去黎胥留旅館、會堂大廈、威靈頓旅館、密西根大道和草原大道的豪宅、芝加哥俱樂部、世紀俱樂部、工會聯盟俱樂部，還有高檔的妓院，尤其是卡莉・華生[50]的妓院，那裡有著數不清的年輕佳麗和喝不完的香檳。

一個電報投遞員穿越黑夜，來到一條沒設街燈的僻靜小巷，巷中飄著水果腐敗氣味，後頭街道上瓦斯燈的聲音愈來愈微弱。他走到一道門前，伸手敲門，並走了進去，裡面坐滿了男人，有的年輕，有的年長，全場人聲沸騰，彷彿沒一張嘴閒著，有幾個人已喝得酩酊大醉。房中央放著一口棺材充當著吧檯，燈光昏暗，牆上骷髏頭中透出瓦斯燈的光芒。房中四處也都散落著骷髏頭。牆邊還掛著絞刑繩、各式武器和沾染血跡的毛毯。

看到那些玩意兒，我們大概能猜到這就是白教堂俱樂部的所在地了，白教堂區是倫敦貧民窟，開膛手傑克兩年前曾在那裡大開殺戮。會長的正式頭銜便是「開膛手」。會員主要是記者，他們會將城市街頭發生的謀殺案帶來俱樂部裡討論。牆上的武器都是真實的凶殺案凶器，由芝加哥警方提供。骷髏頭是來自一個附近精神病院的精神科醫師。毛毯是會員帶來的，那是他追一則軍隊和蘇族戰爭的報導時拿到手的。

白教堂俱樂部的人一知道芝加哥贏得世博會主辦權，馬上寫了封電報給錢西・德普。德普比任何人都能代表紐約，也是爭奪世博會主辦權的中心人物。他之前曾答應白教堂俱樂部的人，如果芝

50 卡莉・華生（Carrie Watson）十八歲開始在妓院工作，後來累積了資金，於一八六九年接手他人的妓院，一八七三年整建後成為三層樓高級妓院，以豪華奢侈著稱，雇用超過六十名妓女。

加哥勝出，他會親自參加白教堂俱樂部下一次聚會，讓「開膛手」開腸剖肚。他覺得應該是比喻，不過在白教堂俱樂部的話，誰能說得準呢？例如，俱樂部內的棺材曾裝過一個自殺的會員。他們裝好屍體之後，把棺材搬到密西根湖畔的印第安納沙丘，並在那裡架了個巨大的柴堆。他們將他的屍體放到上面，點火替他火葬。他們穿著黑色披帽長袍，手拿火炬，一面繞著火堆走，一面吟唱聖歌，不時喝幾口威士忌。白教堂俱樂部還有個習俗，他們會派穿長袍的會員去綁架要出席的貴賓，把他們拖入黑馬車中，馬車上的窗子全都封死，所有人全程一句話也不吭。

投票結果出來二十分鐘後，人在華盛頓的德普收到了白教堂俱樂部的電報，芝加哥國會代表團此時已前去白宮附近的威拉德旅館慶祝。電報上問道：「何時能在我們的解剖臺上看到你？」[36]

德普馬上回覆：「悉聽尊便，今日事情已告一段落，我隨時能貢獻身體，為芝加哥科學發展盡一分心力。」

雖然德普氣度好，願賭服輸，但他不確定芝加哥人是否真的了解這次的挑戰。「震撼古今的博覽會才成功在巴黎劃下句點。」他向《論壇報》表示，「不管你們做什麼，都會拿來和巴黎相比。如果評價能並駕齊驅，便可算成功了。如果評價超越前人，可謂大獲全勝。如果比不上，就要負起全責，全美人民都會認為你們不自量力。」

「切勿大意。」他警告，「保重！」[37]

芝加哥立即成立了官方單位「世界博覽會公司」，負責籌資打造世博會。官方默默認定伯南和魯特為總建築師。巴黎世博會之後，重建國家自信和聲望的重責大任落在芝加哥肩頭，而芝加哥態度謹慎，堅定地將棒子交給身在魯克里大廈頂樓的兩人手中。

失敗的後果不堪設想。如果世博會失敗，伯南知道國家會受辱，芝加哥會蒙羞，他的事務所將關門大吉。伯南不論到哪，他的朋友、編輯、俱樂部會員都跟他說，全國人民都引頸期盼，希望這場世博會不但令人嘆為觀止，更能打破各項紀錄。當初光建造會堂大廈便耗費近三年的時間，路易士·蘇利文身體更差點撐不住。如今伯南和魯特卻必須在差不多的時間之內打造一整座城市。何況，還不是一座普通的城市，這座城市要比巴黎世博會更雄偉壯麗。不只如此，世博會還得賺錢。對芝加哥的大人物而言，盈利關乎個人和公民榮譽。

以傳統建築標準來看，這項挑戰根本不可能達成。單打獨鬥的話，兩人都不可能成功，但伯南相信，他和魯特意志堅強，組織和設計能力相輔相成，只要同心協力一定能成功。他們曾一同對抗地心引力和芝加哥軟爛的黏土，並永遠改變都市的生活。現在他們將一起打造世博會，改變歷史。成功勢在必行，因為沒有失敗的餘地，但挑戰依舊十分艱鉅。德普對世博會也發表了評論，雖然不久便失去關注，但妙語生花的他總能一語中的。「芝加哥現在像娶了一個有十二個小孩的老婆。」他說，「麻煩才正要開始。」[38]

不過，就連德普也沒料到伯南和魯特所能匯聚的巨大力量。此時，他和兩人最關心的是最基礎的兩個面向——金錢和時間。這兩點便夠棘手了。

剩下的事大概只有作家愛倫·坡能夢到吧。

作者資料出處和補充註解

1 *It was this big talk*: Dedmon, 221.

2 “*the hawks, buzzards*: *Chicago Tribune*, July 24, 1889.

3 “*The men who have helped*: *Chicago Tribune*, August 2, 1889.

4 “*The gloom*: *Chicago Tribune*, February 24, 1890.

5 “*Gentlemen. I am prepared*: Ibid.

6 “*the records of the Old Central*: Hines, 402.

7 “*I went to Harvard*: Ibid., 11.

8 “*greatest architect*: Ibid., 12.

9 “*There is a family tendency*: Miller, 315.

10 “*My idea*: Sullivan, Louis, 285.

11 “*There is a black sheep*: Letter, Daniel Hudson Burnham, Jr., to Charles Moore, February 21, 1918, Burnham Archives, Charles Moore Correspondence, Box 27, File 3.

12 “*A long wait frightened us*: Monroe, Poet’s Life, 59.

13 “*so completely happy*: Ibid., 60.

14 “*probably not equaled*: Miller, 321.

15 “*our originality*: Moore, *Burnham, Architect*, 1:24.

16 “if,” *he said*, “*the earth*: Ibid., 1:321.

17 “*The building throughout*: Ibid.

18 “*What Chartres was*: Hines, 53.

19 “*who will not have an office*: Miller, 326.

20 “*Daniel Burnham Hudson was*: Starrett, 29.

21 “*Make no little plans*: Ibid., 311.

22 “*I’ve never seen*: Miller, 319.

23 “*His conversational powers*: Ibid., 316.

24 “*I used always to think*: Ibid., 317

25 “*The office was full*: Starrett, 32.

26 “*The work of each man*: Miller, 318.

27 “*that Gordian city*: Lewis, 19.

28 “*a gigantic peepshow*: Ibid., 136.

29 “*I did it*: Burnham to mother, undated, Burnham Archives, Burnham Family Correspondence, Box 25, File 2.

30 “*You must not worry*: Burnham to Margaret, February 29, 1888, Burnham Archives, Burnham Family Correspondence, Box 25, File 3.

31 “*The coroner*: Burnham to Margaret, March 3, 1888, ibid.

32 “*Burnham was not pleased*: Sullivan, Louis, 294.

33 “*smear another façade*: Morrison, 64.

34 “*an innocent*: Sullivan, Louis, 291.

35 “*He was elephantine*: Ibid., 288.

36 “*When may we see you*: *Chicago Tribune*, February 25, 1890.

37 “*The most marvelous exhibit*: Ibid.

38 “*Chicago is like*: *Chicago Tribune*, February 27, 1890.

必要的材料

一八八六年八月某天早上，如孩子突然發燒一般，街上的熱氣快速升起，一個自稱H・H・賀姆斯（H. H. Holmes）的人走入芝加哥的某個車站。空氣汙濁悶滯，混合著爛桃、馬糞的酸臭，還有一部分來自伊利諾州的煤煙味。六輛火車頭停在機廠，朝著早已昏黃的天空排出蒸氣。

賀姆斯買了張車票前往位於雷克鎮的英格塢，鎮北緊鄰芝加哥，全鎮人口約二十萬人。城鎮四周的土地都屬於聯合飼養場，還有兩座大型公園。一座是華盛頓公園，園內有草坪、花園和熱門的賽馬場；一座是傑克森公園，算是一塊湖邊棄置多時、毫無開發的荒地。

儘管天氣悶熱，賀姆斯仍打扮光鮮亮麗，清新俊逸。他走過車站時，年輕女子的目光如花瓣飛落他身上。

他步伐充滿自信，衣冠楚楚，給人家境富裕、成就非凡的印象。他此時二十六歲，身高一百七十二公分，體重僅七十公斤，[1]一頭黑髮，雙眼藍得出奇，可比催眠師。「那雙眼又大又明亮。」一個叫約翰・L・卡本（John L. Capen）的醫師後來表示。「眼珠是藍色的。如同各行各業的偉人，最可怕的殺人犯也都有雙藍眼睛。」[2]卡本也注意到他有片薄唇和濃密的黑色八字鬍。不過，他發現

最令人驚訝的是他的耳朵。「他的耳朵小得出奇，耳尖形狀像薩特[51]的古雕像，象徵邪惡和墮落。」卡本總結寫道：「他的模樣格外清秀。」

對還不知道他癖好的女人來說，他外貌清秀，充滿魅力。他總會打破人和人之間親密的距離。他站太近，凝視太專注，手腳不安分，雙手會留連在女人身體上。女人卻因此為他傾心。

他踏下火車，走進英格塢的中心，花了點時間觀察環境。他站在六十三街和瓦利斯街交叉口，路口電線桿上安裝著二四七五號防火箱。[3]遠方，有一排三層樓的房子仍在施工。他聽到鐵槌此起彼落的咚咚聲響。街道旁新種的路樹如軍人般整齊排列，但在熱浪和霧霾中，更像滴水未沾的沙漠部隊。空氣溼悶，新鋪的碎石路散發一股燒甘草的氣味。街角有家店招牌上寫著「E．S．荷頓藥局」。

他邁開步伐，走上了南北向的溫特沃斯街，這是英格塢的主要商業大街，道路上擠滿馬匹、運貨馬車和飛騰馬車。接近六十三街街口時，他經過了消防局，駐紮在此的是五十一號消防隊，隔壁便是警察局。幾年後，對殺人案毫不知情的鎮民寫下這麼一段敘述：「飼養場那一帶有時會需要警力支援，但英格塢一向風平浪靜，警察幾乎不需要露面，只需偶爾晃到郊外寧靜的牧場上，查看牛隻是否平安即可。」[4]

賀姆斯回到瓦利斯街，剛才他看到了荷登藥局的招牌。街口鋪有鐵軌。一個管理員在大太陽下瞇眼注意著火車，每隔幾分鐘，他會降下平交道柵欄，讓另一輛火車轟轟飛逝而過。藥局位在瓦利斯街和六十三街口的西北角。隔著瓦利斯街，對面有一片偌大的空地。

賀姆斯進到藥局裡，[5]看到一個老婦人，她是荷頓太太。他像嗅到女人香水味一樣感到她的脆弱。他表明自己是醫生，擁有藥劑師執照，問婦人店裡需不需要人幫忙。他語氣溫和，笑容可掬，以真誠的藍色雙眸凝視著她。

他很健談，不久她便向他傾訴了心中最深的哀愁。他丈夫在樓上的公寓裡，得了癌症，時日無多。她坦言，一邊照顧他，一邊打理藥局，壓力相當沉重。

賀姆斯聽著聽著眼眶濡溼。他伸手摸了摸她的手臂。他說，他能減輕她的負擔。不只如此，他能重振藥局，打倒另一個街口的競爭者。

他的目光湛藍清澈。她跟他說，她必須和丈夫商量。

她走上樓。那天天氣炎熱。蒼蠅停在窗框上。街口另一輛火車轟然經過。窗外煤渣和黑煙飛揚，像一面髒汙的薄紗。她會跟她丈夫商量，是的，但他快死了，目前店也都是她在打理、她在負責，於是她直接下了決定。

那年輕醫生給她一股滿足感，她很久沒這種感覺了，光想到此，她便不再猶豫。

賀姆斯以前來過芝加哥，但那次只短暫停留。他後來表示，芝加哥令他印象深刻，這點倒是出乎意料，因為基本上他鮮少感到驚訝或感動。他看待活動和人跟兩棲動物看待移動的物品一樣。他

51 薩特（Satyr）是希臘神話中酒神的隨從，通常有著馬耳、馬尾和馬腿。法翁（Faun）是羅馬神話中有著山羊耳、山羊尾和山羊腿的生物。說希臘文的羅馬人常用「薩特」來稱呼「法翁」，最後結合了兩者。他們都是放縱肉慾、愛好飲酒作樂的林地之神。

會先確認距離，接著評估價值，最後決定是否動作。最終，他下定決心前來芝加哥時，用的仍是原名「赫曼．偉伯斯特．馬吉特」（Herman Webster Mudgett）。

和大多數人一樣，他最初感受到的是瀰漫芝加哥聯合飼養場地區的驚人惡臭，焚風吹拂下，腐氣和焚燒毛髮臭味迎面撲來。「那是股原始的氣味。」厄普頓．辛克萊[52]寫道，「天然粗獷，濃郁、刺激又強烈，甚至帶點酸腐味。」[6]大多數人覺得噁心。但少數人會覺得精神一振，因為他們習慣在辛克萊所說的「死亡之河」[7]中打滾。換言之，飼養場替他們賺進大把銀子。故事要說得精采的話，當然要說馬吉特因為感受到死亡和血腥的氣息才決定在此落腳，但這並非事實，他選擇芝加哥是因為這座城市充滿包容力，行為怪異的他總算找到安身之所。他出生在保守的新罕布夏州吉爾曼頓，童年就讀吉爾曼頓小學，當時他只是個體形瘦小，行為古怪，格外聰明的孩子，而理所當然，在同學殘忍的腦中，他便是玩弄的目標。

回憶中有一幕他終其一生未曾忘記。他五歲那年，父母決定送他到鎮裡的學校上學，於是他穿上了人生第一件小西裝。「我每天都必須經過鎮裡醫生的看診室，看診室的門幾乎沒關過。」他後來在回憶錄寫道，「一方面，吃藥一直是我童年的噩夢（畢竟當時沒有兒童用藥），而在我腦中，所有噁心的藥都來自那地方；另一方面，關於看診室裡的東西，我聽過各種古怪的傳言，所以我特別痛恨那個地方。」[8]

那時，醫生的看診室確實令人害怕。所有醫生其實都稱不上專業，頂多買買屍體回來研究。買屍體時，他們全都是付現，買回來也不多問什麼，感染的臟器若有有趣之處，便會切下保存在大玻璃瓶裡。看診室裡都掛了一具具骷髏，方便診斷時對照。有些不只具功能，甚至可稱之為藝術，各部位精準相扣，毫不馬虎。白骨間以黃銅相接，頭顱骨下有張親切友善的笑容，彷彿它們隨時準備喀啦喀啦走上街頭，趕下一班纜線車。

兩個年紀較大的孩子發現馬吉特的恐懼，一天便抓住他，將他拖進醫生看診室，他一路「掙扎和尖叫」。馬吉特寫道：「他們沒有因此罷休，最後我被拉到一具笑咪咪的骷髏面前，它雙手張開，彷彿準備要抓住我。」[9]

「我當時年幼，身體又虛弱，這種事不但壞心，也十分危險。」他寫道，「但沒想到這一嚇，我反而一股作氣克服了恐懼，也引起我強烈的好奇心，讓我渴望知識，多年後也讓我決定從醫。」

這事件可能是真實事件，但情境恐怕不同。兩名年長的孩子可能發現這五歲大的受害者毫不恐懼。他不但不哭不叫，還冷冷望著骷髏，看得津津有味。

他目光轉過來時，嚇跑的反而是他們倆。

吉爾曼頓是個小農村，位於新罕布夏州湖區遠郊，位置邊陲，居民收不到每日的報紙，也聽不到火車的汽笛聲。馬吉特有一個哥哥和一個姊姊。他是農家子弟，父親李維（Levi）和曾祖父都以務農為生。馬吉特的父母是虔誠的循道宗教徒，他們主要用體罰和禱告管教子女，也會把孩子關在閣樓，一天不跟他說話，不准他用餐。母親會強迫他到她房中一起禱告，聲聲顫抖、情感強烈。

52 厄普頓・辛克萊（Upton Sinclair, 1878-1968），美國作家，作品多元，著名作品為《魔鬼的叢林》（*The Jungle*）、《石油》（*Oil!*）一作也被改編成電影《黑金企業》（*There Will be Blood*）。

他認為自己是「媽寶」。[10]他大部分時間都待在房間裡，閱讀儒勒．凡爾納53和艾德格．愛倫．坡的小說，並自己發明東西。他做了一個風動機械，能發出噪音，嚇走家中田裡的野鳥，並打算打造永動機。他將最寶貝的東西放在一個個小盒子裡，其中包括他掉的第一顆牙齒，還有一張「童年小女友」[11]的照片，不過後來評論家猜測，小盒子裡藏有更多像小動物頭骨等恐怖的寶貝，他會在吉爾曼頓森林裡，將動物活生生殺死，並一一肢解。這些猜測並非空穴來風，二十世紀觀察發現，相同特質的孩子都有此傾向。馬吉特最親密的朋友名叫湯姆，年紀比他大，但孩子們在一棟廢棄房子中玩耍時，他不幸墜落喪命。[12]

馬吉特在祖父農莊的老榆木上刻下自己名字的縮寫，家人也在門柱上刻下他長高的過程。他最初還不到九十公分高。他最喜歡的消遣活動是爬到大石上，大叫聽回音。他曾幫一個「流浪攝影師」[13]跑腿，當時那人在吉爾曼頓待了一陣子。攝影師顯然是個瘸子，也很高興有人幫忙。一天早上，攝影師給馬吉特一截木頭，請他拿去給鎮上的馬車木匠換一根來。馬吉特拿回來時，他發現攝影師坐在門邊，衣不蔽體。攝影師忽然拆下自己的腿。

馬吉特驚異不已。他以前從未見過假腿，於是專注地望著攝影師，看對方將新的木條安裝到假腿上。「若他接下來用一樣神奇的方式把頭拆下，我也不會訝異。」[14]馬吉特寫道。

馬吉特的表情吸引了攝影師的注意。他以一條腿站著，跳向攝影機，準備照下馬吉特的照片。他打開快門時，他拿起假腿，朝男孩揮舞。好幾天後，他把洗好的照片給了馬吉特。

「那張照片我保留了好幾年。」馬吉特寫道，「那個赤腳、衣著樸素的瘦小孩子臉上驚恐的神情，我至今在腦海中仍歷歷在目。」[15]

在回憶錄中寫下這段邂逅時，馬吉特正在蹲苦牢，並希望藉此引發大眾的同情心。雖然這段敘述繪聲繪影，但馬吉特童年時，相機仍無法捕捉任何偷拍的瞬間，尤其對象還是個孩子。如果攝影師在馬吉特灰藍色雙眼真看到什麼，也只是一片空洞，而他也會深感遺憾，因為當時的底片永遠不可能如實記錄下來。

十六歲時，馬吉特畢業了，雖然年紀尚輕，但他謀得教師一職，先在吉爾曼頓教書，後來到了同樣在新罕布夏州的奧頓（Alton），他在那裡遇見一個叫克雷拉・A・拉芙琳（Clara A. Lovering）的年輕女子。她從沒見過像馬吉特這樣的人。他很年輕，但為人穩重。她鬱鬱寡歡時，他總有辦法逗她開心。他口才伶俐，個性溫柔，即使眾目睽睽之下，仍一直深情地碰觸她。他最大的問題是他不斷向她求愛，不是規規矩矩獻上殷勤，而是求魚水之歡。她雖然拒絕了他，但無可否認，馬吉特撩撥起她強烈的慾火，讓她對他魂牽夢縈。馬吉特十八歲時和她提議私奔。她答應了。一八七八年七月四日，他們在治安官見證下結了婚。

起初兩人恩愛萬分，儘管三姑六婆閒言閒語，拉芙琳對未來仍充滿希望，可是沒過多久，兩人的關係便迅速冷卻。馬吉特先是經常不在家，接著變每隔幾天才回家一趟。最後，他一去不回了。在新罕布夏州奧頓的婚姻登記處，兩人依舊是夫妻，婚契依然合法，只是感情早已乾枯。

53 儒勒・凡爾納（Jules Verne, 1828-1905），法國小說家、詩人和劇作家，作品充滿幻想和科幻元素，法國和歐洲視他為文學作家，他對前衛和超現實主義文學影響甚鉅，但由於翻譯的緣故，他在英美被視為是類型小說和童書作家。

馬吉特十九歲上了大學。他起初打算念達特茅斯學院，後來改變主意，直接報考醫學院。他先在位於伯林頓的佛蒙特大學申請了醫學學程，但發現那間學校太小了，讀了一年之後，他便換到位於安納保的密西根大學就讀，那是中西部首屈一指的醫學院，尤其專研於頗具爭議的解剖學。他在一八八二年九月二十一日入學。[16]他在回憶錄寫下，就讀醫學院的第一年夏天，他「這輩子第一次不老實」。[17]他在一家書商找了份工作，書商派他到伊利諾州西北部推銷書籍。他私吞利潤，並未將錢乖乖帶回公司。夏末他回到密西根。「我這一趟西行不算白費。」他寫道，「畢竟我見到了芝加哥。」[18]

他在一八八四年六月畢業，成績普通，並想找個「適合的地點」開業。為了籌錢，他又接了另一份推銷員的工作，這次替緬因州波特蘭的一家苗圃公司當推銷員。因為這份工作，他去到了自己從未去過的地方。最後他來到了紐約州的莫爾福克斯，[19]根據《芝加哥論壇報》所述，當地小學的眾理事認為「馬吉特舉止溫文有禮，令人印象深刻」，於是便雇用他為校長，等到他自己的診所開張，他才卸下校長一職。「我在這裡待了一年，認真盡責，可謂無償付出，並深受眾人感謝。」

不論他到哪裡，似乎都會出現問題。對於他的學術表現，密西根大學的教授都無話可說，但他所作所為依舊引人側目。「有些教授記得他是個無賴。」大學對外表示。「他曾和一個從密西根州聖路易來的女理髮師過從甚密，對方是個寡婦，但他最後卻違背婚約，拋棄了她。」[20]

在莫爾福克斯，據傳有個曾和他在一起的孩子不見了。馬吉特聲稱男孩已返回麻州的家中。這起失蹤案無人深入調查。沒人能想像風度翩翩的馬吉特醫師會傷害任何人，更遑論孩子了。

無數午夜，馬吉特都在住處外的街道上來回踱步。

馬吉特需要錢。教學薪水少得可憐，他的診所也沒讓他收入增加多少。他寫道：「一八八五年秋天，我生活窘困，都要餓肚子了。」[21]

就讀醫學院時，他和一個加拿大來的同學聊天時說，他們其實可以一人去買保險，指定另一人為受益人，接著利用屍體來偽造被保險人死亡。在莫爾福克斯，馬吉特想起這主意，便去找他的老同學，結果他發現對方經濟狀況也不好。於是兩人精心設計了一樁人壽保險的騙局，馬吉特將一切仔細記載在回憶錄之中。計畫迂迴複雜，令人作嘔，而且其實根本沒人能完成，但敘述無意間透露了他當時的靈魂已然扭曲。

簡單來說，馬吉特和朋友打算再找兩個伙伴，他們將一起假造一家三口死亡，並以三具屍體代替他們。屍體將會嚴重腐爛，難以辨認身分，四人會瓜分四萬美元的保險金，以二十一世紀幣值而言，相當於一百萬美元。

「這項計畫要準備的可不少。」馬吉特寫道，「至少要三具完整的屍體。」[22]這代表他和朋友必須找到三具可以假裝成丈夫、妻子和孩子的屍體。

馬吉特完全不覺得找屍體有什麼難處，不過其實當時全國醫療教育用的屍體短缺，醫師為了新鮮的屍體，都紛紛到墓園搶屍。馬吉特發現，即使他是醫師，一次要三具屍體仍會令人起疑，於是他和伙伴決定，每個人都要提供「必要的材料」。[23]

馬吉特聲稱自己在一八八五年十一月到芝加哥，並在那裡取得「他那份」屍體。他在當地找不到工作，於是他把屍體藏好，前往明尼亞波利斯，並在一間藥局找到工作。他在明尼亞波利斯待到一八八六年五月，接著去了紐約市，而且打算帶「一部分過去」，剩下的則留在芝加哥。他說：「之後再將屍體重新拼組。」[24]

他聲稱自己將一包肢解的屍體放在芝加哥誠信倉儲公司。剩下的部分他帶去了紐約，藏在「安全之處」。不過，他坐火車到紐約時，他在報紙上讀到保險犯罪的報導。「我第一次明白，主要的幾家保險公司多麼有組織，隨時準備揭穿詐欺犯，將他們繩之以法。」[25]他聲稱，那幾篇報導讓他放棄了計畫，未來也不再對這類犯罪抱持任何希望。

這都是謊言。其實，馬吉特明白這方法確實可行。藉著偽造他人屍體，他絕對能騙過人壽保險公司。身為醫師，他知道燒焦、肢解或損毀的屍體當時仍無法確認身分。而且他也不在乎用何種手段處理屍體，那都只是「材料」，和木柴一樣，只是較難清理而已。

他缺錢的事也是謊言。在莫爾福克斯，馬吉特的房東D．S．海斯（D. S. Hays）常注意到他拿出一疊疊鈔票。[26]海斯見了心生狐疑，決定時時盯著他，但可見盯得不夠緊。

馬吉特趁半夜溜出了莫爾福克斯，房租一毛錢也沒付給海斯。他前往費城，希望在那兒的藥局找到工作，並成為合夥人或店長。但是他找不到適合的地方，最後反倒跑去諾里斯鎮瘋人院當「管理員」。他寫道：「這是我第一次跟瘋子打交道，那經驗太恐怖了，此後好幾年，甚至現在，我偶爾還是會在睡夢中看到他們的臉孔。」[27]幾天之後，他便辭職了。

最後，他真的在費城一間藥局謀得工作。不久，一個孩子吃了藥局買的藥而喪命。馬吉特馬上離開費城。

他搭上一輛開往芝加哥的列車，但不久便得知，如果他要在伊利諾州當藥劑師的話，必須去位於春田的州政府一趟，並通過執照審查。於是，一八八六年七月，馬吉特借用當時最傑出的家族姓氏，將自己的姓名登記為「賀姆斯」。

賀姆斯明白芝加哥此時受一股全新強大的力量影響，城市正以不可思議的速度擴張。芝加哥湖邊一帶飛快成長，環線區地價急劇上揚。他著眼之處無處不在蓬勃發展。終日籠罩的煙霧甚至也是個證明。城內的報社最愛報導芝加哥勞工數量又大增多少，尤其是肉品加工業。隨著摩天大廈一棟接著一棟蓋起，飼養場不斷向外擴張，賀姆斯和大家都心裡有數，未來芝加哥還會需要更多勞工。而且，城郊未來勢必會鋪好碎石路面，供應淨水，成立中規中舉的學校，尤其那裡不會聞到聯合飼養場臟器飄來的腐臭，肯定成為新來的工人和管理階層住宿首選。

城市擠滿人之後，對公寓的需求大大增加，形成所謂「公寓熱」。大家找不到、租不起公寓之後，便開始找住家和寄宿公寓的房間，租金通常包括三餐。芝加哥的投機客大增，造成城市出現詭異的風景。在卡琉麥特，上千根華麗卻毫無意義的街燈豎立在沼澤中，在濃霧深處照出一圈圈光暈，吸引蚊子薨飛。西奧多・德萊賽和賀姆斯差不多同時間來到芝加哥，他為眼前蓄勢待發的光景感到大為震驚。他在小說《嘉莉妹妹》中寫道：「芝加哥建好了數公里的街道和下水管，但有些地方放眼過去，可能連半棟房子都沒有。有的地區空空蕩蕩，風雨無情橫掃時，絲毫不受阻礙，但夜晚時分卻又燈火通明，瓦斯街燈成列朝遠方綿延，火光在風中搖曳閃爍。」[28]

成長最快速的郊區是英格塢。身為新來的外地人，賀姆斯也感受得到英格塢正急速發展。房地產廣告花招盡出，再三強調地段品質和增值願景。英格塢其實自一八七一年芝加哥大火之後便迅速成長。有居民回憶，大火之後沒多久，「英格塢湧入大量家庭，人口暴增，根本算不清楚多了多少人」。[29]由於有八條軌道線匯聚此處，老鐵道員仍稱那裡「芝加哥道岔」（Chicago Junction）、「道岔林地」（Junction Grove）或簡稱為「道岔（Junction）」，但美國內戰之後，居民覺得工業味太重，漸漸揚棄此名。一八六八年，H．B．露意絲太太（Mrs. H. B. Lewis）提議將這裡重新取名為「英格塢」，她過去在紐澤西州時，便居住在同名的小鎮裡。[30]「英格塢」之名源於英國卡萊爾的一座森林，據傳森林中曾藏匿著兩個如羅賓漢劫富濟貧的盜賊。芝加哥人稱這裡為「街車」市郊，正如公司大老闆喜歡將辦公室設在環線區的摩天大廈，飼養場的高官都愛定居在此。榆樹、梧桐樹、白蠟樹和菩提樹夾道排列，街道都取名為哈佛路或耶魯街一類。他們會買下巨大宅院，立起一塊塊看板，警告大門除了馬車進出，禁止外人擅闖。他們會專車送小孩上學，週末上教堂，並在鎮上宅邸、莊園或任何場地，舉辦共濟會或其他四十五個祕密會社的聚會。禮拜天，他們會在華盛頓公園的柔軟草坪上散步，如果想獨處，則會往東走到六十三街街尾，到傑克森公園小山上去吹颯颯湖風。

他們都搭火車和街車去上班，並慶幸自己住在飼養場的上風處。當時擁有大量英格塢土地的開發商列了一本推銷目錄，其中包含兩百個地段，並將此區稱為「貝茨細分售地」（Bates Subdivision）：「對聯合飼養場的企業家而言，此地段位置優越，交通方便，且免受臭味所擾，盛行風會將臭氣吹向城市最時髦的地區。」[31]

荷頓醫生後來死了。賀姆斯向荷頓太太提議，他想買下這間藥局，也會繼續讓她住在二樓公寓裡。他話說得好聽，彷彿買藥局不是為了自己，而是捨不得傷心的荷頓太太，希望她別再勉強工作。他一邊說，一邊撫摸著她的手臂。她將契約簽好字拿給他時，他雙眼含淚，起身謝謝她。

他買房子的錢，其實主要是用這間店的設備和貨物抵押貸款而來，並答應每月還款一百美元，以二十一世紀幣值來算約為三千美元。「我這交易不賴。」他說，「而且我這一生第一次擁有了一門滿意的事業。」[32]

他掛起了新招牌，上頭寫著：「H・H・賀姆斯藥局」。[33]一傳十、十傳百，二十多歲的單身女子聽說鎮上出現個年輕英俊的單身醫生，紛紛來這家藥局光顧。她們打扮得花枝招展，買下她們不需要的藥。老顧客也喜歡新店長，但他們也想念荷頓太太熟悉的身影。畢竟過去孩子生病時，他們都受過荷頓夫妻關照。孩子不敵病魔時，荷頓夫妻也一直在此安慰他們。他們知道荷頓太太把藥局賣了，但為何都沒在鎮上看到她呢？

賀姆斯微笑解釋，荷頓太太決定去加州探望親戚，她其實想去好久了，但總是沒時間又沒錢，之前丈夫臥病在床，她更不可能出遠門。

日子一天天過去，問的人慢慢少了，賀姆斯的說詞也稍稍有所改變。他說，荷頓太太後來好喜歡加州，她決定在那兒定居，不回來了。

作者資料出處和補充註解

1 *His height was*: Franke, 24. Franke根據波士頓警局逮捕賀姆斯時的「罪犯照片」以及身高體重等紀錄，重新描寫他的形象。
2 "*The eyes are very big*: Schechter, 282.
3 *A telegraph pole*: *Englewood Directory*, 37.
4 "*While at times*: Sullivan, Gerald, 49.
5 *Holmes entered the store:* Mudgett, 22–23; Schechter, 3–17; Boswell and Thompson, 81. See also *Town of Lake Directory*, 21
6 "*an elemental odor*: Sinclair, 25.
7 "*river of death*: Ibid., 34.
8 "*I had daily*: Mudgett, 6.
9 "*Nor did they desist*: Ibid., 6
10 "*mother's boy*: Ibid., 199
11 "*twelve-year-old sweetheart*: Ibid., 200.
12 *Mudgett's only close friend*: Schechter, 12.
13 "*itinerant photographer*: Mudgett, 7.
14 "*Had he next proceeded*: Ibid., 8.
15 "*I kept it for many years*: Ibid., 8.
16 *He enrolled*: Ibid., 14.
17 "*the first really dishonest*: Ibid.,15.
18 "*I could hardly count*: Ibid.,16.
19 *Eventually he came to Mooers Forks*: Ibid., 16; *Chicago Tribune*, July 31, 1895; *New York Times*, July 31, 1895.
20 "*Some of the professors*: Franke, 118.
21 "*In the fall of 1885*: Mudgett, 17.
22 "*This scheme called for*: Ibid.,19.
23 "*the necessary supply*: Ibid.
24 "*This," he said, "necessitated*: Ibid., 20.
25 "*and for the first time*: Ibid.
26 *The owner of the house*: *Chicago Tribune*, July 31, 1895.
27 "*This," he wrote, "was my first*: Mudgett, 21.
28 "*The city had laid*: Dreiser, *Sister Carrie*, 16.
29 "*there was such a rush*: Sullivan, Gerald, 14.
30 *In 1868 a Mrs. H. B. Lewis*: Ibid.
31 "*To the business men*: Catalogue, 3.
32 "*My trade was good*: Mudgett, 23.
33 *He put up a new sign*: Franke, 210.

「適境而為」

毫無動靜。這座城之前幹勁十足，一直虛張聲勢，如今卻毫無動靜。當時是一八九〇年七月，國會將哥倫布紀念博覽會主辦權給芝加哥之後已過了快六個月，但世博會四十五名理事仍無法決定世博會要建造在哪個地點。投票當兒，為了爭取榮耀，全芝加哥團結一心。代表團向國會誇口，比起紐約、華盛頓或其他城市，世博會辦在芝加哥不但能更盛大，也更合適。但現在，芝加哥各地區起了內訌，人人都希望地點選在自家門口，理事會因此動輒得咎。

世博會場地和建築委員會默默請伯南評估了城內數個地點。同時，委員會也慎重地向伯南和魯特承諾，兩人將負責主導世博會的設計和工程。對伯南而言，打造世博會的時間已寥寥無幾，每流逝一分鐘都是損失。總統在四月簽署了國會通過的世博會議案，訂立一八九二年十月十二日為紀念日，當天將慶祝四百年前哥倫布首次發現新大陸。不過，為了給芝加哥更多時間準備，世博會將正式的開幕典禮訂在一八九三年五月一日。即使如此，伯南心裡有數，紀念日當天，世博會就必須大致完工。他們總計只有二十六個月的時間。

伯南的朋友詹姆士・艾斯沃斯[54]是其中一名理事。[1]面對僵局，他也感到十分灰心，於是決定

54 詹姆士・艾斯沃斯（James Ellsworth, 1849-1925），美國工業家，也是賓州礦場老闆，對世博會的貢獻還包括買下義大利畫家羅倫佐・勒托（Lorenzo Lotto, 1480-1557）所繪的哥倫布畫像，和鐵路公司聯絡籌資等。

化被動為主動。七月中在緬因州出差時，他順便去了一趟麻州布魯克萊恩，拜訪了費德列克·洛·奧姆斯德[55]。他想說服他來芝加哥，替他們評估地點，有機會的話，也希望他能接下世博會景觀設計的重責大任。奧姆斯德聲名遠播，眾人尊稱他為中央公園的巫師，艾斯沃斯希望能仰仗他的意見促成決定。

連艾斯沃斯都坐不住了，可見局勢多麼緊迫。一開始，他對芝加哥爭取世博會主辦權的事其實不置可否。他答應要當理事，只是怕世博會達不到東岸人微薄的期望，變成一個「平凡無奇的展覽市集」。他認為芝加哥勢必要舉辦一場史上最偉大的盛會，才能守住國家的榮譽，而成功機會似乎在時針一點一滴移動下慢慢流逝。

他答應支付奧姆斯德一千美元的顧問費，相當於今日的三萬美元。艾斯沃斯有兩件事當時並未明說，首先，那筆錢他全自掏腰包，其次，他並非以官方身分雇用奧姆斯德。

奧姆斯德拒絕了。他告訴艾斯沃斯，他不曾為任何展覽設計過。何況，他覺得時間不足，不論是誰都無法辦好這場世博會。奧姆斯德創造的景觀設計效果，不要說數個月，甚至要數十年才能達成。「我這一生都著眼於長遠的效果，經常為了未來，犧牲眼前的成功和掌聲。」他寫道，「規劃中央公園時，我們想的是四十年後才看得出的成果。」[2]

艾斯沃斯強調，芝加哥野心甚至超出巴黎世博會。他向奧姆斯德描述世博會的願景，他們想打造一座由美國頂尖建築師設計的夢幻城市，幅員遼闊，至少要比巴黎世博會再大上三分之一。艾斯沃斯向奧姆斯德保證，若他答應幫忙，這項本世紀最偉大的藝術作品上也將出現他的名字。

奧姆斯德態度稍微軟化，他說他會考慮一下，並承諾兩天後，在艾斯沃斯離開緬因州前和他碰面。

奧姆斯德確實有慎重考慮，他漸漸覺得藉由世博會，自己也許能達成長年努力，卻總是功虧一簣的目標。他的生涯都在積極證明景觀設計不僅是大規模的園藝作品，但成果有限，景觀設計至此仍無法與繪畫、雕塑和磚瓦建築並列為一門藝術。在奧姆斯德眼中，植栽、樹木和花朵不是以物種來分類，而是類似調色盤上的顏色和形狀。他最看不慣死板的花壇景觀。玫瑰對他而言不是玫瑰，而是「點綴大片綠色的紅白斑點」。[3]他常憤憤不平，為何沒人理解他耗時費力所創造出的效果。「我設計走道都會運用景觀呈現出寧靜、柔和、深沉內斂的氣氛，透過整地，篩除不和諧的元素，並種植上適合的草木。」[4]但是，他經常發現「一年後回來，景觀全都毀了。為什麼呢？因為『我老婆好喜歡玫瑰』、『有人送我一棵好高大的歐洲雲杉』、『我對白樺木情有獨鍾，小時候我爸花園裡就有一棵』」。

大型公共建設案也一樣。一八五八年到一八七六年，他和卡爾佛特・沃克斯[56]建造了典雅的中央公園，但後來奧姆斯德必須一直守護公園風貌，不讓人破壞景觀，更動土地。不過，不只是中央公園，每個公園似乎都曾遭到荼毒。

他寫信給建築師亨利・馮布朗[57]時寫道：「假設你受人委託，要打造一棟雄偉壯觀的歌劇院，

55 費德列克・洛・奧姆斯德（Frederick Law Olmsted, 1822-1903），美國景觀設計師，也是早期自然保育運動的重要人物，有「美國景觀建築之父」的美譽，最著名的作品為紐約中央公園。

56 卡爾佛特・沃克斯（Calvert Vaux, 1824-1895），建築師和景觀設計師，最著名的作品是與奧姆斯德合作的紐約中央公園。在高度都市化的時代裡，他引進公共公園的概念，並試圖將建築融入自然景觀之中。

57 亨利・馮布朗（Henry Van Brunt, 1832-1903），美國建築師，後來和工程師威廉・羅勃・威爾（William Robert Ware, 1832-1915）合夥，兩人最著名作品為哈佛紀念堂。

主體工程幾乎全面完工，外觀設計藍圖也已完成時，突然有人吩咐，這棟建築禮拜天要用來當浸信會會堂，裡面要裝設大型管風琴、講道臺和受洗池。後來每隔一段時間又會有人冒出來說希望重新裝潢和改建，一會要蓋個法庭和監牢，一會要有音樂廳、旅館、溜冰場和外科診所，接著又要請馬戲團，舉辦賽狗會，甚至要建演習場、宴會廳、車站和子彈工廠？」對於這一切，他寫道：「公共公園建設案老是遇到這種鳥事。請原諒我如此激動，這件事我氣很久了。」[5]

奧姆斯德相信，景觀設計需要提高能見度，而大眾的信任感也會隨之提升。他發覺，如果世博會真如艾斯沃斯所想揚名海內外，那肯定是一大助益。不過簽約前，他必須衡量短期的成本。他的事務所工作繁多，已忙到不可開交，他寫道：「我們每個人時時充滿壓力，內心無比焦慮。」[6]奧姆斯德越來越體弱多病。他已高齡六十八歲，幾十年前一場車禍讓他左腳比右腳短一吋，因此走路一拐一拐的。他多年來不時陷入憂鬱，[7]而且長期失眠，除了牙疼的問題，也受顏面神經痛所累。他有幻聽，耳朵經常出現原因不明的耳鳴，害他與人交談時特別費力。他頭腦仍充滿創作靈感，四處奔波亦是家常便飯，但坐夜車依舊令他心力交瘁。晚上即使在家中，也會因牙疼和心神不寧而輾轉難眠。

但艾斯沃斯所說的願景令人心動。奧姆斯德與兒子及事務所新人「哈利」討論，哈利本名為亨利．沙金特．卡德曼[58]，他不但是個極具才華的景觀設計師，更迅速成為他的顧問和心腹。

艾斯沃斯回來時，奧姆斯德告訴他，他改變主意了。他決定加入這場冒險。

艾斯沃斯回到芝加哥，確認官方授權，並安排奧姆斯德直接向伯南報到。

艾斯沃斯寫給奧姆斯德的信中說道：「我的立場是這樣，這件事關乎美國的名聲，也關乎芝加哥的名聲。身為美國人，讓這場偉大的盛會更為成功的話，你也會因此受惠，而和你聊過後我也知道，你對於目前的局勢心裡有數，絕不會客氣。」[8]

他也不負這段敘述。後來協商簽約時，在卡德曼建議下，奧姆斯德獅子大開口，索取兩萬二千五百美元的報酬，相當於今日的六十七萬五千美元，最終也順利談成。[9]

一八九〇年八月六日週三，艾斯沃斯布魯克萊恩之行的三週後，世博會公司傳了封電報給奧姆斯德：「你何時要來芝加哥？」[10]

三天後，奧姆斯德和卡德曼在週六早晨抵達芝加哥，發現有一則新聞在城內正傳得沸沸揚揚，早先人口總普查已初步確認芝加哥為全美第二大城，不過從總數上也發現，芝加哥人口贏費城不算多，僅多了五萬二千三百二十四人。炎炎夏日中，這則好消息令人一吐煩悶。之前一波熱浪來襲，奪走十七條人命，其中一人名字還剛好叫「老天」（Christ）。當初芝加哥代表團向國會大吹牛皮，說芝加哥夏日氣候宜人，可比度假勝地，《論壇報》還寫：「天高氣爽，風和日麗。」如今謊言完全被戳破。熱浪襲來之前，一名英國新生代作家寫了一篇批評芝加哥的文章。「芝加哥我是見識到了。」

58 亨利・沙金特・卡德曼（Henry Sargent Codman, 1863-1893），美國景觀設計師，畢業後進入奧姆斯德公司工作，旅外進修之後，回國成為奧姆斯德的合夥人。

魯德亞德・吉卜林[59]寫道，「未來我絕不想再來一次。那裡住的都是野蠻人。」[11]

就伯南看來，卡德曼年輕得不可思議。他頂多快三十歲，一雙眼如黑曜石般，彷彿能在鋼鐵上打洞。如此年紀便受美國最偉大的景觀設計師重用，想必冰雪聰明。至於奧姆斯德，伯南訝異的是他骨架那麼小，何以支撐那麼巨大的頭顱。他的頭差不多禿光了，髮尾剪得整整齊齊，下巴留著一叢蓬亂糾結的白鬍，樣子就像一顆象牙白耶誕球，放在一團碎木絲上。這一趟路舟車勞頓，奧姆斯德臉上充滿疲倦，但一雙明亮的大眼散發著溫暖親切。他想馬上開始工作。伯南發覺，這位眾所期盼的大師明白每一分鐘真正的代價。

奧姆斯德的成就伯南當然知道，包括曼哈頓中央公園、布魯克林展望公園、康乃爾和耶魯大學的校園景觀等大量作品。他也知道，奧姆斯德投入景觀設計領域之前，曾從事寫作和編輯，在內戰前曾到南方研究奴隸制的文化和行為。眾所周知，奧姆斯德才華洋溢，孜孜不倦，但碰上不懂他創作的人時，他會當著對方的面冷嘲熱諷。在他心中，他的作品不只是花壇和景觀花園，而是一幅遼闊壯麗的景色，氣氛神祕，光影斑駁。

至於奧姆斯德，他知道伯南是建造登天高樓的頂尖人物。據說伯南是事務所中的商業天才，魯特是藝術家。奧姆斯德對伯南倍感親切。伯南處事果斷直率，為人誠懇熱情。望著他直視的湛藍目光，聽著他說的話，奧姆斯德感到十分放心。奧姆斯德和卡德曼私底下同意，伯南是能合作的對象。[12]

伯南和魯特馬上一一帶他參觀地點，但兩人其實稱不上客觀。他們特別中意其中一處，那就是位於芝加哥南邊，英格塢正東方靠湖濱的傑克森公園。說巧不巧，奧姆斯德也知道這個地點。二十年前，奧姆斯德受芝加哥南方公園委員會之託，曾研究過傑克森公園和其西邊的華盛頓公園，那裡另有一條寬闊的大道，名為「中道」（Midway），連接著兩座公園。在奧姆斯德遞交給委員會的設計圖中，他利用原本的荒漠和一潭潭死水，打造出一座國內前所未見的公園，園內以親水設計和划船為主軸，並廣布河渠、潟湖和蔭涼的小灣。一八七一年芝加哥大火後不久，奧姆斯德便完成規劃。一八八九年區域合併後，公園正式成為芝加哥的一部分，然而就奧姆斯德看來，公園至今毫無改變。他熟知這座公園的缺點——說實話缺點還真不少，但他相信經巧手疏浚和美化，公園景致將煥然一新，並能展現過去世博會不曾有過的風貌。

畢竟，他知道傑克森公園地理環境得天獨厚，世上其他城市無可比擬。傑克森公園依密西根湖而建，一眼望去，碧波萬頃，無邊無際。活動場地有此美景，夫復何求。

八月十二日週二，他和卡德曼抵達芝加哥才四天，奧姆斯德便將報告交給世博會理事會，令他懊惱的是，他們居然把報告公開。奧姆斯德的報告是寫給專業人士看的，畢竟在專業人士眼中，傑克森公園作為場地當然可行，他們會視報告為指導方針，並以大無畏的精神，面對接下來的挑戰。出乎奧姆斯德意料之外，抗議者居然根據這份報告，反對將世博會辦在傑克森公園。

理事會請他再提交第二份報告。奧姆斯德八月十八日週一，也就是提交第一份報告六天後便呈上第二份報告。伯南看了喜出望外，奧姆斯德寫的內容恐怕超乎所有理事預期。

59 魯德亞德．吉卜林（Rudyard Kipling, 1865-1936），英國小說家和詩人，出生於印度孟買，一九〇七年獲得諾貝爾文學獎，代表作為《基姆》（*Kim*）和兒童文學《叢林奇譚》（*The Jungle Book*）。

奧姆斯德不是文學家。報告結構散亂，東一句、西一句，像穿過木柵欄尖木樁的晨光。但他一字一句背後，看得出他高深隱晦的創作哲學，他相信景觀經過塑造，能對人的心靈造成影響。

首先，他豎立原則，劈頭開罵。

他說，與其為了地點打口水戰，各派系必須認清事實，不管理事會選擇哪個地點，世博會要成功，所有人都必須一同努力。「不如這樣說吧，部分的市民最好搞清楚，這不是芝加哥博覽會，是世界博覽會，芝加哥身為美國選出的世博會主辦方，將代表全民站上世界的舞臺。因此芝加哥當然要選出最好的場地，特定地區的利益一點都不重要。」[13]

他主張，世博會每個景觀元素都必須有一個「最高原則」，也就是適境而為。萬物都必須**適境而為**，每個角落都屬於整體的一部分，恰如其分，適得其所。整體景觀中，雄偉的主要展覽建築才是重點元素。換言之，地面的一切，包括建築物之前、之間、之後的景觀，不論是草坪、花壇、灌木、噴泉、雕像、裝飾和藝術品，都應該要和建築物**設計一致**，用以襯托建築物，並在光影和色調平衡之下，不致喧賓奪主」。

有幾個地點顯然得天獨厚。世博會搭配自然美景有利無弊，「花園、陽臺、噴泉和雕像再怎麼精緻奢華，人腦再怎麼精心設計，仔細雕琢」，都比不過大自然的鬼斧神工。地方派系只顧著爭取世博會，卻忽略芝加哥「擁有一個特殊的自然地景，壯麗優美，引人入勝。那就是密西根湖」。

奧姆斯德指出，密西根湖景色秀麗，色調紋理多變，儼然是一大賣點，能為世博會增添不少吸引力。許多從美國內陸來的遊客「到這裡之前，從未見過無邊無際的湖泊，也從未見過揚帆的船隻，和時時刻刻進出芝加哥港的蒸汽船相比，他們見過的蒸汽船噸位連一半都不到。他們也從未見過每年夏日芝加哥湖濱波光粼粼，地平線堆積層層雲朵的美麗景色」。

奧姆斯德接下來共評估了四個預定地。環線區北方湖邊的一塊區域，還有包括西方加菲爾公園的兩個內陸地點，最後當然還有傑克森公園。

雖然奧姆斯德自己喜歡最北邊的地點，但他認為傑克森公園能成功，並「創造愉快宜人的氣氛，尤其過去世博會都不曾以此為目標」。

奧姆斯德不考慮內陸的地點，因為那兩處景色單調無趣，而且離湖太遠了。評論加菲爾公園時，他又花了點篇幅抱怨芝加哥人不會選址的事，當初芝加哥代表團向國會說得口沫橫飛，現在搞成這副德性，簡直氣死人：

「想到當初，眾人明明一直向全國呼籲，芝加哥擁有無數優美的地點；費城主辦百年紀念世博會時，善用了附近宜人的景致；若世博會辦在華盛頓，美麗的岩溪河谷自然是不二之選，而且他們正準備在那裡成立國家公園；若世博會辦在紐約，紐澤西懸崖壯觀雄偉，北端有哈德森河谷，南端則有汪洋大海及景色豐富的長島海灣；由此可見，地點埋沒在都市中心，欠缺自然美景的話，舉國上下恐怕會感到極為失望。去年冬天在國會上，芝加哥不斷強調市內擁有無數完美地點，若選個平淡無奇之處，不免有點諷刺。」

奧姆斯德特別強調了「完美」兩字。

伯南希望第二份報告能趕快促成決定。選址延宕多時不但荒謬，更令人發狂，沙漏早已倒扣，時間進入倒數計時。理事會似乎沒發現，芝加哥如今很可能成為全國、甚至全世界的恥辱。

好幾週過去。

一八九〇年十月底，選址問題仍未解決。伯南和魯特繼續經營快速成長的事業。承包商開始建造兩棟事務所最新設計的芝加哥摩大大廈，分別是基督教女子禁酒協會會堂和共濟會會堂，後者樓高二十一樓，是世界上最高的建築物。兩棟建築的地基已接近完工，等著放上奠基石。芝加哥建築和工程屢屢令人驚異，奠基石典禮的排場也變得十分講究。

禁酒聯合會堂慶祝典禮辦在拉塞爾街和門羅街口，奠基石是塊九公噸重的新罕布夏州黑色花崗岩，約六十平方公分大，九十公分高。除了伯南和魯特，現場眾星雲集，包括禁酒協會主席法蘭西斯・E・維勒[60]女士及前市長卡特・亨利・哈里森[61]，他已當了四任市長，現在再次出馬競選。哈里森出現時，戴著他平時戴的寬簷軟帽，口袋插了排雪茄，群眾歡聲雷動，愛爾蘭人和工會會員叫得最起勁，哈里森特別受芝加哥下層階級歡迎。其實伯南、魯特和哈里森三人站在禁酒會堂奠基石旁格外諷刺。哈里森在任時，於市政府辦公室藏了數箱上好的波本威士忌。原則堅定的芝加哥新教高層都認為他是淫邪之徒，因為他縱容招妓、賭博和飲酒，放任治安敗壞地區腐敗，淪為罪惡淵藪，其中最惡名昭彰的便是堤岸區，聲名狼籍的酒保和搶匪米基・芬恩[62]便住在這裡。魯特這人素來愛好吃喝玩樂，路易士・蘇利文曾形容「他這人就懂三件事，世界大小事、感官享受之事和無數邪惡之事。」[14]至於伯南，除了巡迴世界的馬德拉酒外，每年朋友還會送他四百夸脫較普通的酒給他裝瓶，他也會親自替工會聯盟俱樂部的地窖選酒。

伯南隆重地將一把鍍銀的鏟子交到會堂建築協會主席T・B・卡斯（T. B. Carse）女士手中，她笑容可掬，似乎對三人的惡行一概不知，或至少願意暫且不提。她鏟起一坨為典禮準備的水泥砂漿，然後重新抹好拍平，一個現場目擊者表示：「她拍著砂漿，像在拍個捲髮男孩的頭。」她將鏟子遞給令人退避三舍的維勒女士。「她拍得可起勁了，有些還濺到裙子上。」[15]

根據目擊者所言，魯特傾身和朋友低語幾句，接著一行人轉身，全逃去喝雞尾酒了。[16]

《芝加哥洋際報》是當時另一間名聲響亮的報社，擁有無數讀者。典禮會場附近有個《洋際報》的配送倉庫，其中有個年輕的愛爾蘭移民完成了一天的工作，他是卡特・哈里森忠實的支持者，名叫派翠克・尤金・約瑟夫・潘德嘉斯特（Patrick Eugene Joseph Predergast）。他負責管理一群吵鬧的報童，他痛恨他們，他們也痛恨他，因此報童經常嘲笑他，並對他惡作劇。此時若告訴這群男孩子，派翠克有朝一日會決定世博會的命運，他們肯定覺得荒唐至極，因為在他們眼中，派翠克差不多是最倒楣，也最差勁的人了。

他一八六八年在愛爾蘭出生，現年二十二歲，一家人在一八七一年移民美國，並在該年八月搬到了芝加哥，好巧不巧，碰上了芝加哥大火。據他母親所說，他一直是個「害羞、不善社交的孩子」。他小學讀芝加哥德拉薩天主教學院。老師亞卓特弟兄說：「在學校，像他這樣的學生其實非常乖巧，他非常安靜，午休時間也不會和其他學生玩耍。他平時就站在一旁，什麼也不做。從他外表看來，

60 法蘭西斯・E・維勒（Francis E. Willard, 1839-1898），美國教育家、戒酒和女性投票議題上的重要運動人士。她自一八七九年上任後，便擔任禁酒協會主席到過世為止。

61 卡特・亨利・哈里森（Carter Henry Harrison, 1825-1893），美國知名政治家，一八七九年至一八八七年擔任四任芝加哥市長，並曾擔任兩屆美國眾議院議員。

62 米基・芬恩（Mickey Finn），孤星酒館（Lone Star Salon）的老闆，一九〇三年被控在酒中下藥迷昏客人，搶劫錢財。後來他的名字也成為迷藥飲料的代稱。

我會以為他身體不好，或是生病了。」[17]派翠克的父親替他在西聯公司找了個送電報的工作，他做了一年半。十三歲時父親去世，派翠克也失去了他唯一的朋友。有一段時間，他彷彿和世界完全隔絕。但他慢慢醒悟。他開始閱讀法律和政治的書，參加單稅俱樂部的聚會，成員信奉亨利．喬治（Henry George）的思想。亨利．喬治主張土地屬於所有人民，因此私有地地主必須繳稅，基本上就是租金。聚會中，派翠克堅持參與每段對話，有一次還說到被扛出場。對母親而言，他彷彿換了個人，不但看了不少書，隨時充滿活力，還積極參與社團。她說：「他彷彿一夕之間變聰明了。」[18]

其實，他對政治的狂熱變更嚴重了。他閒暇時會寫數十張、甚至數百張明信片，寄給城裡最有權勢的人，語氣彷彿自己社會地位和他們相當。他寫給了最親愛的哈里森和其他政治家，甚至包括伊利諾州州長。伯南這段時間聲名大噪，也許連他都有收到明信片。

年輕的派翠克已精神失常，這點無庸置疑，不過他似乎不是危險人物。見過他的人都知道，他只是另一個被芝加哥紛亂墮落社會所壓垮的可憐人。不過，派翠克對未來懷抱遠大的希望，並將一切寄託在卡特．亨利．哈里森身上。

即使哈里森不知情，他仍全心投入哈里森市長選舉，寄出數十張明信片，逢人就說，哈里森不僅是愛爾蘭人和工人最忠實的朋友，也是最好的市長人選。

派翠克相信，哈里哥若第五次選上市長的話，為了獎勵他，一定會給他一份工作。這是芝加哥政治圈的常態。理想上，他在一八九一年四月這一屆市長選舉便會當選，但也許要等到一八九三年也不一定。他相信哈里森有朝一日必會當選，並拯救他此刻一成不變的人生，未來他再也不用面對寒風刺骨的早晨，也不用再忍受這群惡毒的送報童。

頂尖精神科醫師都知道，這種信念毫無根據，純粹是幻覺，學界才剛定義這類精神疾病為「妄想症」。幸好，大多妄想都是無害的。

一八九〇年十月二十五日，世博會地點仍未選出，歐洲傳來令人擔憂的消息，比起理事會的猶豫，這件事恐怕對世博會影響更大。《芝加哥論壇報》報導，全球市場動盪，倫敦擔心經濟陷入衰退，甚至會面臨全面「經濟大恐慌」。華爾街的信心馬上受到衝擊。鐵路股重挫，西聯公司股價大跌五個百分點。

隔週週六，真正驚人的惡耗才透過英美之間的海底電纜吞吞吐吐傳來。消息傳來之前，芝加哥的營業員還談論了一陣子早上的怪天氣。城市天空「烏雲籠罩」。[19]營業員紛紛開玩笑道，天這麼黑恐怕是「審判日」的前兆。

倫敦第一封電報抵達之後，眾人便笑不出來了。倫敦著名的投資公司霸菱兄弟（Baring Brothers & Co.）面臨倒閉。《論壇報》記者寫道：「消息令人難以置信。」英格蘭銀行和一群金融家正全力籌資，為霸菱兄弟公司債務擔保。「接下來眾人狂賣股票，局面十分可怕。那一小時之間，大家名副其實陷入恐慌。」

對伯南和世博會理事而言，這股經濟衰退潮令人忐忑不安。若未來真發生經濟恐慌，時間點簡直糟透了。巴黎世博會已是史上參觀人數最多的靜態活動。芝加哥之前誇下海口說世博會的規模和人潮都要勝過巴黎，換言之，芝加哥勢必要比法國投入更多資金，吸引更多遊客。景氣好時，要吸引這麼多人已是艱鉅的挑戰；景氣差時，根本是痴心妄想，尤其芝加哥位居內陸，遊客一定要坐夜車。而態度強硬的鐵路公司早已表示不會為芝加哥世博會提供優惠。

歐美兩地其他公司也陸續出現問題，但未來究竟會如何，當時沒人說得準。回想起來，這其實是件好事。

經濟劇烈動蕩之際，世博會理事會在十月三十日任命伯南為總工程師，薪水相當於三十六萬美金。伯南隨即任命魯特為世博會建築設計總監，並任命奧姆斯德為世博會景觀設計總監。

如今，官方正式授權之後，伯南總算能開始打造世博會了，但他依舊不知道要蓋在何處。

作者資料出處和補充註解

1 *A friend of Burnham's*: Ellsworth to Olmsted, July 26, 1890, Burnham Archives, Box 58, File 13.
2 "*I have all my life*: Rybczynski, *Clearing*, 385–86.
3 "*flecks of white or red*: Olmsted, "Landscape Architecture," 18.
4 "*I design with a view*: Rybczynski, *Clearing*, 396.
5 "*Suppose," he wrote*: Olmsted to Van Brunt, January [illegible]2, 1891, Olmsted Papers, Reel 22.
6 "*we are always personally*: Roper, 421.
7 *He was prone*: Rybczynski, Clearing, 247–48, 341
8 "*My position is this*: Ellsworth to Olmsted, July 26, 18[illegible].
9 *Certainly that seemed*: *Articles of Agreement*, 1890, Olmsted Papers, Reel 41; Rybczynski, *Clearing*, 387.
10 "*When can you be here?*: Telegram quoted in Olmsted to Butterworth, August 6, 1890, Burnham Archives, Box 58, File 13.
11 "*Having seen it*: *Chicago Tribune*, July 7, 1890.
12 *a man they could work with*: Codman to Olmsted, October 25, 1890, Olmsted Papers, Reel 57.
13 "*It is to be desired*: Olmsted, Report, 51.
14 "*a man of the world*: Sullivan, Louis, 287.
15 "*she patted the mortar*: *Chicago Tribune*, November 2, 1890.
16 *Root, according to a witness*: Miller, 316.
17 "*While in school*: *Chicago Record*, December 16, 1893, McGoorty Papers.
18 "*He got smart*: *Chicago Record*, December 15, 1893, Ibid.
19 "*murky pall*: *Chicago Tribune*, November 16, 1890.

「別怕」

英格塢人口慢慢增加，賀姆斯的保健產品和塗抹用藥銷售與日俱增。一八八六年末，藥局經營穩定，生意興隆，於是他腦筋動到了一年前他短暫停留明尼亞波利斯時遇到的女人身上。她叫麥妲・Z・貝克納（Myrta Z. Belknap）。她年輕貌美，身材標致，長著一頭金髮，也有一雙藍色眼珠，但讓她出眾的不只是美貌，還有她全身所散發的脆弱和渴望，他馬上迷戀上她，她的身影、她的渴求深深烙印在他腦海中。他假裝為了公事，抽身前往明尼亞波利斯。他相信這一趟肯定不會空手而歸，因為他覺得女人天真脆弱得可笑，彷彿認為這個世界跟艾爾瓦、克林頓、波西等等的家鄉小鎮一樣安全，等她們出了積滿灰塵、煤臭薰天的自家客廳，打算自立更生時，都以為同一套規矩還行得通。

不過，城裡的生活很快會替她們上一課。最好趁她們剛奔向自由時逮住她們。趁她們從小鎮坐車到城裡，人生地不熟，無人認得，還沒留下任何足跡的那一刻。他每天都看著一個個女子，不管是踏下火車、纜線車還是漢生馬車[63]，每個人都會皺起眉頭，盯著手中紙條，尋找自己該去的方向。城裡的老鴇最懂這心情，經常在入城的火車前迎接新進城的女孩，答應給她們容身之處，也不會讓她們孤苦零丁，至於真正重要的事晚點再說。賀姆斯特別欣賞芝加哥，因為城內的黑煙和喧囂能瞬間將女人吞噬，不留一點痕跡，最後留下的，頂多是牛溺馬溲、煤炭和腐爛物惡臭中的一絲香水味。

63 漢生馬車（Hanson），單馬雙座輕型馬車，特色是司機會在車廂後上方駕車，乘客能透過活門和司機溝通，是當時常見的計程馬車。

對麥妲而言，賀姆斯彷彿來自比她更刺激的世界。她和父母同住，並在一間樂器行當店員。明尼亞波利斯是個小鎮，令人昏昏欲睡，居民全是瑞典和挪威農夫，個個如玉米稈一樣無趣。賀姆斯英俊又熱情，顯然是個有錢人，而且他住在最令人敬畏又最吸引人的芝加哥。就連初次見面，他都觸碰了她的身體。他湛藍的雙眼透露出希望。他轉身離開店裡那天，店裡空蕩蕩的，徒留下一地灰塵，她單調的人生瞬間變得難以忍受。時鐘滴答作響，彷彿告訴著她不能再這樣下去。

他第一封滿是濃情蜜意的信寄來，問說他能不能追求她，在那一刻，她感到緊裹著人生的破毯子總算掀開。賀姆斯每隔幾週便會回到明尼亞波利斯，向她述說芝加哥種種，他描述摩天大廈愈蓋愈高，每年都一棟棟拔地而起。他告訴她飼養場中奇異的畫面，肉豬爬上「嘆息橋」之後會上到一個高臺，有條鐵鍊會扣住牠們的後腿，然後在豬的尖鳴聲中，牠們會被頭下腳上吊起，並隨上方的軌道送進屠宰場的血腥之地。他還告訴她各種浪漫的故事，例如，波特．帕默好愛妻子柏莎，最後送了她一棟美輪美奐的帕默旅館當作結婚禮物。

當時，追求女性有一些規矩。雖然沒人寫成白紙黑字，但每個年輕女子心裡都有一把尺，有人踰矩時，她們能馬上察覺。賀姆斯打破了一切，他直接了當，不知羞恥，於是麥妲順理成章以為芝加哥的規矩可能不一樣。最初她嚇到了，但她不久後發現，自己正喜歡激情和冒險。賀姆斯向她求婚時，她馬上答應。他們在一八八七年一月二十八日結婚。

賀姆斯沒告訴麥妲自己有個妻子克雷拉．拉芙琳，也就是赫曼．偉伯斯特．馬吉特太太。他娶了麥妲兩週後，他向伊利諾州庫克郡最高法院提出請願，想和拉芙琳離婚。為了劃清關係，他可沒存什麼好心。他控訴拉芙琳出軌，若成立，她一輩子名譽都毀了。好在他也沒積極處理，拖到最後，法院宣布請願失效，「案件未能起訴」。

麥姮一到芝加哥，馬上看出賀姆斯所說的故事根本不足以捕捉其魔力和危險。芝加哥像是一大釜冒著蒸氣的鐵汁，火車四竄，令人震撼，但也提醒著她，她的人生終於展開。在明尼亞波利斯，雖然偶爾不免俗會有男人笨拙揮舞著肥胖的手指前來示愛，想隨便找個人共度他們悲慘的日子，但整體而言，生活平靜乏味。起初發現賀姆斯住在英格塢，而不是芝加哥市中心時，她感到好失望，但轉念一想，那裡仍比家鄉來得多彩多姿。她和賀姆斯搬進之前荷頓太太住的二樓公寓。一八八八年春天，麥姮懷孕了。

她一開始會幫忙經營藥局。她喜歡和丈夫一起工作，他和顧客交談時，她會靜靜凝望著他。她欣賞著他帥氣的身影和藍色深邃的眼眸，處理日常事務時，更珍惜兩人身體不經意相觸的時刻。她喜歡他做生意時展露出的魅力，就連忠於荷頓太太的老客戶，他也能贏得他們的心。而且她還發現不計其數的年輕女子光顧藥局，都堅持找賀姆斯醫生會診，在醋罈子打翻前，她對此也會露出淺淺微笑。

麥姮後來發現，丈夫溫暖迷人的外表下藏有巨大的野心。對他來說，藥劑師似乎只是職稱，他更適合被稱為白手起家的創業者，這在當時是個盛行的概念，形容一個人努力工作和發明，一步一步爬到上層階級。「野心是我丈夫一生的詛咒。」麥姮後來說，「他想掙得地位，受眾人景仰和尊敬，並成為有錢人。」[1]

不過，她也堅持，他雖然有野心，但人格並未因此扭曲，也不曾忽略為人丈夫和父親的角色。她寫道，賀姆斯心地善良，熱愛孩子和動物。「他愛寵物，經常養貓狗，不時也會養馬。他會和動物相處好幾個小時，教牠們一些小把戲或一起玩耍。」他不抽菸，不喝酒，也不賭博。他為人深情，脾氣又好。「居家生活中，我覺得沒人能比我丈夫更完美了。」麥姮說，「他對我、女兒和我母親從

沒惡言相向。他不曾感到煩躁或焦慮，總是心情愉悅，優游自在。」

但打從一開始，兩人婚姻關係便有些緊張。賀姆斯沒什麼不滿，麥妲倒是滿腹委屈，她不久便受夠了那些年輕的女顧客，賀姆斯不但會朝她們笑，還會毛手毛腳，並用那雙藍眼睛凝視她們。她一開始覺得有趣，後來漸漸感到不安，最後妒火攻心，時時提防。

她控制欲與日俱增，但賀姆斯並未因此動怒。說來他是把當她當成了阻礙，像船長看待海中的冰山一樣，需要注意並避開。他告訴麥妲，店裡生意太好了，他需要她幫忙處理店裡的帳目。不知不覺中，為了處理藥局信件和貨單，她花愈來愈多時間在樓上。她寫信向父母訴苦。一八八八年夏天，她父母搬到伊利諾州的威爾梅特，他們在約翰街買了一棟兩層樓漂亮的房子，對面便是教堂。懷孕的麥妲既寂寞又悲傷，她住到了父母家中，並在那裡產下一女，取名叫露西。

突然，賀姆斯搖身一變成了盡責的丈夫。麥妲的父母一開始待他十分冷漠，但他濡溼眼眶，說自己悔不當初，並對妻女關愛備至，終於獲得岳父母認可。麥妲說：「母親經常跟他說，他一來，天大的事都能擺平。他善良、溫柔又體貼，我們的煩惱和擔憂都一掃而空。」[2]

他請他們諒解，因為他多半不在威爾梅特的家。芝加哥的事實在忙不過來。從他穿著打扮和交給麥妲的錢看來，他事業確實蒸蒸日上，這點讓麥妲父母十分放心。他們和麥妲好好過著生活，而賀姆師醫生回家的次數愈來愈少，不過，他回來時，總帶來溫暖和禮物，並將小露西緊緊埋入懷裡。

「據說嬰兒比大人更會看人。」麥妲說，「我從來沒看過嬰兒躲著賀姆斯先生，每個嬰兒到他懷裡都感到很安心。有的嬰兒就算不給我抱，也會投入他懷中。他非常喜愛孩子。我們一起旅行時，如果剛好看到車廂裡有寶寶，他會說，『去問問看他們願不願意讓妳抱那孩子。』我抱過來之後，他會拋下一切，專心逗孩子玩，總是到我覺得差不多了，或孩子的母親開口要回孩子，才將孩子還給對方。他常從其他母親懷中接過放聲大哭的孩子，過沒多久，孩子不是沉沉睡去，便是玩得樂不可支。」[3]

英格塢蓬勃發展，這時賀姆斯看到一個機會。他買下荷頓藥局之後，一直對對面未開發的那塊地有興趣。他打聽了一下，得知地主是個住在紐約的女人。一八八八年夏天，他買下那塊地，事前他便別有居心，用假名將地登記在H・S・坎貝爾（H. S. Campbell）名下。不久他便著手起草這塊土地上的房子設計圖。藥局旁邊，同一棟建築中便有一間不賴的建築事務所，建築師是蘇格蘭人，名叫A・A・福雷澤（A. A. Frazier），但賀姆斯並未尋求任何建築師協助。他當時靈光一現才想出這棟房子，雇用建築師的話，會洩露房子結構真正的用意。

像是從抽屜拿出藍圖一樣，他一下便想清楚了房子大略的設計和用途。[4]一樓他希望蓋成零售店面，不僅能增加收入，也能讓他盡可能雇用更多女子。二樓和三樓都蓋成公寓。他個人公寓和寬敞的辦公室將設在二樓角落，俯瞰六十三街和瓦利斯街口。這些都只是基本的構造，真教他心花怒放的是細節設計。他畫了個斜坡道，通道會從二樓的祕密地點一路通到地下室。那斜坡他打算塗滿潤滑油。他也想在辦公室蓋間密不透風的獨立大金庫，並在鋼牆上鋪上石棉。金庫牆上會裝設一個瓦斯噴嘴，開關會設在他的小房間裡，而大宅其他公寓也都會安裝瓦斯噴嘴。房子下方會有個寬敞的地下室，並隔出數間祕室，最後地下室之下還會有間倉庫，用來收藏敏感的東西。

賀姆斯一邊想，一邊畫，這棟房子愈來愈精緻，他也愈看愈滿意。但這只是夢想階段。當房子建好，女人活生生地在裡頭走來走去，他無法想像日子會有多愉快。一如往常，他一想到此便色慾蠢動。

他知道，要蓋好這棟建築絕非易事。於是他想出個辦法，他認為此舉不只能減少疑心，也能降低工程成本。

他在報紙上刊登廣告，招募木匠和工人，不久便見到一班班工人牽著馬匹來挖掘工地。現場挖出的大坑不僅像座大墓，也如墓坑散發著霉味和寒意，但由於當時正值酷暑，工人反倒覺得挺舒爽的。後來大家遇到了困難。挖掘時，上層幾公尺沒什麼問題，但下層泥土變得鬆軟溼潤。坑的牆面不得不用木板撐起，而木牆日夜都會滲出水。芝加哥建築檢查人員後來在報告中指出：「房子基礎不平，有些地方在六米之間能差上十公分。」[5]磚匠打好地基，砌好外牆，木匠則負責內裝。鋸木聲開始在街上響起。

賀姆斯扮起了要求特高的承包人。即使成果完美，工人來領工資時，他仍會痛斥工程品質粗糙，拒絕付錢。工人不是不幹了，便是被他開除。接著他會雇用新的一批人，故計重施。雖然工程進度緩慢，但花費不到該有的一半。工人一直換，了解這棟建築祕密的人就愈少。[6]一名工人一次可能只接觸特定工程，例如在大金庫裝設瓦斯噴嘴，但他對此間用途毫無概念，當下也許覺得合理，頂多只是古怪罷了。

即使如此，有個叫喬治・波曼（George Bowman）的磚匠替賀姆斯工作時仍感到毛骨悚然。「我搞不懂賀姆斯這人。」波曼說，「我以前沒替他工作過，但兩天前，他來問我會不會覺得砌磚辛苦，想不想賺更輕鬆的錢，我當然說想啊。幾天之後，他來找我，指著地下室說：『你看到那人了嗎？唉，那是我的舅子，我兩人對彼此都沒什麼好感。總之，你能不能趁工作時，順手砸塊磚到那傢伙頭上？你要是真幹了，我就給你五十元。』」[7]

這件事最嚇人的是賀姆斯的態度。波曼描述：「他那態度輕描淡寫，好像朋友請你做件稀鬆平常的小事。」

荷姆斯是不是真的希望波曼殺了那人，我們不得而知。賀姆斯真要殺他「舅子」的話，應該會先說服他保人壽險，並立賀姆斯為受益人。賀姆斯也可能只是在測試波曼，決定這人未來派不派得上用場，而波曼沒通過這一關。「我怕死了，話都說不出來，也不知道該怎麼辦。」波曼說，「總之，我沒砸那磚頭，工作做完便趕緊離開了。」

賀姆斯覺得自己信得過其中三人。這段期間，三人都替他工作過，房子完工之後，也繼續和他有所連絡。其中一人叫查爾斯．查波（Charles Chappell），他是個機械技師，住在庫克郡立醫院附近。他最初替賀姆斯工作時只是個尋常工人，後來賀姆斯發現他別具才能，日後非常有價值。另一人是帕區克．昆蘭（Patrick Quinlan），他住在英格塢四十七街和摩根街口，後來他搬進賀姆斯的大宅當管理員。他年近四十，身材矮小，一頭淺褐色的鬈髮，留著黃棕色的八字鬍，天生神經緊張。

第三個人最重要，他叫班傑明．皮特佐（BejaminPitezel），是名木匠，一八八九年十一月曾為賀姆斯工作。前任木匠羅伯特．拉提默（Robert Latimer）辭職之後，去當了賀姆斯藥局路口的鐵路平交道看守員。拉提默說，起初皮特佐負責管理賀姆斯房子工程的馬匹，後來成為了他的左右手。[8]賀姆斯和皮特佐關係異常緊密，因為賀姆斯竟甘願花大錢幫皮特佐一個忙。當時在印第安那州，皮特佐因試圖轉讓偽造支票被捕。賀姆斯替他繳交了保釋金，而皮特佐本來就不打算出庭，因此保釋金直接沒收充公。

皮特佐面貌柔和，下巴方正俐落。要不是他瘦得皮包骨，眼皮耷拉在眼珠子上緣，可能還稱得上俊俏。賀姆斯說：「大致而言，我會形容這人快一百八十公分（至少一百七十八公分吧），身上沒

什麼肉，體重大概六十五公斤到七十公斤，頭髮又黑又粗，十分茂密，不見禿頭的跡象。他的八字鬍顏色不深，我覺得偏紅，不過我有見他染黑幾次，簡直換了個人。」[9]

皮特佐全身病痛纏身。他鋪了太多木地板，雙膝酸痛；他脖子上有塊疣，害他不能穿硬領的衣服；他牙痛嚴重，替賀姆斯工作中途一度停工。雖然長期酗酒，但曾有醫生稱讚他「體格強健」。[10]

皮特佐娶了來自伊利諾州加爾瓦的卡莉．坎寧（Carrie Canning），並迅速生下許多孩子，成為父親。照片中，孩子雖然個個可愛，臉色卻有點嚴肅，彷彿只要一聲令下，他們便會馬上衝去拿掃把和抹布。這對夫妻未婚便生下大女兒黛西，這點皮特佐的父母並不感到意外。皮特佐父母親曾勸他正當過日子，最後一次他父親寫道：「跟隨我的腳步吧，我依循救世主的指示向前。你願意來嗎？我會根絕你內心的邪惡，洗盡你身上的汙點，我會好好做你的父親，你也會成為我的兒子和繼承人。」他父親字字句句都透露著悲痛，他寫道：「我愛你，但你已走上歧途。」[11]

婚後沒多久，第二個女兒愛莉斯（Alice）便出生了。接著他們又生了一個女兒和三個兒子，不過其中一個兒子出生後不久便死於白喉病。愛莉斯、奈麗（Nellie）和霍華（Howard）三個孩子在美國會成為家喻戶曉的人物，頭條提到他們時都只寫出名字，報社相信不看新聞的人對這三人也不陌生。

因為賀姆斯的事，皮特佐最後也惡名遠播。「皮特佐是他的工具。」一個地方檢察官說，「他的畜牲。」[12]

賀姆斯的房子蓋得斷斷續續。雖然根據他研究，環線區的建築師會利用工法，讓建築物全年都可施工，但每年冬天，工人所說的「建築季」結束之後，工程多半會停工。賀姆斯蓋房這段期間，幾千公里外，開膛手傑克此時正好開始大開殺戒，事件引起不少討論。

開膛手傑克在一八八八年八月三十一日犯下第一起謀殺案。最後一起謀殺發生在一八八八年十一月九日晚上，當時他遇到一個叫瑪麗・凱莉（Mary Kelly）的妓女，並陪她回房。他如梵谷作畫般以刀大力一劃，差點讓她頭身分離。接下來幾個小時，他在房中切下她乳房，和她鼻子一起放在桌上。從喉嚨到恥骨，他沒一處放過。他剝下她大腿皮膚，挖出她內臟，堆在她腳邊。他切下一隻手，放到她被剖開的腹中。凱莉當時已懷孕三個月。

凶手突然不再犯案了，彷彿和瑪麗・凱莉的幽會終於滿足凶手的欲求。經證實的受害者為五人，只有五人，而開膛手傑克此後永遠成為邪惡的化身。

芝加哥居民津津有味讀著這些國外的報導，但沒人比H・H・賀姆斯入迷。

一八八九年六月二十九日，賀姆斯的房子完成一半，英格塢便併入了芝加哥，重新劃歸為第二分局第十轄區，派出所成立在六十三街和溫特沃斯街口，離賀姆斯藥局隔了七條街。不久在霍雷斯・艾略特（Horace Elliott）總警司率領下，巡邏警員開始定期經過藥局，照慣例，他們會進店裡和年輕英俊的店長攀談。[13]警員走過街口，望著新房子一點一滴成形。英格塢已有不少大房子，包括基督教青年會、庫克郡師範學院和豪華的提摩曼歌劇院。歌劇院坐落在六十三街和史都華街口，已近乎完工，但鎮上仍有不少空地，只要建築大到填蓋滿整個街區，都會蔚為話題。

房子又蓋了一年，冬天工程再次照常中斷。一八九〇年五月，建築好不容易大抵完工。二樓有六條走道，三十五間房，五十一扇門，三樓還有三十六間房。建築一樓有五間店面，其中位於六十三街和瓦利斯街街角的店面空間最大，最引人注目。

搬進這棟建築一個月後，賀姆斯賣掉了前荷頓藥局，並向買家保證，根本不會有競爭問題。令買家氣的是，賀姆斯馬上在對街自家角落店面開了間新藥局。[14]

賀姆斯在一樓開設了各式各樣的店家，包括理髮廳和餐廳。城市工商名錄中，亨利・D・曼恩醫師（Henry D. Mann）的診所也登記在賀姆斯大宅地址下，這可能又是賀姆斯的假名。[15]這裡還有一間華納玻璃公司，賀姆斯成立這家公司只是個幌子，因為大片的平板玻璃需求忽然大增，他假裝要趁勢投入這項新興產業。

賀姆斯借款為藥局買了家具和設備。但他絲毫不想還清這筆債，並相信只要靠詐術和個人魅力便能逃過一劫。當債主上門要求建築所有人出面，賀姆斯便欣然向他們介紹虛構的H・S・坎貝爾。「他是我見過最圓滑的傢伙。」賀姆斯雇來藥局負責珠寶櫃的店員C・E・戴維斯（C. E. Davis）說。債主會「氣呼呼上門，稱呼他不同的名字，他會露出笑容，遞上雪茄和飲料，彷彿兩人認識一輩子似的將對方送出門。我從沒見他生氣過。就算你努力想挑事也沒用。」[16]

戴維斯朝店裡一比。「如果將這棟建築中所有機具的留置權狀貼在這三面牆上，這裡看起來會像長毛象馬戲團的廣告看板。但我從沒聽說有人最後拿到了抵債的留置物。賀姆斯以前曾說，他請了律師替他解決麻煩，但就我看來，那傢伙能脫身，全靠他故作有禮、寡廉鮮恥的卑鄙態度。有一天，他替餐廳買了件家具，當天晚上賣家就來討債，並打算帶走抵押物。賀姆斯倒了杯飲料，帶他去吃頓晚餐，並為他買了根雪茄，說說笑笑送走了那人，答應他下週會聯絡並付錢給他。那人車開走不到三十分鐘，賀姆斯馬上叫來一輛馬車，把家具搬上去，直接退還給賣家，賣家一毛錢都沒拿到。賀姆斯最後也沒因此被關進牢裡。能辦到這種事的，全美國就只有他。」

賀姆斯其實有錢付債。戴維斯估計他賺了二十萬美金，除了藥局之外，其他多半是不正當的手段。例如，賀姆斯試圖賣給投資人一個將水變成天然瓦斯的機器。他偷偷將原型機器和城市瓦斯管相接來騙人。

他總是散發魅力，誠懇親切，即使如此，有時仍無法讓客戶放心。有個藥劑師叫愛瑞克森（Erickson），賀姆斯以前會到他店裡買哥羅芳，那是自美國內戰以來使用的麻醉劑，效果佳，但不穩定。「有時候，他一週會跟我買九到十次，每次量都不少。我問他好幾次，麻醉劑是用在哪裡，他總是含糊其詞。最後，我假裝怕他用來做壞事，我告訴他除非說清楚，不然我不賣給他。」[17]

賀姆斯告訴愛瑞克森，他在用哥羅芳做科學實驗。後來，賀姆斯又來買哥羅芳時，愛瑞克森問他實驗做得如何了。

賀姆斯一臉茫然，說他沒有在做實驗。

「我永遠看不透這人。」愛瑞克森說。

有個叫絲卓兒（Strowers）的婦人偶爾會替賀姆斯洗衣。有一天，賀姆斯向她提議，如果她去保一萬元人壽保險，將他立為受益人，他會付她六千元。她問他原因時，他解釋她死了的話，他就會賺四千元，但同時，這六千元她能任意花用。

對絲卓兒太太而言，這是一大筆錢，而且她唯一要做的便是簽幾份文件。賀姆斯向她保證，這一切絕對都合法。

她身體健康，應該能活上好一陣子。她正要答應時，賀姆斯輕聲對她說：「別怕我。」[18]

她聽了反倒嚇死了。

一八九〇年十一月，賀姆斯和芝加哥其他人聽說世博會理事終於決定了舉辦地點。他一讀到主會場是傑克森公園，心中無比欣喜，那地方在他房子正東方，六十三街靠湖那端，不只如此，芝加哥市中心、華盛頓公園和整條中道人道也都會有展覽。

賀姆斯騎腳踏車去過傑克森公園。隨著前後輪大小一樣，以鐵鏈和齒輪前進的「安全式」腳踏車問世，他像多數美國人一樣，趕上了瘋單車的熱潮。但和多數美國人不同的是，賀姆斯也藉此熱潮賺了一筆，他賒帳買進腳踏車，再出手轉賣，卻從未結清原先的欠款。他自己有一臺波普牌腳踏車。[19]

世博會公司決定地點之後，芝加哥南邊彷彿掀起一股滔天巨浪，暴露出人性貪婪。《論壇報》上有一則售屋廣告，想賣出一棟位於四十一街和艾力斯街口的房子，內含六間房間，就在傑克森公園北方一公里半處，廣告上宣稱新屋主在世博會可以出租四間房，一個月能獲利近一千美元，相當於二十一世紀幣值的三萬美元。英格塢不斷發展下，賀姆斯的房子和土地原本便十分值錢，但現在他這房子的行情可比一條金礦礦脈。

他靈機一動，想到辦法，不僅能趁勢淘金，也能滿足他另外的欲求。他刊登一則新的廣告，找來更多工人，並再次叫上他忠實的朋友查波、昆蘭和皮特佐前來幫忙。[20]

作者資料出處和補充註解

1 "*Ambition has been the curse*: Schechter, 238.
2 "*His presence*: Franke, 112.
3 "*It is said that babies*: Ibid., 112.
4 *The building's broad design*: *Philadelphia Public Ledger*, July 22, 25, 26, 27, 29, 30, 1895; *Chicago Tribune*, July 17, 21, 23, 25, 27, 28, 29, August 18, 1895; *New York Times*, July 25, 26, 29, 31, 1895.
5 "*There is an uneven settlement*: *Chicago Tribune*, July 25, 1895.
6 *The high rate of turnover*: Ibid.; Schechter, 28–29.
7 "*I don't know*: Franke, 95–96.
8 *At first, Latimer said*: Ibid., 43.
9 "*In a general way*: Geyer, 26–27.
10 "*fine physique*: Trial, 145.
11 "*Come with me*: Schechter, 25.
12 "*Pitezel was his tool*: Trial, 449.
13 *Captain Horace Elliot*: *Englewood Directory*, 36.
14 *To the buyer's chagrin*: Schechter, 36.
15 *City directories*: *Englewood Directory*, 179, 399; Franke, 40.
16 "*He was the smoothest man*: Franke, 42–43.
17 "*I sometimes sold him*: Ibid., 111.
18 "*Don't be afraid*: *Chicago Tribune*, July 31, 1895; *New York Times*, July 31, 1895; Franke, 110.
19 *Unlike most Americans*: *Chicago Tribune*, July 26, 1895.
20 *An advertisement*: Hoyt, 177.

朝聖

一八九〇年十二月十五日週一夜晚，這天無論如何都值得一提，芝加哥天氣格外溫暖，而且坐牛（Sitting Bull）酋長也是在歷史上這天遭人擊斃，丹尼爾・伯南踏上前往紐約的火車時，他知道這次會面是世博會成敗的關鍵。

他走進淺綠色的車廂，那是喬治・普爾曼的皇宮列車，空氣凝滯，厚重的掛簾靜止不動。鐘聲響起，持續規律地一聲聲敲著，即使纜線車、馬車和行人緊鄰，火車仍穩穩以時速三十公里駛過城市中心。街上人人紛紛停下腳步，望著火車開過平交道，黑白相間的蒸氣如浣熊的尾巴在空中擺動。火車穿過聯合飼養場，今天天氣熱得詭異，臭氣比平日更加刺鼻，車繞過一座座覆蓋著骯髒冰雪的黑煤山。伯南欣賞美好的事物，但數公里飛逝，眼前只有無盡的黑煤、鐵鏽和煙霧，最後，火車駛進一片草原，四周一切似乎安靜下來。黑夜降臨，遠方的殘雪彷彿是天邊的暮光。

世博會理事會決定會場之後，事情飛快發展，雖然令人振奮，但也令人不安，因為突然之間，一切化為現實，了解工程規模後，更讓人心驚膽顫。理事會立即要求主辦方在二十四小時內提交世博會初步計畫。[1]在伯南和奧姆斯德幫助下，約翰・魯特在一張四平方公尺大的牛皮紙上畫出設計圖。他交給理事會時不禁私底下咕噥，巴黎世博會的設計師走到這一步之前，可是費了一整年時間構思、計畫和繪製草圖。藍圖上，湖濱幾平方公里的土地經過疏浚之後，將化為水渠和潟湖四布的仙境。設計師明白世博會中將建造上百棟建築，代表美國各州、世界各國和各工業，但草圖上只畫出最重要的五座巨大建築，建築中心圍著中央大廣場。他們在廣場一側也騰出空間，準備蓋一座高塔，但當時沒有人知道塔會由誰來蓋，也不知道外觀如何，只曉得這塔要在各方面都超越艾菲爾鐵塔。理事會和聯邦政府監督單位「國家委員會」異常迅速通過了計畫。

對外人來說，世博會光看規模便讓人感到成功機會渺茫。世博會場地要廣闊，建築要雄偉，芝加哥人認為是理所當然。但他們懷疑的是，這麼短的時間內要如何打造出美國史上最雄偉的建築，甚至還要遠勝過羅布林所建的布魯克林橋。不過，伯南知道規模只是其中一項挑戰。社會大眾和世博會理事多半都不知道，世博會宏大的計畫下藏有十億個小挑戰。伯南必須在會場建軌道，運送鋼鐵、石頭和木材到各個工地。他必須透過跨洋船運公司，設法將補給品、貨物、郵件和所有展覽品運來美國，其中包括世界知名的亞當斯運通公司。他不但需要警力和消防隊協助，還需要蓋醫院，並準備救護服務。會場還會有成千上萬隻馬匹。牠們每天數噸的糞便也必須想辦法處理。

牛皮紙上的計畫通過之後，伯南馬上向官方申請「要立即在傑克森公園為我和團隊造一個便宜木造的指揮中心」。[2]接下來三年，他大半時間都會住在那裡。這地方迅速成為眾所周知的「窩棚」，名字聽起來簡陋，但裡頭不但有個大壁爐，還有座酒窖，堆滿了伯南的私藏酩品。伯南在當時代頗具遠見，他明白小細節會影響眾人對世博會的印象，甚至細心到連世博會的官方印章都好好設計了一番。「你可能想不到這印章有多麼重要。」一八九〇年十二月八日他寫信給世博會委員長喬治・R・戴維斯（George R. Davis），他也是政府方面主要的負責人。「印章上的圖案會送到世界各國，大家會透過這種細微末節，評斷世博會的美學水準。」[3]

但是，眼下這一切不是重點，伯南心裡仍為一件最重要的事煩惱。他必須選出建造世博會主建築的建築師。

他和約翰·魯特原本考慮自己設計整座世博會，其實眼紅的同業也暗自這麼想。魯特的小姨子哈里葉·門羅記得，魯特有一天晚上回家「心如刀割」，因為有個他視為朋友的建築師「在俱樂部遇到伯南先生時，故意不打招呼」。魯特嘟囔：「我想他以為我們打算把案子吞了！」[4]身為建築設計總監，他必須監督世博會其他建築師的作品。於是他下定決心，為求公平公正，他自己不會設計任何建築。

伯南想雇用誰，心裡已有了底，但他卻沒料到自己的決定會引發軒然大波。他希望請來美國最好的建築師，不只是由於他們才華出眾，更想憑他們人脈，一舉能打破東岸人的偏見，他們至今仍認為芝加哥會辦出一場落伍的展覽會。

十二月，官方還未核可，伯南便私下寄信聯絡那五個人選：「我相信官方會被我說服。」[5]果不其然，不久世博會場地和建築委員會便委託他邀請那五人加入世博會計畫。他們無庸置疑是美國首屈一指的建築師，其中三位來自「豺狼虎豹」之鄉紐約，分別是喬治·B·波斯特[64]、查爾斯·麥金姆[65]和美國最受敬重的建築師理查·M·杭特[66]。其他兩位是來自波士頓的羅勃·皮巴迪[67]和來自堪薩斯城的亨利·馮布朗。

芝加哥對本地先鋒建築師無比驕傲，包括蘇利文、艾德勒、詹尼、畢曼、卡伯[68]等等，但他邀請的五位建築師沒有一人來自芝加哥，不知何故，雖然伯南運籌帷幄，屢次掌握先機，這次卻沒預料到芝加哥人會視此舉為背叛。

此刻在火車廂中，伯南有件事怎麼也想不透，邀請寄出之後，熱情回應的只有堪薩斯城的馮布朗。其他人不置可否，只說伯南抵達紐約願意和他見個面。

伯南曾請奧姆斯德和他一起和建築師會面，他知道在紐約奧姆斯德的名聲像引力一樣，可惜他忙得無法抽身。如今伯南不得不獨自面對這群傳說中的建築師。其中，杭特脾氣暴躁更是遠近馳名。

他們為何如此冷漠？他試圖打動他們時，他們會有什麼反應？若他們拒絕，消息傳了出去，那該怎麼辦？

窗外的景色無法平撫他的心情。火車轟轟駛過印第安納州，一股冷鋒迎面而來。溫度驟降，強風颼颼刮過車廂，鬼影般的烏黑雨雲籠罩天邊，尾隨火車穿梭黑夜。

有件事伯南還不曉得。接到他的信不久，東岸的建築師杭特、波斯特、皮巴迪和麥金姆相約在紐約麥金姆、米德和懷特事務所見面，他們一同討論世博會是不是只像一場養牛大會，在比誰的牛

64 喬治・B・波斯特（George B. Post, 1837-1913），美國建築師，曾在法國學習布雜藝術風格（Beaux-Arts）。他許多作品都是當時代具代表性的商業建築，如位於曼哈頓八層樓的公平人壽大樓，這是第一棟設有電梯的辦公大樓。

65 查爾斯・麥金姆（Charles McKim, 1847-1909），美國布雜藝術風格建築師，並是美國文藝復興時期建築代表人物，著名作品如波士頓公共圖書館。

66 理查・M・杭特（Richard M. Hunt, 1827-1895），美國建築史上最為著名的建築師，知名作品如大都會藝術博物館，也是美國建築師學會和紐約市藝術協會的創立者。

67 羅勃・皮巴迪（Robert Peabody, 1845-1917），美國波士頓建築師，早期殖民復興式建築的支持者，對英式建築和布雜藝術風格也情有獨鍾。

68 亨利・I・卡伯（Henry Ives Cobb, 1859-1931），美國建築師，崇尚維多利亞時代哥德式建築，代表作品為為帕默宅邸。

最肥罷了。這時，杭特表明他不會參與，他是伯南最希望延攬的建築師。喬治．波斯特勸他至少聽聽伯南的說法，並告訴杭特，他影響力大，若他表態了，其他人也不得不退出。

這場會議中，麥金姆開場白繞來繞去都只提到世博會和其前景。杭特打斷他：「麥金姆，媽的別再說不著邊際的廢話了。講重點！」[6]

紐約一整週狂風呼嘯。哈德森河結冰，創下一八八〇年來航運最早的停駛紀錄。週四早晨，伯南在旅館吃早餐時，在報紙上看到芝加哥一家私人銀行S．A．基恩公司倒閉，心裡不禁一陣不安。大恐慌的跡象又多一樁。

十二月二十二日週一晚上，伯南和東岸建築師在玩家俱樂部吃晚餐。天氣寒冷，他們都凍紅了雙頰。他們彼此握手，來的人包括杭特、麥金姆、波斯特和皮巴迪。皮巴迪專程從波士頓來見他一面。他們坐到一張桌前，齊聚一堂，歌德和謝林所謂的「凍結的音樂」界中[69]，美國的箇中高手都盡在眼前。他們個個富有，正值職業巔峰，但所有人都傷痕累累，背負著十九世紀火車失事、熱病大流行和摯愛早逝等等遺憾的過往。他們身著黑西裝，白領尖挺，嘴上都留著八字鬍，有的黑色，有的灰白。波斯特身材高大，他是屋內最魁梧的。杭特強勢又暴躁，西裝下的臉時時皺著眉頭，口袋中的客戶囊括全美最富有的家族。紐波特、羅德島和紐約第五大道好幾棟豪宅都由他所設計，不只如此，他還打造了自由女神的底座，也是美國建築師學會的創立者。所有人背景多多少少都有所關聯。杭特、麥金姆和皮巴迪三人都在位於巴黎的法國美術學院讀過書。馮布朗和波斯特都曾在杭特底下做研究。皮巴迪有問題時，經常請教前輩馮布朗。至於伯南，他哈佛和耶魯入學考失利，沒有經過正式的建築訓練，他和這些人坐在一起，像是誤闖別人感恩節大餐的陌生人。

眾人相談甚歡。伯南描述他的願景，他希望世博會比巴黎世博會更大、更雄偉。他強調奧姆斯德也參與其中。奧姆斯德和杭特曾一起在北卡羅萊納州阿士維一帶，努力替喬治・華盛頓・范德堡[70]打造比爾特摩莊園，也一起建造了范德堡家族的陵墓。但杭特心存懷疑，也直話直說，毫不委婉。他表示，其他人和他為何要中斷手上滿檔的工作，去一個遙遠的城市建造臨時性的建築，更何況最後作品的樣貌，他們不會有主控權？

伯南聽到他們的懷疑，心中一片慌亂。他習慣芝加哥大眾一往無前的精神。他希望奧姆斯德和魯特能在身邊。奧姆斯德能對付杭特；魯特能言善道，而且因為他長年都是美國建築師學會祕書，其他建築師都認得他。一般而言，伯南在這種情況應該最能掌控全場。哈里葉・門羅寫道：「對他自己和大部分的世界而言，他總是對的，而他心裡也有數。因此他內心蘊藏一股頑強的力量，能讓他成就大事。」[7]但這天晚上，他感到惴惴不安，彷彿是個站在主教之間的唱詩班男孩。

他極力勸說，這將是史上前所未見的一場世博會，會以建築為主軸，成為未來建築界的典範。

69 約翰・沃夫岡・馮・歌德（Johann Wolfgang von Goethe, 1749-1832），德國文學家和政治人物，著名作品為《少年維特的煩惱》（*Die Leiden des jungen Werthers*）。弗里德里希・謝林（Friedrich Schelling, 1775-1854），德國哲學家。兩人曾形容建築為「凍結的音樂」（frozen music）。

70 喬治・華盛頓・范德堡（George Washingron Vanderbilt, 1862-1914），美國藝術收藏家，蓋有一棟有二百五十間房的比爾特摩莊園。范德堡家族在鍍金年代靠航運和鐵路致富，並擴展到其他領域。

芝加哥世博會將喚起全國對建築力量的注意，欣賞從鋼鐵和石材凝聚出的美感。光是奧姆斯德的計畫便讓世博會獨樹一格，會場廣布潟湖和河渠，草地綿延鋪展，背景配上一望無際的鈷藍色密西根湖。他告訴他們，空間上，世博會面積會至少比法國巴黎世博會大上三分之一。他強調，這可不只是夢想。芝加哥已下定決心要實現一切，憑著同樣的決心，芝加哥已成為全美第二大城。最後他補充，芝加哥資金充裕。

建築師的問題挑釁味少了，也實際得多了。他腦中想的建築是哪一種，風格為何？他們也提到艾菲爾鐵塔的事。芝加哥如何才能不落人後？對於此事，伯南目前想法僅止於要超越艾菲爾，至於怎麼做，手上仍無計畫。他其實私下感到十分失望，因為美國的工程師至今沒提出任何新穎又可行的方案，煞煞艾菲爾的氣焰。

建築師擔心，他們加入世博會後，會受到無數委員擺布。伯南向他們保證，創作自由絕對不會受到侷限。他們想了解奧姆斯德對世博會場地的洞見，尤其是那個叫林島（Wooded Island）的中央景點。伯南見他們如此堅持，馬上寄了封電報給奧姆斯德，再次請他來一趟。奧姆斯德再次婉拒了。

那天晚上，有個問題一而再、再而三出現。時間夠嗎？

伯南向他們保證，時間綽綽有餘　但他也不會自欺欺人。此時馬上就要開工。

他相信自己贏得了他們的信任。夜晚漸入尾聲，他問他們是否願意加入？

現場頓時鴉雀無聲。

伯南隔天早上坐北岸特快車離開紐約。一整天，他的火車穿過一片雪白荒瘠的大地，暴風雪從亞特蘭大席捲到明尼蘇達，無數建築崩毀，樹木倒地，俄亥俄州巴柏頓一人喪生，但暴風雪並未讓特快車停駛。

伯南上車之後，寫了封信給奧姆斯德，內容大略敘述和建築師會面的結果。「關於能主導主建築美感的部分，他們全都深表贊同……整體布局規劃似乎也真心贏得大家的讚賞，但他們非常想知道你對於林島景觀的看法以及你的規劃。因此我才緊急寄了封電報給你，問你要不要來。後來發現見不到你，他們感到非常失望，我也是。眾人下個月十日都會來到芝加哥，我和他們一致盼望你能親自到場。我覺得杭特先生特別倚重你對此事的意見。」[8]

其實，當天晚上事情結局全然不是如此。玩家俱樂部中，在最後一段沉默中，眾人喝著干邑白蘭地，靜靜吞雲吐霧。建築師都同意，芝加哥這份雄心壯志確實令人神往，能想出潟湖和建築奇觀交錯的夢幻景致，誠意也不在話下，但現實是另一回事。唯一確定的有兩點，長距離往返會令工程不斷中斷，而且離鄉背景建造一棟極其複雜的建築，肯定會碰上無數難題。皮巴迪已確定要參與世博會，但杭特和其他人尚未拿定主意。伯南事後透露：「他們說會考慮。」[9]

不過，他們全都答應在一月十日來一趟芝加哥，再次協商，並看看所選的場地。

這群建築師沒人去過傑克森公園。伯南知道若公園一片荒蕪，不太可能贏得別人的肯定。這次奧姆斯德一定要在場。同時魯特也必須加入遊說的行列。建築師尊重他，但仍質疑他夠不夠格監督建築師。他必須去一趟紐約。

外頭天空一片慘白，只透出藍灰色的天光。儘管普爾曼火車車廂間設有連廊，如灰塵般的冰雪仍吹入了車內，害伯南的火車廂如嚴冬般冰冷刺骨。軌道旁出現一棵棵慘遭狂風吹倒的樹木。

丹尼爾・伯南到芝加哥時發現，芝加哥建築師和世博會理事得知他出城之後大發雷霆，更要不得的是，他別的地方不去，居然去了紐約找建築師，毫不把艾德勒、蘇利文和詹尼放在眼裡。蘇利文認為，這代表伯南並非真心相信芝加哥能憑一城之力，實現世博會的願景。「伯南相信為了國家著想，必須把所有的工作全交給東岸的建築師。」蘇利文寫道，「就因為他覺得他們文化素養比較高。」[10]愛德華・T・傑佛里（Edward T. Jeffery）是場地和建築委員會主席，蘇利文接著寫道：「傑佛里在委員會上處事圓滑，面面俱到，說服丹尼爾做出明智的決定，將中西部建築師納入團隊。」

魯特和伯南馬上選出五家芝加哥事務所，邀請他們加入世博會，其中也包括艾德勒和蘇利文事務所。伯南隔天一一拜訪每家事務所。其中四家盡釋前嫌，當場接受邀請。只有艾德勒和蘇利文事務所不接受。艾德勒內心仍感到憤憤不平。「我覺得艾德勒原本暗自期待能坐在我的位子上。」伯南說，「他心裡默默生著悶氣，自己都『不知道』。」[11]

最後，艾德勒還是接受了伯南的邀請。

現在換魯特要去紐約了。他本來就要去出席美國建築師學會的理事會議，開完會之後，他打算搭火車到亞特蘭大，視察事務所在那設計的一棟建築。一八九一年元旦下午，魯特在魯克里大廈辦公室，離開之前，一個員工來事務所找他。「他說他累了。」那人回憶道，「他想辭掉學會祕書的工作。他從沒抱怨過工作太多，所以我不禁嚇了一跳。他應該只是累壞了吧，回家前他又打起精神，也滿懷希望，但是這對後來發生的事情來說相當關鍵。」[12]

魯特在紐約再次向建築師保證，他不會干涉他們的設計。《芝加哥洋際報》曾形容他「飯後聊天時幽默風趣，饒富機鋒，儼然是另一個錢西・M・德普」，儘管他為人討喜，仍無法喚起他們的熱情。魯特離開紐約前往亞特蘭大時，和兩週前的伯南一樣失望。他這一趟到南部心情也沒有好起來。哈里葉・門羅在他回芝加哥時見到了他。她說，他很沮喪，因為「東岸人的態度異常冷漠，他們完全不相信他的說法，覺得中西部的生意人一定會干涉創作自由。芝加哥的夢想太荒謬，不切實際，何況他們覺得不可能沒有干涉，或多或少而已，而他們不想受束縛和牽制」。[13]

魯特疲倦不已，無比氣餒。他告訴門羅，他費盡唇舌都提不起他們興趣。「他覺得這是美國給予建築師最好的機會，而他卻無法說動他們。」她說。建築師確實打算一月時來芝加哥會面，他告訴她：「但他們意興闌珊，心根本不在上面。」[14]

一八九一年一月五日，場地和建築委員會授權伯南正式付給十名建築師一人一萬美元的酬勞，相當於今日的三十萬美元。這筆錢相當豐厚，因為伯南只要求他們畫出施工設計圖，並到芝加哥幾趟。伯南和魯特會負責監督建築工程，建築師一輩子最斤斤計較、耿耿於懷的細部設計便由他們操心。藝術創作上絕不會有任何干涉。

東岸的建築師猶豫地接受了，但他們心中仍懷有憂慮。

而且他們至今仍未見過傑克森公園。

作者資料出處和補充註解

1 *Immediately the directors*: Burnham and Millet, 14–17; Burnham, *Design*, 7–9; Monroe, *Root*, 222–23.

2 "*at once cheap wooden quarters*: Burnham to Committee on Buildings and Grounds, December 1, 1890, Burnham Archives Box 58, File 3.

3 "*It may not occur to you*: Burnham to Davis, December 8, 1890, Burnham Archives, Business Correspondence, vol. 1.

4 "*cut to the quick*: Monroe, Root, 235.

5 "*feeling confident*: Moore, Burnham interview, 3.

6 "*McKim, damn your preambles*: Moore, *McKim*, 113.

7 "*To himself*: Monroe, *Poet's Life*, 115.

8 "*They all approved*: Burnham to Olmsted, December 23, 1890, Olmsted Papers, Reel 57.

9 "*they said*: Moore, Burnham interview, 3.

10 "*Burnham had believed:* Sullivan, Louis, 319.

11 "*I think he, Adler*: Moore, Burnham interview, 4.

12 "*He said he was tired*: *Inland Architect and News Record*, vol. 16, no. 8 (January 1891), 88.

13 *He was depressed*: Monroe, *Root*, 249.

14 "*He felt that this*: Ibid., 249.

為世博會打造的旅館

賀姆斯的新主意便是將這棟房子變成一間旅館，接待世博會的遊客。當然比不上帕默旅館或黎胥留旅館，但只要夠舒適、夠便宜，便能吸引到特定客群，功夫做足的話，搞不好能簽下鉅額的火災保險單。世博會後，他打算把房子燒了，不但將保險金拿到手，還能順勢燒毀隱藏儲藏室中剩下的「材料」，原則上，他有其他毀屍滅跡的方式，房子那時照理不會留下任何證據。不過話說回來，人再小心也難免百密一疏。正所謂得意忘形，只要留下蛛絲馬跡，事後聰明的警探終究能將他送上絞刑臺。芝加哥警方有沒有這能耐值得商榷。平克頓全國偵探事務所[71]反倒更值得留心，但最近偵探似乎都忙著對付全國煤田和煉鋼廠的罷工工人。

賀姆斯再次當起建築師，一八九一年他又開始設計改裝，不久便請來木匠在二、三樓施工。賀姆斯分包工程和無故解雇的策略再次奏效。工人顯然沒人去報警。芝加哥派出所就位在溫特沃斯街，巡邏警員每天都會經過賀姆斯的房子。警員不僅沒起疑，反而對他十分友善，甚至會特別照顧他。賀姆斯認得每一個警員，他不時送上一杯咖啡，遞上一根上好的黑雪茄，或請他們到餐廳免費用餐。這份人情和微薄之禮，警察會放在心上。

71　平克頓全國偵探事務所（The Pinkerton National Detective Agency）由艾倫・平克頓（Allen Pinkerton, 1819-1884）於一八五〇年所創立，提供私人保全、軍隊和偵探服務，因號稱偵破林肯刺殺陰謀而聲名大噪。資本家後來常雇用他們來對付罷工工人和示威抗議。

但是賀姆斯漸漸感到逼債的壓力，尤其是來自好幾個家具商和腳踏車商。他仍能靠自身魅力半哄半騙，聽到債主抱怨仍打聽不到欠債人H．S．坎貝爾下落，他也深表同情，但賀姆斯知道他們遲早會失去耐心，其實，他很驚訝他們至今都沒使出更強硬的手段。他的詐術前所未聞，技巧嫻熟，而身邊的人又過於天真，彷彿一輩子都沒被騙過似的。各行各業中，雖然已有人拒絕和他交易，但仍有無數人對他心悅誠服，願意接受H．S．坎貝爾簽署的本票或華納玻璃公司的擔保。賀姆斯被逼債時，若感到債主快訴諸法律，甚至暴力，他馬上會用其他資產賺來的現金付清債務，例如公寓和店面的租金及藥局的營收，而且他又開了間新的藥品郵購公司。亞倫．蒙哥馬利．華德[72]的郵購帝國在芝加哥市中心快速成長，賀姆斯馬上有樣學樣，開始販賣宣稱能治療酒精上癮和禿頭的假藥。[1]

賀姆斯一看到機會，向來能撈就撈，尤其他現在急需用錢。因為不論如何投機取巧，他知道自己仍必須支付一部分的工錢。突然之間，錢有了著落。麥妲有個來自伊利諾州大腳草原的叔公，名字叫強納森．貝克納（Jonathan Belknap），他此時正好來威爾梅特拜訪麥妲一家人。[2]貝克納不富有，但手頭寬裕。

賀姆斯開始頻繁出入威爾梅特的家。他買玩具給露西，買首飾給麥妲和岳母，讓屋裡洋溢著愛。

貝克納從沒見過賀姆斯，但他知道他跟麥妲結婚後問題不斷，因此他不打算給這年輕醫生好臉色。初次見面，他覺得賀姆斯待人處事異常圓滑，饒富自信，以這年紀來說相當罕見。但他愕然發現，賀姆斯只要在身邊，麥妲全心都在他身上，甚至貝克納的姪媳，也就是麥妲的母親，也因賀姆斯而容光煥發。見了幾次面，貝克納逐漸明白麥妲為何全心全意愛著這個人。他英俊瀟灑，打扮光鮮亮麗，談吐得體。他雙眸湛藍，目光直率，聊天時每一句話都聽得專注，幾乎教人心生顧忌，彷彿貝克納不只是從大腳草原來探望親戚的老叔公，而是全世界最迷人的人。

貝克納仍然不喜歡賀姆斯，但賀姆斯誠懇的舉止已令他降下戒心，賀姆斯告訴他，他和麥妲打算在威爾梅特買間新房，希望他能幫忙簽下一張兩千五百美元的本票，貝克納答應了。賀姆斯由衷感謝他。有了這棟房子，他們不需再和父母同住，小倆口終於能重修舊好。賀姆斯承諾工作賺到錢後馬上還給他。

賀姆斯返回英格塢之後，馬上偽造貝克納的簽名，以同樣的金額簽下另一張一模一樣的本票，打算拿這筆錢去建造旅館。[3]

等賀姆斯下一次到威爾梅特，他邀請貝克納到英格塢參觀他的大宅，以及世博會才剛選出的場地。

雖然貝克納讀了不少世博會的消息，確實想看看場地，但他不希望和賀姆斯相處一整天。賀姆斯風度翩翩，為人親切，卻莫名教貝克納不安。原因他也說不上來。其實，接下來數年來，精神學家絞盡腦汁也不知該如何形容賀姆斯這種人，他們看似熱情迷人，但隱約讓人感到喪失部分關鍵的人性。起初，精神學家形容此失調症狀為「悖德症」（moral insanity），患者稱為「悖德痴愚者」（moral

72 亞倫．蒙哥馬利．華德（Aaron Montgomery Ward, 1843-1913），原為推銷員，一八七二年在芝加哥首創郵購服務，後來公司也拓展成百貨公司。

imbecile）。後來他們用了「精神病態」（psychopath）一詞，這詞最早出現於一八八五年威廉·史達[73]主筆的非專業媒體《帕摩爾報》上，報上稱之為「新疾病」，更宣稱：「對精神病態者而言，除了自己和自身利益，一切都毫無價值」。[4]半世紀之後，哈維·克萊克利醫生（Hervey Cleckley）在他突破之作《精神健全的面具》（*Mask of Sanity*）中，形容精神病態典型為「一座默默培養而成的反應機器，能完美模仿人類性格……製造出健全普通的形象，在醫院檢查時，沒人能從科學或客觀角度指出，病人人格為何及如何不真實。」[5]精神科術語中，呈現此類失調症狀的患者稱為「克萊克利精神病態」。[6]

貝克納拒絕賀姆斯的邀約時，賀姆斯看來既受傷又失望。賀姆斯懇求他務必成行，因為他是個有責任感的人，他希望能展現資本家的一面，證明這張本票在他手中絕對穩妥。麥妲聽他拒絕也顯得垂頭喪氣。

貝克納心軟了。到英格塢的火車上，賀姆斯一一介紹地標，包括城裡的摩天大廈、芝加哥河和飼養場。貝克納覺得那兒臭氣薰天，但賀姆斯似乎不以為意。兩人在英格塢車站下車。

城裡熙熙攘攘，火車隔幾分鐘 班隆隆駛過，東西向的六十三街車水馬龍，馬匹拖著一輛輛街車駛過，中間穿插無數載客和貨運馬車。貝克納目光所及之舉都有建築在施工。不久，此處更會大興土木，因為企業家已紛紛摩拳擦掌，準備趁世博會大賺一筆。賀姆斯說明了自己的計畫。他帶貝克納逛自己的藥局，櫃檯是大理石做的，一個個玻璃瓶裝著五顏六色的溶液，接著他帶貝克納上二樓，介紹了管理員帕區克·昆蘭。賀姆斯帶著貝克納走過大宅無數走廊，描述未來這間旅館的風貌。貝克納覺得這裡陰森詭異，走道不時莫名中斷。

賀姆斯問貝克納他想不想看看屋頂，工程已經在進行了。貝克納拒絕了，他騙賀姆斯說自己老了，爬不了那麼多樓梯。

賀姆斯說那裡景色壯麗，能一瞰英格塢全鎮，甚至能看到東方的傑克森公園，再過不久，世博會的建築物會在那兒一棟棟蓋起。貝克納再次拒絕了，這次語氣更為堅定。

賀姆斯換個方式。他邀請貝克納在此過夜。起初，貝克納又拒絕了他的邀請，但他已經拒絕上屋頂，他覺得自己也許過於失禮，因此態度又軟化了。

天黑之後，賀姆斯帶貝克納到二樓的一間房間。走廊上，瓦斯燈裝設散亂，陰影四布，貝克納和賀姆斯經過時，火光搖曳，幽影重重。房間家具齊全，十分舒適，窗外正對街道，現在路上交通依舊繁忙，令人安心。就貝克納看來，他和賀姆斯是目前唯一住在這棟房子裡的人。貝克納說：「我上床睡覺時，特別小心鎖好門。」[7]

不久，街上的喧囂漸漸平靜下來，火車仍隆隆駛過，但偶爾才聽得到空洞孤獨的馬蹄聲。貝克納夜裡輾轉難眠。他盯著天花板，窗下方的街燈在天花板投映出搖曳的火光。數小時過去。貝克納說：「不久之後，我聽到有人轉動門把，接著便是鑰匙滑入門鎖的聲音。」[8]

貝克納喊了一聲，問是誰在門口。聲音停了下來。他屏息豎耳傾聽，聽到走廊上有個腳步聲走遠了。他確定門外頭原本有兩個人，但剛才一人已離開。他又喊了一次。這次有人回答了。貝克納認出那是管理員帕區克・昆蘭的聲音。

昆蘭想進房來。

73 威廉・史達（William Stead, 1849-1912），英國報社編輯，他是調查記者的先驅，曾揭露英國雛妓的內幕，迫使政府立法將賣淫年齡從十三歲提高到十六歲。

「我拒絕開門。」貝克納說，「他糾纏了一會，然後離開了。」[9]貝克納一晚上都不敢闔眼。

他之後發現了賀姆斯偽造本票的事。賀姆斯道了歉，說自己急需用錢，態度誠摯，楚楚可憐，連貝克納都消了氣，但他對賀姆斯仍充滿戒心。過了好一陣子，貝克納才明白賀姆斯為何這麼想帶他到屋頂觀景。貝克納說：「如果我去了，我恐怕不會發現偽造本票的事，因為那時我早已不在人間了。」[10]

「但我沒去。」他說，「我怕高。」

木匠和泥水匠在大宅施工當下，賀姆斯將注意力放到另一樣重要設計上。也許是靠過去觀察，他照類似的裝置畫出幾張設計圖，最後選了個似乎可行的方案。那是個大約二公尺半深、高寬各九十公分，以防火磚打造的長方形建物，外圍再以同樣材質建一個更大的長方形建物，兩者之間會裝油燃器來噴射火焰加溫。裡面蓋起來像是長形的燒窯。雖然他從沒建過窯，但他相信他的設計能製造高溫，徹底焚毀裡面的一切。最重要的是，外窯也能燒掉從內窯飄散出的氣味。

他打算把窯建在地下室，並雇用了一個叫喬瑟夫・E・博克勒（Joseph E. Berkler）的磚匠。[11]賀姆斯告訴他，他想用窯來替華納玻璃公司製造和彎曲平玻璃。依照賀姆斯的指示，博克勒安裝了一些鐵製的零件。他動作很快，不久窯便進行了首次試驗。

賀姆斯點燃窯，呼一聲，火令人滿意地燒起。一股熱浪吹向地下室另一端。局部燃燒的燃油氣味瀰漫空中。

但這次試驗令人失望。窯內溫度並未到達賀姆斯的預期。他調整了燃油器，再試了一次，但情況沒改善。

他拿起芝加哥工商名錄，聯絡一家火爐公司，希望能和一個經驗豐富的專家碰面。賀姆斯自稱為華納玻璃公司創立者。如果火爐公司人員有任何顧慮，可去查一八九〇年英格塢工商名錄，公司有註冊，業主則登記為賀姆斯。

火爐公司經理決定親自去一趟賀姆斯的大宅，和他當面詳談。[12]經理的名字從未公開。他見到一個年輕英俊的男子，甚至可謂清秀，男子散發著自信和成功人士的氣息。他雙眼藍得教人驚訝。他的大宅看來不怎麼耀眼，工程水平和六十三街其他建築相去甚遠，但位置倒是在蓬勃發展的地段。年紀輕輕便幾乎坐擁整塊街區，這事本身就是個成就了。

經理跟著賀姆斯到二樓的辦公室，微風透過敞開的窗戶吹拂進門，兩人舒適地研究賀姆斯的磚窯設計圖。賀姆斯解釋他沒辦法達到「足夠的熱度」。[13]經理說想現場檢查一下。

賀姆斯回答，那就不必了。他不希望麻煩經理，只希望尋求他專業的意見，他也願意付他適當的報償。

經理堅持，他沒有實際看到磚窯的話也無能為力。

賀姆斯微笑。當然了，如果經理不介意多花時間，他很樂意讓他看看。

賀姆斯帶經理下到一樓，並從一樓走下一段陰暗的樓梯來到地下室。

他們彷彿進到一個長方形的巨大洞穴，長度幾乎橫跨整座街區，除了不時出現的梁柱，裡頭空蕩蕩的。陰影下堆放著各式木桶和一堆堆暗色的東西，可能是泥土吧。那裡有一座狹窄的長檯，檯面以金屬製成，檯子上方有一盞盞未點亮的燈，附近放了兩個破舊的箱子。地窖看起來像礦坑，氣

味聞起來像手術室。

經理檢查了磚窯。他看到裡頭有座耐火磚建成的內窯，這樣火焰不會直接燒到內部，接著他注意到內窯上方有兩個開口，這樣一來，內部的氣體會向外排出，直接被重重火焰吞噬。這設計很有趣，也許真行得通，不過他暗自心想，這窯的形狀似乎不適合彎曲玻璃。內窯體積太小，容不下現在商家店面最流行的大片玻璃窗，除此之外，他沒注意到其他不尋常之處，他當然能改良這座燒窯。

他帶工班回來。他們裝設了更強的燃油器，點燃之後，燒窯溫度會達到攝氏一千六百度。賀姆斯似乎很滿意。

事後經理才想到窯的形狀和高溫，其實很適合拿來做另一件非常不同的事。他說：「其實，他的設計和火葬場的火化爐設計差不多，而且照上述設計來看，燒窯絕對不會留下任何氣味。」[14]

但話說回來，這也是事後諸葛。

賀姆斯再次長期不出現在威爾梅特，不過他規律寄給麥妲和女兒一筆錢，讓她們衣食無虞。他甚至為女兒保了保險，畢竟小孩如此脆弱，一眨眼便會消失在世上。

他的生意蒸蒸日上。他的郵購公司意外為他賺進一大筆錢，而且他正打算跟上新一波買藥潮，伊利諾州德外特有個叫奇立（Keeley）的醫師發明了根除酒精上癮的解藥。街角的藥局事業順利，生意興隆，不過社區有個女人發現，賀姆斯似乎留不住員工，他經常雇用年輕貌美的女人，但她發現每個員工都常不告而別，有人離開時，甚至連二樓房間自個兒的東西也不帶走。她覺得這年代的人真沒出息，愈來愈懶惰了。[15]

將房子改裝成旅館的工程進度緩慢，他依舊不斷莫名解雇工人，工程也一如往常時常中斷。賀姆斯將找新工人的工作交給昆蘭、查波和皮特佐三個幫手。為工程找新工人對他們來說似乎不是難事。成千上萬名失業工人來到芝加哥，希望能趁世博會在即謀份差事，結果發現無數失業勞工都這麼想，因此芝加哥閒置勞工人數爆增。此時只要有工作，不論性質為何、工錢多少都有人做。

賀姆斯注意力轉到另一件更有趣的事上。命運為他帶來兩個新女人，其中一人身高快一百八十公分，身材火辣，另一人是她的小姑，她年輕可愛，一頭黑髮，並有一雙雅致的黑眼珠。個兒高的女人已有丈夫和女兒，這點讓一切變得更加誘人。

作者資料出處和補充註解

1 *In a parody:* Boswell and Thompson, 81.
2 *When Myrta's great-uncle:* Ibid., 80; Schechter, 235; *Chicago Tribune*, July 27, 1895; *New York Times*, July 29, 1895; *Philadelphia Public Ledger*, July 29, 1895.
3 *Holmes returned to Englewood:* Boswell and Thompson, 80.
4 "*Beside his own person:* See *Oxford English Dictionary*, 2nd ed.
5 *Half a century later:* Cleckley, 369.
6 *People exhibiting:* Millon et al., 124.
7 "*When I went to bed:* Schechter, 235.
8 "*Presently," Belknap said:* Ibid.
9 "*I refused to open:* Ibid.
10 "*If I'd gone:* Boswell and Thompson, 80.
11 *He planned to install:* *Chicago Tribune*, July 30, 1895.
12 *The manager of the furnace company:* Franke, 94–95
13 "*the necessary amount of heat:* Ibid., 94.
14 "*In fact," he said:* Ibid.
15 *These clerks:* *Philadelphia Public Ledger*, July 27, 1895.

後悔的景色

東岸建築師搭上一八九一年一月八日下午四點五十分從紐澤西出發的火車，杭特替他們訂了北岸特快車第六節車廂五號包廂，這樣他們便能一起搭車過來。[1] 奧姆斯德前一晚從波士頓南下到紐澤西，和他們一道去芝加哥。

那是迷人的一刻。奢華的火車穿梭雪白冬景，五位史上最偉大的建築師共乘一車，觥籌交錯，吞雲吐霧，閒聊說笑。藉此機會，奧姆斯德仔細描述傑克森公園以及和世博會委員會交手的情況，世博會委員會分層複雜，此時似乎人權在握。奧姆斯德也依實稟告眾建築師，伯南為人誠實直率，散發著領袖氣質，因此奧姆斯德相當尊重他。他當然也花了不少時間發表自己對世博會景觀的理念，並特別強調，林島上絕不該有任何突兀的人造建築。

抵達芝加哥兩小時前，火車在路上暫停時，麥金姆接到一封電報通知，他高齡七十八歲的母親莎拉．麥金姆（Sarah McKim）驟逝家中。[2] 母子關係十分親近。於是他離開眾人，搭上回程的火車。

一月九日週五深夜，建築師抵達芝加哥。他們搭馬車到威靈頓旅館，伯南已替眾人安排好房間。馮布朗也從堪薩斯城抵達旅館，和大家會合。隔天早晨，他們坐上馬車，往南來到傑克森公園。魯特人此時尚不在芝加哥，今天才會從亞特蘭大回來。

到公園這段路約要一小時。「那是個寒冷的冬日。」伯南回憶道，「天空灰雲籠罩，湖上漂滿泡沫。」[3]

到了公園，建築師走下馬車，在冷冽的空氣中吐著縷縷白煙。寒風刮起細沙，撲打雙頰，他們伸手護著雙眼，蹣跚走過冰凍的土地，杭特一邊痛風痛到抽著身子，一邊咒罵，簡直不可置信。昨夜又失眠的奧姆斯德牙齒劇痛，拖著車禍那條腿，一拐一拐向前。

湖水灰暗，在地平線化為一條黑帶。附近唯一的顏色是眾人凍得通紅的臉頰，以及伯南和奧姆斯德的藍眼珠。

奧姆斯德打量著眾建築師的反應，目光不時和伯南相交。

眾建築師嚇傻了。「他們瞪大眼睛。」伯南說，「心情絕望。」[4]

傑克森公園占地約為二點五平方公里，舉目望去一片荒蕪，多半是不毛之地，只有幾叢品種各異的櫟樹，包括大果櫟、沼生櫟、黑櫟、鮮紅櫟等，樹下灌木叢生，接骨木、野莓和柳樹交錯糾纏。光禿之處多半只有沙土，上頭稀疏長著一叢叢海草和雜草。一名作家稱這公園「偏僻又噁心」[5]，另一名作家稱之「一片遭人遺棄的荒蕪沙漠」。[6]景色醜陋，普天之下絕無僅有。奧姆斯德自己曾形容傑克森公園道：「如果要在城裡方圓一公里半找一塊最不像公園之處，這地方肯定是首選。」[7]

其實，這地點甚至比外表看起來還糟。許多櫟樹已枯死，在這季節，樹木死活難分。殘存的樹木根系都已嚴重受傷。鑽探結果顯示，公園內土地最上層是約三十公分的黑土，接下來是六十公分的沙土，最後是三公尺半深泡在水中的沙土，伯南寫道：「幾乎像流沙一樣，通常大家也直接叫那流沙。」[8]芝加哥人都明白這種土壤造成的挑戰；紐約人只習慣應付岩床，他們不了解。

傑克森公園有個致命的缺點，至少就奧姆斯德看來。湖水水位會隨季節升降，有時差距甚至高達一百二十公分，[9]湖岸線變化相當劇烈。若湖水水位下降，世博會旅客在湖岸便會踏入一片裸露的爛泥。若水位太高，湖水則會淹上岸，殺死岸邊的植物。

建築師再次踏上馬車。他們沿公園顛簸的道路駛向湖畔，速度緩慢，情緒低落，如送葬隊伍。伯南寫道：「眾人感到沮喪又絕望，他們首度明白眼前的挑戰多艱難，工程多浩大，也體會到無可轉圜的時限壓力……國會決議二十一個月後就要舉辦落成典禮，而在二十七個半月後，也就是一八九三年五月一日，工程要如期完工，景觀完美呈現，展品布置妥當。」[10]

他們在湖邊再次下了馬車。來自波士頓的皮巴迪爬到一座木棧橋上。他轉向伯南。「你是說，九三年真的計畫在此舉辦世博會？」[11]

「是的。」伯南說，「我們是這麼打算。」

皮巴迪說：「根本不可能啊。」

伯南凝視著他。「事情已定，不能回頭了。」

但就連他也無從得知未來將遭遇的困境。

建築師在傑克森公園時，魯特回到了芝加哥。那天是他四十一歲生日。他直接從火車站回到魯克里大廈。「他到辦公室時心情愉快。」哈里葉．門羅說，「那天接到了一個商業大樓的案子。」[12]但那天下午，繪圖員保羅．斯塔端在魯克里大廈電梯遇到魯特時，他「看起來病懨懨的」。[13]他的好心情蕩然無存，又抱怨起自己累了。

建築師垂頭喪氣從公園返回，心中滿是後悔。他們再次聚在事務所圖書室，魯特突然又恢復了精神，加入他們。他親切風趣，熱情奔放。伯南知道，要說誰能打動這些人，並點燃熱情，非魯特莫屬。隔天週日，魯特邀請眾人到他位於亞斯特街連棟別墅的家喝下午茶，見見他的孩子及妻子朵拉。根據哈里葉・門羅的說法，朵拉最近流產，臥病在床，「差點沒病死」。[14]

魯特告訴朵拉他已心力交瘁，建議夏天來時，兩人應該找個地方躲起來，好好休息一陣子。近幾個月充滿挫折，經常徹夜工作，四處奔波。他累壞了。他去南方這一趟絲毫沒喘到氣。他期盼週末快點到來，一月十五日，眾建築師將對此番協商做出結論，並打道回府。

他告訴妻子：「十五號之後，我就不會這麼忙了。」[15]

是夜，東岸建築師和芝加哥等人在大學俱樂部再次聚首，世博會場地和建築委員會做東，為他們舉辦一場歡迎晚宴。魯特太過疲倦，並未出席。這場晚宴意圖明確，一方面打算點燃眾人熱血，一方面想告訴東岸建築師，芝加哥將傾全力實現當初掛在嘴上的宏大野心。這是世博會第一場富麗堂皇、滿是珍饈美饌的晚宴，看到菜單，只擔心城裡的大人物動脈撐不撐得住。

來賓抵達時，記者蜂擁而上攔住他們。建築師個個態度親切，但口風都很緊。

他們待會的座位在T字型的主桌，世博會主席萊曼・蓋奇[74]坐主桌中央，他右邊是杭特，左邊是奧姆斯德。面前花團錦簇，桌子彷彿成了插床，滿是康乃馨與粉紅及鮮紅色的玫瑰。每個盤子旁都放上一小束胸花。人人都穿燕尾服。現場舉目望去沒有半個女人。

74 萊曼・蓋奇（Lyman Gage, 1836-1927）美國金融家，第一芝加哥銀行總裁，後來進總統內閣，擔任財政部長。

八點整，蓋奇勾起杭特和奧姆斯德手臂，率領眾人從俱樂部接待廳走進宴會廳。

生蠔
一至二杯蒙哈榭白葡萄酒
甲魚清湯
阿蒙提雅多雪莉酒
元帥香烤鮭魚
公爵夫人烤馬鈴薯泥佐小黃瓜
羅西尼菲力牛排
拉菲古堡紅葡萄酒和慧納不甜香檳酒
鑲烤朝鮮薊心
波梅利微甜香檳
櫻桃白蘭地雪泥
香菸
烤山鷸吐司
蘆筍沙拉
冰酒：肯特薑汁利口酒
乳酪：彭雷維克乳酪；洛克福乳酪。咖啡。利口酒

一八一五年馬德拉酒

雪茄[16]

蓋奇先發表了演講。他起身致詞時內容提到，為了達成未來世博會的光榮願景，需要在場偉大的眾人犧牲小我，完成大我，唯有放下身段，以大局為重，世博會才會成功。現場報以熱烈掌聲。

其次是伯南。他描述自己對於世博會的夢想，以及芝加哥人要讓夢想成真的決心。他也極力強調團隊合作和自我犧牲。「諸位，」他說道，「一七七六年和一八六一年時，每個真正的美國人都全心為國家奉獻。我相信一八九三年將成為我國歷史上第三重要的時刻，現在我謹在此請諸位再次為國家效力！」[17]

全場爆出喝采，歡呼雷動。「那天晚上，眾人離開宴會廳時團結一心，像戰場上的士兵。」[18]伯南說。

不過，大步向前的其實只有芝加哥人。隔天在魯特家，哈里葉・門羅和東岸建築師見了面，並深受打擊。「和他們聊天時，他們個個情緒低落，不抱希望，我被他們嚇到了。」她說，「他們說，巨大的建築若草率興建，通常會缺乏美感。再加上芝加哥地景單調貧乏，設計上根本無從整合。另外，準備時間和工期實在太短了。這一句句話都代表大家不看好世博會。」[19]

下午茶喝完之後，魯特送賓客上車。天色昏暗，嚴寒刺骨。一陣強風掃過亞斯特街連棟別墅。事後回想起來，魯特身穿禮服，走入冷若寒冰的夜時，不過是忘了加件大衣，未來卻因此全變了調。

作者資料出處和補充註解

1 *The eastern architects left*: Hunt to Olmsted, January 6, 1891, Olmsted Papers, Reel 58.

2 *Two hours before*: Moore, *McKim*, 113; *Chicago Tribune*, January 11, 1891.

3 "*It was one*: Moore, Burnham Interview, 3.

4 "*they gazed*: Burnham, *Design*, 24.

5 "*remote and repulsive*: Ingalls, 142.

6 "*sandy waste*: Bancroft, 46.

7 "*If a search had been made*: "A Report Upon the Landscape," 8, Olmsted Papers, Reel 41.

8 "*it became almost*: Burnham and Millet, 45.

9 *The park's gravest flaw*: "A Report Upon the Landscape," 7, Olmsted Papers, Reel 41.

10 "*a feeling of discouragement*: Burnham and Millet, 5.

11 "*Do you mean to say*: Hines, 82; Moore, Burnham interview, 4;

12 "*He went down to the office*: Monroe, *Root*, 259.

13 "*looking ill*: Starrett, 47.

14 "*ill almost unto death*: Monroe, *Poet's Life*, 113.

15 "*After the 15th*: Ibid., 260.

16 "*Oysters*: *Chicago Tribune*, January 11, 1891.

17 "*Gentlemen," he saidf*: Poole, 184; Moore, *Burnham, Architect*, 43.

18 "*The men left*: Burnham, *Design*, 26.

19 "*In talking with them*: Monroe, Root, 249; Monroe, *Poet's Life*, 113.

消失點

話說有個賣珠寶的年輕人名叫伊西琉斯・康納（IciliusConner），不過他比較喜歡人家叫他小名「奈德」（Ned）。好幾年來，他走過一個個城鎮，工作一個換過一個，終於和妻子茱麗亞（Julia）和八歲的女兒佩兒（Pearl）搬到芝加哥，[1]他馬上感到芝加哥確實是個充滿機會的城市。一八九一年初，他在芝加哥南側六十三街和瓦利斯街口一間生意興隆的藥局謀得一職，負責管理占據一整面牆的珠寶櫃檯。長大以來，奈德第一次感到未來閃閃發光。

藥局的老闆雖然年紀輕輕，但多錢善賈，充滿活力，儼然是活在這時代的男人，由於世博會將建在六十三街尾，向東坐車一會就到了，他注定財源滾滾。最近街上也有傳言，有條新的高架鐵路線要沿著六十三街向東直接通到傑克森公園，提供遊客另一種到世博會的交通方式。這條高架鐵路線俗稱「L巷」，「L」代表高架橋，而軌道總是穿梭城市巷弄，因而得名。街上的交通量早已大增，每天都有成千上百人駕馬車到公園看選定的場地。倒也不是那裡有什麼好看的。奈德和茱麗亞覺得公園難看又荒涼，裡面只有一座座沙丘和半死的櫟樹，不過佩兒在一攤攤死水裡抓蝌蚪抓得很開心。那塊地似乎不可能化腐朽為神奇，但奈德和其他剛來芝加哥的人一樣，他們都承認芝加哥和以前見過的城市截然不同。爭取世博會時，人人話都說得無比動聽，但要說哪個城市能說到做到，非芝加哥莫屬。奈德的新雇主H・H・賀姆斯醫師根本是眾人所謂「芝加哥精神」的化身。年紀這麼輕，卻坐擁一棟占據街區的建築，以奈德的經驗來說，這在其他地方簡直令人難以置信。在這兒，似乎

是個稀鬆平常的成就。

康納一家住在那棟大宅的二樓公寓，靠近賀姆斯的套房。那公寓不明亮，氣氛也不大好，但至少很溫暖，離工作也近。而且，賀姆斯提議雇用茱麗亞當藥局店員，並打算訓練她記帳。後來，奈德十八歲的妹妹葛楚（Gertrude）搬到芝加哥，賀姆斯也提議要雇用她來管理新開的藥品郵購公司。三人薪水加起來，一家人也許很快便能在英格塢其中一條寬大的碎石街道上買棟房子。那時他們當然也買得起腳踏車，也能光臨街上的提摩曼歌劇院。

不過，有件事奈德的確不大自在。賀姆斯似乎對葛楚和茱麗亞格外注意。其實，這很正常，而且奈德已漸漸習慣了，畢竟兩個女人都長得嫵媚動人，葛楚身材纖瘦，皮膚黝黑，茱麗亞身材高眺，該有的一樣都少不了。其實打從初次見面，奈德便很清楚，賀姆斯喜歡女人，而女人也喜歡他。可愛的年輕女子彷彿全被吸引來藥局。奈德想幫她們時，她們總是態度冷淡，愛理不理。若賀姆斯剛好進店裡，她們的舉止馬上一百八十度轉變。

奈德一直是個普通的男人，現在卻似乎成了背景，彷彿是自己人生的旁觀者。只有女兒佩兒仍如常和他互動。奈德懷著戒心，看著賀姆斯微笑向葛楚和茱麗亞大獻殷勤，並送上禮物和甜言蜜語，他對葛楚尤其好，兩個女人也喜滋滋地回應著他。賀姆斯不在時，她們沒精打采的，人會突然蠻橫暴躁起來。

更令人不安的是客人對奈德的態度也變了。他們沒多說什麼，但他們眼神怪怪的，彷彿暗藏同情，甚至憐憫。

有天晚上賀姆斯請奈德幫忙。賀姆斯帶他到辦公室大金庫前，自己走到金庫內，然後請奈德關上門，聽他大叫。「我關上門，耳朵湊到門縫。」奈德回想，「但我只能聽到些微的聲音。」[2]奈德打開門，賀姆斯走出來。現在賀姆斯請奈德到裡面大叫，讓賀姆斯聽聽看能聽到多少聲音。奈德照做了，但等賀姆斯一開門，他馬上溜了出來。「我不喜歡這種事。」他說。

他倒是沒想到一個問題，為何有人想要一座能隔音的金庫。

警方那兒出現各種警訊，他們不時收到家屬尋親的信件，家屬雇用的偵探有時也會來警局打聽消息，但全都埋沒在一片混亂之中。在芝加哥，失蹤是家常便飯。城市各處有太多人消失蹤影，根本無從一一調查，要找出犯案規律也沒那麼容易。許多巡邏警員是由政治人物欽點，完全不稱職。警探人數不多，資源和技巧有限，而且階級蒙蔽了他們的雙眼。他們認為，尋常百姓如波蘭女孩、飼養場童工、義大利勞工、非裔女性等都不值得多花時間，只有懸賞能吸引人注意，即便如此，警探也只能向各城市傳封電報，或定期走訪停屍間，確認每天無名的男女和小孩屍體。城裡半數警探曾一度都在調查失蹤案，因此芝加哥中央警探小隊長宣布，自己正考慮成立一個獨立警察單位，「神祕失蹤案的部門」。[3]

男女失蹤比例相當。有個曼斐斯的年輕女孩叫芬妮・摩爾（Fannie Moore），她沒有返回她寄宿的地方，從此不見蹤影。[4]J・W・海利曼（J. W. Highleyman）一天下班搭上一輛郊區火車，就此消失，《論壇報》形容「彷彿被土地吞噬一般，沒留下一絲痕跡」。[5]一般認為，女人是遭強姦，男人是被搶，屍體不是被丟入洶湧的芝加哥河中，便是扔在豪斯泰街的小巷、堤岸區和資深警官口中的夏安區，[6]也就是以克拉克街為主軸，一路從波克街到泰勒街這一段。通常在那裡發現的屍體會直接送入停屍間。如果沒人領回，便會送到拉許醫學院或庫克郡立醫院解剖教室，接著送入接骨實驗室，將肉和結締組織從骨頭和頭骨仔細挑起。骨頭最後會以漂白水清洗，重組好後賣給醫師和解剖學博物館，偶爾也會賣給蒐集科學工藝的私人收藏家。頭髮會賣去做假髮，衣服則捐給社服中心。

正如聯合飼養場，芝加哥什麼都不浪費。

作者資料出處和補充註解

1 *After years spent*: *Chicago Tribune*, July 21, 23, 24, 26, 28, 29, 1895; *Philadelphia Public Ledger*, July 22, 23, 27, 1895; Boswell and Thompson, 83–84; Franke, 98–101; Schechter, 39–44.

2 *"I shut the door*: *Chicago Tribune*, July 28, 1895.

3 *"a mysterious disappearances*: *Chicago Tribune*, November 1, 1892.

4 *Fannie Moore*: Ibid.

5 *J. W. Highleyman left*: Ibid.

6 *Cheyenne*: Ibid.

孤獨

一月十二日週一早晨，東岸和芝加哥建築師再次見面，這次地點是在魯克里大樓頂樓伯南和魯特事務所的圖書室。魯特並未到場。由於麥金姆服喪，合夥人威廉・R・米德（William R. Mead）代表他從紐約趕來。建築師等待人到齊時，目光不時移向圖書室東向窗外，望著浩瀚的密西根湖。湖水波光粼粼，結凍的湖岸也反射著白光，房內因此異常明亮。

伯南起身，正式向眾人問好，但他顯得忐忑不安。他注意到東岸建築師沉默多時，之前為了贏得他們的心，他拚命拍馬屁，現在已漸漸變得虛偽。路易士・蘇利文一直覺得這招伯南用起來效果特別好。「除非別人動之以情，不然他自己不會受奉承影響，但他很快發現生意人很吃這套。」蘇利文寫道，「路易士一再目睹此事，起初，他很訝異伯南如此厚顏無恥，後來見到客戶滿心歡喜，倒是大吃一驚。這方法儘管低級，卻很管用。」[1]

蘇利文說：「後來他姿態愈放愈低，油嘴滑舌地說中西部同袍多糟糕，還請東岸建築師多多擔待。」[2]

杭特也注意到了。「見鬼了。」他罵了一聲。「我們又不是來傳教的。談正事吧。」[3]現場眾人喃喃附和。艾德勒聽到都笑了，蘇利文揚起嘴角。奧姆斯德面無表情，直視前方，耳邊不斷出現幻聽和耳鳴。杭特皺著眉，他從紐約舟車勞頓而來，又去了一趟傑克森公園，痛風更嚴重了。

伯南被杭特嚇了一跳。突然之間，他又想起埋在內心的雙重恥辱，他在東岸時，哈佛和耶魯都拒絕了他。但在這聲當頭棒喝下，房內迅速凝聚了共識，伯南注意力也轉向手邊的工作。就蘇利文看來，「伯南剛才就像在夢遊，現下總算回神過來，進入狀況。[4]他很聰明，知道『迪克叔』（也就是杭特）剛才適時點醒了他。」

伯南告訴眾人，之後他們會屬於世博會建築師委員會的一員。他請大家選出委員會主席。他們推舉杭特。「杭特本是大師級人物，主席的位子自然非他莫屬。」馮布朗寫道，「而我們再次心甘情願成為他快樂的學生。」[5]

他們推舉蘇利文為祕書，他絕對不甘願屈就於此。對他來說，杭特支持的是過時的建築語彙，伯南也是。蘇利文的建築思想正慢慢嶄露頭角，兩人便是擋在他面前的阻礙。他主張建築物的功能應該展現在設計上，不只形式該跟隨功能，「功能更要創造或建構形式」。[6]

對蘇利文而言，杭特只是個老古董，伯南遠比他危險多了。蘇利文在他身上看到同樣的執著。他認為芝加哥建築界是由兩家事務所主導，分別是伯南和魯特事務所及艾德勒和蘇利文事務所。「兩家事務所中，各有一人人生目標明確，為達成目的，他願意折腰並犧牲一切。[7]」蘇利文寫道，「丹尼爾．伯南對封建思想中的權力深深著迷。路易士．蘇利文也同樣著迷於民主權力的益處。」蘇利文很欣賞魯特和艾德勒兩人，但相信他們水平較低。「約翰．魯特太過自溺，他恐怕永遠不懂得運用自己潛在的力量。艾德勒基本上是個技師、工程師、盡責的管理者……無庸置疑，艾德勒想像力不足。約翰．魯特其實也是。他們缺乏夢想家的想像力。正因為懷抱遠大夢想，伯南才充滿力量，路易士才充滿熱情。」[8]

時近正午，伯南離開圖書室，去接一通朵拉．魯特打來的電話。她告訴他，丈夫醒來得了重感冒，無法參加會議了。數小時後，她又打來，說醫生診斷說他染上了肺炎。

魯特精神很好，並自我解嘲。「我這輩子沒生什麼病，要病就要病得痛快。」他告訴哈里葉・門羅，「我早料到輪到我倒楣的時候，一定病得很慘。」[9]

眾建築師繼續日日開會，伯南則守在合夥人的床邊，只偶爾離開，幫忙決定圖書室中的事務，或去探望杭特。杭特痛風痛得嚴重，因此也都待在威靈頓旅館的房間。魯特和護士開著玩笑。週三，場地和建築委員會在例會上向魯特致意，希望他早日康復。那天伯南寫信給芝加哥建築師W・W・博英頓[75]：「魯特先生精神很差，他能不能康復仍不確定，但還是有機會。」[10]

週四，魯特似乎打起精神。伯南再次寫信給博英頓：「今早終於能給你一點好消息。他昨夜睡得好，身體好多了。雖然還沒脫離險境，但我們心中抱持希望。」[11]

眾建築師逐漸熱血起來。杭特仍待在旅館房間，波斯特成了代理主席。他和馮布朗乘車往返杭特的旅館。經過些許更動，眾建築師都同意照伯南、奧姆斯德和魯特原本在牛皮紙上的計畫進行。他們決定了主建築物要建多大，應該位於場地何處。他們統一採用新古典主義風格，換言之，建築

75 W・W・博英頓（W. W. Boyington, 1818-1898）芝加哥建築師，也是海蘭帕克市市長，他最著名的建築物是在芝加哥大火中倖存的「芝加哥水塔」。

物上會設有圓柱和山牆，喚起古羅馬時代的榮光。蘇利文對此厭惡至極，他痛恨陳襲傳統、毫無新意的建築，但在會議上他並未反對。眾建築師還做了一項決定，這點事後發現對世博會而言至關重要。他們將中央大廣場上各建築的挑簷統一為十八公尺，所謂挑簷即是建築上一塊突出的水平裝飾。統一挑簷高度之後，世博會最注目的建築物將展現出基本的和諧，而牆面、屋頂、圓頂和拱型結構也因此能建得更高，不需受高度的限制。

週四下午大約四點鐘，卡德曼和伯南駕車到魯特家。卡德曼在車上等，伯南一人進了門。

§

伯南發現魯特呼吸困難。那一整天，魯特做著奇怪的夢，其中一個夢是他飛在空中，這夢他以前做過好幾次了。魯特看到伯南時，他說：「你不會再丟下我，對吧？」[12]

伯南說不會，但他還是離開了，他去隔壁房關心一下魯特的妻子。伯南和她說話時，一個親戚進了房。她告訴他們魯特死了。她說，他最後一刻手指拂過被子，彷彿在彈鋼琴。「妳有聽到嗎？」他輕聲說，「真的好美，不是嗎？這才叫音樂。」[13]

§

房中籠罩人死後的沉默，氣氛詭異，唯一聽得到的是瓦斯燈和時針令人厭煩的聲響。伯南在樓上踱步，有人望著他，他也渾然不覺。哈里葉．門羅的姑姑納蒂坐在樓梯轉角處看著他，樓梯下便是魯特家客廳。她聽著伯南踱步。身後壁爐的火光將他巨大的影子投射在牆上。「我費盡苦心。」伯南說，「我用心計畫，夢想讓我們成為世上最偉大的建築師。我讓他看見夢想成真的道路，並引領他向前，現在他竟然死了。該死！該死！該死！」[14]

魯特之死不只伯南震驚，全芝加哥都為之震驚。伯南和魯特作為合夥人和朋友已經十八年。兩人都了解彼此想法，也倚仗各自的長才。現在魯特過世了。外人都在猜，魯特死了有沒有可能代表世博會也將胎死腹中。報紙都是訪談，芝加哥大人物紛紛形容魯特是世博會背後的推手，少了他，芝加哥不可能實現它的美夢。《論壇報》稱魯特「當然」是芝加哥「最傑出的建築師，搞不好全美國無人能出其右」。[15]場地和建築主席愛德華・傑佛里說：「魯特留下的世博會工作，舉目建築界，恐怕沒人有那天資和能力接手。」[16]

伯南不吭聲。他考慮不辦世博會了。他心中有兩股力量在戰鬥。一是悲傷，二是他想大聲疾呼，關鍵人物其實是他，伯南才是世博會設計的動力。伯南和魯特事務所的兩位合夥人中，他才是精益求精的那位，事務所能一次比一次獲得更大的成就，全是因為他。

一月十七日週六，東岸建築師離開了芝加哥。週日，伯南到魯特位於亞斯特街連棟別墅的家中，參加魯特的追悼會和舉辦在恩惠之地墓園的葬禮。恩惠之地墓園位於環線區北邊幾公里處，是個漂亮的安息之地，專門安葬富有人家。

週一，他又回到辦公桌前。他寫了十二封信。隔壁魯特的辦公室悄無聲息，掛著布簾示喪。溫室花朵的花香飄散在空中。

面前的挑戰比以往感覺更加令人膽怯。

星期二，堪薩斯市一家大銀行倒閉。下週六，萊曼．蓋奇宣布他將於四月一日辭去世博會主席的身分，專心經營自己的銀行。世博會委員長一開始簡直不敢相信。「胡說八道。」他啐道，「蓋奇一定得和我們一塊努力。我們沒他可不行。」[17]

社會掀起勞資爭議。正如伯南所擔心，工會領袖利用世博會為籌碼，打算敲定最低工資和八小時工時制。國外編輯已經在問，芝加哥下水道惡名昭彰，誰敢來參加世博會。沒有人忘得了一八八五年，芝加哥因汙水問題爆發霍亂和傷寒，十分之一的人口不幸喪命。

更黑暗的力量蟄伏在黑煙中。市中心一隅，一個年輕的愛爾蘭移民深陷瘋狂，犯罪之後，他所說的理由令全國驚愕，並破壞了伯南夢想中人生最偉大的一刻。

附近，有個更陌生的野獸抬起頭，同樣引頸期盼。「我一生下來，心裡便住著個惡魔。」他寫道，「就像詩人生來有說不完的靈感，我生來就是個殺人犯。」[18]

作者資料出處和補充註解

1 "*Himself not especially*: Sullivan, Louis, 288.
2 "*It soon became noticeable*: Ibid., 320.
3 "*Hell," he snapped*: Ibid.
4 "*Burnham came out*: Ibid.
5 "*The natural dominance*: Baker, Hunt, 398.
6 "*the function created*: Sullivan, Louis, 290.
7 "*In each firm*: Ibid., 288.
8 "*John Root was*: Ibid.
9 "*I haven't escaped sickness*: Monroe, *Root*, 261.
10 "*Mr. Root is quite low*: Burnham to Boyington, January 14, 1891, Burnham Archives, Business Correspondence, Vol. 1.
11 "*am able this morning*: Burnham to Boyington, January 15, 1891, ibid.
12 "*You won't leave me*: Moore, Burnham interview, 5.
13 "*Do you hear that?*: Ibid.
14 "*I have worked*: Monroe, *Poet's Life*, 114.
15 "*most distinguished architect*: *Chicago Tribune*, January 16, 1891.
16 "*There is no man*: *Chicago Tribune*, January 17, 1891.
17 "*It's all nonsense*: *Chicago Tribune*, January 25, 1891.
18 "*I was born*: *Philadelphia Inquirer*, April 12, 1896.

第二部

狼狽的戰鬥

一八九一—一九三年，芝加哥

全員召集

一八九一年二月二十四日週二，伯南、奧姆斯德、杭特和其他建築師聚集在魯克里大廈頂樓圖書室，準備向場地和建築委員會展示世博會主建築的設計圖。眾建築師一整個早上都在開會，杭特為會議主席，由於痛風，他一腳必須置於桌上。[1]奧姆斯德除了光禿頭顱下那雙如青金岩寶石閃爍的雙眼，看起來既憔悴又衰老。有個新人加入了，他叫奧古斯都．聖高登[76]，是美國最著名的雕刻家，查爾斯．麥金姆邀請他來評估設計。場地和建築委員會成員在兩點鐘抵達，圖書室頓時滿是雪茄味和霜凍的羊毛味。

夕陽西沉，室內的光線蒼黃。風吹得窗戶砰砰作響。北面牆壁爐中，大火劈里啪啦燒著，一股乾燥的熱風撲來，凍結的肌膚都感到刺痛。

杭特性子直，催促起來，眾建築師便馬上進入正題。

他們一一走到圖書室前方，攤開設計圖，在牆上向大家呈現。建築師之間凝聚力變強，而且氣氛一瞬間轉變，彷彿房內注入一股全新的力量。伯南說，他們對話變得「幾乎是輕聲細語。」[2]建築物一座比一座更美、更精緻，而且只能以「巨大」兩字來形容。歷史上從不曾建造過規模大又極其精緻的建築。

杭特一拐一拐走到前方，介紹自己設計的行政大樓，那是世博會最重要的建築和門面，大多數遊客入園也將走過下方的大門。建築中央以八角型構成，上面築以圓頂，地面到頂端高度近八十五

米，比美國國會大廈的圓頂還高。[3]

接下來上臺的建築物更大了。若順利落成，喬治・B・波斯特的製造業暨人文展覽館將成為史上最大的建築物，它所耗費的鋼鐵足以蓋兩座布魯克林大橋，而且，偌大的空間內外都會設有電燈。建築內部設有十二臺電梯，讓遊客通往建築上層。其中四臺電梯將順著中央高塔向上，抵達一座離地近七十米的內橋，內橋通往外部天臺，能從高處遠眺的密西根湖岸，令人腳底發麻。後來一本導覽冊如此形容：「此景只應天上有。」[4]

波斯特提議在他的建築上加一座離地近一百四十米的圓頂，如此一來，這棟建築不僅是史上體積最大，也會是史上最高。當波斯特環視全場，他看到同儕眼中不只有欣賞，還別具深意。他們紛紛交投接耳，喃喃討論。由於建築師此時已萬眾一心，波斯特馬上意會過來。圓頂確實過分了，不是建不起來，而是過於囂張，有所僭越。此舉不僅搶走杭特建築的風采，無形中也降低杭特的地位，破壞中央大廣場上其他建築物的和諧。現場還沒人開口，波斯特便靜靜說道：「我覺得不該蓋圓頂。我可能要回去改一下設計。」[5]眾人不答腔，但也不表異議。

蘇利文照伯南的建議修改了設計。原本伯南希望艾德勒和蘇利文事務所負責設計世博會音樂廳，但兩人對伯南耿耿於懷，便斷然拒絕。伯南後來請他們蓋交通展覽館，他們才接受。會議兩週前，伯南寫信給蘇利文，請他修改計畫，建造「一個面東的巨大入口，造型要比原本設計的雙入口都再豐富一點……我相信修改後建築會更壯麗。你原本設計了雙入口，但建築有個焦點，美感和效

……………………

76 奧古斯都・聖高登（Augustus St. Gaudens, 1848-1907），美國著名雕刻家，屬於美國古典裝飾藝術風格藝術家，也是「美國文藝復興」的代表人物。

果恐怕比較好」。[6]蘇利文接受了他的建議，那座單一宏偉的入口最後蔚為佳話，他也不曾承認過這件事。

所有建築師，包括蘇利文，似乎都沉浸在同樣的氣氛中，不過事後蘇利文予以否認。每個建築師都攤開個人的設計圖，「現場緊張得教人作疼。」[7]伯南說。聖高登又高又瘦，留了把山羊鬍子，動也不動坐在角落，彷彿是尊蠟像。伯南覺得每一張臉都「沉默而專注」。他現在終於看到，眾建築師明白了芝加哥世博會的宏大計畫不是空談。伯南說：「一張張設計圖攤開，一分一秒過去，在場的所有人腦中都浮現出世博會的樣貌。過去想像力再怎麼豐富，也比不過此時鋪展在眼前的願景。」[8]

天色漸漸變暗，眾建築師點亮了圖書室的瓦斯燈，燈嘴嘶嘶叫著，如稍微焦躁的貓。從下方街上抬頭，瓦斯燈和大壁爐的火光搖曳，魯克里大廈彷彿著了火。「房中一片死寂。」伯南說，「只剩臺上建築師低聲介紹自己的設計，所有人彷彿受一個巨大的磁鐵吸住。」[9]

最後一個設計上臺。介紹完過一會，房中沉默半晌。[10]

萊曼・蓋奇此時仍是世博會主席，他打破了寂靜。他是個銀行家，身材高大，背直挺挺的，舉止和衣著保守，但他倏地起身，走到窗邊，情緒激動，身體顫抖。「你們在做夢，各位，根本在做夢。」他喃喃說道，「我只希望有一半的願景能實現。」[11]

這時聖高登起身。他一整天都沒吭聲。他衝向前，握住伯南的雙手。「我從沒想到自己會親眼目睹這一刻。」他說，「看看啊，老兄，你有發現這是十五世紀以來最偉大的一場藝術家大會嗎？」[12]

奧姆斯德也感覺到這一刻非比尋常，但這場會議同時令他憂心忡忡。首先，他擔心的事成真了，建築師的設計迷失了本質。他覺得設計展現出的風景一致過於嚴肅，太強調紀念性。畢竟，這是場世界博覽會，既然是博覽會就應該要有趣好玩。奧姆斯德也注意到建築師一味強調規模，會議開始前不久，他曾寫封信給伯南，提議將場地營造得更有生氣一點。他希望潟湖和水渠上有各式各樣的水鳥，小船不斷來回穿梭其中。不過，也不是隨便的船，必須是配合環境的船。這概念成了他的執念。他認為廣義的景觀建築不管種的、飛的、游的，只要進到他創造的風景中都算。玫瑰點綴鮮紅、船讓畫面繁雜，充滿生氣。但最重要的是要選對船。如果交給世博會眾多委員決定，他害怕會出事。他希望伯南從頭便了解他的看法。

「在世博會划船時，我們一定要讓遊客感覺氣氛活潑而愉快。」他寫道。[13]他厭惡蒸汽船的嘈雜和黑煙。他希望特別為公園設計電動船，線條務必優雅，船行務必無聲。最重要的是，要讓人目不暇給，又保持耳朵清靜，船必須不間斷地靜靜航行。他寫道：「我們應該安排固定船班，像城裡街道上的公共馬車一樣。」[14]他也希望水上有印第安人穿著鹿皮衣，插著羽毛，划著樺皮獨木舟，並讓世博會的港口停泊著各式各樣異國船隻，「例如馬來帆船、雙體船、阿拉伯帆船、中國舢舨、日本領港船、土耳其輕帆船、愛斯基摩獨木舟、阿拉斯加戰艇和瑞士在湖上航行的遮頂船等等」。[15]

但是，魯克里大廈這場會議揭露了更重要的一點。原本光是改造傑克森公園便已令人無比焦慮，如今在建築師崇高夢想下，奧姆斯德發現工程變得更加艱鉅複雜。他和卡爾弗特・沃克斯設計紐約中央公園時，規畫的景觀要數十年才會實現。在這裡，他必須於二十六個月的時間內，在湖岸、島嶼、陽臺和步道種植植物，將荒廢的公園整治成一片綠油油的水鄉澤國，並盡其所能創造出符合他理念的豐富景色。但是，看過建築師設計圖後，他發現自己擁有的時間其實不到二十六個月。遊

客第一眼欣賞到的花園和植被全都緊鄰建築物，換言之，只有在主建築物完成，建築設備從工地撤下，臨時軌道、道路和其他破壞美感的障礙清除之後，景觀才能動工。而在魯克里大廈中看到的建築物都無比巨大，設計精緻，工程恐怕會耗盡所剩不多的時間，並犧牲他的設計。

會議之後，奧姆斯德馬上研擬改造傑克森公園的策略。他十頁的筆記表述了景觀設計藝術中他所忠於的中心思想，其努力營造的絕不只是花花草草而已。

他首先把注意力放在世博會中央的巨大潟湖之上。傑克森公園不久會開鑿河渠，引入湖水，而潟湖中央會留下一座島，他簡單取名為「林島」。世博會的主建築會伴著潟湖而建。奧姆斯德認為潟湖區域是世博會最棘手的一處。正如同中央大廣場是世博會建築中心，中央潟湖和林島會是景觀設計的中心。

除此之外，他希望世博會景觀能塑造「詩意而神祕」[16]的效果。不像園丁，他不會以尋常的方式安排花朵。設計必須考量每一朵花、每一叢灌木、每一棵樹會如何刺激遊客想像。奧姆斯德寫道，這點要成功的話，必須「混雜各形各狀的植物，讓枝葉交錯，翠綠和墨綠層次交疊，在陽光下達到綠中藏綠的效果，換言之，景不講分明，反而追求曖昧隱晦，在波光反射下能時暗時明」[17]。

他希望能提供遊客一場若隱若現的視覺饗宴。下方的樹葉會隨波光閃爍，長草和蕨類植物受微風吹動，繽紛的色彩在青綠中不斷閃現。他寫道，各處都不能「直接以花朵吸引人目光。反之，亮彩色零星的花朵應當從一片蔥綠中脫穎而出，斑點四布，如點點星光。花朵絕對不得淪為裝飾或華麗俗爛之流」[18]。

林島岸邊會種植莎草、羊齒草和優雅的蒲草，創造濃密錯綜的效果，「不全遮擋，只稍加掩飾，不然花朵可能會太明顯」[19]。他設計大片大片的香蒲，中間交錯蒲草和鳶尾花，中央再插上幾株盛開燦爛的花朵，像是鮮紅色的半邊蓮和蔓生的鮮黃毛莨。最好能種在微微隆起的坡上，這樣一來，前景一根根直挺的綠莖搖擺時，花朵便會露出身影。

建築物下方的陽臺岸邊，他打算種下香氣濃郁的植物，像金銀花和山柳，遊客來陽臺欣賞林島和潟湖美景時，便能聞到滿園芬芳。他寫道，整體效果而言，「某方面像是戲劇場景中的角色，在世博會舞臺上發光發熱一個夏天」。[20]

紙上談兵是一回事，實際動手是另一回事。奧姆斯德年近七十，口乾舌燥，頭痛欲裂，夜夜失眠。就算沒參與世博會，他手邊也有多到嚇人的工作，其中最主要的是北加州范德堡家族的比爾特摩莊園。**如果**他身體健康、**如果**天氣穩定、**如果**伯南準時完成建築、**如果**罷工沒毀了世博會、**如果**無數委員和理事懂得放過伯南（奧姆斯德稱他們為「我們數百個老闆」）[21]……若上述一切都順利，那奧姆斯德**也許**能準時完成他的計畫。

《工程雜誌》的作家在魯克里大廈問了個沒人提出的問題：「這次工程浩大，遠遠超出一八八九年巴黎世博會，怎麼可能在兩年內完成？」[22]

伯南也心知肚明，魯克里大廈的會議在在提醒他時間所剩無幾。每一項工程似乎都需耗費更長的時間，萬事卻又寸步難行。二月十一日，傑克森公園終於動土，芝加哥的麥克阿瑟兄弟公司雇用了五十個義大利移工開挖排水溝。工程稱不上大動作，只是例行工事。但開工的消息一外傳，五百名工會工人便衝進公園，將工人全都趕走。兩天後，十三日週五，六百人聚集在公園抗議麥克阿瑟公司雇用所謂的「進口」勞工。隔天，人數變成兩千人，不少人手上都拿著尖棍，逼向麥克阿瑟的

工人，最後抓住並毆打其中兩人。警察到場。群眾一哄而散。麥克阿瑟公司請魁吉爾市長維持秩序。魁吉爾派年輕的克拉倫斯．戴洛律師負責，他是市府的法律顧問。兩天之後，芝加哥工會和世博會官員見面，要求他們將每日工時限制為八小時，薪水必須符合工會規範，並優先雇用工會工人。經過兩週協商，世博會理事同意每日八小時工時，但其餘條件有待商議。

世博會的監督單位也出現衝突。國家委員會是由政治家所組成，委員長是喬治．戴維斯，他們希望能主掌世博會財務。而世博會公司是由芝加哥工商業大佬所組成，主席是萊曼．蓋奇，他們拒絕了國家委員會的要求。這筆經費是由公司籌資而來，理當由公司自由花費。

委員會控制了一切。在個人事務所中，伯南習慣全面掌控建造摩天大廈所需的支出。如今，就算只是購買製圖板，他都要先徵求世博會公司執行委員的同意。這一切令人無比受挫。「我們現在一定要向前了。」伯南說，「再拖下去簡直沒完沒了。」[23]

他紮實推進了不少進度。例如，他舉辦了一個比賽，選出世博會設計女性展覽館的女建築師。比賽由波士頓的蘇菲亞．海頓（Sophia Hayden）勝出。她才二十一歲，薪水便是獎金一千美元。其他男建築師的薪酬則為一萬美元。社會大眾曾懷疑，女人怎麼可能獨自構思出來如此巨大的建築。「事實證實，這女人設計時全憑一己之力。」伯南寫道，「她是在家親手設計的。」[24]

不過，三月時，所有建築師都承認事情進展實在太慢了。若建築照原本設計以石頭、鋼筋和磚頭施工，恐怕趕不上開幕日。他們投票決定以「麻刀灰漿」（staff）塗在建築外層。那是石灰和黃麻混合的彈性塑料，能以模子塑造出圓柱和雕像，也能塗在木梁上製造出石頭的假象。「地面上不會有任何一塊磚。」[25]伯南說。

這段期間，工作量與日俱增，伯南發覺自己不能再拖了，必須馬上雇用代替約翰．魯特的建築師。他處理世博會事宜時，需要有人管理事務所的工作。朋友推薦了紐約的查爾斯・B・艾特伍[77]。麥金姆搖搖頭。艾特伍名聲不佳，為人也不大可靠。然而，伯南仍決定和艾特伍約在紐約的布藍茲維旅館見面。

艾特伍放他鴿子。[26]伯南等了一小時，然後便離開旅館，去搭回程的火車。他越過街道時，有個英俊的男人走向他，他頭戴高帽，黑眼圈如兩管黑槍口，劈頭便問他是不是伯南先生。

「我是。」伯南說。

「我是查爾斯・艾特伍。你不是想見我嗎？」

伯南勃然大怒。「我要回芝加哥了。待我考慮之後再通知你。」伯南搭上火車。回到芝加哥，他直接回到辦公室。幾個小時之後，艾特伍走進門。他從紐約跟著伯南來到這裡。

伯南將工作給了他。

後來發現，艾特伍有個祕密。他吸食鴉片上癮。[27]這解釋了他的黑眼圈和古怪的行為。但伯南覺得他是個天才。

為了提醒自己和所有來到窩棚辦公室的人，伯南在桌上立了個牌子，上頭只寫了一個字：「趕」。[28]

77 查爾斯・B・艾特伍（Charles B. Atwood, 1849-1895），美國建築師，在世博會建造了火車終點站和藝術宮；在伯南事務所旗下，也為芝加哥建造不少著名建築，如瑞萊斯大廈。

時間不多了，執行委員會開始計畫世博會展覽，並任命世博會特派人員去取得展品。二月，委員會投票派遣一名年輕軍官梅森・A・舒菲德（Mason A. Schufeldt）中尉去桑吉巴島，最近探險家亨利・史坦利[78]才在那兒發現一個侏儒族聚落，他們希望他替世博會帶來「十二到十四人的凶猛小侏儒家族」。[29]

委員會給舒菲德中尉兩年半的時間完成任務。

世博會場地設立了新圍欄。圍欄外，芝加哥陷入混亂和悲傷。工會領袖威脅要聯合全世界的工會抵制芝加哥世博會。芝加哥知名期刊《內陸建築師》報導指出：「行業工會根本沒資格稱自己為美國人，他們以全新的角度剝奪、破壞個人自由，違背美國原則，處心積慮阻礙芝加哥世博會。」期刊寫道，這種行為「在未開化、更專制的國家，就是叛國罪」。[30]全國經濟衰退。芝加哥新建摩天大廈的辦公室仍無人承租。魯克里大廈隔一條街處，伯南和魯特建造的禁酒會堂矗立，窗戶昏暗，裡頭大半空無一人。城裡有兩萬五千名失業工人四處遊蕩。晚上他們都睡在警察局和市政廳地下室。工會勢力逐漸壯大。

舊世代漸漸成為過去。P・T・巴納姆[79]過世。[31]有人去盜他的墳，試圖偷走屍體。威廉・特庫賽・謝爾曼[80]也過世了。亞特蘭大市眾聲歡呼。國外報導宣稱開膛手傑克回來了，後來證實是誤傳。就近，紐約發生一起血淋淋的殺人案，有人傳言他可能移民到了美國。

在芝加哥，所有人都預料世博會期間，犯罪事件將大幅增加，伊利諾州監獄久利特分監前典獄長R・W・麥克勞瑞（R. W. McClaughry）少校此時也開始部署，嚴陣以待。他在歌劇院內設立辦公室，負責接收和傳遞貝提榮罪犯資料系統。系統是由法國犯罪學家阿方斯・貝提榮[81]設計，警方調查時會記下嫌疑犯的身形和特徵。貝提榮相信每個人的身形都獨一無二，即使犯罪者換了個假名，資料也能揭穿他們的身分。理論上，辛辛那提的警探可以將身形紀錄傳到紐約，如果有人符合，紐約警方便會發現。

有個記者問麥克勞瑞少校，世博會是否真的會吸引犯罪活動。他遲疑一下，然後回答：「我覺得相關單位必須戒慎恐懼，全心準備，因為我們將面對國內前所未見的犯罪潮。」[32]

78 亨利・史坦利（Henry Stanley, 1841-1904），英裔美國知名探險家和記者，最著名的一次任務是深入中非尋找英國傳教士大衛・李文斯頓（David Livingstone, 1813-1873）。

79 P・T・巴納姆（P. T. Barnum, 1810-1891），美國馬戲團經紀人和表演工作者，一八八一年將自己和詹姆士・貝里（James Bailey, 1847-1906）的馬戲團合併，成為巴納姆貝里馬戲團，此即為知名玲玲馬戲團的前身。

80 威廉・特庫賽・謝爾曼（William Tecumsch Sherman, 1820-1891），美國內戰北方聯邦將軍，以焦土戰略聞名，曾因此放火燒了亞特蘭大。

81 阿方斯・貝提榮（Alphonse Bertillon, 1853-1914），法國警官，將人類學的技巧用於執法，創立了人體測量資料系統，以此來指認罪犯。

作者資料出處和補充註解

1 *His gout*: Moore, Burnham interview, 6.

2 “*almost in whispers*: “The Organization, Design and Construction of the Fair,” January 7, 1895, 56, Moore Papers.

3 *Its center was an octagon*: *Rand, McNally*, 49–57.

4 “*a panorama*: Ibid., 126.

5 “*I don't think I shall advocate*: Moore, *Burnham, Architect*, 47 (In Moore, Burnham interview, 4, the phrasing is slightly different: “I do not think I will advocate that dome, I will probably modify the building.”)

6 “*one grand entrance*: Burnham to Sullivan, February 11, 1891, Burnham Archives, Business Correspondence, Vol. 1.

7 “*the tension of feeling*: Burnham and Millet, 29.

8 “*quiet intentness*: “The Organization, Design and Construction of the Fair,” January 7, 1895, 56, Moore Papers.

9 “*Drawing after drawing*: Burnham and Millet, 29.

10 “*The room was still as death*: Moore, *Burnham, Architect*, 47.

11 “*You are dreaming*: “The Organization, Design and Construction of the Fair,” January 7, 1895, 58, Moore Papers.

12 “*I never expected*: Different versions of St. Gaudens's remark appear in the literature. I've combined elements of two. See Burnham, *Design*, 39, and Hines, 90.

13 “*We should try to make*: Olmsted to Burnham, January 25, 1891, Olmsted Papers, Reel 41.

14 “*What we shall want*: Ibid.

15 “*I mean such as Malay proas*: Ibid.

16 “*mysterious poetic effect*: “Memorandum as to What is to be Aimed at in the Planting of the Lagoon District of the Chicago Exposition,” Olmsted Papers, Reel 59.

17 “*through the mingling intricately together*: Ibid.

18 “*a display of flowers*: Ibid.

19 “*to slightly screen*: Ibid.

20 *The overall effect*: Ibid.

21 “*that army our hundreds*: Olmsted to “Fred” (most likely Federick J. Kingsbury, a friend), January 20, 1891, Olmsted Papers, Reel 22.

22 “*How is it possible*: Lewis, 172.

23 “*We must push this now*: *Chicago Tribune*, February 20, 1891.

24 “*Examination of the facts*: Director of Works Report, October 24, 1892, Burnham Archives, Box 58, File 12.

25 “*There will not be a brick*: *Chicago Tribune*, March 20, 1891.

26 *Atwood stood him up*: Moore, Burnham interview, 7.

27 *He was an opium addict*: Ibid.

28 *RUSH*: *Chicago Tribune*, May 16, 1891.

29 “*a family of twelve*: *Chicago Tribune*, February 20, 1891.

30 “*That un-American institution*: Inland Architect and News Record, vol. 17, no. 5 (June 1891), 54.

31 *P. T. Barnum died*: *Chicago Tribune*, May 30, 1891.

32 “*I think it quite necessary*: *Chicago Tribune*, February 14, 1891.

通姦

街坊鄰居現在都稱位於六十三街和瓦利斯街口的賀姆斯大宅為「城堡」。而城堡之中，康納一家人陷入混亂。奈德美麗黝黑的妹妹葛楚一天淚眼汪汪地來找他，[1]並告訴他這屋子她待不下去了。她發誓要搭第一班火車回到愛荷華州馬斯卡廷。奈德求她告訴他原委，但她拒絕了。

奈德知道她和一名年輕男生交往，他相信葛楚是為了那人落淚。也許兩人「不小心」犯了錯，但他覺得葛楚個性沉穩，應該不會如此不自愛。他愈逼她解釋，她愈顯得懊惱，話也愈吞到肚子裡。她希望自己當初沒有來芝加哥。這地方一片荒蕪，如地獄一般，噪音震天，塵土飛揚，冷冰冰的高樓遮擋住陽光，她恨透這裡了，尤其這棟陰森森的大宅子，還有永不止息的施工聲。

賀姆斯來的時候，她一眼也不看他。她滿臉通紅。奈德沒注意到。

奈德請了快遞公司來取她的行李，送她到車站。她仍不肯解釋。她含淚向他道別。火車冒著白煙駛離了車站。

在愛荷華州安全且生活平淡的馬斯卡廷，葛楚生病了，真所謂生死有命，沒想到她這一病便過世了。賀姆斯告訴奈德，他聽說她過世的消息之後，心情無比沉重，但他湛藍的雙眼中只有平靜，像是八月早晨靜止的湖水。

葛楚死後，奈德和茱麗亞的關係變更緊張了。他們婚姻從來不曾穩定。他們在愛荷華州差點分居。如今，他們的關係再次瓦解。他們的女兒佩兒也漸漸變得叛逆，時而憂鬱封閉，時而暴怒。奈德不懂這一切。記者後來寫道，他「個性天真，性子溫和，心裡沒有一絲懷疑」。[2]他甚至看不出朋友和常客看在眼裡的跡象。「我有些朋友告訴我賀姆斯和我妻子怪怪的。」他事後說道，「起初我還不相信。」[3]

雖然有人警告，奈德內心也漸漸不安，但他十分欣賞賀姆斯。奈德棲身在別人店裡，充其量只是個賣珠寶的，賀姆斯年紀不到三十歲，手中卻掌握一個小帝國。賀姆斯精力旺盛，成就非凡，奈德見了心裡又更自卑，尤其茱麗亞現在看他的眼神，彷彿他只是飼養場的浮渣。

因此，賀姆斯給奈德一個機會，提升他在茱麗亞眼中的地位時，他馬上上當。賀姆斯提議將整間藥局賣給奈德，[4]天真的奈德聽了條件，喜出望外，覺得一切有利無弊。賀姆斯會替他加薪，從一週十二美元調到十八美元，這樣奈德一週能付給賀姆斯六元購店費。換言之，奈德甚至不用自己去籌買店的錢，賀姆斯會直接從他十八美元的薪水裡扣。賀姆斯也承諾會處理所有法律上的事宜，並到市政府登記轉讓。奈德每週仍會如常拿到十二美元，但現在他將搖身一變，成為一間繁華區商家的店主，未來世博會開始之後，財富勢必會滾滾而來。

奈德接受了，從沒想過賀姆斯為何願意頂讓一家生意穩定的店。他也因此不再疑心賀姆斯和茱麗亞之間的事。若賀姆斯和她妻子有染，他怎麼會將英格塢帝國的金雞母讓給他呢？

令奈德難過的是，他不久發現他和茱麗亞之間的緊張並未紓解。他們只愈吵愈凶，兩人其他相處時光都陷入冰冷的沉默。賀姆斯對此十分同情。他在一樓的餐廳請奈德吃午餐，安慰奈德，他確信這場婚姻一定能挽救。茱麗亞是個期望高的女人，當然也非常美麗，她不久之後一定會想通的。

賀姆斯這番話令他放下戒心。茱麗亞的不滿看來跟賀姆斯毫無關連。賀姆斯甚至希望奈德買人壽保險，[5]這場婚姻風暴平息之後，奈德若不幸喪生，自然希望茱麗亞和佩兒生活能不虞匱乏。他也建議奈德替佩兒保險，並願意支付初期的保險費。他帶了個保險員C・W・阿諾（C. W. Arnold）來見奈德。

阿諾解釋他正要開家新的保險仲介公司，希望盡可能累積保單，並吸引最大的保險公司注意。阿諾說，一張保單奈德只要付一元就好。只要一元就可以保障他家人一輩子。

但奈德不想要保單。阿諾試圖說服他。奈德一次次回絕，最後告訴阿諾，如果他真的需要那一塊錢，奈德願意直接給他。

阿諾和賀姆斯交換眼神，兩人眼神空洞，沒露出任何表情。

不久，債主紛紛到藥局要求償還當初以店裡家具、藥膏、藥油和其他物品抵押的貸款。奈德完全不知道藥局有債務，起初以為債主想誆騙他，結果他們拿出前店長H・H・賀姆斯所簽的文件。奈德明白這是貨真價實的債物之後，他答應一有能力就還他們錢。

賀姆斯也相當同情，但他無能為力。每一場投資都伴隨著債務。他以為關於創業，奈德至少能懂這點。無論如何，這是奈德現在要習慣的事。他提醒奈德，他們的交易不得反悔了。

這次挫折之後，奈德再次對賀姆斯和茱麗亞的事感到不安。他開始覺得朋友說的有理，賀姆斯

和茱麗亞兩人確實有不正當的關係。如此一來，茱麗亞對他態度轉變不但說得通，甚至也解釋了賀姆斯轉讓藥局的事，那像一筆不言而喻的交易，他想以藥局換茱麗亞。

奈德還沒當面質問茱麗亞。他只告訴她，如果她對他仍冷冰冰的，毫不客氣，他便和她分居。她回罵：「分居正合我意。」[6]

但他們仍住在一起一陣子。爭執愈來愈頻繁。最後，奈德大吼他受夠了，這段婚姻到此為止。他那天晚上住在一樓的理髮廳，就在他們公寓正下方。他聽著她在樓上踱步。[7]

隔天早上，他告訴賀姆斯他要離開了，藥局也不要了。賀姆斯請他重新考慮時，奈德只放聲大笑。他搬出去，在芝加哥市中心的H．柏帝珠寶公司找到新工作。佩兒則留下來和茱麗亞和賀姆斯同住。

奈德再次試圖挽回妻子的心。「我離開那棟房子之後，我告訴她，如果她能回到我身邊，不再爭吵，那我們便能再次一起生活，但她拒絕了我。」[8]

奈德發誓，他有一天要為了佩兒回來。他不久離開了芝加哥，搬到伊利諾州的吉爾曼，他在那裡遇到一個年輕女子，想正式追求對方，因此他不得不再次回到賀姆斯的大宅，申請離婚判決書。他成功離了婚，但失去了佩兒的監護權。

奈德離開，離婚敲定之後，賀姆斯對茱麗亞漸漸失去興趣。他之前不斷承諾，她一離婚他便會娶她為妻，但現在他對這主意感到無比厭惡。佩兒悶悶不樂，將一切怪罪於他，這點尤其討厭。

晚上，一樓店家休息，茱麗亞、佩兒和其他房客都熟睡之後，賀姆斯有時會進到地下室，小心鎖上身後的門，點起磚窯的火焰，讚嘆那撲面而來的高溫。[9]

作者資料出處和補充註解

1 *Lovely, dark Gertrude:* *Chicago Tribune*, July 26, 1895.

2 "*of an easy-going innocent:* *Chicago Tribune*, July 21, 1895.

3 "*Some of my friends:* *Chicago Tribune*, July 26, 1895.

4 *Holmes proposed to sell:* *Chicago Tribune*, July 21, 1895.

5 *Holmes even wanted Ned:* *Chicago Tribune*, July 26, 28, 1895.

6 "*Separation couldn't come:* *Chicago Tribune*, July 26, 1895.

7 *He heard her footsteps:* Ibid.

8 "*I told her after I left:* Ibid.

9 *At night, after the first-floor stores:* 這純屬猜測，但我的根據在此：在莫爾福克斯，大家都知道賀姆斯半夜會踱步，因此他睡得不沉。心理變態者需要刺激。燒窯絕對是令人難以抗拒的誘惑。在一旁欣賞並點亮火焰，能讓他感覺更加強大，彰顯他對樓上房客的宰制力。

心煩

伯南現在很少見到家人了。一八九一年春天，他每天都住在傑克森公園的窩棚。瑪格麗特待在艾凡斯頓，請了幾個僕人幫她照顧五個孩子。伯南一家人之間只有一小段火車通勤的距離，但世博會工作繁重，這段距離簡直可比巴拿馬地峽。伯南能傳電報，但電報感覺冰冰冷冷，只能長話短說，況且，還沒什麼隱私。於是伯南便頻繁動筆寫信。「妳一定要知道，我生活不會一直如此忙碌。」他在一封信中寫道，「世博會之後我便會休息了。我已經下定決心。」[1]他說，世博會變成一場「風暴」。「我最大的願望便是擺脫這場狂風暴雨。」

每天黎明，他會走出房間，視察場地。六艘蒸汽挖泥船，如巨大的倉房漂泊湖中，嚙咬著湖岸，五千人手持鏟子和推車，隨著馬匹拖著的堆土車整地，其中不少戴高帽、穿西裝大衣的人，彷彿他們剛好經過，突然想做點粗活。雖然有無數工人，但現場卻詭異地少了噪音和喧鬧。公園幅員遼闊，眾人太過分散，無法立即看出確切進度。唯一踏實的是挖泥船冒出的朵朵黑煙，還有工人砍樹之後不曾停過的燒枝葉氣味。地面插上潔白的木樁，標記著建築預定地範圍，舉目望去彷彿內戰時的墓地。伯南在荒蠻之中確實看到了美：「林島的樹間有一座座承包商的白帳篷，陽光灑落，閃閃發亮，在暗淡深沉的景色中增添了柔和的白色調。藍色的湖際線光滑潔淨，對比面前凹凸不平的貧瘠土地，令人心曠神宜。」[2]但他也深深感到挫折。

工程進度滯礙難行，世博會兩大高層國家委員會和世博會公司關係不斷惡化，設計師也無法及時遞交設計圖到芝加哥。所有設計圖都延遲了。除此之外，挑戰艾菲爾鐵塔的建築目前也還沒主意。世博會仍在工程前期，巨型工程計劃此時都特別危險，隨時會有突發狀況。

芝加哥土地出了名的軟爛，這點伯南心裡有數，但看到傑克森公園的狀況時，連他都嚇一跳。一開始，如一名工程師所說，這塊土地的承重能力「實際上仍不知道」。[3]一八九一年三月，伯南下令測量土地支撐力，看能不能承載設計師製圖臺上所設計的巨大建築。尤其，這些建築會位在新挖掘的河渠和潟湖旁。任何工程師都明白，土地承重時會滑動，填補到附近凹坑。世博會工程師在潟湖三公尺半的地方執行第一次測試，那地方是電氣展覽館最北角支柱的預定地。他們放了一塊六十公分見方的正方形地基，裡面放置鋼筋後，總重約二十公噸，[4]換算下來，平均每十平方公分承載一千兩百五十公斤的重量。他們將地基留在原地十五天，發現只下沉六點三五公釐。接下來，他們在離地基約一公尺處挖了個深溝。兩天之後，地基又下陷約三公釐後便不再下沉。這是個好消息，代表伯南能用魯特的浮動格床，且不需擔心地基嚴重下沉。

為了確認全公園土壤一致，伯南請總工程師亞伯拉罕・哥特利布（Abraham Gottlieb）測試其他建築的預定地。測試結果都相同，最後哥特利布的團隊來到喬治・波斯特巨大的製造業暨人文展覽館預定地。支持北半邊建築物的土壤下沉不到三公分，和公園其他地方大致相同。但是，南半邊的發現卻令人心涼了半截。工人不過是放上地基，地基便下沉二十公分。四天後，地基又下陷七十六公分，要不是工程師直接中止測試，地基會繼續下沉。

就是這麼巧。傑克森公園各處土壤明明都能支撐浮動基底，而世博會最大、最重的建築偏偏要蓋在唯一不行之處。伯南知道，承包商這下必須至少將地基打到硬盤層，工程昂貴複雜，進度勢必又會延宕。

但是，這棟建築的問題才剛開始。

§

一八九一年四月，芝加哥市長選舉結果揭曉。城裡最高檔的俱樂部中，工商業大亨敬酒歡賀卡特．亨利．哈里森敗給共和黨的漢普斯德．瓦許伯恩（Hempstead Washburne），他們覺得卡特．哈里森過於同情工會工人。伯南也稍稍慶祝了一會。對他來說，哈里森象徵老芝加哥的骯髒、毒霧和墮落，那都是世博會打算一口氣扭轉的印象。

但這次勝利令人冷汗直流，哈里森高票落敗，只小輸不到四千票。而且，他沒有政黨在背後支持。民主黨這次不支持他，所以他獨立參選。

§

芝加哥另一處，派翠克．潘德嘉斯特悲傷不已。哈里森是他的英雄，他的希望。不過，差距微乎其微，他相信哈里森再選一次便會當選。派翠克決定要加倍努力，幫助哈里森成功。

§

伯南是聯繫外在世界的大使，隨時要出席各種場合，盡力打通關係，因此不斷有人來傑克森公園打擾他。一場場煩人的晚宴、會面和導覽，浪費他不少時間，例如一八九一年六月，伯南受戴維斯委員長之託，帶一大群外國高官參訪傑克森公園，耗掉他整整兩天。不過其他訪客來訪時，他都感到十分榮幸。幾週前，號稱「門洛公園的巫師」（The Wizard of Menlo Park）的湯瑪士．愛迪生來到伯南的窩棚。伯南帶他四處參觀。愛迪生建議，因為白熾燈燈光較柔和，世博會最好用白熾燈，而不要用弧光燈。[5]他說，一定要用弧光燈的話，外面就該罩上白球燈罩。當然，愛迪生也遊說世博會使用當時較盛行的標準直流電。

伯南和愛迪生見面其實動機不單純，為了爭奪世博會的照明建案，傑克森公園外正發生一場激烈大戰。其中一家是通用電氣公司。創始人J・P・摩根[82]將愛迪生的公司與其他公司合併，創立通用電氣公司之後，現在提議要為世博會建造直流電系統。另一家是西屋電氣公司，他們投標要替傑克森公園安裝交流電，交流電是創始人喬治・威斯汀豪斯幾年前從尼古拉・特斯拉手中獲得的專利。

通用電氣提供的方案要價一百八十萬美元，並堅稱這價格公司一毛錢都沒賺到。[6]世博會委員會不少人都持有通用電氣的股份，萊曼・蓋奇四月退休後，他們便一直遊說繼任主席威廉・貝克（William Baker）接受這項方案。貝克拒絕了，稱其為「敲詐」。通用電氣後來神奇地大幅砍價到五十五萬四千美元。但由於交流電系統本來就較便宜，也更有效率，西屋公司出價為三十九萬九千美元。世博會最終決定採用西屋公司的方案，同時也成為改變電力歷史的推手。

伯南最懊惱的是建築師無法如期交出設計圖。

若伯南曾讓理查・杭特和東岸建築師予取予求，現在情況改變了。一八九一年六月二日，他寫

82 J・P・摩根（J. P. Morgan, 1837-1913），金融家和銀行家，十九世紀末到二十世紀初掌握公司金融和工業併購。

封信給杭特：「我們現在全面停工，就等你的比例圖。我們能不能先看現在的版本，之後在芝加哥完稿？」[7]

四天後，他又去信催促杭特：「你不寄給我們比例圖，害工程持續延宕，真是讓人丟臉丟到家了。」[8]

同一個月，景觀部門計畫不得不全面中斷。奧姆斯德生病了，病情嚴重。他覺得是受布魯克萊恩家中紅壁紙所害，因為土耳其紅的顏料中含有砷。不過，他長年受憂鬱症影響，也許這次發作特別嚴重。

休養期間，奧姆斯德為世博會場地訂購了鱗莖和植物，打算在兩間溫室培育。他訂了銀葉菊、紫唇花、加菲爾德總統香水草、鍬形草、胡薄荷、英國和阿爾及利亞常春藤、馬鞭草、長春花和各種色彩繽紛的天竺葵，品種包括黑王子、哥倫布、透納太太、水晶宮、快樂念頭和聖女貞德。[9]他派了採購大隊到卡琉麥特湖岸，他們在那買了二十七個車廂的鳶尾花、莎草、香蒲和其他半水生的植物和草皮。他們另外買了四千箱睡蓮根，奧姆斯德的手下馬上著手種植，卻只發現湖水大起大落下，大多睡蓮都枯死了。

溫室中的植物蔥蔥郁郁，反觀公園的土地上所有作物都已清除。工人從聯合飼養場運來一千車的堆肥，又從傑克森公園中的馬匹那兒取得二千車堆肥來施肥。大量裸露的土地和肥料開始成為問題。「天熱時就夠糟了，南風吹得人和動物眼睛都睜不開。」奧姆斯德的公園景觀設計監理魯道夫・烏里奇（Rudolf Ulrich）寫道，「天氣潮溼時更糟，新填的土地水都未排出，裡面都積滿水。」[10]

馬匹半個身子都泡在水裡。

到一八九一年仲夏，最後一批建築師設計圖終於完成。每一批圖送到時，伯南都刊登廣告招標。他知道建築師耽擱了不少時間，進度已全面落後，因此他與承包商契約立下的條款相當嚴苛，《芝加哥論壇報》稱他為「沙皇」。每份契約的完工期限都相當嚴格，每拖延一天都訂有罰金。伯南在五月十四日首次刊登廣告招標，麥恩斯建設公司（The Mines Building）得標。他希望工程在年底前完工。以此來計算，工期最多只有七個月，大約相當於二十一世紀屋主建造新車庫的時間。「所有爭議最終都由他決定，他決定之後，便無法上訴。」《論壇報》報導，「若伯南先生覺得建商雇用的人手不足，無法準時完工，他能加雇人手，並把成本加到建商身上。」[11]世博會主建築第一個開工的便是麥恩斯建設公司，但工程一直到一八九一年七月三日才開始，距離紀念日不到十六個月的時間。

建築工程終於上路，公園外頭的投資客個個蠢蠢欲動。眾所周知的「水牛比爾」威廉．科迪上校規劃的狂野西部牛仔秀之前去歐洲巡迴，表演大受歡迎，他如今凱旋歸來，目前正重新尋找場地演出，但世博會財務委員會以「不適宜」[12]為由拒絕了他。科迪不屈不撓，在公園旁邊找到了一大塊地。舊金山有個二十一歲的企業家叫索爾．布魯姆[83]，他兩年前在巴黎世博深受阿爾及利亞村所震撼，於是他買下了村莊和居民未來的展覽權，現在終於等到芝加哥世博會，準備藉機大賺一筆。但財務委員會也拒絕了他的申請。他回到舊金山，打算換個不正當的方式贏得經營許可，沒想到，他最後因此賺到更多錢。同一時間，年輕的舒菲德中尉抵達了桑吉巴島。七月二十日，他才傳了封電報給世博會主席威廉．貝克，充滿信心地說只要比利時國王許可，在剛果要抓幾個侏儒都沒問題。

83 索爾．布魯姆（Sol Bloom, 1870-1949），紐約政治家，從芝加哥當娛樂經紀人發跡，並當了十四屆眾議院議員。

「貝克主席想抓到這些侏儒。」《論壇報》寫道，「窩棚的其他人也如此希望。」[13]

世博會在製圖板上確實看起來雄偉壯觀。核心是大廣場，大家開始稱之為「榮耀廣場」。杭特、波斯特、皮巴迪和其他人設計的建築四立，廣場一定令人嘆為觀止，但現在國內不只每個州都打算蓋個展覽館，兩百家公司和各國政府也都在積極爭取。世博會承諾在各方面超越巴黎世博會，但伯南最焦慮的是，有棟建築物遲遲沒下文。不要說超越，世博會至今仍沒提出足以和艾菲爾鐵塔匹敵的建築物。艾菲爾鐵塔高達三百公尺，仍是當時世界最高的建築，也是巴黎世博會大獲全勝的象徵，令人難以忍受。「以艾菲爾之藝勝過艾菲爾」成為理事間的戰吼。

《論壇報》舉辦的競圖出現一堆匪夷所思的提案。來自康乃狄克州橋港的C．F．瑞謝爾（C. F. Ritchel）提議蓋座高塔，[14]底座三十公尺高，一百五十公尺寬，接著在其中再蓋第二座塔，最後中心再蓋第三座塔。塔和塔之間會裝入複雜的液壓水管和幫浦，讓塔能像望遠鏡一樣緩緩向上伸長，塔到最高點需要數小時的時間，接著再讓塔緩緩降到原本的樣子。塔頂可以設個餐廳，不過妓院可能更適合。

另一個發明家叫J．B．馬康伯（J. B. McComber），他代表芝加哥塔螺旋彈簧協會和平底雪橇運輸公司，提議蓋一棟二千七百公尺高的高塔，幾乎是艾菲爾鐵塔的九倍高，底座直徑三百公尺，地基挖入地下六百公尺。塔上會連接高架軌道一路通往紐約、波士頓、巴爾的摩和其他城市。遊客世博會逛得差不多之後，只要鼓起勇氣，搭電梯到塔頂，便能一路順軌道滑回家。「塔和軌道的花費都是其次。」馬康伯說，「我沒有寫在這裡，但之後申請時會附上數字。」[15]

第三個提案更挑戰遊客的心臟。發明家只寫上名字縮寫R．T．E，他設計出一座一千兩百公尺的高塔，並提議在上面掛了一條以「最好的橡膠」製成長達六百公尺的纜繩。纜繩底端將吊著一輛乘坐兩百人的車。乘客坐進車廂後，車會被推落高臺，向下自由落體，等纜繩拉住車，車還會向上回彈。車會上上下下直到停住為止。工程師強調，地面必須「鋪上兩公尺半厚的羽毛床」，[16]以防萬一。

每個人都想蓋「塔」，但伯南並不覺得塔是最好的選擇。艾菲爾鐵塔已搶先一步登峰造極。不只高，那座鐵塔是優雅的化身，如夏特主教座堂，能喚起當時代的精神。打造一座塔的話，只是跟隨艾菲爾的腳步，進入一塊艾菲爾已為法國征服的領地。

一八九一年八月，艾菲爾親自傳電報給眾理事，尋問他是否有機會設計一座塔。[17]眾人大吃一驚，起初相當歡迎。世博會主席貝克馬上回封電報給艾菲爾，告訴他理事都很期盼看到提案。貝克在一次訪問中說道，如果世博會要蓋一座塔，「艾菲爾先生是不二人選。他主掌工程的話，這件事也就安妥了。他也許能改良巴黎艾菲爾鐵塔的設計，平心而論，他也不會蓋個比那巨作差的作品」。

不過，就美國而言，接受艾菲爾就好像被賞一巴掌。一週半的時間裡，無數電報在城市和城市，工程師和工程師之間來回傳遞，以訛傳訛之下，傳聞變了個樣。突然之間，芝加哥好像已確定要蓋一座艾菲爾鐵塔，而艾菲爾要親自來超越自己。全國工程師群起攻訐。[18]一封辭嚴義正的抗議信寄到伯南辦公室，上頭簽著多位美國一流工程師的大名。

他們寫道，接受「那位知名人士提議的話，無異於宣告，雖然本國優秀的土木工程師人才濟濟，國內外作品無數，技術受到肯定，卻無法克服眼前的問題。何況接受的話，不也剝奪了他們證明專業實力的機會」。

伯南完全同意這封信。他很高興美國土木工程師總算表達出對世博會的熱情，但其實理事根本尚未承諾艾菲爾任何事。艾菲爾正式的提案一週後遞交上來，設計是一棟比巴黎鐵塔更高的鐵塔。

理事將他的提案送去翻譯，重新看過，然後有禮地拒絕了。若世博會要有座塔，那會是一座美國人蓋的塔。

但美國工程師的製圖檯仍空得令人心酸。

索爾．布魯姆回到加州，為了讓阿爾及利亞村實現，他和一個叫麥克．德楊（Mike De Young）的舊金山人見面，他是《舊金山紀事報》發行人，饒富影響力，也是世博會國家委員。布魯姆告訴他，他在巴黎世博會買到的資產，以及芝加哥世博會拒絕他的事。

德楊認識布魯姆。布魯姆年輕時曾在德楊的皇宮戲院工作，並一路努力，十九歲時成為了會計。布魯姆閒暇時間還重新安排了帶位員、收銀員和賣飲料人員，讓工作更有效率、更和諧，並大大增加戲院的收入和他的荷包。後來，他去其他戲院管理員工，並向每間戲院收取固定佣金。在皇宮戲院，他在劇本中置入流行的產品、酒吧和餐廳，例如至今知名的餐廳「懸崖小屋」，這替他賺入另一筆錢。他還組織了一群專業的捧場人員，稱為「喝采員」，只要表演者願意付錢，他們便會熱情鼓掌，要求表演加碼，並大喊「好耶」！多數表演者確實付了錢，就連當時最知名的歌劇女伶亞德莉納．帕提[84]也不例外。有一天，布魯姆在戲院刊物上看到一支墨西哥樂隊，他相信美國人一定會很愛他們，於是他說服樂隊經理帶樂團北上巡迴。布魯姆獲利四萬美元。當時他才十八歲。

德楊告訴布魯姆，他會調查一下情況。一週後，他請布魯姆再到他辦公室一趟。

「你多快能動身前往芝加哥？」[19]他問。

布魯姆瞠目結舌說：「一兩天吧，我想。」他以為德楊又替他和財務委員會安排了一次會面機會。他這時已意興闌珊，並告訴德楊說，世博會理事要先拿定展覽方向，不然他去芝加哥也只是白跑一趟。

「我們上次聊過之後，事情有所進展。」德楊說，「我們現在需要管理人才。」他給布魯姆看世博會公司的一封電報，世博會授權德楊雇用一人來篩選中道區的出租攤商，並協助其工程和宣傳。「我選了你。」他說。

「我辦不到。」布魯姆說。他不想離開舊金山。「就算我辦得到，我這裡手邊還有不少工作，可不能說走就走。」

德楊望著他。「明天之前，我不想再聽到你說任何一個字。」

同時，德楊希望布魯姆思考要多少錢才請得動他。「下次回來時，你開個薪水價碼。」他說，「我要麼接受，要麼拒絕。不會跟你囉嗦。好嗎？」

布魯姆當然同意了，因為照德楊的吩咐看來，他可以拒絕這份工作，不用怕得罪人。他覺得自己唯一要做的就是開個天價，讓德楊知難而退。「我走在街上時，心中就拿定了價碼。」

伯南努力設想世博會各種可能的危機。伯南素知芝加哥治安和犯罪問題，他堅持成立強勢的警力單位「哥倫布警衛隊」，警衛隊由愛德蒙・萊斯（Edmund Rice）上校領軍，他英勇善戰，曾在蓋茨堡戰役對抗南方聯盟軍的皮克特衝鋒。不像傳統的警察，哥倫布警衛隊明確得到授權，為了扼止犯罪，若罪證確鑿，執法方式不限於逮捕。

伯南知道，疾病也是世博會一大隱憂。天花、霍亂或其他致命傳染病爆發的話，世博會將受到

84 亞德莉納・帕提（Adelina Patti, 1843-1919），十九世紀的歌劇歌手，也是史上著名的女高音歌手，歌聲饒富感情，擅用美聲唱法。

重挫，眾理事希望藉遊園人數創新高，以獲取暴利的夢想都將破滅。

羅伯・柯霍[85]和路易・巴斯德[86]開創全新的細菌學之後，政府公共衛生機構都知道霍亂和細菌性疾病爆發都是由於飲用水受到汙染。由於芝加哥河汙染嚴重，芝加哥每一滴水都充滿了細菌。一八七一年，經過一連串建設，河水終於導向德斯普蘭士河，不再流入密西根湖，並在最後匯入密西西比河，他們希望兩條河豐沛的河水能稀釋汙水，降低汙染，這事也引起下游城鎮如久利特的反彈。但是出乎工程師意料之外，定期的大雨會造成芝加哥河逆流，死貓死狗和排洩物再次注入湖中，黑水如藤蔓一路蔓延到供應城市飲水的抽水站。

大多數芝加哥居民別無選擇，只能喝那水。但伯南的思想走在時代尖端，他一開始便認為世博會工人和遊客需要更好、更安全的飲用水。在伯南吩咐之下，他的衛生工程師威廉・S・馬哈格（William S. MacHarg）在展覽場地打造了一座淨水廠，他們用幫浦將湖水注入數個相連的水塘，讓水暴露在空氣中，並經過煮沸。馬哈格的工人在公園各處設置大水桶，每天補充消毒過的淨水。

伯南打算在開幕當天關閉淨水廠，並提供遊客另外兩種安全的水源。其中之一是經巴斯德濾水器過濾過的湖水，免費提供。另一種是從威斯康辛州沃基肖，經由兩百公里水管引來的純淨泉水，一杯賣一分錢。一八九一年十一月，伯南命馬哈格去探勘沃基肖的泉水，計算水量和純淨度，但盡量「別聲張」，他知道村莊風景秀麗，在當地建造一條水管可能十分敏感。不過，那時沒人料得到，馬哈格這幾個月用盡手段雖然取得了沃基肖純水，但在某天深夜卻引發了威斯康辛州的武裝抗爭。

伯南最擔心的是火災。格蘭尼斯大樓以及事務所的火災在他內心留下鮮明又難堪的回憶。傑克森公園若發生大火，世博會就毀了。但公園內的各項工程都必須用火。泥水匠會用稱為「火蜥蜴」（salamander）的小火爐加速風乾和固化。白鐵匠和電工會用融鍋融化、彎曲和熔接金屬。就連消防隊也要用火。消防隊的打火車上的幫浦是用蒸汽驅動。

以當時標準而言，伯南的防火措施極其複雜，甚至有點過於偏激。他成立了世博會消防局，並下令裝設上百個消防栓和電報式火災警報箱。他下令建造消防船「火后號」(*Fire Queen*)，專門穿梭公園水量較少的河渠，並能鑽過低矮的小橋。建築設計統一規定，主水管必須環繞房子，並設置室內消防立管。他也禁止在世博會場地內抽菸，不過他至少兩度妥協。一家承包商向他哀求，若不能抽雪茄，公司裡歐洲的工匠都不幹了，另一個例外是他窩棚中的大壁爐旁，他和工程師、製圖員、來訪的建築師夜夜聚集在此飲酒、聊天、抽雪茄。

冬天來臨時，伯南吩咐將所有消防栓包覆馬糞，以免結冰。最冷的幾天，馬糞冒著蒸氣，彷彿消防栓都著了火。

索爾・布魯姆回到麥克・德楊的辦公室，他相信德楊絕對不可能答應他開的價碼，因為他決定自己的年薪必須是五萬美元，相當於當時美國總統的薪水。布魯姆回憶道：「我愈想愈期待，好想趕快告訴麥克・德楊，只有這個價碼能彌補我離開舊金山的損失。」

德楊請布魯姆坐下。德楊神情冷靜，面露期待。

85 羅伯・柯霍（Robert Koch, 1843-1910），德國醫生和微生物學家，細菌學的創立者之一，發現炭疽桿菌、結核桿菌和霍亂桿菌，一九〇五年獲諾貝爾生理醫學獎。

86 路易・巴斯德（Louis Pasteur, 1822-1895），法國微生物學家，發現疫苗接種法、發酵法、巴斯德消毒法等原理，也是細菌學和微生物學奠基者，有「微生物學之父」之稱。

布魯姆說：「雖然我備感榮幸，但我想待在這座城市打拚。我望向未來，看到自己——」[20]

德楊打斷了他。他柔聲說：「好了，索爾，我在等你提出自己的薪水價碼。」

「我希望你不會覺得我不知感恩——」

「這你剛才說過了。」德楊說，「現在告訴我你要多少錢。」

事情和布魯姆所想不大一樣。布魯姆內心一陣慌亂，將價碼脫口而出：「週薪一千美元。」

德楊一笑。「唉唷，以一個二十一歲的傢伙來說，這待遇確實優渥了點，但我相信你會好好幹的。」

八月，伯南的結構總工程師亞伯拉罕・哥特利布透露了一件令人震驚的事情。他沒有計算世博會主建築的風壓負荷。伯南馬上下令幾家主要的承包商停工，其中包括阿格紐公司所負責營造的製造業暨人文展覽館。伯南好幾個月來都在闢謠，傳言說他逼眾人趕工，因此部分建築不安全。歐洲新聞媒體甚至出現不實報導，說有幾棟建築已宣告「沒救了」。此時此刻，哥特利布居然坦承工程犯下重大錯誤。

哥特利布反駁，他認為就算沒有明確計算風壓負荷，建築物都很穩固。

「但是我不接受。」[21]伯南寫信給著名英國雜誌《工程學》（*Engineering*）編輯詹姆士・卓吉（James Dredge）。伯南下令所有設計都必須重新加強，要能經得住近十年來最大風速。「這可能有點小題大作。」他告訴卓吉，「但對我來說，世博會攸關重大利益，這是謹慎且明智之舉。」

哥特利布引咎辭職。伯南後來雇用了愛德華・項克蘭（Edward Shankland），他是自家事務所的工程師，以設計橋梁聞名全國。

一八九一年十一月二十四日，伯南寫信給詹姆士・卓吉，說他再次因建築結構受到抨擊。他寫道：「現在大家都在批評建築物根本不用蓋那麼堅固。」[22]

布魯姆抵達芝加哥，馬上發現為何正式名稱為「M區」的中道區至今毫無進展。中道區在此之前都由哈佛大學民族學教授佛德里克・普特南（Frederick Putnam）規劃。他是知名人類學家，不過布魯姆多年後說道，讓他負責中道區「就像今天請愛因斯坦來當玲玲馬戲團經理一樣」。[23]普特南當然也不否認這點。他告訴哈佛的同事，他「巴不得擺脫這些印第安馬戲團」。[24]

布魯姆向世博會主席貝克表達擔憂，主席要他請示伯南。

「你真是太年輕了，沒想到你年紀輕輕就身負重任。」[25]伯南說。

但當年約翰・B・雪曼走進事務所，改變他一生時，伯南也是個毛頭小子。

「我希望你知道我對你充滿信心。」他說，「中道的事全權由你負責。儘管大展身手。你只需對我負責。我會親自吩咐下去。祝你好運。」

一八九一年十二月，工程進度最快的兩棟建築是礦業展覽館和女性展覽館。今年芝加哥的冬天老天爺賞臉，礦業展覽館工程相當順利，然而女性展覽館的工程根本是場折騰，受害的不只伯南，還有年輕的建築師蘇菲亞・海頓。柏莎・歐諾赫・帕默（Bertha Honore Palmer）是世博會婦女管理

委員會主席，管理世博會所有和女性相關事宜，並不斷要求更改建築設計。她是波特．帕默的妻子，嬌生慣養，在社會上總是為所欲為，我行我素，之前她便以行動證明這點，當時委員會執行祕書群起反抗她，她全力鎮壓，最後這群髮型華麗、衣著優雅的女子，個個成群結派，掀起一場派系大戰。戰火如火如荼之際，一名婦女管理委員嚇壞了，她寫信給帕默夫人：「我由衷希望國會不會因此厭惡女性。」[26]

海頓到芝加哥遞交完稿的設計圖便直接返家，將工程交給伯南。七月九日工程正式動工，工人十月時塗上最後一層麻刀灰漿。十一月，海頓回到芝加哥指揮建築外觀的工程，她相信這是她的責任。這時，她發現柏莎．帕默有別的意見。

九月時，在海頓毫不知情之下，帕默廣邀各地的女性捐贈各種建築裝飾物，並得到熱烈回響，收到無數圓柱、壁板、雕像、窗框、門等東西，價值可比一棟博物館。帕默相信這棟建築容得下所有捐贈品，尤其是名聲響亮的女性名人。然而，海頓知道裝飾品東湊西湊，美感一定蕩然無存。有一天，威斯康辛州顯赫的芙羅拉．金蒂（Flora Ginty）送來了一個雕工精緻的木門，海頓斷然退還給她。金蒂為此惱羞成怒。「為了增添女性展覽館風采，我不知花了多少時間，跑了多少公里。我一想到又一肚子火。」[27]帕默夫人那時人在歐洲，但她的私人祕書蘿拉．海耶斯（Laura Hayes）在場，她是藝術界的八卦天后，因此自然將事情一五一十稟告帕默夫人。海耶斯也向帕默稟告，自己已經向建築師曉以大義：「我覺得這棟樓最好像塊百衲被，不要拒絕婦女管理委員費盡苦心募來的好意。」[28]

海頓腦中所想可不是塊百衲被。她不畏帕默施壓，繼續拒絕她人捐贈。於是一場貨真價實發生於鍍金時代的大戰正式開打，派系間暗中排擠異己，表面上禮貌，暗地卻笑裡藏刀。帕默對海頓百般刁難，糾纏不清，一抹冷笑笑得她無比心寒，深陷憂鬱。最後，帕默將布置女性展覽館的工作交給一個叫坎蒂絲・惠勒（Candace Wheeler）的設計師。

海頓這段期間一直默默頑強對抗，但最終她受不了了。她走進伯南的辦公室，開始訴說自己的故事，轉眼之間，她真的發瘋了。她淚水撲簌簌落下，嚎啕大哭，痛苦地放聲尖叫，情緒完全失控。友人說：「她精神嚴重崩潰。腦神經過於緊張，心靈遭受重創。」[29]

伯南大驚失色，趕快請來了世博會的醫師。世博會派來一輛裝有橡膠輪胎，格外安靜的新型英製救護車，小心翼翼地將海頓送入療養院，讓她好好休養。說好聽點是她後來長年「鬱鬱寡歡」，其實便是得了憂鬱症。

傑克森公園之中，令人頭痛的點通常很單純。但伯南發現，問題簡單歸簡單，卻又老是牽扯不清。甚至奧姆斯德也漸漸令他傷腦筋。奧姆斯德才華過人，饒富魅力，但他心裡一旦拿定主意，便頑固得像一塊久利特產的石灰岩板。一八九一年末，他一心執著於世博會水道上船隻的類型，彷彿光是船便能決定「詩意而神祕」的成敗。

一八九一年十二月，伯南收到拖船製造商的提案，對方積極爭取，希望世博會能使用蒸汽汽艇。奧姆斯德從卡德曼那兒聽到風聲，卡德曼不只是他在芝加哥的總負責人，同時也算是個間諜，他一有消息便會通知奧姆斯德，以免他的願景受到破壞。卡德曼寄了份信件副本過去，並加註寫道，拖船商似乎頗得伯南信任。

十二月二十三日，奧姆斯德寫了封信給伯南：「我想連卡德曼都覺得我太糾結於船的事。這事

即使我沒去想，心裡也老是放不下，老實說，還不如把心思放到其他更重要的事上，事到如今，你恐怕覺得我是個老頑固了吧。」

不過，他話鋒一轉，又滔滔不絕講起自己的執著。他痛斥拖船商的信將重點放在如何便宜迅速地將更多旅客送到不同地方。「你明白吧，世博會的重點根本不在此。這點我毋需多費唇舌，你我心裡有數。你明知道這場世博會講究詩意，水上要有船隻沒問題，但故意選用破壞氣氛的船，完全是胡搞瞎搞。」

他怒氣衝天說，船的目的從不是為了載客。重點是用船加強景觀效果。「若船不適合環境，簡直令人髮指，這場世博會最珍貴的主題將被破壞殆盡。而且無非是蓄意破壞。沒船也比選個爛船好過上千萬倍。」[30]

委員會頻頻干預，伯南和委員長戴維斯之間衝突日增，工人罷工也一觸即發，即使如此，主建築仍一一建起。工人照魯特的格床原則，將巨木交叉堆疊作為基礎，然後用蒸汽起重機將高大的鋼柱立起，打造建築物的骨架。接著在鋼骨外搭起木支架，並以成千上萬片木板蓋出木牆，塗上兩層厚重的麻刀灰漿。建築物旁堆放著新鮮木材，隨著鋸木工作進行，附近也出現堆積成山的木屑。空氣瀰漫著鋸木味，還有耶誕佳節的氣息。

十二月，世博會發生第一起死亡事故。礦業展覽館一個叫慕勒（Mueller）的人死於顱骨骨折。不久之後，又有三人死亡：

詹森（Jansen），頭顱骨折，電氣展覽館。

艾勒（Allard），頭顱骨折，電氣展覽館。
艾吉爾（Algeer），由於全新意外電擊而死，礦業展覽館。[31]

現場還發生了多起小意外。伯南對外總是十分樂觀，充滿自信。一八九一年十二月二十八日，他給《芝加哥先驅報》編輯的信中寫道：「設計和規劃的有些問題尚待解決，但目前工作都很順利，就我看來，工程一定能趕上一八九二年十月的紀念日典禮，以及一八九三年五月一日的開幕。」[32]

事實上，世博會進度大幅落後，寒冬還未發威，未來工程恐怕更會嚴重延宕。紀念典禮預訂十月在製造業暨人文展覽館中舉辦，但一月時，展覽館的地基才剛打好。如今要趕得上典禮，一切都必須順利無阻，不然場地便不能見人了。尤其絕不能受到天氣攪局。

同一時間，全美銀行和公司相繼倒閉，各地罷工頻傳，歐洲的霍亂也開始緩緩蔓延，大家都在擔心不久這場瘟疫將從紐約港傳入。

好像大家還不夠緊張似的，《紐約時報》警告：「世博會若失敗，或不夠成功，沒獲得正面評價的話，不只芝加哥，美國也將在世界上失去威信。」[33]

1 "*You must not think*: Burnham to Margaret, March 15, 1892, Burnham Archives, Family Correspondence, File 4.

2 "*Among the trees*: Burnham and Millet, 36.

3 "*practically an unknown*: *Inland Architect and New-Record*, vol. 22, no. 1 (August 1893), 8.

4 *They laid a platform*: Ibid.

5 *Edison suggested*: *Chicago Tribune*, May 12, 13, 1891

6 *General Electric offered*: Baker, *Life*, 158–59.

7 "*We are at a dead standstill*: Burnham to Hunt, June 2, 1891, Burnham Archives, Business Correspondence, Vol. 2.

8 "*The delay you are causing us*: Burnham to Hunt, June 5, 1891, ibid.

9 *He ordered*: "List of bedding plants to be ordered either in this country, or from Europe,"July 13, 1891, Olmsted Papers, Reel 9.

10 "*It was bad enough*: Ulrich, 11.

11 "*He is the arbiter*: *Chicago Tribune*, May 14, 1891.

12 "*incongruity*: World's Fair, 851.

13 "*President Baker wants*: *Chicago Tribune*, July 21, 1891.

14 *C. F. Ritchel of Bridgeport*: *Chicago Tribune*, October 12, 1889.

15 "*As the cost*: *McComber's tower idea: Chicago Tribune*, November 2, 1889.

16 *The engineer urged*: *Chicago Tribune*, November 9, 1889.

17 *In August 1891*: *Chicago Tribune*, August 5, 1891.

18 *The engineers were outraged*: *Chicago Tribune*, August 16, 1891.

19 "*How soon*: Bloom, 117.

20 "*The more I thought*: Ibid.

21 "*I could not*: Burnham to Dredge, November 18, 1891, Burnham Archives, Business Correspondence, vol. 4.

22 "*The criticism now*: Burnham to Dredge, November 24, 1891, ibid.

23 "*was about as intelligent*: Bloom, 119.

24 "*anxious to get*: Sandweiss, 14.

25 "*You are a very young man*: Bloom, 120.

26 "*I do hope*: Allen to Palmer, October 21, 1891, Chicago Historical Society, World's Columbian Exhibition–Board of Lady Managers Archive, Folder 3.

27 "*When I think of the days*: Weimann, 176.

28 " '*I think it would be better*: Ibid.

29 "*A severe breakdown*: Ibid.,177.

30 "*I suspect that even Codman*: Olmsted to Burnham, December 23, 1891, Olmsted Papers,Reel 22.

31 *In December*: Burnham, *Final Official Report*, 78.

32 "*A few questions of design*: Interim Report on Construction, "To the Editor of the Chicago *Herald*," December 28, 1891, Burnham Archives, Box 58, File 9.

33 "*the failure of the fair*: Lewis, 175.

生命的最後[1]

一八九一年十一月，茱麗亞・康納告訴賀姆斯她懷孕了。[2]她跟他說，現在他只能娶她了。賀姆斯聽到之後，態度冷靜又溫柔。他擁抱她，撫摸她的頭髮，雙眼濡溼向她保證，她什麼都不用擔心，正如他過去所說，他當然會娶她。不過，有件事他必須明說。孩子不能生下來。除非她答應讓他執行簡單的墮胎手術，不然他不會娶她。他是個醫師，也曾有手術經驗。他會用哥羅芳麻醉，她完全不會有感覺，醒來時便能成為H・H・賀姆斯太太，迎向全新的生活。孩子晚點再生。現在他手邊有太多事要忙，尤其為了趕在世博會前完工，旅館工程和房間裝潢已讓他忙得不可開交。

賀姆斯知道茱麗亞完全在他股掌之間。首先，他運用與生俱來的假誠懇和假溫柔，已將茱麗亞迷得神魂顛倒。其次，他逼得她急著獲得社會認可。雖然性關係常見，但社會大眾對其容忍有條件，那就是這種事不能見光。食品加工廠的公子和女僕私奔，銀行總裁色誘打字員，有需要時，他們的代理人會默默安排單人歐洲之旅，將人送入手術房，交給謹慎專業的醫師處理。未婚生子代表羞辱和貧窮。賀姆斯好享受這種占有的感覺，茱麗亞在他手中簡直像內戰前的奴隸。他告訴茱麗亞，手術將在耶誕夜執行。

白雪落下。唱詩班在草原大道走過一棟棟豪宅，不時停下來，進到美輪美奐的房中喝香甜的蘋

果酒和熱巧克力。空氣中都是燒柴和烤鴨的氣味。北方恩惠之地墓園中，年輕的情侶乘雪橇滑過白雪皚皚的小坡，經過芝加哥有錢有勢大人物黑暗陰沉的墳墓時，他們更拉緊了毛毯。黑夜為白雪染上一層暗藍，一座座墳並立其中，更顯淒涼。

在英格塢六十三街七〇一號，茱麗亞哄女兒上床睡覺，望著孩子對耶誕節既欣喜又期盼，她勉強擠出笑容。是的，聖尼古拉會降臨，他會帶來美好的禮物。賀姆斯答應要送佩兒玩具和糖果，至於茱麗亞，他答應要送她一份大禮，以前貧窮木訥的奈德送她的東西絕對都比不上。

外頭白雪模糊了往來馬匹的蹄聲。列車頂都結了冰，彷彿長出一口白牙，撕扯著瓦利斯街十字路口。

茱麗亞走過走廊，來到約翰．克羅夫婦（John Crowe）的公寓。茱麗亞和克羅太太是朋友，她來幫忙克羅家布置耶誕樹，這原本是要當佩兒耶誕節早上的驚喜。[3]茱麗亞不斷說著自己和佩兒明天的計畫，並告訴克羅太太她不久要去愛荷華州達芬波特一趟，參加姊姊的婚禮。克羅太太說：「她姊是個老處女來著。」而出乎意外，她居然要嫁給一個在鐵路公司工作的男人。新郎說他會寄張火車票來，茱麗亞正在等那封信。

夜深之後，茱麗亞心情愉快地離開了克羅家，克羅太太事後回憶：「和她聊了那麼多話，我們絲毫都沒想到她那天晚上打算遠走他方。」

賀姆斯笑呵呵地向茱麗亞道聲：「耶誕節快樂」，並擁抱她，接著牽起她的手，帶她走進二樓他準備好的手術房。房裡有張床，上頭鋪好了白色的床單。他的手術包已打開，設備擺放成向日葵狀，光潔明亮，閃閃發光，每個望去都令人膽寒，像骨鋸、腹部牽引器、套管和顱骨穿孔器。當然，許多器材他根本用不到，他擺在外頭就是要逼茱麗亞看，並讓她為器材的冰冷和犀利感到噁心。

他戴上白圍裙，捲起袖子。他也許還戴著他的高帽。他並未洗淨雙手，也沒戴上口罩。畢竟根本不必要。

她手伸向他。他向她保證，這完全不會痛。她醒來時會和現在一樣健康，而且腹中也不再懷有累贅。他拿起一個暗琥珀色玻璃瓶，拔起瓶栓，鼻子馬上嗅到一股刺鼻的揮發氣味。[4]他將哥羅芳倒到一團布上。她手抓得更緊了，令他感到異常性慾高張。[5]他用布掩住她的口鼻。她眼睛眨了眨，眼球向上翻。忽然間，她肌肉不自覺地反應，像是在夢中奔跑一般，她放開他的手，手指外張揮動，雙腳顫抖，彷彿配合急促的鼓聲踏地。他心中不禁湧起一股興奮感。她想拉開他的手，但他知道昏迷前肌肉一定會劇烈的收縮，於是手緊扣住她臉上的布。她敲打他的手臂一會，身體漸漸失去力量，最後她雙手緩緩劃出一道弧，又美又性感，急促的鼓聲漸漸止息。此時她恰似在跳芭蕾舞，激情已經過去。

他一手執布，另一手又滴了些化學藥劑到布上，哥羅芳在指間凝結成霜，他喜歡這感覺。她一手手腕沉沉落到了檯子上，接著另一隻手也落下了。她雙眼顫動，接著閉了起來。賀姆斯知道她不可能聰明到假裝昏倒，但他手仍緊緊摀著她的口鼻。過了一會，他手伸向她手腕，她的脈搏無比微弱，像火車遠行後留連的模糊聲響。

他褪下圍裙，拉下袖子。哥羅芳和剛才的興奮感令他頭暈目眩。這過程感覺如常愉悅，他感到全身溫暖又懶洋洋的，像是在熱呼呼的壁爐前坐太久一樣。他將玻璃瓶栓起，找了塊乾淨的布，沿著走廊走向佩兒的房間。

將布摺好，滴上哥羅芳花不到多少時間。事成之後，他在走廊上看了看錶，發現耶誕節到了。

對賀姆斯而言，耶誕節毫無意義。小時候他家極為虔誠，耶誕節早晨人人都必須禱告，並保持緘默，整間屋子彷彿被一條厚重的毛毯裹住，直教人窒息。

耶誕節早晨，克羅夫婦期盼著茱麗亞和佩兒的到來，他們好想看到佩兒看到美麗的耶誕樹和樹下成堆的禮物時眼中閃現的喜悅。公寓一片溫暖，空氣中飄散著肉桂和杉木氣味。一個小時過去，克羅夫婦耐心等待了好久，但十點鐘時，他們決定出發去市中心搭火車，拜訪朋友。他們離開時公寓門沒鎖，並留下一張紙條表示歡迎。

克羅夫婦晚上十一點回到家中，發現所有東西都在原地，茱麗亞和她女兒看起來不曾來過。隔天早上，他們到茱麗亞公寓找她們，但沒人應門。他們把鄰居內內外外都問過一輪，但沒人見到茱麗亞和佩兒。

等賀姆斯出現，克羅太太問他茱麗亞去哪了。他解釋她和佩兒比預期早出發去了達芬波特。

克羅太太從此之後再也沒聽到茱麗亞的消息。她和鄰居都覺得整件事莫名其妙。所有人都同意，他們最後一次見到茱麗亞和佩兒是在耶誕節前夕。

其實，這話不夠精準。其他人後來確實有見到茱麗亞，只是到了那時，即使是住在愛荷華州達芬波特的家人也認不出她來了。

耶誕節剛過，賀姆斯便要他的幫手查爾斯・查波到他家來。賀姆斯後來發現查波是「拼骨師」，他擅於剔除人肉，重新拼組在看診室或實驗室的完整骷髏標本。他在庫克郡立醫院替醫學院學生拼組屍體時，學到了各種必要的技術。

新鮮的也好，骷髏也好，賀姆斯學醫的過程中，他親眼見到醫學院多麼需要屍體。系統化的嚴謹醫學研究愈見專精，在科學家眼中，人體愈像北極冰蓋，值得研究和探索。掛在看診室的骷髏便是視覺上的百科全書。供不應求的情況下，醫師通常拿到任何屍體都充滿感激，並十分珍惜。他們不鼓勵殺人，不過，他們也不過問屍體從何而來。盜墓變成一種行業，但這行人數不多，投入的人也要格外冷血。貨特別缺時，醫師自己也會幫忙挖掘剛死之人的墓。

賀姆斯發現，甚至到了一八九〇年代，需求仍居高不下。芝加哥報紙報導描述醫師如食屍鬼般挖墳的故事。一八九〇年二月二十四日，印第安納州新奧爾巴尼一起挖墳事件逮到人之後，肯塔基醫學院院長W・H・華桑（W. H. Wathen）向《論壇報》記者表示：「盜墓者不是為了肯塔基醫學院，也不是為了自己，他們是為了路易斯維爾的所有醫學院，人體對他們而言像空氣一樣必要。」[7]僅僅三週後，路易斯維爾的醫師再次挖墳被逮到。他們這次確實代表著路易斯維爾大學，前往位於肯塔基州安克拉治的州立精神病收容所意圖盜墓。「沒錯，那群人是我們派去的。」醫學院高層人員說，「我們需要屍體，如果州政府不給，那我們便去偷。冬季班人數眾多，消耗掉許多大體，春季班都沒屍體了。」他覺得無需道歉。「瘋人院的墓園早被挖好幾年了。」他說。「搞不好裡頭半具屍體都不剩。我跟你們說，我們一定要找到屍體。沒有屍體就培養不出醫生，這點社會大眾一定要了解。」

如果別的方法行不通，我們會叫學生拿起溫徹斯特步槍，去掩護挖屍體的人。」[8]

賀姆斯隨時都在找尋機會，眼見屍體的需求量這麼大，他覺得機不可失。

他帶查爾斯．查波到二樓房中，那裡有個檯子、醫療器具和一瓶瓶溶劑。查波知道賀姆斯是醫師，所以不論是眼前的事物，或那檯上的屍體，他都覺得習以為常。檯上放著的顯然是具女屍，但個頭特別高。從屍體身上，他辨認不出身分。他說：「那屍體看起來就像被剝了皮的野兔，皮膚從臉切開，一路將全身的皮膚剝下。不少地方肉隨著皮被扯下一大塊。」[9]

賀姆斯解釋，他之前在解剖，但現在研究已經完成了。他願意付查波三十六元，讓他清乾淨骨頭和頭顱，並還給他一具完整的人體骨骼。查波答應了。賀姆斯和查波將屍體裝入以帆布為內襯的箱子中。請貨運公司將箱子送到查波家。

不久之後，查波將骷髏拿了回來。賀姆斯感謝他，付了錢，馬上將骷髏轉賣給哈尼曼醫學院，這是芝加哥的醫學院，不是費城同名的那間。他轉賣的錢是他付給查波的好幾倍。

一八九二年一月第二週，新的房客多爾（Doyle）一家人搬進了賀姆斯大宅中茱麗亞的公寓。他們發現盤子仍在桌上，佩兒的衣服仍掛在椅背上，[10]一眼望去，彷彿前屋主隨時打算回來。

多爾一家人問賀姆斯發生了什麼事。

賀姆斯語氣相當冷靜，先是道歉屋子有點亂，接著解釋茱麗亞的姊姊生了重病，茱麗亞和女兒馬上趕到火車站搭車去了。茱麗亞和佩兒現在生活過得很好，也不打算回來了，因此覺得不用多跑一趟來拿行李。

後來關於茱麗亞的事，賀姆斯又有了不同的說辭：「我最後一次見到她大概是一八九二年一月一日，那天她繳清了她的租金。當時她不只知會我，也通知了鄰居和友人，說自己要離開了。」[11]賀姆斯說，雖然她告訴所有人她打算去愛荷華州，但其實不然。「為了不讓女兒被搶走，她打算去別的地方。她說愛荷華州是為了騙她丈夫。」賀姆斯否認曾與茱麗亞有過肌膚之親，也否認她曾進行過「犯罪行為」，當時這委婉的說法指的是墮胎。「她確實性子急了點，也許個性上也不算十全十美，但要說她是非不分，或做了什麼傷天害理的事，我覺得認識她的人都不會相信。」

作者資料出處和補充註解

1 賀姆斯殺死茱麗亞和佩兒・康納之後，並未留下第一手紀錄，也未描述他如何制伏受害者，不過他曾一度說茱麗亞死於「犯罪手術」，也就是墮胎。我參考多方的資料建構這次謀殺場景，包括部分已知證據，例如他擁有兩個手術箱、大宅中有解剖檯、他執有大量哥羅芳並偏好以此犯罪。我也參考了其他人對賀姆斯案的調查（詳見參考書目中Schechter、Franke和Boswell and Thompson著作），還有賀姆斯謀殺後的說法。再綜合心理學研究，考量變態殺人犯的人格、動機及需求，以及賀姆斯審判時關於哥羅芳過量人體反應的證詞。康納案以及查爾斯・查波解剖長才在新聞報紙上引發軒然大波。除了下方特定資料來源，也請參見以下報紙：*Chicago Tribune*, July 21, 23, 24, 25, 26, 28, 29, 30, 1895; *New York Times*, July 29, 1895; *Philadelphia Public Ledger*, July 23, 27, 29, 30, 1895; Boswell and Thompson, 81–86; Franke, 98–101; Schechter, 39–44.

2 *In November 1891*: Schechter, 43–44.

3 *Julia and Mrs. Crowe*: *Chicago Tribune*, July 29, 1895.

4 *dark amber bottle*: *Merck's Manual*, 28.

5 *She gripped his hand*. *Trial*, 166, 420–422.

6 *On Christmas morning*: *Chicago Tribune*, July 29, 1895.

7 *"The gentlemen were acting*: *Chicago Tribune*, February 27, 1890. 請參考一八九〇年三月二日的報紙，報上有一則可能是偽新聞的報導，講述聖路易有人深陷昏迷，慘遭活埋，後來整個人卻被醫學院學生偷走。學生切下第一刀，發現他還活著，匆匆忙忙將他扔在聖路易法院前的階梯上。那人醒來之後腹痛難耐，發現肚子上有一條無法解釋的刀傷。總之，報導是這麼寫的。

8 *"Yes, the party*: *Chicago Tribune*, March 24, 1890.

9 *"The body," he said*: *Philadelphia Public Ledger*, July 29, 1895. The article also cites the $36 price.

10 *They found dishes*: Franke, 101.

11 *"I last saw her*: Mudgett, 33.

決戰正式開始

一八九二年，天氣寒冷，地面積雪達十五公分，氣溫降至攝氏零下二十度，當然不是芝加哥最冷的一次，但冷到城市裡唯一的三個抽水閘系統都遭到凍結，造成芝加哥飲用水暫時停止供給。雖然天氣不佳，傑克森公園的工程仍持續進行。工人立起了機動式的暖房，不論氣溫多低，他們都能在外頭替礦業展覽館塗上麻刀灰漿。女性展覽館近乎完工，鷹架都已拆除。巨大的製造業暨人文展覽館已慢慢從地基升起。公園內工人總計四千人。這群人之中，有個叫伊利亞斯．迪士尼（Elias Disney）的木匠兼家具師傅，未來他會述說無數關於在湖邊打造一塊奇幻境地的故事。[1]而他的兒子華特[87]會牢牢記下這一切。

世博會兩公尺半的圍牆和兩層刺網之外一片動蕩。全國工人降薪和解雇事件不斷延燒。工會獲得力量，平克頓全國偵探事務所也得到了預算。新崛起的工會之星山謬．龔帕斯[88]來到伯南辦公室，和他討論世博會歧視工會工人的指控。[2]伯南下令要他的工程監理狄昂．傑羅丁（Dion Geraldine）調查。工人衝突不斷，經濟搖搖欲墜，社會暴力事件愈見頻繁。《芝加哥論壇報》一八九一年統計指出，美國共有五千九百零六人遭人殺害，比起一八九〇年成長將近百分之四十。其中包括麻州瀑河城的波頓夫婦[89]。

罷工威脅不斷，再加上外頭天寒地陳，伯南的新年蒙上一層陰影，但最教他擔心的是世博會資金快速萎縮。工作進展迅速，規模又大，伯南部門的花費比任何人預期的都還多。理事間如今在討論向國會爭取一千萬美元的經費，但最直接的辦法是減少開支。一月六日，伯南命令部門主管立即降低成本，手段因此有些殘酷。魯克里大樓閣樓中，總製圖師目前正指揮著世博會的工程，伯南命他馬上開除任何「出錯、懶散」[3]或任何獨善其身的傢伙。他寫信給奧姆斯德的景觀設計監理魯道夫・烏里奇：「就我看來，你的團隊能砍掉一半的人，順便送走那些薪水高的人吧。」[4]伯南也下令，今後所有木匠活都只交給世博會承包商的木匠。他寫信給狄昂・傑羅丁道：「請你解雇團隊中所有木匠……」[5]

在此之前，伯南一直十分關照工人，以當時來說其實相當罕見。工人傷病時，他仍會支付薪水，並成立一間世博會醫院，提供免費的醫療服務。他在公園蓋了宿舍，他們一天有豐盛的三餐得以溫飽，個個有張乾淨的床，房中也維持著溫暖。沃特・威考夫（Walter Wyckoff）是普林斯頓政治經濟學教授，他在當時假扮成手藝差勁的工人，混入全美不斷增加的失業人口中，一年間雲遊四方工作，他也曾在傑克森公園幹過活。「這裡有哨兵守衛，四周圍著高牆，不會受任何不速之客打擾，我們一群人個個身體強健，在這嘆為觀止的人造世界裡生活和工作。」他寫道，「眼前不見淒慘的景象，也沒人求職無門，窮途潦倒，陷入絕望……我們一天工作八小時，心裡十分踏實，因為我們知道自己一定能拿到薪水。」[6]

但現在，就連世博會也在裁員了，時機糟到不能再糟。冬天來臨，傳統建築季即將結束。美國

87 華特・迪士尼（Walt Disney, 1901-1966），史上最知名的電影、動畫製作者，後來事業擴展到遊樂園產業，打造了迪士尼樂園。

88 山謬・龔帕斯（Samuel Gompers, 1850-1924），美國工會領袖，也是美國勞工史的關鍵人物，領導勞工罷工，要求縮短工時，提高薪資，並是美國勞工聯盟（American Federation of Labor）的創立者。

89 參見注24。

成千上萬名失業人口背負著「流浪漢」（hobo）的惡名，這詞可能來自鐵路工作的呼喝「ho，boy」。[7]事態愈演愈烈，此時工作已為數不多，失業的人全聚集到芝加哥，希望能掙得世博會的工作。伯南知道被解雇的人都將無家可歸，一貧如洗，他們的家人也將飢餓匱乏。

但一切以世博會為優先。

沒人提出挑戰艾菲爾鐵塔的可行方案，這點也令伯南無比失望。提案愈來愈詭異了。有個夢想家設計了一座比艾菲爾鐵塔還高一百五十公尺的高塔，但全都木頭建成，最頂端有個小屋供人休息和喝飲料。小屋也是棟小木屋。

伯南知道，若挑戰艾菲爾的工程師再不快點出現，最後剩下的時間恐怕蓋不出值得放入世博會會場的曠世之作。他必須想辦法喚起美國工程師的野心。有天機會來了，他受邀到「週六午後俱樂部」致詞，那俱樂部是由一群工程師發起，他們每週六會在市中心餐廳聚會，討論世博會工程上的挑戰。

菜色如常豐富多樣，伴有香菸、美酒、咖啡和干邑白蘭地。有張桌子前坐了個三十三歲的工程師，他來自匹茲堡，經營一家檢驗鋼材的公司，在紐約和芝加哥都設有辦公室，這家公司也是世博會的承包商，負責檢驗世博會建築物的鋼材。他的造型在愛迪生剛成立的產業中頗為流行，臉形有稜有角，一頭黑髮，留著黑色八字鬍，並擁有一雙黑亮的眼睛。他的合夥人寫道：「他魅力超群，為人親切，而且充滿幽默感。在所有聚會中，他馬上會成為焦點，而且他能言善道，肚子裡有數不盡的有趣軼聞和經驗。」[8]

像週六午後俱樂部其他成員，他也期待聽到伯南討論時間有限下，打造整座城市所面臨的挑戰，但伯南說的話令他措手不及。伯南率先表示透過世博會設計，「美國建築師達成了光榮的成就」，接著他話鋒一轉，開始痛斥美國土木工程師遠遠不及他們。伯南怪罪工程師「毫無建樹，不僅沒有創新，也沒有展現當代美國工程的可能性」。[9]

全場嘩然，眾人怫然變色。

「一定要有特點。」伯南繼續說，「巴黎世博會創出了艾菲爾鐵塔，我們的芝加哥哥倫布紀念博覽會一定也要有與之匹敵的建築。」

他說，但不能是高塔。塔不算原創。艾菲爾已經蓋座塔了。「光是大」也不夠。「美國工程師要重拾名望和地位的話，設計一定要獨創新穎，大膽特殊。」

工程師有人聽了很不高興，有人承認伯南說得有道理。匹茲堡的那位工程師覺得「這番話句句屬實，刀刀見血」。[10]

他坐在同儕之間，腦中忽然有個想法，「彷彿靈光一現」。他說，那不是半吊子的模糊想法，每個細節都歷歷在目。他不但看得到、摸得著，還能聽到它在空中移動的聲響。

時間不多了，但如果他趕快著手畫好設計圖，並向世博會財務委員會證明其可行性，他相信世博會絕對能以艾菲爾之藝勝過艾菲爾。如果他際遇能如艾菲爾一樣，未來榮華富貴自然不在話下。

對伯南而言，在週六午後俱樂部公開斥責工程師失職，肯定令他一吐悶氣，因為在世博會其他場合中，尤其面對無數掌控生殺大權的委員時，他都必須忍氣吞聲。他像在跳維多利亞小步舞，天

天應付繁文縟節，和人虛與委蛇，浪費了不少時間。他需要得到更多實權，此舉不是為了滿足尊榮心，而是為了世博會。他知道，除非決策速度加快，不然世博會進度一定會落後到無法挽回，但眼前阻礙不斷增加，問題也愈滾愈大。世博會公司資金銳減的事使他們和國家委員會關係到達冰點，委員長戴維斯認為，聯邦政府的新經費應該由委員會掌控。委員會似乎每天都在成立新部門，聘請新部長。戴維斯甚至任命一人為「綿羊部門監理」[11]，年薪相當於今日的六萬美元。而且每個部長都聲稱對伯南一部分職權有合法管轄權。

控制權之爭不久變成伯南和戴維斯的私人恩怨，兩人針鋒相對，在展館內裝和展品陳設規劃上爭執不下。伯南覺得這當然是他的專業領域。戴維斯不這麼想。

一開始，伯南用個拐彎抹角的說法。「我們目前正召集一支內裝特別團隊負責這部分。」他寫信告訴戴維斯。「我很樂意讓我的團隊加入你們，一同完成此事。若沒徵求您全權同意，就派團隊過去指導您的工作人員布置場地，調整形式和裝飾，我覺得有欠周慮，所以我特別致信請求您的許可。」[12]

但戴維斯卻向記者放話：「我覺得事到如今，大家應該都了解只有委員長及其工作人員能負責展品相關事宜。」[13]

衝突不斷悶燒。三月十四日，伯南加入了戴維斯和日本代表在芝加哥俱樂部的飯局。用完餐之後，戴維斯和伯南留在俱樂部中小聲爭論到隔天早上五點。「時間並未虛擲。」他寫信給當時正好出遠門的瑪格麗特。「我們談完後關係好多了，在這之後，事情應該會順利不少。」[14]

他字裡行間罕見透露出疲意。他告訴瑪格麗特他那天晚上打算早點下班，去一趟艾凡斯頓。「我想睡在妳柔軟的床上，親愛的，這樣就會夢到妳吧。生活多麼庸庸碌碌！這幾年都過到哪去了？」

也有一些美好的時刻。伯南總是期待著夜晚時分，助理和來訪的建築師會一起到窩棚用餐，在雄偉的壁爐前暢談至深夜。伯南享受這份革命情感，也喜歡聽故事。奧姆斯德會一再述說自己為了不讓中央公園被人亂改，嚐盡多少苦頭。世博會警衛隊長愛德蒙．萊斯上校會述說自己站在蓋茨堡的樹蔭下，望著皮克特率隊衝過原野時的感受。

伯南的孩子偶爾會來芝加哥過夜。一八九二年三月下旬，伯南邀請孩子們來窩棚。[15]他們並未準時出現。起初，每個人都覺得定是鐵路誤點了，隨著幾個小時過去，伯南愈來愈擔心。人人都知道芝加哥幾乎天天發生火車意外。

天色漸漸變黑，幸好孩子們終於到了。密爾瓦基鐵路有座橋斷了，火車因此誤點。伯南在給瑪格麗特的信中寫道，他們抵達窩棚時「正好趕上萊斯上校述說戰時故事，以及夾在偵察兵和印第安人之間的原野生活。」

伯南寫這封信時，孩子都在身邊。「他們都非常高興能來這裡，現在正在和傑羅丁先生看一本厚重的攝影集。」伯南聘請了紐約水牛城攝影師查爾斯．達德利．亞諾（Charles Dudley Arnold）來當世博會官方攝影師，而那本攝影集收錄了他在施工期間所拍的照片。亞諾當時也在場，孩子不久便隨他去畫畫了。

伯南最後寫道：「我們全都健康安好，承蒙命運眷顧，手上能有足夠的工作做，內容又不枯燥，我們都心滿意足。」

如此平靜的時光從來不長久。

伯南和戴維斯的戰火死灰復燃。世博會公司理事下定決心，直接向國會申請經費，但國會一接獲申請，隨即要求調查世博會開支。伯南和貝克主席原本以為只是大略審查，後來卻發現國會連瑣碎的開銷都不放過。例如，貝克列出馬車租費總額之後，附屬委員會馬上要求提交馬車夫的名單。某次在芝加哥的會議中，委員會要求戴維斯評估世博會總成本，戴維斯沒問過伯南，隨口給了他們一個數字，結果比伯南替貝克主席估算的數字低了一成，但貝克那時報告早已呈交上去。戴維斯一番話彷彿暗指伯南和貝克虛報世博會所需經費。

伯南氣得站了起來。附屬委員會主席命他坐下。但伯南仍站在原地。他怒火中燒，根本無法冷靜。「戴維斯先生沒來找過我，也沒找過我的手下。」他說，「他所說的數字根本是信口開河。預算的事他根本沒概念。」[16]

他的失控讓附屬委員會主席非常不滿。「委員會上，本席拒絕採信侮蔑證人的言論。」主席說，「因此本席請伯南先生收回言論。」

一開始伯南不接受。後來，他不情願地收回自己說戴維斯沒概念的那部分。但也僅止於此，他並未道歉。

委員會返回華盛頓，待研讀證據和報告之後，將決定是否撥下經費。伯南寫道，國會議員「對世博會的大小和規模感到驚訝。我們給他們每個人一大疊資料，我想他們的報告會很好笑，因為即使是我，幾個月的時間也不足以寫出　份完整報告」。[17]

至少，世博會中道區終於開始在紙上成形。普特南教授認為中道區首要之務是教育大眾異國文化。索爾・布魯姆不覺得有此義務。中道區應該是一座娛樂園地，有趣好玩，一路從傑克森公園延伸到華盛頓公園邊境。中道區應該要令人刺激興奮，若一切順利，也許甚至能教人目瞪口呆，嘆為觀止。他認為自己的專長是「以引人注目的方式宣傳」。[18]他在全世界刊物放出消息，讓大家知道中道區會是一個異國特區，視覺、聽覺和嗅覺上都提供不平凡的體驗。他們會移植遙遠島嶼的真實村落，裡頭也會住著真正的村民，若舒菲德中尉成功，甚至會有侏儒。布魯姆也發現，他成為中道之王後，自己再也不用擔心阿爾及利亞村莊的許可。他自己就能批准這項計畫。他撰寫好一份契約，寄去巴黎。

世博會其他人員注意到布魯姆對宣傳別有一手，於是他們找他提升世博會整體形象。有一次，他被派到前線向記者解說製造業暨人文展覽館究竟有多巨大。截至當時，世博會公關部門只給新聞媒體一張打破歷史記錄的成績單，內容鉅細靡遺，但只有枯燥乏味的數字。「我望了一眼就知道他們對幾英畝、幾噸鋼鐵毫無興趣。」布魯姆寫道，「於是我說：『不如這麼說吧，那棟建築大到能容納俄國所有軍隊。』」[19]

布魯姆壓根都不知道俄國現在到底有沒有軍隊，更不用說士兵人數及規模。但是，這句話在美國廣為流傳。蘭德麥克納利出版公司的世博會導覽書上市時，讀者都感到無比興奮，腦中浮現百萬名戴著皮草帽的士兵擠進占地三十二英畝建築物中的畫面。

布魯姆毫不後悔。

作者資料出處和補充註解

1 *The ranks included*: Hines, 74–75.

2 *A rising union man*: Burnham to Geraldine, February 24, 1892, Burnham Archives, Business Correspondence, vol. 6.

3 "*inaccurate or 'slouchy' work*: Burnham to Cloyes, January 6, 1892, ibid., vol. 5.

4 "*it seems to me*: Burnham to Ulrich, January 6, 1892, ibid.

5 "*You will please dismiss*: Burnham to Geraldine, January [illegible], 1892, ibid.

6 "*Guarded by sentries*: Wyckoff, 248.

7 "*ho, boy*: *Oxford English Dictionary*, 2nd ed., 278; Wyckoff, 11.

8 *He "was eminently engaging*: Anderson, 53.

9 "*the architects of America*: Untitled typescript, Ferris Papers, 1.

10 "*cut to the quick*: Ibid.

11 *superintendent of sheep*: *Chicago Tribune*, July 14, 1892.

12 "*We are now organizing*: Burnham to Davis, November 12, 1891, Burnham Archives, Business Correspondence, vol. 4.

13 "*I think it is pretty well understood*: *Chicago Tribune*, January 5, 1892.

14 "*The time was well spent*: Burnham to Margaret, March 15, 1892, Burnham Archives, Family Correspondence, Box 25, File 4.

15 *Late in March*: Burnham to Margaret, March 31, 1892, ibid.

16 "*Mr. Davis has not been to see me*: *Chicago Tribune*, April 9, 1892.

17 *The congressmen, Burnham wrote*: Burnham to Margaret, March 31, 1892.

18 "*spectacular advertising*: Bloom, 120.

19 "*I could tell*: Ibid.

德外特來的天使[1]

一八九二年春天，賀姆斯的幫手班傑明・皮特佐身在離芝加哥大約一百二十公里的伊利諾州德外特市，接受著名的奇立戒酒療程。[2]病人要待在利文斯頓旅館內，那是一棟三層樓高的紅磚建築，設計簡約優美，牆上有拱形的窗戶，建築正面設有戶外空間。注射完萊斯里・英若特・奇立[90]的「黃金解藥」之後，那是個休息的好地方。黃金解藥是他最著名的配方，由紅、白、藍三種藥劑組成，被人戲稱為「理髮店招牌」，[3]奇立中心的人員一天會替病人注射三次。十九世紀針筒針較粗，像將水管插進二頭肌似的，傷口四周的皮膚一定會留下黃色的圓圈，對某些人來說，那是英勇的象徵；對其他人來說，那只是不堪入目的疤痕。配方是祕密，但就頂尖的醫師和化學師判斷，解藥的藥物能讓人感到舒服快樂，並能鎮定心神，偶爾伴隨健忘症狀。芝加哥郵局對此感到十分困擾，因為每年德外特都有上百封信都被退回，因為信上頭地址總是漏東漏西。[4]寄信者根本忘記信上必須寫好收件者和街道名。

皮特佐長期酗酒，但他後來身體肯定出了問題，因為送他來奇立中心的是賀姆斯，他還替他付了治療費。他向皮特佐說，他是好意，並感謝皮特佐忠心的幫助。但一如往常，他肚子裡別有盤算。他發現皮特佐一酗酒，人就完全派不上用場，再這樣下去，他正在進行的計畫將會分崩離析。

90 萊斯里・英若特・奇立（Leslie Enraught Keeley, 1836-1900），第一位視酗酒為疾病的美國醫生，但他的療法大多受專家學者抨擊無效。

賀姆斯事後提到皮特佐時這麼說：「他太珍貴了，就算他搞砸不少事，我也不能拋下他。」[5]賀姆斯也許也希望皮特佐趁機能挖出藥劑的情報，或找到藥瓶上的標籤，這樣他就能仿製藥品，透過藥品郵購公司販賣。當然，後來賀姆斯在英格塢大宅二樓成立了自己的養生機構「銀灰中心」(Silver Ash Institute)。奇立的療程好熱門，簡直不可思議。成千上萬人來到德外特，努力擺脫酗酒的惡習。好幾千人更買了奇立的口服藥，他的藥瓶在市場上特別醒目，後來他呼籲買家藥吃完將藥瓶摧毀，以免無恥的公司裝入私調的藥物。[6]

皮特佐每天定時和其他人一起「排隊」接受注射。[7]女人在自己的房中注射，並和男人隔離，保護她們的名譽。芝加哥的寄宿房客若有接受治療，女房東總會發現，因為她們要端出飲料時，房客總是不約而同回答：「不用了，謝謝妳。我去過德外特。」[8]

皮特佐四月回到英格塢。他告訴賀姆斯自己在奇立中心遇到一個年輕的絕世美女。[9]他也許受奇立的注射藥所影響，但照他說法看來，那女人簡直美到不可思議，她叫愛蜜琳．西葛倫(Emeline Cigrand)。她二十四歲，一頭金髮，從一八九一年便開始在奇立醫師辦公室當速記員。皮特佐說得天花亂墜，賀姆斯肯定被挑逗得心癢難耐，馬上寫封信給西葛倫，表示願意請她當個人祕書，薪水是奇立中心的兩倍。「條件誘人。」西葛倫的家人事後描述。[10]

愛蜜琳毫不猶豫接受了這份工作。[11]奇立中心待遇和名聲都不錯，但德外特這小城終究比不上芝加哥。她不但薪水多出一倍，又能在迷人又刺激的傳奇城市中生活，再加上一年後，世博會將隆重登場，這機會令人無法拒絕。她五月從奇立中心離職，帶著八百美元存款來到英格塢，並在賀姆斯大宅附近寄宿公寓租了間房。

賀姆斯一看，皮特佐縱使有點誇大其詞，但愛蜜琳的樣貌果真不錯。她確實很美，一頭金髮閃閃發光。賀姆斯馬上施展起他的花招，說話語調格外溫柔，手不安分地觸碰她的身體，那雙藍色的眼珠誠懇地凝視著她。

他買花送她，帶她去隔條街的提摩曼歌劇院。他還買了輛腳踏車給她。夜晚兩人會在耶魯和哈佛街平坦的碎石路上並騎，外人看來就像一對年輕快樂的情侶，樣貌登對，生活富裕。《論壇報》社論評論道：「女性騎單車時流行戴白色軟帽，帽上綁著黑色波紋緞帶，側邊插兩根筆直的羽毛。」[12]雖然危險的舊型大車輪腳踏車已經淘汰，大家仍會以「車輪」代稱腳踏車。愛蜜琳習慣了她的「車輪」之後，她和賀姆斯騎得愈來愈久，常會沿垂柳成蔭的中道區一路騎到傑克森公園，在一旁遠眺世博會工程。那裡總聚集著上千人，不少人也騎著單車。

有幾個週日，愛蜜琳和賀姆斯騎進了公園內，他們發現工程仍處於最初的階段，內心感到無比驚訝，尤其距離世博會最重要的紀念日和開幕日已沒剩多少日子。公園大半都還一片荒瘠，最雄偉的製造業暨人文展覽館除了地基之外，根本還沒動工。有幾棟建築進度遠遠超前，外觀看來已算完工，特別是礦業展覽館和女性展覽館。這陣子公園裡出現不少大人物，例如政治家、各國王儲、建築師和芝加哥的產業巨頭。也常見到社會地位較高的女性，她們來參加婦女管理委員會的會議。帕默夫人黑色的大馬車經常轟然駛進世博會大門，和她社會地位相對的老鴇卡莉・華生也不遑多讓，她的馬車與眾不同，車體是光滑亮麗的白珐瑯製成，輪子漆成黃色，馬車夫是身穿紅色絲質上衣的黑人。

愛蜜琳發現，要騎車的話最好還在大雨之後。不然現場像喀土木沙漠一樣塵土飛揚，沙塵會穿進她頭髮之中，就算好好梳頭也清不乾淨。

一天下午，愛蜜琳坐在賀姆斯辦公室打字機前時，一個男人進門來找賀姆斯。他身材高大，下巴輪廓俐落，留著含蓄的八字鬍，身穿廉價西裝。他年近三十，某方面來說算是滿英俊的，但同時又十分收斂而樸素。不過，他此時看來十分生氣。他說自己的名字叫奈德．康納，曾在樓下藥局負責買賣珠寶。他來討論抵押的問題。

她知道這名字。她曾在哪個地方聽到，或曾在賀姆斯的文件中看過。她微笑告訴奈德，賀姆斯不在。她不知道他何時才會回來。有什麼她能協助的嗎？

奈德怒火熄了。他和愛蜜琳「聊起了賀姆斯的事」，[13]奈德後來回憶說。

奈德打量她。她年輕貌美，他事後形容她是「金髮美人」。[14]她身穿白色束腰上衣和黑裙子，讓她身材看起來更勻稱，而且她坐在窗邊，陽光映照下，她的頭髮散發光采。她坐在一臺全新的黑色雷明頓打字機前，無庸置疑，打字機的錢絕對沒有付清。奈德發現愛蜜琳提到賀姆斯時眼中散發著崇拜，再加上他己身的經驗，他猜他們之間不只跟打字有關而已。後來他回憶道：「我告訴她，我覺得他是個壞人，她最好少跟他扯上關係，儘快遠離他。」[15]

至少，她那時沒把他的忠告放在心上。

❦

一八九二年五月一日，一個叫M．B．勞倫斯（M. B. Lawrence）的醫生和妻子搬進賀姆斯大宅一間五房的公寓，雖然愛蜜琳還未住在大宅中，但他們經常在這兒遇到她。她仍住在附近的寄宿公寓。

「她是我遇過的年輕女人中最美也最好相處的人。」勞倫斯醫生說，「我妻子和我經常想到她。

我們每天都看到她，她經常進門來和勞倫斯太太聊個幾分鐘。」[16]勞倫斯常看到愛蜜琳和賀姆斯在一起。他說：「沒過多久，我發覺西葛倫小姐和賀姆斯先生不只是勞雇關係而已，但我們覺得不能怪她。」[17]

愛蜜琳被賀姆斯迷昏了頭。她愛他的溫暖，他的撫摸，他泰然自若的態度和他散發的光輝。她從來沒見過像他這樣的人。他甚至是英國伯爵之子，他說這件事絕對要保密。她原本不打算告訴別人，雖然少了點樂趣，但更添加了點神祕感。[18]當然，她後來還是向朋友透露了這個祕密，但她有逼她們發誓，絕對不會告訴任何人。對愛蜜琳來說，賀姆斯是伯爵後裔當然說得通。因為這才能解釋他為何魅力超群，舉止沉穩，人明明在粗野吵雜的芝加哥中，卻能如此不平凡。

愛蜜琳是個溫柔活潑的女人。她經常寫信給在印第安納州拉法葉的家人和德外特交到的朋友。她很容易交到朋友。她視在芝加哥第一個寄宿公寓的房東為知交，現在定期還會和她吃飯。

十月，她遠房堂親戚B・J・西葛倫醫師夫婦來拜訪她。西葛倫醫師是個牙醫，他在芝加哥北區有間診所，位於北方大道和密爾瓦基大道口。他正好在研究西葛倫家族史，因此聯絡上了愛蜜琳。他們之前從未見過面。「她真討人歡喜，為人聰明伶俐，我馬上喜歡上她。」西葛倫醫師說。「她體態姣好，高䠷勻稱，還有一頭暗金色的濃密秀髮。」[19]西葛倫醫師和妻子這一趟沒碰到賀姆斯，也從未與他照過面，但愛蜜琳興高采烈地向他們分享他的故事，述說他風度翩翩，為人和善，事業也蒸蒸日上。愛蜜琳帶親戚參觀賀姆斯大宅，告訴他們他正努力要將這棟樓打造成旅館，接待參觀世博會的遊客。她也解釋六十三街會興建高架鐵路，能讓遊客直接搭到傑克森公園。等到一八九三年夏天，大量遊客一定會湧進英格塢，這點無庸置疑。對愛蜜琳來說，成功勢在必得。

愛蜜琳的熱情也是她可愛之處。她和年輕醫師一頭栽進愛河，也愛上他所做的一切。但對於這棟房子的設計和前景，西葛倫醫師和她感覺截然不同。在他眼中，這棟樓陰森肅穆，和周遭房子格格不入。英格塢其他蓋好的建築似乎都充滿能量，散發憧憬，而且不光是因為世博會，而是迎向世博會之後美好的未來。只要沿著六十三街向前幾條街，路旁便聳立著一棟棟精緻巨大的樓房，外表五顏六色，質地各異其趣，再過去便會看到提摩曼歌劇院和紐朱利安旅館，兩棟建築的老闆都不惜砸下重金，用上好的建材，聘請專業的工匠。反之，賀姆斯的房子死氣沉沉，宛如瓦斯燈照不到的房間角落。賀姆斯顯然沒有請建築師，有請的話，看來也不夠專業。房子走廊燈光昏暗，短短的一段路擠了太多道門。木頭都是劣質木材，施工品質草率馬虎。走道方向莫名詭異。

然而，愛蜜琳似乎為他著迷。西葛倫醫師不是冷酷無情的人，他不忍心粉碎她天真可愛的欽慕。當然，他事後希望自己更坦白一點，好好將腦中的狐疑放在心上，想想建築哪裡不對勁，哪裡說不通，並對照愛蜜琳的想法。但話說回來，愛蜜琳深陷愛河。他沒資格傷害她。她年紀輕輕，喜悅全寫在臉上，並感染著四周的人。尤其，西葛倫是個牙醫，他每天工作遇到的人都愁眉苦臉，再英勇的成年男人到他這兒都哭成淚人兒。

西葛倫夫婦來訪後沒多久，賀姆斯便請愛蜜琳嫁給他，她答應了。他答應她要去歐洲度蜜月，那一趟當然會順道去探望他的父親，也就是伯爵大人。

作者資料出處和補充註解

1 除了下方引用來源，這一章節我參考了《芝加哥論壇報》、《費城公眾紀錄報》西葛倫案報導的細節，以及Schechter、Franke和Boswell and Thompson著作中較全面的敘述。

H・偉恩・摩根（H. Wayne Morgan）在《伊利諾歷史期刊》（*Illinois Historical Journal*）中寫了一篇詳盡的文章〈不用了，謝謝你，我去過德外特〉（No, Thank you, I've Been to Dwight），爬梳萊斯里・因若特・奇立戒酒治療中心的歷史，讓人得以一窺這風靡一時的熱潮。

參見*Chicago Tribune*, July 26, 27, 29, 30, 31, 1895; *Philadelphia Public Ledger*, July 27, 29, 31, 1895; Boswell and Thompson, 86–87; Franke, 102–105; Schechter, 48–51.

2 *In the spring of 1892*: Schechter, 48.

3 *Gold was the most famous*: Morgan, 149.

4 *the Chicago post office*: Ibid., 159–160.

5 "*he was too valuable*: Mudgett, 122.

6 *Thousands of people*: Morgan, 157.

7 "*passing through the line*: Ibid., 154.

8 "*No, thank you*: Ibid., 158.

9 *the story Pitezel now told*: Schechter, 48, 49.

10 "*a flattering offer*: *Chicago Tribune*, July 30, 1895.

11 *Emeline accepted*: Ibid.

12 "*White pique hats*: *Chicago Tribune*, August 7, 1895.

13 "*got to talking*: *Chicago Tribune*, July 28, 1895.

14 "*a handsome blonde*: Ibid.

15 "*I told her*: Ibid.

16 "*She was one*: Franke, 102.

17 "*It was not long*: Ibid.

18 *son of an English lord*: Schechter, 49.

19 "*I was charmed*: *Chicago Tribune*, July 30, 1895.

紀念日

一八九二年前幾個月裡，奧姆斯德牙齒抽痛，耳鳴不斷，覺也睡不好，即使是只有他三分之一歲數的人，他手上的工作量也會是場折磨。他四處旅行，走過芝加哥、阿士維、諾克斯維、路易斯維爾和洛契斯特，而半夜雙腿酸痛令他每天生活慘上加慘。芝加哥方面，儘管年輕的助理哈利・卡德曼孜孜不倦地工作，進度仍大幅落後，每天手邊的事都愈來愈多。紀念日是工程第一個重大期限，時間訂在一八九二年十月二十一日，轉眼之間竟然已在眼前。紀念日原本選在十月十二日，幸好世博會官方為了讓紐約市也能慶祝哥倫布紀念日，刻意將日期延後，不然時間可能會更少。紐約之前不斷中傷芝加哥，芝加哥以德報怨，可謂出人意表。

奧姆斯德尤其煩惱的是會場其他工程不斷延宕。承包商進度一落後，他的工作便會落後。他完成的地方也經常受破壞。工人踩壞他種的植物，毀掉他鋪好的路。美國政府展覽館便是個好例子。他的景觀設計監理魯道夫・烏里奇報告中寫道：「建築物四周放著各式各樣的建材，堆得亂七八糟的，為了儘快趕工，我們只能一而再、再而三向相關單位反應。即使如此，情況也未見積極改善，工人根本不放心上。今日完成的工事，隔日又遭破壞。」[1]

對工程延宕和破壞，奧姆斯德確實很生氣，但還有別的事情令他更焦慮。即使奧姆斯德百般威脅恫嚇，伯南依然覺得蒸汽船是個選項，簡直令人難以置信。而且也沒有人和他一樣，堅持林島上不能蓋任何建築。

不斷有人對林島打著歪腦筋，奧姆斯德回憶起過去客戶對他景觀動手動腳的事，心中怒火再次點燃。每個人都想染指林島。最先是芝加哥交響樂團指揮西奧多・湯瑪斯[91]，他覺得那座島不只理想，更是**唯一**能蓋棟世博會音樂廳的地點。奧姆斯德不答應。後來換美國公務員委員會主席西奧多・羅斯福[92]來了，他這人活脫是艘重炮戰船。他認為那座島正適合展示布恩和克羅奇俱樂部[93]的打獵營。毫不意外，羅斯福在華盛頓德高望重，世博會國家委員會的政治家一致強力支持他的提案。伯南為求和氣，也建議奧姆斯德接受。「不如把營地設在林島最北端，藏在樹林裡，單純當個展品算了，從岸上完全無法察覺，只有到島上的人才會不經意發現，這樣你能接受嗎？」[2]

奧姆斯德仍不接受。不過他稍作妥協，讓羅斯福將營地設在一座更小的島上，並仍堅持不准蓋建築物，只能「設幾個帳篷和火堆，放幾匹馬等等」。[3]後來他答應讓他們蓋一棟獵人小木屋。

接下來換美國政府，他們想在島上展示印第安人，時任世博會民族學主任的普特南教授覺得林島適合建造幾座異國村落。日本政府也希望在島嶼有塊地。伯南在一八九二年二月寫信來說道：「他們提議在展館外展示他們的寺廟，而他們一樣希望能利用林島的空間。」就伯南看來，現在林島上逃不了蓋建築物的命運了。那地點太吸引人了。伯南建議奧姆斯德接受日本的提案。「寺廟當然算

91 西奧多・湯瑪斯（Theodore Thomas, 1835-1905），美國小提琴家和指揮家，他是美國第一個世界知名的指揮家，也是芝加哥交響樂團第一位音樂總監。

92 西奧多・羅斯福（Theodore Roosevelt, 1858-1919），人稱「老羅斯福」，第二十六任美國總統，也是美國進步時代的領導者，於二十世紀初的改革塑造了今日美國的樣貌，更是美國史上出色的總統之一。

93 布恩和克羅奇俱樂部（Boone and Crockett Club）於一八八七年由羅斯福所創，名稱是為紀念丹尼爾・布恩和大衛・克羅奇兩名偉大獵人，主張保護自然資源和所謂「公平追逐」（fair chase），反對工業式的狩獵。

適得其所，而且就我看來，也不會減損你最在意的基本氛圍。他們主張一切要細緻唯美，並誠摯希望在世博會結束之後，能將建築物送給芝加哥市作為謝禮。」[4]

奧姆斯德擔心情況愈來愈糟，勉為其難答應了。

所謂禍不單行，保護林島之際，他發現自己鍾愛的中央公園再次遭人染指。州立法院在紐約有錢人教唆之下通過一條法案，授權他們在公園西側建設一條「快速道路」，供有錢人馬車奔馳。社會大眾為之憤怒。奧姆斯德寫信大加抨擊，形容那條路「不合理、不公正、不道德」。[5]立法院在輿論壓力下取消了此案。

他長期失眠，痛苦難耐，工作排山倒海而來，煩惱一樁接著一樁，到了三月，他覺得自己身心都快崩潰了。成年之後不斷騷擾著他的憂鬱症瀕臨發作。一名友人曾寫道：「奧姆斯德憂鬱時，會瞬間陷入消沉，難以自拔。」[6]

但奧姆斯德認為自己只是需要好好休息一下。稟持當時代的醫療概念，他決定去歐洲休養身體，並藉此機會欣賞歐洲風景，豐富視覺語彙。他打算跑遍公園、公共花園和巴黎世博會的舊場地。

他派自己的大兒子約翰（John）管理布魯克萊恩的事務所，放手讓哈利．卡德曼在芝加哥負責世博會的工作。最後一刻，他決定帶上自己兩個孩子瑪莉恩（Marion）和瑞克（Rick），還有哈利的弟弟菲爾．卡德曼（Phil Codman）。對瑪莉恩和兩個青年來說，這是一場夢幻之旅。對奧姆斯德而言，卻格外沉重。

他們一八九二年四月二日週六起航，冰雪交加中抵達利物浦。

索爾・布魯姆在芝加哥接到一封來自法國的電報，他一讀大驚失色。他又讀了幾次，確定自己沒讀錯。他的阿爾及利亞人，包括數十個村民，再加上所有牲口和物品此時已全在海上，緩緩朝美國和世博會航行而來。時間整整早了一年。

「月分是對的。」布魯姆說，「但他們把年分搞錯了。」[7]

奧姆斯德覺得英國鄉下很迷人，只是天氣陰沉灰暗。在奇斯爾赫斯特親戚家待了一陣子之後，他和男孩子便去巴黎了。女兒瑪莉恩則留下。

到了巴黎，奧姆斯德參觀了世博會的舊場地。花園受長冬摧殘，植物稀疏，建築物飽經風吹日曬，但眼前遺留下來的景象足以讓他「勉強想像」[8]之前世博會的樣貌。世博會場仍然十分熱門。其中一個週日，奧姆斯德和孩子看到有四個樂團在現場演奏，飲料攤也都開張了，幾千人在步道上漫步。艾菲爾鐵塔下排了一條人龍。

奧姆斯德一面想著芝加哥世博會，一面仔細觀察每個細節。草坪「非常糟」，碎石步道「看起來礙眼，走起來礙腳」。巴黎世博會大量種植花壇，令他為之生厭。他寫信給在布魯克萊恩的約翰：「就我看來，這場地當時一定吵雜不堪，外觀俗豔，構想幼稚，甚至稱得上野蠻，把世博會都毀了也不一定，畢竟要是場地失去遼闊莊嚴的氣氛，一致性及和諧感又被破壞，世博會肯定大大失色。」他再次重申在芝加哥一定要講求「內斂樸素，避免廉價低俗的效果」。[9]

這一趟又令他擔心起來，伯南和建築師為了超越巴黎世博會已失去方向，不再確定何謂世博會該有的樣子。奧姆斯德寫道：「巴黎世博會建築色彩較為繽紛，也有較多有色彩的裝飾，但出乎我

意料之外，線腳和雕塑數量不多。我覺得他們展現的風格更符合目的，設計更著重在世博會上，不像我們只顧著蓋些雄偉壯觀的紀念建築。在這方面，我不知道我們的設計是否鑄下大錯；也不知道一味講求莊嚴肅穆，是否太過自以為足；或利用雕塑和其他方式營造富麗堂皇之感，是否過於浮誇。」[10]

奧姆斯德喜歡和這幾個年輕人一同旅行。他寫信給在布魯克萊恩的妻子說：「我玩得很盡興，希望身體也能補足精力，恢復健康。」[11]不過，一行人回到奇斯爾赫斯特之後，奧姆斯德的健康又惡化了，夜晚再次陷入失眠。他寫信給肚子也生了怪病的哈利．卡德曼：「我只能說我已經老了，比我所想得疲倦。」[12]

亨利．雷納（Henry Rayner）醫師到奇斯爾赫斯特原本只是單純拜訪奧姆斯德。[13]他正巧是個神經失調專家，看到奧姆斯德氣色時，他嚇了一跳，他告訴奧姆斯德自己的家在倫敦郊外漢普斯特荒地，並建議他來住一陣子，讓雷納親自替他治療。奧姆斯德答應了。

在雷納細心照料下，奧姆斯德的情況並未改善。他在漢普斯特荒地愈待愈疲憊。他於一八九二年六月十六日寫信給哈利．卡德曼：「你知道的，我在這裡根本是個囚犯。我每天都在尋找改善的跡象，但目前為止，每天都令我失望。」奧姆斯德說，雷納醫師也感到不知所措。「經過反覆檢查，他斬釘截鐵說分析之後我身體一切正常，因此我還能健健康康工作好幾年。他認為我現在身上的病，和當初逼我出國休養的病症一模一樣，只換了個形式。」[14]

奧姆斯德在鄉下都是乘坐馬車。馬車「每天多多少少都開上不同的道路」，[15]載著他去參觀花園、教堂庭院、私人公園和各種自然景觀。他每見到裝飾用的花壇心中都感到憤怒。他痛罵花壇「幼稚、低俗、招搖和不用心，格格不入又破壞和諧」。[16]不過郊外處處吸引著他：「英國田園景致優美，如詩如畫，處處是風景，美國根本比不上。我只要到戶外便感到心曠神怡。我寫信這當下外頭正飄著綿綿細雨，真是太夢幻了。」[17]他覺得當地植物簡單自然並置便是最美好的景色。「最好的組合是金雀花、鏽紅薔薇、懸鉤子、山楂和藤蔓。即使花朵沒盛開，畫面依舊賞心悅目。而且這些作物買上萬株價格也非常低廉。」[18]

有時候，他看到的景象挑戰著他傑克森公園的願景，有時又讓他更確認。「我們到每個地方，設計最美的景觀都是自然讓藤蔓和匍匐植物生長之處，遠勝過園丁的巧藝。藤蔓和小草我們怎麼看都不膩。」[19]他知道時間所剩不多，光靠大自然達不到這樣的效果。「我們盡力而為，在橋上多種匍匐植物和樹木，藤蔓爬上枝椏，拉低樹枝，製造垂蔭和葉木的倒影，並在水面上投下斑駁陰影。」[20]

最重要的是，經過這一趟趟巡禮，他愈來愈覺得儘管林島蓋了日本寺廟，也應該盡可能維持野趣。「我現在滿腦子都想著那座島有多珍貴。」他寫信給哈利・卡德曼。「務必用上各種原始的方式，在林島四周造出密不透風的濃密樹叢。景觀要豐富多樣，從細微處建構大體印象。燈心草、荷包藤、川七、菝葜、鐵線蓮、懸鉤子、香豌豆、曼陀羅花、乳草、西方小向日葵和旋花。」[21]

但他也承認，想營造出自然感的話，必須仰仗出色的場地養護。他擔心芝加哥辦不到。「對花園、場地、步道的擺設和布置，芝加哥富商和鑒賞家的美學素養連英國工人、計程馬車夫和粗工都比不上。」他寫信給卡德曼說，「而且，美國的大師眼界如此低，我們的水平要是不能更高，豈不貽笑大方。」[22]

總體來說，奧姆斯德仍信心滿滿，覺得世博會景觀一定會大大成功。不過，他心中興起了新的擔憂。「世博會目前最大的隱憂是霍亂。」他寄到布魯克萊恩的事務所的信中寫道，「俄國和巴黎今

早的消息令人擔心。」[23]

索爾．布魯姆的阿爾及利亞人接近紐約港時，他便派工人去中道建造臨時建築安置他們。布魯姆也親自去紐約迎接那艘船，預訂了兩節車廂載村民和貨物回芝加哥。

阿爾及利亞人下船之後，他們開始朝四面八方亂走。「我看到他們亂跑，被人撲倒，關進牢裡。」[24]布魯姆說。現場似乎沒人在管理。布魯姆衝過去，用法文和英文喊著命令。一個黑皮膚的巨漢走向布魯姆，以一口標準英文對他說：「我建議你客氣點。不然我可會生氣，把你丟到海裡。」[25]

那人說自己叫亞契（Archie），等兩人語氣緩和下來，他告訴布魯姆，他在倫敦待了一年當有錢人的保鏢。他說：「目前我必須負責將我的同伴帶到一個叫芝加哥的地方。就我了解，那在內地某處。」[26]

布魯姆給了他一根雪茄，並提議說他可以當他的保鏢和助手。

亞契說：「你的主意聽起來不賴。」

兩人點起雪茄，將煙吐入紐約港香氣四溢的薄霧中。

伯南全力拚進度，尤其製造業暨人文展覽館一定要在紀念日前蓋好。三月，距離紀念日只剩半年，他啟動了工程契約的「沙皇」條款。他命電氣展覽館增加一倍人手，打開電燈，並讓工人在夜晚趕工。他也威脅製造業暨人文展覽館承包商，若不加快速度，他將比照辦理。

伯南差一點就放棄超越艾菲爾鐵塔的計畫了。他最近又拒絕另一個天馬行空的提案，提議者是一個誠懇的年輕匹茲堡工程師，伯南在週六午後俱樂部演說時他也在場。那人算可靠，他的公司是世博會承包商，負責檢驗建築的鋼鐵，但是他提議的建築感覺不大可行。「太脆弱了。」[27]伯南告訴他。他說，大眾會感到害怕。

春天氣候不佳，再次重挫世博會進度。一八九二年四月五日週二早晨六點五十分，突忽其來的暴風吹垮了世博會剛建好的抽水站，伊利諾州展覽館首當其衝，建築物有二十公尺被砸毀。三週後，另一場風暴吹垮了製造業暨人文展覽館南牆近二百五十公尺。《論壇報》指出：「風似乎針對世博會而來。」[28]

為了加速趕工，伯南請東岸工程師來芝加哥。目前最為嚴峻的問題是主建築外的顏色，尤其是製造業暨人文展覽館塗好麻刀灰漿的外部。會議中眾人靈光一現想到了個方法，短期看來，此舉定能大大加快施工速度，但最後這項決定征服了全世界的想像，打造出一個超凡的世界。

無論如何，外牆裝飾的工作是由世博會色彩主任威廉・普雷特曼（William Pretyman）負責。伯南事後承認，他雇用普雷特曼純粹是「看在約翰・魯特的面子上」。[29]普雷特曼根本不稱職。哈里葉・門羅認識他和他的妻子，她寫道：「他天生拉不下臉，個性不服輸，縱有才華，也不讓步和妥協。於是他一輩子都不受人重視。」[30]

會議當天，普雷特曼在東岸。雖然少了他，眾建築師仍繼續開會。「我一直督促著所有人，我知道必須和時間搏鬥。」伯南說，「我們談到顏色的事，終於冒出了一個想法：『我們把所有建築全

都塗成白色吧。』我不記得這是誰提的。可能是大家同一時間都想到的主意。總而言之，我便決定了。」[31]

芝加哥建築師索倫・S・畢曼[94]設計的礦業展覽館已近乎完工，成為第一個試驗的建築物。伯南下令將外牆漆成乳白色。伯南回憶，普雷特曼回來時「大發雷霆」。

普雷特曼堅持色彩必須由他一人來決定。

「我不這麼覺得。」伯南對他說，「決定權在我。」[32]

「好啊。」普雷特曼說，「那我辭職。」

伯南一點也不想念他。「他這人陰陰沉沉，非常古怪。」伯南說，「我讓他離開，然後告訴查爾斯・麥金姆，我需要一個會做事的人，而且我不會以關係用人。」

麥金姆推薦紐約畫家法蘭西斯・米勒，建築色彩會議上他也在場。伯南雇用了他。

米勒馬上證明自己的實力。經過測試之後，米勒決定廠刀灰漿上用「傳統的鉛白和油漆」[33]最為適合，接著他發明了全新的上漆方式，他們捨棄油漆刷，將瓦斯管改造成特殊噴嘴，並連接一條水管。這可謂噴漆的始祖。伯南戲稱米勒和他團隊為「粉刷幫」(Whitewash Gang)。[34]

❧

五月第一週，一場猛烈的暴風雨為芝加哥帶來傾盆大雨，再次造成芝加哥河倒流。下水道再次汙染城市供水。有人看到腐爛的馬屍飄浮在抽水站旁。

這次潮水讓伯南明白，自己必須在開幕日前建好管線，將沃基肖的泉水輸送到世博會。稍早在一八九一年七月，世博會與海吉兒礦泉水公司簽約，公司老闆是個叫J・E・麥克羅依(J. E. McElroy）的企業家，但那家公司至今一事無成。三月，伯南命工程監理狄昂・傑羅丁去施壓，「用盡全力，絕不容許拖延」。[35]

海吉兒公司獲得授權從沃基肖泉水房接管穿過村莊，但他們沒料到大眾會激烈反彈，鎮民擔心水管會破壞景觀，並抽光他們著名的泉水。由於伯南不斷施壓，海吉兒公司的麥克羅依決定硬幹。一八九二年五月七日週六晚上，麥克羅依以專車載滿水管、鶴嘴鋤、鏟子和三百名壯丁，想趁夜去沃基肖挖掘管線。[36]

他們人還沒到沃基肖，消息便到了。火車駛進車站時，防火警鐘大聲作響，轉眼間一大群手拿棍棒、手槍和霰彈槍的人聚集到火車旁。兩輛消防車冒著蒸汽來到現場，消防員已準備用水攻擊鋪管機。鎮民代表告訴麥克羅依，若他膽敢強來，別想活著走出城鎮。

不久，又有上千鎮民來到火車站。有群人從市鎮廳拖了一門大炮過來，將炮管瞄準海吉兒的裝瓶廠。

雙方僵持一會，麥克羅依和鋪管工打道回府。

伯南仍想要泉水。工人已經在傑克森公園鋪好水管，建好了兩百座泉水站。

麥克羅依放棄直接在沃基肖鎮鋪管。他到沃基肖鎮二十公里外的大本德鎮，買下那邊的泉水，那裡也勉強算是沃基肖郡內。總之，世博會遊客還是能喝到沃基肖的泉水。

水來自某個鄉村，而非遠近馳名的城鎮，這點差異伯南和麥克羅依都不想追究了。

94 索倫・S・畢曼（Solon S. Beman, 1853-1914），美國芝加哥建築師，最著名的作品為普爾曼社區和公司綜合建築。他也曾設計芝加哥大中央車站和普爾曼辦公大樓。

傑克森公園工程加速之後，所有人都措手不及。建築蓋起之後，建築師會發現設計上的瑕疵，但工程速度之快，令人難以招架，一不注意，瑕疵將覆水難收，或可謂覆「灰漿」難收。東岸建築師不在公園的期間，他們私下請法蘭西斯·米勒幫忙注意建築工程，以免工程臨時變動，破壞建築美感，造成無可挽回的後果。一八九一年六月六日，他寫信給農業展覽館設計師查爾斯·麥金姆：「你最好寫封信，列出你所有想更動的部分，因為等你回過神來，事情就來不及了。我今天才阻止他們在圓頂大廳鋪上水泥地板，強調你堅持要鋪磚……要把一件事做好，自然要花時間和精力，但只要一秒疏忽，下錯命令，錯誤馬上便會發生。我們通信的事完全不會外流，我寫這封信是希望你能明確、直截了當告訴我你的希望。」[37]

製造業暨人文展覽館由承包商法蘭西斯·艾格紐（Francis Agnew）負責，工人此時開始建造支持屋頂的巨大桁架，完工之後將打造出有史以來寬度最寬的開闊室內空間，工程當然相當危險。

工人在內部蓋了三條平行的鐵軌，橫跨整棟建築物。在上頭軌道車或「貨車」上他們架起了稱為「旅行者」的巨型起重架，起重架由三根鋼柱組成，三根柱子頂端有個巨大平臺。利用起重架，工人一次能安裝好兩個桁架。喬治·波斯特設計的建築總共需要二十二個桁架，每個重達約一百八十公噸。光是把鋼材載進公園就需要六百輛軌道車。

六月一日週三，世博會攝影師查爾斯·亞諾記錄工程過程時，替那棟建築照了張相。[38]當時距離紀念日還有四個半月，任誰看了那張照片一定都認為建築不可能完工。桁架都裝好了，但屋頂還沒建好，牆面也才剛開始蓋。亞諾照相時，有上百名工人在施工，但建築規模非常大，一眼望去，根本看不到人。連接層層鷹架的階梯宛如火柴一般，和建築相比，感覺弱不禁風。前景有堆積如山的廢棄物。

兩週之後，亞諾回到原地再照了張相，捕捉到全然不同的畫面，只能用滿目瘡痍來形容。[39]六月十三日晚間，時間剛過九點鐘，突然又一場暴風襲捲世博會場地，這次也似乎針對著製造業暨人文展覽館。建築北端一大片都損毀了，連帶毀了一條環繞建築內部的柱廊。總計三十公里長的木材全砸到地面。亞諾的災後照片裡，有個小人站在碎木和鋼筋糾結的巨大廢墟山前，那人可能是伯南吧。

哪棟建築不倒，偏倒這棟。

承包商法蘭西斯・艾格紐承認，這是牆面支撐不當導致，但他將罪過怪到伯南身上，說是他逼工人趕工害的。[40]

現在伯南逼得更緊了。他照之前所說，加倍人力建造那棟展覽館。他們徹夜趕工，不顧日晒雨淋。這棟樓的工程光八月便奪走三條人命。會場其他地方也死了三人，數十人骨折、燒燙傷和撕裂傷。事後評估指出，在世博會場地工作比礦坑更危險。

伯南渴望更多權力。世博會公司和國家委員會不斷衝突，令人無法忍受。就連國會調查員都認為，權責重疊造成多起摩擦及無謂的開支。報告建議戴維斯薪水減半，明確表示權力移轉。公司和委員會協議停戰。八月二十四日，執行委員會任命伯南為建築工程總監，也就是大小事的總指揮。

不久之後，伯南寄了封信給所有部門的部長，包括奧姆斯德。「我個人已取得哥倫布紀念博覽會當前工程的控制權。」他寫道，「從今以後，在進一步通知前，你們只需向我匯報，也只需聽我命令。」[41]

在匹茲堡，年輕的鋼鐵工程師更加篤定自己能成功挑戰艾菲爾鐵塔。他請公司合夥人W・F・格羅諾（W. F. Gronau）計算他建築支架上的壓力。以建築用語來說，這設施幾乎沒有「靜負載」（dead load），也就是靜止不動的磚石和鋼鐵負重。大多是「活負載」（live load），也就是負重隨時間改變，像火車通過橋梁一樣。「沒前例可循。」格羅諾說。[42]不過，經過三個月緊密計算之後，他拿出詳盡結果報告。即便是伯南，也不得不承認那數字具說服力。六月財務委員會同意建造這項建築，並通過了土地建築許可。

隔天，委員會撤回許可。他們徹夜難眠，夢到狂風侵襲，鋼鐵嘎吱作響，兩千人眨眼間喪命，於是改變了主意。一位委員會委員稱之為「怪物」。[43]一群工程師在旁鼓噪，說那東西不可能建得起來，就算建起來也不安全。

但年輕的設計師仍不放棄。他花了兩萬五千元製圖，附上詳細數據，並找到一群投資人，其中包括兩位傑出的工程師，一位是芝加哥當地大型工程公司的老闆羅勃・杭特（Robert Hunt），另一位則是曾協助建造加拿大太平洋鐵路的承包商安德魯・奧德登克（Andrew Onderdonk）。

他馬上感到形勢改變了。新接管中道區的索爾・布魯姆像一道閃電劈空，似乎任何提案都接受。主意愈新、愈驚世駭俗愈好。而關於世博會工程和經營，伯南也幾乎取得了無限的權力。

年輕的工程師摩拳擦掌，準備嘗試第三次。

一八九二年九月第一週，奧姆斯德和年輕旅伴從英國返家，他們從利物浦登上了「紐約市」號輪船。浪潮洶湧，一路起起伏伏。瑪莉恩暈船了，瑞克則不斷嘔吐。奧姆斯德身體健康再次惡化。他又失眠了。他寫道：「我回程身體狀況比啟程那時還差。」[44]不過，他現在沒時間休養了。紀念日再一個月就到了，哈利・卡德曼夏天肚子的怪病再次復發，讓他無法工作。奧姆斯不得不來到芝加哥接手監督工作，讓卡德曼休息。「我仍飽受神經痛和牙痛折騰。」奧姆斯德寫道，「而且我好累，漸漸不敢面對擔心和焦慮。」[45]

到了芝加哥，他發現公園煥然一新。礦業展覽館和漁業展覽館都已完工。其他建築也都在施工，包括巨大的製造業暨人文展覽館，現場令人難以置信，上百名工人穿梭在鷹架和屋頂間。那棟樓光是地板便用光了五輛車的鐵釘。

但施工同時，景觀大受破壞。場地上臨時鐵軌交錯。馬車在步道、道路和草坪壓出一道道深溝。四處都是廢棄物。若有誰第一次來，可能會以為奧姆斯德的手下完全沒在幹活。

當然，雖然常人看不出來，但奧姆斯德知道景觀工程進度已突飛猛進。原本荒蕪的土地現在已建好一座座的潟湖。建築物踞立的一塊塊坡地便是由他的景觀團隊一手打造的。春天時，他的團隊種下世博會溫室內所有育苗，再加上二十萬棵樹、水生植物和羊齒草，以及逾三萬株柳樹，這全歸功於他的總園藝家E・甸恩（E. Dehn）。E・甸恩名字和「伊甸園」（Eden）諧音，可謂人如其名。

離紀念日沒剩幾天時，伯南希望奧姆斯德的手下先清理場地，鋪上臨時草皮，種些花朵，奧姆斯德了解這是必要之舉，但這與他一輩子的理念相違，畢竟他所設計出的景觀效果都必須數十年才能完成。「當然，主要工作也因此受到影響。」[46]他寫道。

不過，他出國這段時間，有件事無庸置疑圓滿解決了。伯南將船的經營權交給電汽船航運公司，

他們製造出的高品質電汽船完全符合奧姆斯德要求。

紀念日當天，就連媒體也手下留情，並未著墨會場荒涼的景象，以及製造業暨人文展覽館未完工的窘態。擅加評論的話，等同於背叛了芝加哥，也背叛了美國。

全國都引頸盼望著紀念日。兒童雜誌《青年之友》(*Youth's Companion*)編輯法蘭西斯·J·貝拉米[95]覺得，若那天全國的學童都能一同為國家有所奉獻，當是美事一樁。他寫了一篇宣誓詞，教育部還真寄給了全美每間學校。原文寫道：「我在此向國旗和其代表的共和國宣誓……」[47]

伯南和其他大人物浩浩蕩蕩遊行到製造業暨人文展覽館內，十四萬芝加哥人擠滿占地三十二英畝的場地。陽光一束束穿過人們呼吸吐出的白霧。鋪著紅地毯的演說臺上擺放了五千張黃色的椅子，每一張椅子上都坐著身穿黑西裝的商賈，以及身穿金色、綠色、紫色、深紅色衣服的外國使節和神職人員。目前競選第五任市長的前市長卡特·哈里森邁步進場，和眾人一一握手，他舉起黑色寬簷軟帽致意時，支持者爆出歡呼。建築物另一端，在五百名音樂家伴奏下，五千人合唱著韓德爾的〈哈利路亞〉。現場群眾有人回憶其中一刻道：「九萬人忽然站起，同時揮舞著九萬條雪白手帕。空氣頓時塵土飛揚，灰塵迴旋飄上天花板巨大整齊的鋼筋……讓人一陣暈眩，彷彿整棟建築都在搖晃。」[48]

那空間無比寬敞，講者致詞完之後必須比出信號，合唱團才知道何時要開始歌唱。當時還沒有麥克風，所以只有一小群觀眾聽得到演講。其他人皺著眉頭，努力去聽，卻只看到遠方的人激動地比手劃腳，還有嗡嗡低語、咳嗽和皮鞋嘎吱的聲響。約翰・魯特的詩人小姨哈里葉・門羅也在場，她看著兩位國內最偉大的演說家輪流上臺，來自肯塔基的亨利・瓦特森（Henry Watterson）上校，以及紐約的錢西・M・德普：「兩位講者在臺上口若懸河，面對的卻是吱吱喳喳、隻字未聞的茫茫人海。」[49]

紀念日對門羅小姐是個大日子。她為這場盛會寫了一首長詩〈哥倫布頌歌〉（Columbian Ode），並糾纏著她有影響力的朋友，希望能靠關係將她的詩排入節目之中。她驕傲地看著一個女演員登臺，向舞臺前聽得到的幾千人朗誦詩作。門羅和大多聽眾的看法不同，她覺得這首詩是一首傑作，她甚至請了印刷業者為她印了五千本，準備賣給大家。書賣不好，她怪罪於美國對詩的熱愛已漸漸凋零。

那年冬天，她把滯銷書當柴火燒了。[50]

95 法蘭西斯・J・貝拉米（Francis J. Bellamy, 1855-1931），基督教社會主義者，以書寫初版美國效忠宣誓著名。

作者資料出處和補充註解

1 "*All over its surroundings*: Ulrich, 19.
2 "*Would you object*: Burnham to Olmsted, Novembe 20, 1891, Burnham Archives, Business Correspondence, vol. 4.
3 "*a few tents, some horses*: Burnham to Buchanan, De[illegible]ember 19, 1891, ibid.
4 "*They propose*: Burnham to Olmsted, February 5, 189[illegible] ibid.
5 "*unreasonable, unjust*: Roper, 434.
6 "*When Olmsted is blue*: Rybczynski, *Clearing*, 247–48.
7 "*They had picked*: Bloom, 122.
8 "*a tolerable idea*: Olmsted, "Report by F.L.O.," Apri[illegible] 1892, Olmsted Papers, Reel 41.
9 "*It seemed to me*: Olmsted to John, May 15, 1892, Ol[illegible]sted Papers, Reel 22.
10 *The Paris buildings*: Olmsted, "Report by F.L.O."
11 "*I am having*: Rybczynski, *Clearing*, 391.
12 "*I can only conclude*: Olmsted to Codman, May 25, 1[illegible]92, Olmsted Papers, Reel 22.
13 *A doctor, Henry Rayner*: Roper, 439.
14 "*You know that I am*: Olmsted to Codman, June 16[illegible] 1892, Olmsted Papers, Reel 22.
15 "*every day more or less*: Olmsted to "Partners," July 21, 1[illegible]92, ibid.
16 "*childish, vulgar, flaunting*: Ibid.
17 "*there is nothing in America*: Olmsted to Codman, July [illegible]0, 1892, ibid.
18 "*The finest combination*: Olmsted to John, May 15, 1892, ibid.
19 "*Everywhere the best ornamental grounds*: Olmsted to John Olmsted, May 19, 1892, ibid., Reel 41.
20 "*Let us as much as possible*: Olmsted to "Partners," July 17, 1892, ibid.
21 "*I think more than ever*: Olmsted to Codman, April 20, 1892, ibid.
22 "*The standard of an English laborer*: Olmsted to Codman, April 21, 1892, ibid., Reel 22.
23 "*The only cloud*: Olmsted to "Partners," July 21, 1892, ibid.
24 "*I could see them*: Bloom, 122.
25 "*I suggest you be more civil*: Ibid.
26 "*At present," he said*: Ibid.
27 "*Too fragile*: Barnes, 177.
28 "*The wind*: *Chicago Tribune*, April 28, 1892.
29 "*largely on account*: Moore, Burnham interview, 8.
30 "*His genius was betrayed*: Monroe, *Poet's Life*, 103.
31 "*I was urging*: Hines, 101.
32 "*I don't see it that way*: Moore, Burnham interview, 8.
33 "*ordinary white lead*: Millet, 708.
34 "*the Whitewash Gang*: Hall, 213.
35 "*with the utmost vigor*: Burnham to Geraldine, March (illegible) 1892, Burnham Archives, Business Correspondence, vol. 6.
36 *On Saturday evening*: McCarthy, "Should We Drink," 8–12; *Chicago Tribune*, March 1,May 8, 9, 13, 20, 1892; Burnham, *Final Official Re-*

port, 69–70.

37 “*You had better write a letter*: Moore, *McKim*, 120.

38 *On Wednesday, June 1*: Photograph, Manufactures and Liberal Arts Building, June 1, 1892, Burnham Archives, Box 64, File 34.

39 *Two weeks later*: Photograph, Manufactures and Liberal Arts Building, June 13, 1892, Burnham Archives, Oversize Portfolio 13.

40 *The contractor*: *Chicago Tribune*, June 15, 1892.

41 “*I have assumed personal control*: Burnham to Olmsted, September 14, 1892, Olmsted Papers, Reel 59.

42 “*I had no precedent*: Anderson, 53.

43 “*monstrosity*: Barnes, 177.

44 “*I was more disabled*: Rybczynski, *Clearing*, 391.

45 “*I am still tortured*: Olmsted to John, October 11, 1892, Olmsted Papers, Reel 22.

46 “*Of course the main work suffers*: Olmsted to John, undated but received in Brookline, Mass., October 10, 1892, ibid.

47 *The dedication had been anticipated*: Schlereth, 174.

48 “*Ninety thousand people*: Wheeler, 846.

49 “*both orators waving*: Monroe, *Poet's Life*, 130.

50 *That winter she burned*: Ibid., 131.

潘德嘉斯特

一八九二年十一月二十八日，支持哈里森的愛爾蘭移民瘋子派翠克・尤金・約瑟夫・潘德嘉斯特選好了他明信片。[1]他現在二十四歲了，雖然他精神狀態加速惡化，但《洋際報》仍雇用他為送報員。明信片和一般明信片一樣，寬十公分，長十三公分，一面空白，另一面上頭有個郵章，並有一分錢的郵票。在這每天都必須寫長信的時代，心志正常的人都覺得明信片難讀，沒比電報好多少，但在派翠克眼中，這張方方的硬紙片能將他的聲音送到城裡的摩天大廈和豪宅之中。

他特別將一張明信片寄給「A・S・楚德律師」。他龍飛鳳舞大大地寫上他的名字，彷彿想趕快把寫名字這麻煩事搞定，早點進入正題。

派翠克寄明信片給楚德毫不令人意外。纜線車車禍、謀殺和市政廳內的各種陰謀在報上總是傳得沸沸揚揚，這些事派翠克不但讀得多，還瞭若指掌。他知道艾佛烈・S・楚德（Alfred S. Trude）是芝加哥首屈一指的刑事辯護律師，他不時會受國家委託當檢察官，當時面對重大案件，慣例會委託知名律師來當檢察官。

派翠克從頭到尾將明信片寫得滿滿的，字跡歪七扭八，根本沒想對齊。他筆握得很緊，拇指和食指指尖都壓出了凹痕。他寫道：「我親愛的楚德先生，您還痛嗎？」報紙報導，楚德出了車禍，受了點小傷。「您的忠僕在此衷心致上關心之情，雖然他不能親自前來請安，但請別懷疑，他對您的遭遇實是感同身受。此番遭逢不幸，他祝福您早日康復。」[2]

他語氣正經八百，以為楚德會覺得他是同業。他字跡愈寫愈小，最後每個字彷彿不是用寫的，而是用擠出來的。「我想楚德先生您了解，講到法律權威，非耶穌基督莫屬。您也知道履行法律定要遵守兩點，首先最重要的是愛主，其次是愛鄰如己。這兩點理所當然是最大的原則。」內容跳來跳去，像是穿越貨運場的火車車輪。「您有看過找狗的胖子那張圖嗎？他的狗明明就在腳邊，他卻笨到看不清到底怎麼回事，那您有看到貓嗎？」

他沒有寫上結尾，也沒署名。他走出門，然後寄出明信片。

楚德看完明信片，一開始只當他是個怪人。精神異常的人似乎愈來愈多。監獄全是瘋子，典獄長不久證實了這點。當然，有些人變十分危險，像查爾斯・古提奧，他在華盛頓刺殺了加爾菲德總統[96]。

不知何故，楚德留下了那張明信片。

96 詹姆士・加爾菲德總統（James Garfield, 1831-1881），美國第二十任總統，一八八一年三月宣誓就任，九月就遭查爾斯・古提奧（Charles Guiteau）槍殺。古提奧是名律師，認為自己是加爾菲德總統勝出的關鍵，並希望能在白宮謀得一官半職。他被拒絕之後惱羞成怒，憤而槍殺總統。

作者資料出處和補充註解

1 *On November 28, 1892*: Prendergast to Alfred Trude, Trude Papers; *Chicago Record*, December 15 and 16, 1893, in McGoorty Papers; *Chicago Tribune*, December 15, 16, 17,21, 22, 1893.

2 "*My Dear Mr. Trude*: Prendergast to Alfred Trude, Trude Papers.

「請馬上來找我」

十一月下旬，年輕的匹茲堡工程師再次將他超越艾菲爾的提案呈上財務委員會。這次除了設計圖和數據外，他附上投資人名單，上面有眾多大人物，證明他已募得足夠的資金。一八九二年十二月十六日，委員會通過他的申請，准許他將設施建在中道區。這次委員會並未反悔。

他需要一個工程師去芝加哥監工，而他正好知道適合的人選。那人是聯合倉庫和隧道公司的助理工程師路瑟・V・賴斯（Luther V. Rice）。他給賴斯的信開頭寫道：「我手邊現在有個芝加哥世博會的大案子。我要打造一個和地面垂直，直徑七十五公尺的轉輪。」[1]

但這封信中，他完全沒提到這項計畫的真相。這巨輪上會承載著三十六個吊艙，每個吊艙大小可比一節普爾曼車廂，能容納六十人，每個吊艙中都設有用餐檯。車裝滿人之後，巨輪會一次將兩千一百六十人升高到傑克森公園半空中約九十公尺處，比遠渡重洋來美國滿六年的自由女神王冠還高一點。[2]

他告訴賴斯：「如果你能來一趟，請馬上來找我。」他簽上大名——喬治・華盛頓・蓋爾・費里斯（George Washington Gale Ferris）。

作者資料出處和補充註解

1 "*I have on hand.* Ferris to Rice, December 12, 1892, Ferris Correspondence, Miscellaneous, Ferris Papers.

2 *that this wheel.* Anderson, 55; Miller, 497.

查波再度現身

一八九二年十二月第一週某一天，愛蜜琳·西葛倫手上拿了個包裝整齊的小包裹，走到賀姆斯英格塢大宅。她手中拿著要提前送給勞倫斯夫婦的聖誕禮物，起初開開心心的，但她走到六十三街和瓦利斯街轉角時，心情頓時一沉。這棟樓原本像個皇宮，不是因為建得莊嚴，而是因為未來的前景，可是如今這棟樓看來死氣沉沉，老舊不堪。她爬上二樓，直接走進勞倫斯一家的公寓。勞倫斯夫婦溫暖熱情地歡迎她，讓她重拾精神。她將包裹交給勞倫斯太太，勞倫斯太太馬上打開包裝，裡頭裝了個鐵盤，愛蜜琳在上頭畫了一座美麗的森林。

勞倫斯太太好高興，但心裡也不免疑惑。[1]聖誕節明明再三週就到了，於是她親切地問愛蜜琳，為何不乾脆等那時再送呢？那樣一來，勞倫斯太太也能回送她一份禮物。

愛蜜琳嫣然一笑解釋，她要回印弟安納州和家人過聖誕節。

「她感覺滿心期待，一副興高采烈的樣子。」勞倫斯太太說，「她提到家人總是熱情洋溢，開心得像個孩子似的。」[2]但勞倫斯太太也察覺愛蜜琳的語氣暗示事情已經結束，愛蜜琳這一趟可能不單純。她說：「妳不是要離開我們了吧？」

「唉。」愛蜜琳說，「我不知道。也許吧。」

勞倫斯太太聽了大笑。「怎麼了？賀姆斯先生少了妳怎麼活啊。」

愛蜜琳神情一變。「他絕對能活得好好的。」

勞倫斯夫婦馬上確認了一件事。「我其實心底知道，西葛倫小姐對賀姆斯的感覺變了。」勞倫斯醫生說，「這陣子發生一些事之後，我相信她多少看清了賀姆斯的真面目，決定要離開他了。」[3]

她可能開始相信街坊鄰居的傳言，賀姆斯常靠信用取得東西，卻死不付錢。傳言滿天飛，她一直都有所耳聞，但她起初認為別人只是嫉妒。後來有人推測，愛蜜琳借了八百美元存款給賀姆斯，但錢馬上不見蹤影，只換來他口頭保證，說未來會加倍奉還。[4]這時，奈德・康納的警告再次浮現在她腦海中。最近，她開始說起自己有一天要回到德外特，重新為奇立醫師工作。

愛蜜琳從來沒和勞倫斯夫婦道別。她突然不再來訪。勞倫斯太太覺得非常驚訝，依愛蜜琳的個性，她不可能不告而別。她不知道自己該難過，還是要擔心。她問了賀姆斯是否知道愛蜜琳消失的事。

平常賀姆斯會直視勞倫斯太太，直到她心底發毛，但此時他避開她的目光。「喔，她跑去結婚了。」[5]賀姆斯雲淡風輕地說，彷彿對此毫不在意。

勞倫斯太太一聽無比震驚。「我不懂，她為何沒跟我說她要結婚了。」

賀姆斯解釋，那是個祕密，愛蜜琳和她的夫婿只對他透露兩人結婚的計畫。

但對勞倫斯太太來說，這只引發更多疑問。為何她夫妻倆要這麼神神祕祕？愛蜜琳和勞倫斯太太已分享那麼多心事，為何她對此事隻字未提？

勞倫斯太太想念愛蜜琳，想念她的活力和亮麗的模樣。她的美貌和向日葵色的頭髮照亮了賀姆斯大宅陰沉的走廊。她心裡充滿疑惑，幾天後，再次問起賀姆斯愛蜜琳的事。

他從口袋拿出一個方信封。「這能解釋一切。」[6]他說。

信封裝著一張婚禮喜帖。喜帖上頭沒有雕花，顯然不是特別訂製的，只有內容經排版打字。這

點勞倫斯太太也很驚訝。愛蜜琳絕對不可能用如此平凡的方式宣布自己的人生大事。

喜帖上寫著：

羅勃·E·費爾普先生（Robert E. Phelps）
愛蜜琳·G·西葛倫小姐
一八九二年十二月七日，星期三
於芝加哥成婚[7]

賀姆斯告訴勞倫斯太太，他是從愛蜜琳手中拿到喜帖的。「她離開幾天後，有回來拿她的信。」他在回憶錄解釋，「這次回來，她給了我一張喜帖，還多給我幾張，要我轉交給當時不在的房客。」讓我來回覆近期的質詢，就我所知，印第安納州拉法葉那兒至少有五人收到她的喜帖，信封上的郵戳和字跡都能證明她在我這兒離職之後，一定曾親自寄出喜帖。」[8]

愛蜜琳的家人和朋友確實有收到喜帖，信封上也確實是愛蜜琳的筆跡。賀姆斯可能偽造了信封，或編造一個合理的理由，例如說是為了寄聖誕節卡片，騙她事先準備好信封。

對勞倫斯太太而言，喜帖根本沒解釋任何事。愛蜜琳從來沒提到這個羅勃·費爾普。如果愛蜜琳來到賀姆斯大宅時有婚約在身，她一定會帶本人來給大家認識。

隔天，勞倫斯太太又攔住賀姆斯，這次她問他知不知道關於費爾普的事。賀姆斯輕描淡寫地說：「喔，西葛倫小姐在某個地方認識了他。我對他一無所知，只知道他常到處旅行。」[9]

愛蜜琳結婚的事傳回了鎮上的報社，一八九二年十二月報紙八卦版報導了這件事。那篇報導說愛蜜琳是個「舉止優雅的女人」，她「個性堅強，純潔真誠。親朋好友都覺得她選了個好丈夫，並衷心恭喜她」。報導寫了她一部分生平，其中提到，愛蜜琳曾在市鎮檔案局當過速記員。內容繼續寫道：「她從那裡到了德外特，再從德外特到了芝加哥，最後接受了她的命運。」[10]

作者用「命運」來暗示婚姻，但也能指別的意思。

接下來幾天，勞倫斯太太又問了不少關於愛蜜琳的問題，但賀姆斯都隨便打發她。她漸漸懷疑愛蜜琳其實失蹤了，並回想起愛蜜琳最後一次來訪不久，賀姆斯大宅曾有不尋常的動靜。

「西葛倫小姐失蹤之後，或我們最後一次見到她後，賀姆斯辦公室便大門深鎖，只有賀姆斯和帕區克・昆蘭進出。」勞倫斯太太說，「晚上七點，賀姆斯從辦公室出來，請兩個住在大宅的人一起幫忙將一個大行李箱搬下樓。」[11]那行李箱又大又新，大約有一公尺多長。裡頭裝的東西顯然很沉重，大夥被大行李箱弄得左支右絀。賀姆斯不斷提醒幫忙的人要小心。接著一輛快遞馬車到門口把行李箱載走了。

勞倫斯太太後來說，到這時候，她心裡確信賀姆斯殺了愛蜜琳。但她和丈夫都沒有搬出大宅，也沒有報警。從頭到尾都沒有人報警。勞倫斯太太沒有，彼德・西葛倫夫婦沒有，奈德・康納沒有，茱麗亞的父母安卓・史密斯夫婦也沒有。彷彿沒有人期待警方會對另一起失蹤案有興趣；就算有興趣，憑他們的能耐恐怕也無法讓案情水落石出。

不久，愛蜜琳的行李箱抵達了家鄉的貨運站，裡面裝滿她的東西，還有她一八九一年離家，前往奇立中心工作所帶的衣服。[12]她父母一開始心懷希望，相信她把行李箱寄回家是因為她嫁給一個有錢人，她再也不需要老舊的東西。西葛倫家再也沒有收到愛蜜琳的信，甚至連聖誕節也沒來信。「她過去習慣兩到三週寫一封信給父母。」愛蜜琳住在北區的遠房親戚B．J．西葛倫牙醫說，「現在卻如此。」[13]

不過，愛蜜琳的父母仍不相信她遭人謀殺。彼德．西葛倫說：「我最後相信，她一定死在歐洲了，她丈夫不是不知道我們的地址，就是沒打算通知我們。」[14]

西葛倫夫婦和勞倫斯夫婦如果知道下列幾項事實，他們定會更加焦慮：

賀姆斯的助手班傑明．皮特佐第一次去奇立中心見到愛蜜琳時，他用的化名就是費爾普。[15]

一八九三年一月二日，賀姆斯再次聯絡拼骨師查爾斯．查波，並將一具女屍裝進行李箱，送到他家，女屍上半身血肉幾乎被剝得乾乾淨淨。[16]

幾週後，芝加哥拉許醫學院收到一具組裝好的骷髏。[17]

而賀姆斯大宅房間的大金庫中發生一件怪事，三年後，警方終於發現這痕跡時，卻無法以科學解釋。

金庫門內部離地約六十公分處，平滑的釉面上蝕刻著一道足印。[18]腳趾、前腳掌、腳跟都清晰可見，足印無疑是一個女人留下的。警方感到十分不解，因為足印不但殘留至今，而且細節依然完整。警方先試著用手去擦，後來拿來抹布和肥皂，沾水清理，但足印仍清楚地留在門上。

沒有人能明白解釋這件事。大家只能推測，賀姆斯曾將一個女人誘騙進金庫，她當時沒穿鞋，也許全身赤裸。後來賀姆斯關上密不透風的門，將她鎖在裡頭。女人絕望之中拚命想踢開門，最後留下了足印。至於足印為何能留存至今，警探判斷，賀姆斯對化學物質極有興趣，他可能在金庫地上倒了腐蝕性溶液，以化學作用加速氧氣消耗速度。[19]愛蜜琳踢門時，腳也許沾到了一些溶液，掌紋因此紮實地印在釉面上。

但話說回來，要到好久以後，大家才發現那道痕跡。世博會在即的一八九三年初，包括賀姆斯，完全沒有人注意到門上的足印。

作者資料出處和補充註解

1 *The gift delighted:* Franke, 102.
2 “*She seemed delighted:* Ibid.
3 “*It had seemed to me:* Ibid., 103.
4 *Later there was speculation: Chicago Tribune*, July 30, 1895.
5 “*Oh, she's gone away:* Franke, 104.
6 “*This will tell you:* Ibid.
7 *The announcement read:* Ibid., 105.
8 “*Some days after going:* Mudgett, 247; see also Mudgett, 246–249.
9 “*Oh, he is a fellow:* Franke, 105.
10 “*lady of refinement: Chicago Tribune*, July 28, 1895.
11 “*The day after:* Franke, 104.
12 *Soon afterward: Chicago Tribune*, July 31, 1895; *Philadelphia Public Ledger*, July 31, 1895.
13 “*This,” said Dr. B. J. Cigrand: Philadelphia Public Ledger*, July 27, 1895.
14 “*I had at last: Chicago Tribune*, July 31, 1895.
15 *That the name Phelps: Chicago Tribune*, August 7, 1895.
16 *That on January 2, 1893: Chicago Tribune*, July 28, 1895.
17 *That a few weeks later:* Schechter, 51.
18 *Somehow a footprint: Chicago Tribune*, July 28, August 1, 1895.
19 *To explain the print's permanence: Chicago Tribune*, August 1, 1895.

「冰冷的事實」

一八九三年一月初，天氣轉冷，氣溫低至攝氏零下二十九度，絲毫不見回暖的跡象。伯南早晨巡視場地時，面對著一個蒼白死灰的世界。冰凍的馬糞如石塚散布一地。林島岸邊冰層厚達六十公分，奧姆斯德的燈心草和莎草都慘遭冰封，扭曲變形。伯南發現奧姆斯德的進度遠遠落後。而眾所信任的奧姆斯德芝加哥負責人哈利・卡德曼日前進醫院動手術，目前仍在休養。他腹痛纏身，後來才發現是闌尾炎。乙醚麻醉之後，手術相當順利，卡德曼漸漸康復，但要恢復精力恐怕得耗上一陣子。距離開幕日至今只剩四個月了。

嚴寒中用火機會增加，大大提高火災的風險。光是工程所用的火蜥蜴和熔爐便引起數十起小火災，幸好都迅速撲滅，未釀成大災，但天氣一冷，情況隨時可能失控。天寒地凍之下，不只水管和水閘凍結，也逼得工人打破伯南不准在場地抽菸和生火的禁令。哥倫布警衛隊加強警戒。嚴寒之中，最慘的就是他們，他們二十四小時都要在廣袤公園最偏僻之處站崗，而且崗位還沒有建築物能避寒。「警衛隊絕對永遠忘不了一八九二至九三年的冬天。」[1]指揮官萊斯上校寫道。警衛隊最怕被指派到公園最南端，農業展覽館旁的崗位，那裡寒風尤為刺骨。他們戲稱那裡為西伯利亞。萊斯上校利用了他們的恐懼：「被派去南邊駐守的警衛都心裡有數，個人可能有違法亂紀之嫌，或儀容不整，不適合見人。」

喬治・費里斯用炸藥對抗嚴寒，要穿透傑克森公園六十公分的厚冰，這是最有效的辦法。[2]就算將冰打破，下方土壤仍十分棘手。冰層之下，便是芝加哥建築工人熟悉且深達六公尺的「流沙」，尤其現在土壤冰冷無比，對工人而言更是場折磨。利用蒸氣，工人一方面融解凍土，一方面防止剛倒入的水泥結冰。他們將木樁打到深十公尺處的硬盤層，在上頭架上鐵格床，並注入水泥。接著連續二十四小時以幫浦抽水，維持坑內乾燥。重複上述過程，鞏固地基之後，工人接下來的目標是立起八根逾四十公尺的鋼柱，用來支撐費里斯摩天輪巨大的輪軸。

起初，費里斯的手下擔心鋼鐵不夠。但是他後來發覺自己訂購鋼鐵比別人有優勢多了。他之前經營鋼鐵檢驗公司，所以和全美鋼鐵業主管都有所往來，也熟悉各公司的產品。他在訂購時，不僅能請對方賣他人情，也能同時與多家公司交易。費里斯公司記錄寫道：「沒有公司能包下所有工作，因此訂單依據每家公司專長，分包給十幾家不同的公司。」[3]費里斯也派出大量檢驗員，評估每個工廠出產的組件品質。伯利恆鋼鐵公司所造的輪軸是當時一體成形的鋼鐵中體積最大的。摩天輪結構複雜，總計約有十萬個組件，小至螺釘，大至巨大輪軸，因此品管至關重要。「組件不容一絲誤差，到了會場，大部分的組件才能組裝在一起，所以即使只是小零件誤差三公分，後果可能都不堪設想。」

摩天輪設計上其實有兩個輪子，兩輪相隔九公尺，以輪軸相連。當初伯南會害怕，也是因為摩天輪的設計乍看下一點也不堅固。輪子基本上就是兩個巨大的腳踏車輪。鋼製的幅條長二十四公尺，僅六點三五公分粗，輻條一端連接著輪圈（也可稱為「外輪」），另一端連接固定於輪軸上，稱為「蜘蛛」的輪轂。兩輪中間設有鋼架和斜鋼條鞏固結構，讓摩天輪像跨河鐵路大橋一樣堅固。輪軸上有個齒輪，上頭有一條重達九萬公斤的鏈條，鏈條另一端齒輪以兩千匹馬力的蒸汽機驅動。為求美觀，蒸汽鍋爐位於中道區外兩百米之處，蒸汽透過管徑二十五公分的地下鋼管輸送到蒸汽機引擎。

至少，紙上的設計是如此。然而，光是挖坑和打地基難度已遠遠超出費里斯和賴斯所預想，而他們知道未來還會遇到更大的障礙，其中最困難的是將輪軸架到八根鋼柱上。輪軸所有零件加起來總重六萬四千四百二十四公斤。[4]有史以來，人類不曾架起那麼重的東西，遑論架到這麼高的地方。

奧姆斯德在布魯克萊恩收到一封電報。哈利．卡德曼死了。卡德曼不僅是他的門徒，奧姆斯德更對他視如己出。他得年二十九歲。「你一定聽說了這起噩耗。」奧姆斯德寫信給朋友吉福德．平肖[97]。「迄今，我彷彿站在船骸上，不知何時才能浮出水面。」[5]

奧姆斯德發覺自己現在必須全面接手世博會監督的工作，但他一點也不想擔下這責任。他和哈利的弟弟菲爾在二月初來到芝加哥，發現這座城市冰天雪地，溫度低至攝氏零下二十二度。二月四日，他首次坐到卡德曼桌前，發現一桌子都是貨單和備忘錄。奧姆斯德腦中嗡嗡作響，痛苦不堪。他喉嚨脹痛，內心悲痛欲絕。如今，他已無力搞清楚卡德曼留下的資料，也無法接手世博會的工作。他問前助手查爾斯．艾略特[98]願不願意來幫忙，艾略特此時已是波士頓首屈一指的景觀設計師。艾略特猶豫了一會，最終答應了。艾略特一到芝加哥，馬上發現奧姆斯德病倒了。一八九三年二月十七日晚上，暴風雪肆虐芝加哥，奧姆斯德待在旅館，受醫生照料。

是夜，奧姆斯德寫信給在布魯克萊恩的約翰。信紙上每頁都能感到他心情沉重，身心俱疲。「看來是時候了，接下來的工作都別再找我了。」他寫道。芝加哥的工作漸漸變得絕望。「事情至此非常明白，這兒的事我們已無能為力。」[6]

三月上旬，奧姆斯德和艾略特回到布魯克萊恩，艾略特現在已是成熟的合夥人，他和奧姆斯德重新命名事務所為「奧姆斯德和艾略特事務所」。世博會景觀最大的隱憂就是進度仍遠遠落後，但奧姆斯德健康堪慮，再加上其他工作壓力接踵而來，他不得不離開芝加哥。他雖然不放心，但仍將工作交給他其實不再信任的監理魯道夫・烏里奇。三月十一日，奧姆斯德寄了一封長信給魯道夫，交待他各項工作。

「過去我經手無數案子，我不曾相信過助手或合作對象的判斷。」奧姆斯德寫道，「卡德曼先生已過世，再加上我健康出問題，其他工作壓力也與日俱增，我因此下此決定。我真心想全權將工作託付於你。但我不得不說，我心裡十分焦慮。」

他清楚表明他的不安感來自烏里奇，尤其是他「本質傾向」忽略大局，腦袋只想著應該交給下屬執行的瑣事，奧姆斯德擔心烏里奇會因此受其他建築師擺布，尤其是伯南。「永遠不要忘記，我們身為**景觀**藝術家的特殊使命。我們真正在乎的是世博會渾然一體、不可分割的**風景**。」奧姆斯德寫道（此處的強調都照原信）。「我們的職責不是要打造花園，或製造花團錦簇的效果，而是要綜觀全局，以風景為首要根本，營造世博會整體的景致……若時間和資金不足或天候不佳，顧不得細節，尚情有可原。若我們背離景觀整體效果，那便是辜負了最主要、也最根本的職責。」

97 吉福德・平肖（Gifford Pinchot, 1865-1946），一九〇五年至一九一〇年的美國國家森林局局長，森林管理規劃和國家環境保育的改革推手。

98 查爾斯・艾略特（Charles Eliot, 1859-1897），美國景觀設計師，擔任哈佛校長期間，將普通的學院經營成世界知名的研究型大學。

他繼續告訴烏里奇，世博會中他最擔心的莫過於伯南和建築師所選的顏色。「容我提醒你，世博會整個會場『白城』之名已不脛而走……到時候，四處會矗立著白色建築，天空清澈，湖水蔚藍，芝加哥盛夏炎熱的陽光將全力照耀，會場內外水體都將閃爍波光，我擔心那畫面會太過強烈。」他寫道，基於這點，當前最重要的是調和視覺，打造「濃密廣布、鬱鬱蔥蔥的青綠色植物景觀」。[7]

奧姆斯德一想到世博會有可能失敗，心中便充滿焦慮。時間所剩無幾，天氣也糟透了。春季能種植植物的時間恐怕不長。奧姆斯德開始思考後路。他警告烏里奇「時間和資金都缺乏的情況下，你若沒把握臻至完美，別冒然種植植栽。簡單、整齊的草皮絕不會出錯。別怕運用單純平整、毫無修飾的表面。」

奧姆斯德滔滔不絕說，毫無修飾總比過度修飾來得好。「我寧可讓大家覺得我們的景觀過於樸素，甚至光禿禿的，也不要他們覺得庸俗、廉價、低劣、俗豔。讓我們彰顯紳士的品味吧。」

大雪紛飛，鋪天蓋地。傑克森公園由於連日大雪，建築物屋頂累積了上百噸的白雪。世博會於五月到十月舉辦，天氣將十分溫暖。沒有人想過要設計禁得起大雪的屋頂。

製造業暨人文展覽館的工人聽到鋼筋發出尖鳴，趕緊朝四方逃竄。這棟展覽館是十九世紀晚期的驚世自信之作，屋頂下容納的是有史以來最寬闊的室內空間，但轉眼間，白雪撲面，銀白玻璃四濺，廣大的屋頂應聲崩毀，砸落地面。

不久之後，一名舊金山記者來到傑克森公園。他原本預期能看到伯南大軍的偉大成績，結果卻發現自己站在荒涼冰凍的景色中，他都糊塗了。

「感覺不大可能完工。」他寫道，「當然，負責人個個都拍胸脯保證工程會如期完工。但現場呈現的卻是冰冷的事實，全場內外接近完工的只有女性展覽館。」[8]

但世博會卻要在兩個月內開幕。

作者資料出處和補充註解

1 "*The winter of 1892–3*: Rice, 10, 12.

2 *George Ferris fought the cold*: Anderson, 58; Untitled typescript, Ferris Papers, 4; regarding use of dynamite, see Ulrich, 24.

3 "*No one shop*: Untitled typescript, Ferris Papers, 3; Anderson, 55, 57; Meehan, 30.

4 *Together with its fittings*: "Report of Classified and Comparative Weights of Material Furnished by Detroit Bridge & Iron Works for the 'Ferris Wheel,'" Ferris Papers.

5 "*You will have heard*: Stevenson, 416.

6 "*It looks as if*: Olmsted to John, February 17, 1893, Olmsted Papers, Reel 22.

7 "*I have never before*: Olmsted to Ulrich, March 3, 1893, ibid., Reel 41.

8 "*This seems to be an impossibility*: Bancroft, 67.

米妮到手[1]

對賀姆斯而言，除了一八九三年前兩個月的嚴寒，事情再順利不過了。不著痕跡搞定了愛蜜琳之後，他現在能專心發展事業版圖。他細數自己的豐功偉業。他擁有一間合法公司部分股權，那家公司專門製造複製文件的機器。他賣了藥膏和藥劑郵購公司，同時模仿奇利中心的黃金解藥，成立戒酒治療機構「銀灰中心」。[2]他租房子給勞倫斯夫婦和其他房客，除此之外，他名下有兩棟房子，一棟在奧諾雷街，另一棟新房在威爾梅特，目前妻子麥妲和女兒露西住在那裡，那棟房也是他自己設計和建造，雇用了約七十五名工人，[3]大多數人沒拿到工資。不久之後，他便會接待第一位世博會遊客。

他大半的時間都在布置旅館。他從托比家具公司訂來高級家具，[4]從法國陶藝家餐具公司訂來精製水晶杯和瓷器，[5]卻同樣一毛錢都沒付，不過他知道兩家公司不久便會拿著期票去兌現。但他不擔心，根據經驗，就算拖欠資金，只要他深表懊悔，他都能跟債主拖上好幾個月、好幾年，有時甚至能永遠拖下去。不過，其實沒必要一拖再拖了，因為他覺得自己在芝加哥的日子已接近尾聲。勞倫斯太太的問題變得更尖銳，幾乎成了指控。最近，幾個債主也變鐵石心腸，一副非得要到錢的樣子。他之前從「商人公司」賒帳買了鋼鐵，用來打造燒窯和金庫，如今對方居然訴諸法律，要強制取回公司所賣出的鋼鐵。[6]不過審視過整棟建築後，專員卻無法確定哪一處來自商人公司的鋼鐵。

更令他心煩的是，家人探聽失蹤女兒的信件一封封寄來了，私家偵探也開始登門拜訪。西葛倫和康納家分別都請了「眼線」尋找他們失蹤的愛女。雖然賀姆斯起初有點擔心，但他馬上發現，兩家人都不認為他和失蹤有關。偵探沒特別覺得事有蹊蹺。他們只需要基本資訊，例如朋友的名字、後來的住址、後續調查線索等等。

他當然樂意配合。賀姆斯告訴訪客他真心感到難過，因為他無法提供新消息，安撫他們的家人。如果他有失蹤女子的消息，他一定會馬上通知偵探。偵探離開時，賀姆斯一一和他們握手，說如果他們因為工作再次來到英格塢，請不吝再來家裡坐坐。賀姆斯和偵探開開心心道別，彷彿彼此相識了一輩子。

一八九三年三月，賀姆斯面臨最大的麻煩是沒有幫手。他需要一個新祕書。由於世博會將人都吸引來芝加哥，城內還是有許多女人在找工作，據說附近師範學院申請實習教師的女子人數比以往多出好幾倍。[7]不過，重點是那名女子內心必須具備某種的情感。速記和打字技巧是基本條件，但他最注意、也最擅長察覺的是對方那股迷人的寂寞、軟弱和需要。在白教堂區貧窮的妓女身上，開膛手傑克找到了；賀姆斯則在新時代的女人身上找到了，她們年輕純潔，史上第一次獲得自由，但卻不明白自由的意義和背後的危險。他渴望占有感，這能讓他覺得充滿權力。他最享受下手前心中那股期待。他會慢慢擄獲對方的心，然後剝奪她的生命，最終將她埋入心中，成為一生的祕密。剩下的材料如何處理不是重點，那只是消遣罷了。他剛好找到一種有效率的處理方法，還能賺點錢，在在證明他掌握的權力。

三月，命運讓他找到完美的人選。她的名字叫米妮・R・威廉斯（Minnie R. Williams）。他幾年前在波士頓遇見了她，那時便曾考慮占有她，但距離過遠，時間點太尷尬。現在她搬到芝加哥了。賀姆斯猜自己便是她搬來的原因。

她現在已二十五歲。不若賀姆斯平常的人選，她長相普通，身材嬌小，人圓滾滾的，體重約六十五到七十公斤。她鼻子像男生，眉毛粗黑，還真的沒有脖子。她五官平淡無奇，雙頰飽滿。「她有張娃娃臉。」一個證人說，[8]「看起來沒什麼見識。」

不過，賀姆斯在波士頓就發現，她擁有另一個過人之處。

米妮．威廉斯生於密西西比州，她和妹妹安娜（Anna）小時候父母雙亡，後來被分送到不同的叔叔家生活。[9]安娜的新監護人是W．C．布萊克博士／牧師（Reverend Dr. W. C. Black），他住在密西西比州傑克遜鎮，是循道宗《基督興華報》編輯。米妮則流落到德州，她的監護人叔叔是個成功的生意人。他對她很好，一八八六年送她去波士頓演說學院。她就學的三年期間，他不幸過世，並留給她價值五萬到十萬的地產，約為二十一世紀的一百五十到三百萬美元。

同時，安娜成為了學校老師。她在德州密德羅申鎮的密德羅申學院教書。

遇見米妮時，賀姆斯是去波士頓出差，並化名為亨利．高登（Henry Gordon），後來他受邀至波士頓政商名流的聚會。賀姆斯幾番打聽下，發現米妮遺產的事，她在德州沃斯堡市中心有數塊土地。

於是，賀姆斯在波士頓多留了一陣子。米妮暱稱他為「哈利」。他帶她去看戲、聽音樂會，送她花、書和甜點。擄獲她的心，對他來說輕易得可悲。每次賀姆斯告訴她，他要回芝加哥，她似乎都無比難過，這點令他十分高興。一八八九年一整年，他定期來到波士頓，每次都帶米妮看無數表演，上無數館子，不過他最期待的是離開前那一刻，她會如乾柴烈火渴望著他。[10]

但過了一段時間，他玩膩了。兩人距離太遠，米妮太過沉默寡言。他去波士頓的機會愈來愈少，不過他仍會回她信，彷彿充滿激情的戀人。

不見賀姆斯人影，米妮好心碎。她深陷愛河。他每次來都令她無比激動，每次離開都讓她難以承受。她心中充滿疑惑。他似乎在追求她，甚至曾勸她乾脆放棄學業，和他遠走高飛，但現在他卻說走就走，信也久久才寄來一封。若他要娶她，她很樂意離開波士頓，但絕不會照他所說那麼魯莽。他會是個完美的丈夫。她遇到的男人很少像他如此熱情，而且他事業有成。她想念他的溫暖和觸碰。

不久之後，她再也沒收到信了。

從演說學院畢業後，米妮搬到丹佛，並試著成立自己的劇團，結果賠了一萬五千美元。她仍念著亨利・高登。劇團解散時，她愈來愈想他。她心裡也念著芝加哥，人人似乎都將這座城市掛在嘴上，彷彿所有人都搬到那裡。想到哈利和即將開幕的世博會，這座城市令她難以抗拒。

她在一八九三年二月搬進芝加哥，在一家法律事務所當速記員。她寫信給哈利，告訴他自己抵達的消息。

哈利・高登馬上來找她，雙眼濡溼和她問好。他好溫暖、好熱情，彷彿他們從未分開。他建議她來為他工作，她能當他個人速記員。這樣一來，他們能每天見到彼此，也不用擔心米妮的房東干擾，因為房東太太簡直像米妮的母親一樣，時時盯著他們。

這提議令她心花怒放。他仍矢口不提婚姻，但她感覺得到他愛她。而且這裡是芝加哥。事情不大一樣，比較沒那麼古板和正式。不管她到哪，都能看到年齡與她相若的女人，獨自走在街頭，她

們個個擁有工作，並能獨自生活。她接受了哈利的提議。他似乎很開心。

但他提出一個耐人尋味的要求。他要求米妮在大家面前稱呼他為亨利・霍華德・賀姆斯，他解釋這是他做生意用的化名。她絕對不能稱呼他為高登，別人稱他為賀姆斯醫生時，她也別驚訝。不過，她隨時都能叫他「哈利」。

她負責處理信件，管理帳本，他則專心為世博會準備旅館的事宜。他們會在一樓買餐點，一同在他辦公室內用餐。米妮「工作能力相當傑出」，賀姆斯在回憶錄中寫道，「她前幾週住在別處，但後來一八九三年大概三月一日到五月十五日之間，她住到了大宅的房間，鄰近我的辦公室。」[11]

哈利深情地觸碰、撫摸她，眼中擒著愛慕的淚水。最後，他終於請她嫁給他。她感到自己非常幸運。她的哈利英俊瀟灑，充滿活力，她知道兩人結婚後，他們將共享美好的人生，遊歷四方，收藏奇珍異寶。她將期盼全寫在給妹妹安娜的信上。

兩姊妹過去相隔兩地，如今克服距離，變得格外親近。她們經常寫信給彼此。米妮信上述說自己如火如荼的愛情，驚異如此英俊的男子竟選她為妻。

安娜有所疑心。[12]兩人愛情發展太快，肢體過於親密，違反了男女交往所有繁瑣的規矩。安娜知道米妮心地善良，但絕對稱不上美麗。

如果哈利・高登相貌堂堂，事業有成，為何會選擇她呢？

三月中，賀姆斯收到一封愛蜜琳父親彼德・西葛倫的信，他又再次請他幫忙尋找他的女兒。信上日期是三月十六日。賀姆斯在三月十八日馬上回信，信是用打字機打的。他告訴西葛倫，愛蜜琳在一八九二年十二月一日便離開了他的辦公室。這封信可能是米妮當個人祕書時替賀姆斯打的。

「我在大概十二月十日收到了她的喜帖。」他寫道。她結婚之後，他曾見過她兩次，最後一次是在一八九三年一月一日。「當時她非常難過，因為這裡沒有寄給她的信，就我揣測，她言下之意是她在之前曾寫信給你。十二月她臨走前曾親口告訴我，她和丈夫應該會去英國出差，因為他丈夫在那兒有生意，但她最後一次來時，她言談之中好像暗示他們不會去英國了。如果這幾天你還是沒有她的消息，請馬上告訴我，並請給我她住在芝加哥的叔叔的地址，我會親自去拜訪他一趟，探聽她有沒有去過那裡，因為就我所知，她以前常去找他。」[13]

他在信末又用墨水筆補了一段。「你有寫信給她拉法葉的朋友打聽她的消息嗎？如果沒有的話，我建議你問一下。無論如何，請再和我聯絡。」

賀姆斯答應米妮，兩人要一起去歐洲，他會買棟美麗的房子，並讓她去上藝術課程，當然還要生幾個孩子。他最愛孩子了。但在那之前，有些財務上的事他們必須商量。他向她保證自己想出了一個有賺無賠的計畫，並說服她將沃斯堡的地產轉讓給一個叫亞歷山大・龐德（Alexander Bond）的男子。她在一八九三年四月十八日轉讓了地產，而賀姆斯為公證人。龐德接著簽立契約，將土地轉讓給另一個叫班頓・T・萊曼（Benton T. Lyman）的人。[14]賀姆斯也是這次交易的公證人。

米妮深愛她的未婚夫，也十分信任他，但她不知道亞歷山大・龐德其實是賀姆斯的化名，而班頓・萊曼是賀姆斯的助手班傑明・皮特佐。她親愛的哈利大筆一揮，將她叔叔大筆遺產全占了過去。她也不知道紀錄上，哈利另外有克雷拉・拉芙琳和麥妲・貝克納兩名妻子，兩次婚姻也都各生了個小孩。

米妮愛他愛得愈來愈深，賀姆斯又動了第二次手腳。他成立了坎貝爾—耶茨製造公司，並表示公司主要從事雜貨買賣。[15]公司登記時，他列出了五個職員，包括H．H．賀姆斯、M．R．威廉斯、A．S．耶茨（A. S. Yates）、席朗．S．坎貝爾和亨利．歐文斯（Henry Owens）。歐文斯是賀姆斯雇用的門房。席朗．S．坎貝爾是賀姆斯英格塢大宅虛構的屋主。耶茨應該是個住在紐約市的生意人，但其實跟坎貝爾一樣是虛構人物。M．R．威廉斯是米妮的全名。這家公司什麼也沒買賣。公司只為了置放資產，當有人懷疑賀姆斯所簽的本票時，他便能以公司作擔保。

後來，確認公司資料時，賀姆斯說服門房亨利．歐文斯簽下證明書，發誓他不只是公司祕書，也曾親眼見過耶茨和坎貝爾，耶茨還當面交給他公司持股證券。歐文斯後來說到賀姆斯表示：「他一面答應我會補發工資，一面用花招說服我簽下這些證明，坦白說，我真覺得他隨時能左右我一舉一動。在他面前，我總是受他擺布。」[16]

他接著又說：「我從來沒拿到補發的工資。」

賀姆斯（哈利）希望趕快辦好婚禮，而且不想驚動他人，婚禮只要有他、米妮和牧師就好。他安排了一切。就米妮看來，這場小婚禮是個合法儀式，兩人靜靜共結連理也非常浪漫，但其實兩人成婚的資料從未送到伊利諾州庫克郡的婚姻登記處。[17]

作者資料出處和補充註解

1 關於賀姆斯的動機，我是根據二十世紀心理變態者研究來判斷。賀姆斯所有行為都和最極端的心理變態者敘述如出一轍，包括他屢次進行詐騙，多次結婚，擁有異乎常人的魅力，缺乏是非觀，還能詭異地察覺他人的軟弱，趁虛而入。二十世紀晚期，心理學家正式放棄「心理變態者」（psychopath）及馬上取而代之的「反社會者」（sociopath），最後決定用「反社會人格障礙」（antisocial personality disorder），但大家平常還是喜歡用「心理變態」這個詞。

若想讀更多關於心理變態者駭人聽聞的討論，請見哈維・克萊克立（Hervey Cleckley）醫師一九七六年出版的頂尖大作《精神健全的面具》（*The Mask of Sanity*）。於一百九十八頁，他說道：「幾乎所有心理變態者，或部分心理變態者都獨具魅力，不但能讓女人傾心，甚至永遠離不開他們。」也請參見《精神疾病診斷和統計手冊》（*Diagnostic and Statistical Manual of Mental Disorders*）第四版六百四十五至六百六十頁。也請閱讀參考書目中，瓦曼（Wolman）的著作三百六十二至三百六十八頁；還有米隆（Millon）等研究者著作全篇，但尤其是一百五十五頁，內容引用了菲立普・皮內爾（Philippe Pinel）對心理變態連續殺人犯的評價：「雖然他們犯的罪也許令人作噁，但他們在醫學上或法律上並未病態。反之，連續殺人犯基本上只是反社會人格者，他們只是缺少罪惡感或良心，無法從內心克制個人行為，但又極度渴望控制和統治他人。他絕對明白對錯的分別，也絕對明白自己犯下滔天大罪，但單純不在乎他的獵物。反社會者內心從來沒有養成道德觀，阻止他犯下謀殺。對他們而言，唯一重要的是享受樂趣。」

另外在米隆等研究者著作的三百五十三頁，其中一名作者敘述某個叫保羅的病患具有「可怕的能力，能分辨出天真、被動、脆弱的女人——換言之，便是容易受操弄和利用的女人。」

威廉斯案的細節，我再次依靠大量的報導以及Schechter、Franke和Boswell and Thompson的著作。參見*Chicago Tribune*, July 20, 21, 27, 31, August 4, 7, 1895; *New York Times*, July 31, 1895; *Philadelphia Public Ledger*, November 21, 23, 26, 1894, December 22, 1894, July 22, 24, 27, 29, 1895: Boswell and Thompson, 86–90; Franke, 106–109; Schechter, 58–63.

2 *Silver Ash Institute*: *Chicago Tribune*, July 27, 1895.

3 *as many as seventy-five*: *Chicago Tribune*, July 25, 1895.

4 *Tobey Furniture Company*: *Chicago Tribune*, July 27, 1895.

5 *French Potter Crockery Company*: Ibid.

6 *Merchant & Co.*: *Chicago Tribune*, July 30, 1895.

7 *At the nearby Normal School*: *Chicago Tribune*, June 26, 1892.

8 *"a baby face*: Boswell and Thompson, 87.

9 *Born in Mississippi*: 米妮和安娜・威廉斯複雜的背景我大都從一八九五年七月三十一日的《芝加哥論壇報》得知。

10 *Throughout 1889*: 賀姆斯如何追求米妮細節不清楚，但他確實有去波士頓見她，而頻繁到贏得她的愛慕。一八九五年七月二十九日的《芝加哥論壇報》描述了米妮第一次見到賀姆斯的情境。七月二十日的《論壇報》有更多細節，諸如米妮去波士頓學習演說，以及她略為介紹她後續旅行的事，包括她花了一萬五千美元成立劇團，卻不幸失敗。也參見 *Philadelphia Public Ledger*, November 22, 1894, July 27, 29, 1895.

11 “*a remarkable aptitude*: Mudgett, 45.

12 *Anna was skeptical*: Schechter, 61.

13 “*I received her wedding cards*: *Chicago Tribune*, July 28, 1895.

14 *She did so on*: *Chicago Tribune*, July 27, 31, 1895.

15 *He established*': *Philadelphia Public Ledger*, November 21, 23, 1894.

16 “*He induced me*: *Philadelphia Public Ledger*, July 25, 1895.

17 *no record of their union*: *Philadelphia Public Ledger*, November 26, 1894.

女孩子幹的下流事

一八九三年春天，要不是街上全是外來失業男子，芝加哥彷彿不受全國經濟不景氣影響。整座城都在準備世博會，所以至少表面上看來，經濟似乎蓬勃發展。延伸到傑克森公園的「L巷」高架鐵路工程提供上百個工作機會。在芝加哥南方的普爾曼公司城鎮中，由於訂單進度大幅落後，工人日夜趕工，為世博會遊客打造更多列車，不過目前新訂單量已大幅降少。聯合飼養場委託伯南的事務所在入口建造一座新車站，畢竟在沉悶的白城逛膩之後，世博會大量遊客一定會想找個有血氣的地方喘口氣。蒙哥馬利・華德在市中心打造一座全新的顧客休息廳，走馬看花的遊客累了的話，可以懶洋洋地坐在柔軟的沙發上，翻看公司五百頁的型錄。旅館一間間開張。企業家查爾斯・凱勒（Charles Kiler）認為一旦他的旅館開張，「金庫裡的錢會多到堆成山了」。[1]

傑克森公園每天都會有展品送達，數量與日俱增。現場煙塵四布，喧嘩嘈雜，泥濘四濺，一片混亂，芝加哥一時間彷彿面臨大軍壓境。富國[99]的篷車和亞當斯運通[100]的馬車由一匹匹巨馬領頭，緩緩穿梭在公園中。一整夜，貨運火車吐著白煙駛入公園。小型的鐵路機車無視個別的貨車車廂，霸

99 今日的富國銀行集團（Wells Fargo & Co.）為國際知名的多元化金融集團。富國公司創立於一八五二年，最初除了銀行之外，也經營馬車及鐵路運輸公司，一九〇五年銀行和運輸公司正式分家，各自發展。

100 亞當斯運通（Adams Express）成立於一八五四年，以馬車和鐵路運輸起家。一九一七年，因應第一次世界大戰，美國政府徵收了全美鐵路，並將當時所有運輸公司合併為「美國鐵路運輸部」。亞當斯運通後來繼續轉型經營，成為了今日知名的投資信託公司。

占整條臨時軌道，直接開往目的地。湖上的貨船卸下蒼灰色的木箱，上頭印著奇怪字母組成的字句。喬治・費里斯訂購的鋼鐵到了，總計五臺火車，每個火車頭後面都拉著三十節車廂。英曼汽船公司將遠洋客輪上的一部分拆解，完整搬來此地重建。伯利恆鋼鐵公司運來巨大的鋼錠及裝甲上的厚重鋼片，其中包括無畏艦印第安納號上炮塔前四十多公分厚的彎板。大英帝國運來火車頭和船艦模型，包括英國戰艦維多利亞號精緻的複製船，全長九公尺，做工細膩，連扶手上鐵鍊都照原比例打造。

一臺又黑又長的列車從巴爾的摩駛來，眾人在平原上目睹這列車時，無論男女心中都感到一絲寒意，但男孩子心情則不同，他們個個跑上鐵軌，張大嘴巴，興奮莫名。車上載的是德國軍火大亨弗里茲・克虜伯[101]於埃森出產的武器，包括史上最大的火炮，它能射出重達九百公斤的炮彈，力量強到能穿透一米厚的鑄鐵板。大炮必須由兩輛加長的列車載送，列車之上裝有特製的鋼鐵支架。正常的列車有八個輪子，而這兩列車相加共有三十二個輪子。為了確保賓州鐵路的橋梁能支持大炮一百一十三噸的重量，克虜伯公司去年七月派了兩名工程師赴美，仔細審查整條運送路線。那管大炮馬上被人取了個小名「克虜伯寶貝」(Krupp's Baby)，不過有個作家比較喜歡稱之為克虜伯的「寵物怪獸」。

有輛列車也來到了芝加哥，上頭載的貨物親民多了。水牛比爾為了狂野西部牛仔秀包下了一輛列車。車上載著一小支軍隊，包括一百名前美國騎兵團士兵，以及九十七名夏安族、基奧瓦族、波尼族和蘇族印第安人，還有五十名哥薩克人和匈牙利輕騎兵、一百匹馬、十八頭水牛、十頭麋鹿、十頭騾和十多隻其他動物。車上還載著來自俄亥俄州提芬的菲比・安・摩西[102]，她是個年輕女神槍手，具有極佳的距離感。比爾稱她安妮，媒體稱呼她為歐克麗小姐。

晚上，印第安人和士兵會一起打撲克牌。

船隻開始從世界各地朝美國各港口匯聚，船上載著各種奇珍異品，如獅身人面像、木乃伊、咖啡樹和鴕鳥。不過，最奇異的貨物非「人種」莫屬，包括達荷美據稱的食人族、芬蘭拉普蘭地區的拉普人和敘利亞的騎兵。三月九日，一艘名為市政廳號的汽船從埃及亞歷山大駛入紐約，船上載著一百七十五名貨真價實的開羅居民，他們是由企業家喬治・潘加羅斯（George Pangalos）所招募，他打算在中道區打造一條開羅街。市政廳號上，他還有二十隻驢子、七隻駱駝、各種猴子和致命的毒蛇。乘客名單包括埃及首屈一指的肚皮舞舞孃，年輕貌美、婀娜多姿的芙瑞達・瑪薩（Farida Mazhar），她注定要成為美國傳奇人物。潘加羅斯已選訂了地點，他的場地在中道區中央，鄰近摩天輪。他的場地受穆斯林人包圍，一頭是波斯人的租地，另一頭是摩爾人的宮殿，再過去些便是布魯姆的阿爾及利亞村。雖然阿爾及利亞人早到了一年，但布魯姆已設法發了點小財。

布魯姆早在一八九二年八月便讓村莊開張，不到一個月，收支便已打平，開始賺進大筆鈔票。阿爾及利亞版的肚皮舞尤其吸引人，一旦大家搞清楚法文的「danse du ventre」是指肚皮舞，人潮馬上蜂擁而至。雖然人人都謠傳肚皮舞是衣衫不整的女人在臺上搔首弄姿，但其實肚皮舞優美萬分，具有固定表現方式，而且相當高雅。「人潮絡繹不絕。」布魯姆說，「我真是挖到金礦了。」[2]

布魯姆向來擅長順應時勢，即興發揮，沒想到一不小心永遠影響了美國人對中東的印象。芝加哥新聞俱樂部邀請他在會員面前預演一段肚皮舞表演。布魯姆從不放過任何曝光的機會，於是馬上答應，並帶著十幾名舞者到了俱樂部。到了之後，他發現俱樂部只有一名鋼琴家能為他們伴奏，而

101 弗里德里希・克虜伯（Friedrich Krupp, 1854-1902），眾人簡稱他為「弗里茲」（Fritz）。克虜伯家族是埃森的名門望族，十九至二十世紀靠鋼鐵和武器等重工業致富，兩次世界大戰中，武器方面不論是研發或生產都占有一席之地。

102 菲比・安・摩西（Phoebe Anne Moses, 1860-1926），世稱安妮・歐克麗（Annie Oakley），十五歲便在對神槍手法蘭克・E・巴特勒（Frank E. Butler）的打靶比賽中勝出，後來巴特勒娶了她為妻。幾年後，兩人加入了水牛比爾狂野西部牛仔秀，歐克麗迅速成為國際巨星。

且他不知道該演奏什麼樣的音樂，才能搭配這種異國舞蹈。

布魯姆思考了一會，用嘴哼出一段弦律，然後叮叮噹噹在琴鍵上一個個敲出來：[3]

下個世紀，這弦律和衍生出的變化將出現在一大堆廉價電影之中，通常會伴隨著眼鏡蛇從竹簍裡鑽出，身軀扭動的畫面。這首曲子最終也配上一句朗朗上口的歌詞：「他們在法國南方不穿褲子。」

布魯姆沒替曲子申請版權，他後悔萬分。光版稅恐怕就上看百萬美金。[4]

桑吉巴島傳來惡耗。世博會不會有侏儒了。舒菲德中尉不幸喪生，死因不明。

不少人對世博會提出忠告，而且果不其然，大多意見來自紐約。其中最令人不爽的建議來自沃德·麥卡利斯特（Ward McAllister），他是紐約社交女王威廉·阿斯特夫人[103]的狗奴才和馬屁精。芝加哥哥倫布紀念日那天，麥卡利斯特為眼前的景象驚恐萬分，大庭廣眾之下，上流人士和賤民竟比肩而立，全攪和在一塊，這簡直不成體統。麥卡利斯特在《紐約世界報》專欄建議：「對紐約上流人士而言，活動重點在質，而不在量。辦活動好客不打緊，但也不能來者不拒。」[5]

他力勸芝加哥餐廳雇用法國主廚來改進料理的水準。「對今日上流人士來說，不是法國主廚的料理就不對胃口。」他寫道，「一旦習慣美味的菲力牛排、鮝肉鵝肝醬配麵包、松露火雞之類的料理，可不是一根煮熟的羊腿配蕪菁就能打發。」要知道，麥卡利斯特可沒在開玩笑。

而且他話還沒說完。「容我再建議他們，酒別冰太久。把酒瓶放到冰桶時，小心瓶頸別冰到了。因為瓶頸酒量不多，一碰冰，整瓶酒溫度就不均勻了。酒在冰桶裡放個二十五分鐘溫度最剛好，時間一到要馬上倒。我這可不是瞎說，那酒從瓶中倒出來時應該會含點碎冰。那才叫真正的冰鎮。」

對此，《芝加哥日報》酸溜溜地回應：「市長的酒不會冰太久。他會冰得剛剛好，這樣一來，客人吹開酒上的浮沫時，就不怕像在比肺活量和嘴勁似的，出盡洋相。而市長的火腿三明治、甜甜圈以及『愛爾蘭鵪鶉』，也就是橋港地方俗稱的豬腳，將展現出本市最上等的廚藝。」[6]芝加哥一份報紙更罵麥卡利斯特是個「獐頭鼠目的混球」。[7]

芝加哥喜歡與人脣槍舌戰，至少大部分來說。但是，麥卡利斯特其實也算一針見血。雖然這人說起話來目中無人，但大家心裡有數，他說的每一句話都代表著紐約貴族的看法。芝加哥大人物心底總是怕自己不入流。芝加哥人好做生意，盤算精明，無人能比，但上層階級確實充滿焦慮，他們覺得城市商業蓬勃發展之下，文化品味這塊可能確實怠慢了。他們原本打算要把世博會當一塊潔白純淨的布條，讓阿斯特夫人好好瞧一瞧芝加哥的本事。世博會將有一棟棟優美古典的建築，承載各種藝術，會場會有潔淨的礦泉水和電燈，警察局人手充裕，世博會將成為芝加哥的良心，也是城市

103　阿斯特夫人（Caroline Schermerhorn Astor, 1830-1908），出身貴族的她是紐約十九世紀下半葉鍍金時代的社交名媛之首，雖然她不是阿斯特家族中唯一的阿斯特夫人，丈夫也只是家族的次子，但她仍被眾人尊稱為「阿斯特夫人」，地位可見一斑。

未來的願景。

伯南內心尤其不安。他被拒絕於哈佛和耶魯門外，又非「正途」出身，他自覺自己只是藝術鑑賞家。他在家和辦公室安排獨奏會，參加最高級的俱樂部，收藏上等酒，現在更領導美國史上最大的非軍事活動。即使如此，他和妻子去欣賞歌劇時，社會新聞記者仍不會像描述帕默夫人、普爾曼夫人和阿穆爾夫人一樣，評論他妻子的晚禮服設計。世博會該是伯南和芝加哥揚眉吐氣的機會。「城外的人已經承認我們財富過人，在製造業和商業上都數一數二。」他寫道，「但他們罵我們沒教養，不如他們高尚。這間辦公室的想法和工作一開始便下定決心抹除這個刻板印象。」[8]

也有人將建議寫成了書。有個叫亞德蕾．賀林斯渥（Adelaide Holingsworth）的作家為了世博會獻上一本逾七百頁的書，她在年初以《哥倫布食譜》（*Columbia Cook Book*）為題出版。她的書確實有吸引人的玉米肉餅、牛頰肉、烤牛頭，並提醒準備浣熊、負鼠、田鷸、鴴鳥和烏鶇（用來做烏鶇派）的小技巧，還包括「如何水煮、油燜、燉煮或煎炸松鼠」，[9]但其實不只是一本烹飪書。賀林斯渥認為這本書內容十分全面，能幫助現代年輕家庭主婦打造平靜、正向且衛生的居家環境。妻子要為一天定調。「早餐桌不能像塊布告板，用來抒發自己的噩夢或憂鬱，而是應該為一天營造愉快的氣氛。」[10]賀林斯渥有些建議反映出維多利亞時代的風俗。提到如何洗絲質內衣物時，她建議：「如果是黑色的話，別加酸性洗劑，應該加點氨水到水裡。」[11]

當時最經常遇到的問題是「腳臭」，因為當時習慣一週只洗一次腳。為了應付這件事，賀林斯渥寫道：「以一比十的比例將鹽酸加入水中。睡前每晚用這水洗腳。」[12]要去除口中洋蔥味的話，就喝一杯濃咖啡。牡蠣是最好的老鼠餌。要打發奶油就加一點鹽。要讓牛奶香甜更久，加入辣根。

賀林斯渥給予許多相當「前衛」的醫療建言，例如「不要坐在發燒的病人和火爐中間」，[13]還有處理如中毒意外等緊急事故各式各樣的技巧。在一連串有效舒緩嘔吐的方法中，她還說：「用菸斗灌香菸到肛門。」[14]

賈克柏・理斯[104]是個紐約記者，致力於報導美國窮人住處髒亂的環境，他來到芝加哥時提出了一個嚴肅的忠告。三月，他來到霍爾館發表演說，霍爾館是俗稱「聖珍」（Saint Jane）的珍・亞當斯創立的改革住宅。霍爾館是一座進步思想的堡壘，住在那裡的都是意志堅強的年輕女子，一名訪客形容那裡「零散住著幾個男子，他們樣貌誠摯，態度溫和，彷彿寄人籬下，經過一間間房都會感到不好意思。」[15]克拉倫斯・戴洛定期從魯克里大廈步行一小段路到霍爾館，雖然霍爾館的住戶讚賞他的聰明才智和關懷社會的精神，但私底下卻鄙視他穿著邋遢，個人衛生完全不及格。[16]

理斯演說時，理斯和亞當斯已是美國名聞遐邇的大人物。理斯曾訪視芝加哥最髒亂的區域，並表示情況比紐約糟太多了。演說時，他知道世博會即將開幕，於是他警告聽眾：「不如這麼比喻吧，你們必須開始大掃除，讓巷弄和街道變乾淨些。紐約市再怎麼不堪，也不曾如此髒亂。」[17]

其實，芝加哥努力改善環境已好一陣子了，並發現這項挑戰十分艱鉅。芝加哥費盡苦心清除垃

104　賈克柏・理斯（Jacob Riis, 1849-1914），社會改革家和「扒糞運動」記者，以真實照片和文筆指出紐約市該改善之處。他報導窮人的生活處境，讓中產階級和上層階級正視城市中的問題。

圾，重新鋪砌巷道和街道，並部署煙霧檢查員，強力執行新的反煙法令。不論是巷弄有害或排煙太濃，報紙都大加撻伐，以白紙黑字將害群之馬揪出來。其中包括伯南新啟用的共濟會會所，《芝加哥論壇報》將之比作維蘇威火山。

芝加哥老鴇之首卡莉・華生決定將自家妓院小小打理一番。她的妓院本來就富麗堂皇，裡頭有條保齡球道，球瓶是一瓶瓶冰涼的香檳，但她現在下定決心要加蓋房間，增加一倍佳麗。她和其他妓院老闆都期待尋歡作樂的需求爆增。老闆們最終並未失望，想當然爾，他們也並未讓顧客失望。後來，一個藝名叫「芝加哥五月」（Chicago May）的老鴇回憶起世博會夜夜笙歌的景象，不禁縮了縮身子：「有些女孩幹的事太下流了！我一想到就噁心。有些『把戲』我敢說出口，報紙還不敢報咧。我覺得羅馬再怎麼放蕩，都比不過芝加哥那段聲色犬馬的日子。」[18]

芝加哥上千間酒館和賭場林立。卡莉・華生、芝加哥五月、米基・芬恩和綽號「澡堂」的約翰・卡夫林[105]能在芝加哥混，全拜卡特・亨利・哈里森之賜，他四任市長任內始終如一，在他經營下，芝加哥這座城雖然懷有遠大野心，但同時接納了人類意志脆弱的一面。一八九一年哈里森敗選之後，他買下了《芝加哥時報》，並成為報社編輯。但一八九二年末，他向外聲明，他願意成為「世博會市長」，帶領城市走過這段光榮的日子，但除非聲勢夠大，不然他不會冒然參選。結果他確實受到民眾擁戴。卡特・H・哈里森協會在芝加哥每個角落成立，此時一八九三年，民主黨提出兩位候選人，卡特正是其中之一，另一人是華盛頓・赫辛（Washington Hesing），他是著名德文日報《州新聞》（*Staats-Zeitung*）的編輯。

除了自家的《芝加哥時報》，芝加哥所有報紙都反對哈里森，伯南和大多數芝加哥大人物也持同樣立場。對伯南和其他人來說，傑克森公園內打造的白城象徵全新的芝加哥，而新的芝加哥需要新的領導者，那人自然不是哈里森。

無數的芝加哥工人駁斥這說法。他們一向視哈里森為自己人，稱他為「我們的卡特」，不過卡特其實從小在肯塔基牧場長大，曾在耶魯大學讀書，精通法文和德文，並能背誦一大段莎士比亞。總之，他過去當了四任市長，在世博會期間，當選個人第五任市長似乎很適合，各地區都掀起一股懷舊的聲浪。

就連他的對手都承認，儘管哈里森出身富裕，但他對芝加哥下層階級來說是熱門人選。他深具群眾魅力，能言善道，也願意和任何人就任何主題聊上一段，而且對話中，他無論如何都會成為焦點。「他的朋友都注意到了這點。」喬瑟夫・麥迪爾106說，他曾一度是哈里森盟友，後來成為最反對他的敵人。「他們往往一笑置之，並稱之為『卡特・哈里森症』。」[19]哈里森已高齡六十八歲，卻仍散發精力，女人一致認為他現在比他五十歲時來得英俊。他曾兩度喪偶，目前據傳和一名妙齡女子打得火熱。他有雙深藍色的銅鈴大眼，臉上皺紋不多，並認為自己長保青春的祕訣在於早晨喝大量咖啡。他有一些獨特的癖好讓人倍感親切。[20]例如，他愛吃西瓜，季節到時，他三餐都會吃西瓜。他也熱愛鞋子，一週七天都會換上不同的鞋款，另外，他還喜歡穿絲質內褲。人人都看過哈里森戴

---

105 約翰・卡夫林（John Coughlin, 1860-1938）是芝加哥第一選區市議員，做了四十年之久。他原本因為曾在澡堂（bathhouse）工作而得到這小名，後來也買下數間酒館和澡堂。他和另一位市議員麥克・肯納（Michael Kenna, 1858-1946）人稱「堤岸區的貴族大爺」，儼然是芝加哥地下社會的幕後老大。

106 喬瑟夫・麥迪爾（Joseph Medill, 1823-1899），《芝加哥論壇報》報紙編輯，共和黨政治家，在芝加哥大火後曾選上芝加哥市長。

著黑色寬簷軟帽，身後飄著一縷雪茄煙，騎著那匹肯塔基的白馬上街。競選演說時，他通常會對著一隻他隨身帶著的老鷹標本說話。雖然麥迪爾控訴他放任芝加哥卑劣的本性，但也稱呼他是「本城市最傑出的男人」。[21]

出乎芝加哥統治階級意料之外，民主黨全國代表大會中，六百八十一位代表裡有百分之七十八的人在第一輪投票投給哈里森。民主黨的精英份子為了阻止哈里森當選，請求共和黨推舉一個他們也能支持的候選人。共和黨推舉了山謬·W·艾勒頓（Samuel W. Allerton），他是個來自草原大道的肉品加工大亨。各大報立場明確，紛紛撰文支持艾勒頓，並抨擊哈里森。

前市長面對攻擊幽默以對。哈里森在歌劇院向大批支持者發表演說時，他說艾勒頓「替豬開腸剖肚他實在一流，這我承認。至於他那口破英文，我也不會怪他。畢竟，什麼東西到他身上都被砍得稀爛」。[22]

哈里森馬上博得支持。

年輕又瘋狂的愛爾蘭移民派翠克．潘德嘉斯特看到哈里森再次受歡迎，心中滿是驕傲，他相信前市長挾帶過人聲勢，再次出馬競選，全拜自己積極宣傳所賜。派翠克突然領悟到一件事，說實話，他腦中何時冒出這想法他也說不清，但他一想到便感到滿足。他曾閱讀大量法律和政治學書籍，了解政治機制基本上和權力脫不了關係。政治上，只要努力付出，便當有所回報。所以哈里森現在欠他一筆。

派翠克這想法原本只是靈光一現，像每天早晨照耀共濟會會所的第一道曙光，但現在他每天都想上一千遍。他為此趾高氣揚，抬頭挺胸，下巴都長到了頭頂上。哈里森獲勝的時候，一切將會改變。而且哈里森肯定會勝選。各區支持聲浪不斷高升，哈里森簡直勢在必得。派翠克相信，哈里森選上後定會給他一官半職。他一定要這麼做。這是政治上的不變道理，那股力量不會動搖，如駛過草原的芝加哥特快車。派翠克想成為市府法律顧問。他再也不需應付不知好歹的報童，不需走過鋪石間冒泡的黃色爛泥，不需聞街上馬屍散發的噁心氣味。哈里森進入市府時，派翠克．潘德嘉斯特便能得到救贖。

派翠克每每想到便眉飛色舞。他買來更多明信片，寄出更多浮誇的信給他未來的同事和俱樂部朋友，其中包括芝加哥各大法官、律師和商人。他當然也寄了另一張明信片給他的好朋友首席辯護律師艾佛烈．S．楚德。

「我親愛的楚德先生，」他動筆寫道。他原本接下來想寫「哈利路亞！」，但到底怎麼寫他實在搞不清楚。心情激動之下，他管不了那麼多了。

「哈勒路雅！」他寫道，「《先驅報》那群傢伙操弄民意已宣布失敗。最受歡迎的卡特．H．哈里森將成為我們下屆市長。報紙失去可信度，名聲掃地。至於候選人華盛頓．赫辛那可憐的傢伙，我只為他感到『一絲絲』同情。當前危機重重，我希望他和他傑出的報社不會因此一蹶不振。榮耀聖父子和聖靈！」他又胡言亂語了幾行，然後最後寫上：「友誼終究是人格真正的考驗。」

並署名「P．E．J．潘德嘉斯特。」[23]

這張明信片再次吸引楚德的注意。在這時代裡，識字的人都常寫信，而且下筆都洋洋灑灑。雖然大家信箱中有無數同事朋友寄來的信件，但有不少人也注意到了派翠克的明信片。文字如一條巨大冰河，緩緩流向二十世紀，而派翠克的瘋狂彷彿冰上的雲母碎片，閃閃發光，渴望人拾起，放入口袋。

楚德再次將明信片收藏起來。

一八九三年四月，芝加哥人民選出卡特・亨利・哈里森，讓他第五度當上市長。他訂了兩百桶威士忌為世博會做好準備，他將在辦公室接待外賓政要。

他腦中壓根就沒有派翠克・尤金・約瑟夫・潘德嘉斯特這號人物。

作者資料出處和補充註解

1 "*money would be so plentiful*: Kiler, 61.
2 "*The crowds poured in*: Bloom, 135.
3 *Bloom thought a moment*: Ibid., 135–36.
4 *Bloom regretted*: Ibid., 135.
5 "*it is not quantity*: Dedmon, 223–24.
6 "*the mayor will not frappé*: Ibid., 224.
7 "*A Mouse Colored Ass*: Ibid.
8 "*Outside peoples already concede*: Hines, 108.
9 "*how to broil*: Hollingsworth, 155.
10 "*The breakfast table*: Ibid., 12.
11 "*If the article is black*: Ibid., 581.
12 "*Take one part muriatic acid*: Ibid., 612.
13 "*Don't sit between*: Ibid., 701.
14 "*Injections of tobacco*: Ibid., 749.
15 "*interspersed," as one visitor put it*: Miller, 420.
16 *Clarence Darrow regularly*: Tierney, 140.
17 "*You ought to begin*: Lewis, 36.
18 "*What dreadful things*: Tierney, 84.
19 "*His friends all noticed it*: Miller, 440.
20 *His quirks*: Johnson, 81–88; Poole, 158, 160, 163, 169.
21 "*the most remarkable man*: Miller, 438.
22 "*a most admirable pig*: Abbot, 212.
23 "*My Dear Mr. Trude*: Prendergast to Trude, Daniel P. Trude Papers.

邀請

賀姆斯暫時收手，不再動米妮的財產了。米妮已告訴安娜關於轉讓沃斯堡地產的事，賀姆斯覺得安娜已懷疑他居心不良。不過，他一點也不煩惱。解決方法其實非常簡單。

彷彿可惜這春暖花開的時光，某個明媚芬芳的春日，賀姆斯心血來潮建議米妮邀請妹妹來芝加哥參觀世博會，全程由他出錢。[1]

米妮欣喜雀躍，並告訴安娜這個好消息，安娜馬上接受邀請。賀姆斯知道她一定會來，因為怎麼可能拒絕？她這一趟不但能見到朝思暮想的米妮，還能見識芝加哥和壯觀的世博會，不論安娜對米妮和他的關係抱持多大的戒心，也不可能拒絕這份誘惑。

米妮簡直等不及學期結束，因為妹妹要等到那時才能從密德羅中學院抽身。米妮打算讓安娜看看芝加哥各種不可思議的事，像是摩天大廈、馬歇爾・菲爾德百貨和歌劇院，當然還有世博會。[2]但她尤其想介紹安娜認識她個人最愛的亨利・高登先生，也就是她的哈利。

最後，安娜便能放下心中的疑慮，安心上路。

作者資料出處和補充註解

1 *Holmes suggested*: Schechter, 61.

2 *Minnie planned to show*: 我在此私自加入了幾個景點，鍍金年代旅客來到芝加哥，特別對這些地方有興趣。米妮很可能想帶她妹妹去這些地方遊覽，但我們不確定，可惜她沒有留下日記，記錄她生活中微小的細節。

最後準備

一八九三年四月前兩週雖然天氣風和日麗，但會場卻多災多難。四名世博會工人喪生，其中兩人頭骨破裂，另外兩人觸電身亡。當年度死亡人數攀升至七人。工程末期，世博會工會木匠意識到自己多重要便趁機罷工，要求薪水必需提高到工會提出的最低工資，並逼迫公司答應其他長期的訴求。摩天輪八根鋼柱僅立起一根，工人也還沒修好製造業暨人文展覽館。每天早上，上百名工人爬上屋頂，每天晚上，他們排成一條長龍小心翼翼爬下來，遠遠望去就像一排螞蟻。法蘭西斯．米勒的「粉刷幫」疾風掃落葉般油漆榮耀廣場的建築。有些地方麻刀灰漿已開始龜裂剝落，補強大隊出動巡視整個會場。公園瀰漫著一股「疲於奔命的焦慮」，[1]女性展覽館裝潢設計師坎蒂絲．惠勒不禁覺得會場像是「家具都還沒買齊，就打算接待客人」。

雖然木匠罷工，不少工程仍未完成，但伯南感到十分樂觀。天氣轉好，他的心情也為之一振。這個冬日又冷又長，如今花朵綻放，土地冰融，四處飄散芬芳。而且他還感受到自己受人愛戴。三月下旬，他受邀出席一場盛宴，主辦人是查爾斯．麥金姆，宴會辦在紐約麥迪遜花園廣場。而且是舊花園廣場，那裡是由麥金姆的合夥人史丹佛．懷特（Stanford White）所設計，風格採用優雅的摩爾式建築。麥金姆請法蘭西斯．米勒請來國內最好的畫家，讓他們坐在一旁，面前一個個都是最傑出的作家、建築師和出資人，像馬歇爾．菲爾德和亨利．維拉德[107]。那天晚上，所有人一同讚揚伯南，因為他完成了不可能的任務。當然，他們如神一般享用美食佳肴。

菜單如下：

阿拉斯加藍點生蠔
蘇玳甜白酒
湯
蔬菜清湯、西芹濃湯
阿蒙提雅多雪莉酒
開胃菜
法式炸牛肉條、薄鹽杏仁果、橄欖等等
魚
銀花鱸魚佐荷蘭醬、巴黎馬鈴薯球
德國尼爾斯泰因白葡萄酒、酪悅香檳、皮耶爵微甜特級香檳
前菜
牛腰肉佐蘑菇醬、法式四季豆、公爵夫人烤馬鈴薯
主菜

107 亨利・維拉德（Henry Villard, 1835-1900），年輕時是個戰地記者，曾負責報導美國內戰，後來投入鐵路投資，成為北太平洋鐵路早期的總裁，甚至也是通用電氣公司創立的推手之一。

小牛胸腺排、法式豌豆
雪泥
羅馬幻想曲雞尾酒、雪茄
爐烤附沙拉
舒肥烤紅面鴨、萵苣沙拉
龐得卡內堡紅酒
甜點
烤模甜點、蛋糕拼盤、糖果、花色小蛋糕
水果拼盤
乳酪
洛克福乳酪和卡門貝爾乳酪
咖啡
德國愛寶琳娜天然氣泡礦泉水
干邑白蘭地、甜香酒、雪茄[2]

報紙報導奧姆斯德也在場，但他人其實在北卡羅萊納州阿士維，繼續進行范德堡家族莊園的工作。有人猜測奧姆斯德拒絕出席，是否由於心裡有所不滿。因為一方面他沒受邀分享榮耀，另一方面宴會開宗明義表示藝術主要包括繪畫、建築和雕塑，卻沒納入景觀設計。奧姆斯德職業生涯確實都在努力讓景觀設計成為一門藝術，但要說他因自尊心受損，拒絕出席，倒也不像他的作風。最簡單的解釋看來最合理。奧姆斯德生病了，他各地的工作都進度落後，他不喜歡參加典禮，他尤其討厭坐長途火車，特別是季節更迭之際，即使是最高級的普爾曼車廂，車內不是太冷，就是太熱。若他出席的話，他便會聽到伯南向賓客說：「你們每個人都知道他的名字和才華，他是美國藝術家時時放在心中的驕傲，打造了各地獨樹一格的公園。他不僅是最佳的顧問，也是長年陪伴我們的導師。追本溯源，世博會真正的規劃者其實是他——費德列克・洛・奧姆斯德……他是個藝術家，他以湖水和林坡作畫，以草坪、河畔和森林茂密的山丘構圖，以山腰和海色為背景。他今晚應該站在我的位置……」[3]

但這不代表伯南想坐下。他陶醉在眾人的目光中，特別喜歡那只雕花精美、銀製的「愛之杯」，每個人將杯子傳下去，輪流都喝上一口，絲毫不管城外斑疹傷寒、白喉症、肺結核和肺炎正在大流行。他知道此時成敗猶言過早，但這場宴會隱約告訴他，如果世博會能符合世界殷切的期待，世博會結束時，他肯定會獲得極為崇高的榮耀。

當然，會場至今已有重大進展。六座世博會最雄偉的建築已矗立在中央大廣場，氣勢磅礡，遠超出他的想像。丹尼爾・切斯特・法蘭奇[108]的「共和國雕像」，也就是俗稱的「大瑪莉」（Big Mary）已正式完工，鍍金的雕像踞立在中央水池中，閃閃發光。加上底座，共和國雕像高度約三十三點八米。各州、各大公司和外國政府蓋了逾兩百棟建築，點綴了周圍的區域。白星航運在潟湖西北岸正對林島之處蓋了一座迷人的寺廟，並有條階梯能走到水邊。克虜伯的巨炮已放到榮耀廣場南方潟湖

108 丹尼爾・切斯特・法蘭奇（Daniel Chester French, 1850-1931），美國雕塑家，最著名的作品為華盛頓林肯紀念堂中的林肯雕像。

岸上的展場內。

「隨著工程進展，世博會規模愈來愈大。」麥金姆寫信給理查．杭特。有點太大了，他特別抱怨了一下，至少製造業暨人文展覽館是如此。他寫道，他自己的農業展覽館「正對著那棟巨大的展館，其建築軸線高達六十五米，周圍的一切和建築注定相形失色」。他告訴杭特，他和伯南工作了兩天，並在窩棚住了兩個晚上。「他十分盡責，毫不懈怠。他時時留心，替我們達成各種細瑣的要求，我們全都欠他不少人情。」[4]

就連木匠罷工伯南也沒放在心上。城裡似乎有不少非工會的失業木匠願意填補空缺。「關於這點，我一點也不擔心。」[5]他四月六日寫信給瑪格麗特道。溫度寒冷，「但天氣晴朗明亮，不論生活或工作，這都是美好燦爛的一天」。工人陸續布置各種「裝飾品」，他寫道：「昨天我們放了許多隻鴨子到潟湖裡，牠們愜意地游來游去，挺適合今早生活的氣氛。」奧姆斯德訂購了逾八百隻鵝、鴨以及七千隻鴿子，為了增添特色，他也訂了不少國外的鳥種，包括四隻白鷺、四隻白鸛、兩隻棕色鵜鶘和兩隻紅鶴。目前水上只有尋常的白鴨。伯南寫道：「目前水面景緻已比去年優美不少，兩三天之後，所有鳥類放到水中，畫面將美不勝收。」天氣依舊風和日麗，晴朗乾燥。四月十日週一，他告訴瑪格麗特：「我此時非常快樂。」[6]

接下來幾天，他心情急轉而下。傳言其他工會打算加入罷工行列，讓傑克森公園的工程停擺。突然間，世博會岌岌可危，簡直快開天窗了。會場南邊家畜展場的棚屋都還沒搭建。伯南無論望向何處，他都看到軌道、臨時道路、空貨車廂和空木箱。碎木絲如風滾草在會場飛動。對於公園未完成的樣貌，他深感失望，並遷怒到妻子身上。

「妳為什麼不每天寫信給我？」他週四問道，「我一直盼望著妳的信，希望卻總是落空。」[7]

他辦公室放著一張瑪格麗特的照片。每次他經過，都會拿那張照片，充滿思念地望著她。他告訴她，今天他已經看十遍了。他原本期盼五月一日之後能好好休息，後來卻發現，工作還要延續好一段時間。「大家會以為會場已全面完工，對我來說，我當然也如此希望。我想不管是誰，只要和時間賽跑，一路上都會不斷感到萬念俱灰，但我絕不能放棄。」[8]

瑪格麗特寄給他一株四葉草祈求好運。[9]

會場依舊一片混亂，但隔壁水牛比爾租來的十五英畝場地已然就緒，現在表演正式命名為「水牛比爾的西部牛仔和世界狂野騎士大會串」。他的表演在四月三日開演，環形表演場一千八百個座位馬上座無虛席。入口大門有兩處，一邊以哥倫布為主題，上頭旗幟寫著「海上先鋒，第一位拓荒者」，另一邊則以水牛比爾為主題，上頭寫著「草原先鋒，最後的拓荒者」。[10]

表演場地和營區占滿了十五英畝的土地。上百名印第安人、士兵和工人全睡在帳篷裡。安妮・歐克麗將她的帳篷弄得非常舒適，外頭還有個花園，種滿報春花、天竺葵、蜀葵。她在帳內放了張沙發和一張搖椅，鋪上美洲獅毛皮、阿克敏斯特地毯，具備各式各樣家居生活的工藝品。當然，還有一系列槍械。

水牛比爾的表演都是由牛仔樂團開場，演奏美國國歌〈星條旗〉。緊接著的節目是「大閱兵」，美國、英國、法國、德國、俄國士兵將騎馬繞行全場。接著安妮・歐克麗登場，面對一連串幾乎不可能命中的目標，她卻彈無虛發。下一場表演的劇情是一臺舊式的戴伍德郵車遭印第安人攻擊，水牛比爾率領大匹人馬趕來救援。之前在倫敦上演時，馬車是在溫莎城堡領土內，車上載的是四個國

王和威爾斯親王。馬車夫則是水牛比爾。表演後半段，科迪會親自展現槍法，騎馬在場中奔馳，用溫徹斯特步槍射擊助手拋到空中的玻璃球。表演的高潮是「開拓者小屋的突襲」，曾真的殺過士兵和百姓的印第安人模擬進攻一間住滿白人的小屋，結果再次被水牛比爾和射著空包彈的牛仔擊退。一季季演出過去，科迪換上了更具戲劇性的「小大角戰役[109]……真實重現卡斯特最後進攻的歷史場景」。

世博會對科迪上校的婚姻大肆渲染。他家位在內布拉斯加州北普拉特，雖然他經常雲遊四方，四處表演，但這並非他長年不在家的主因。比爾愛好女色，女人也喜歡比爾。有一天，他小名「露露」（Lulu）的妻子露意莎（Louisa）來到芝加哥，想給他一個驚喜，結果卻發現比爾太太早就到了。旅館櫃檯告訴她，他們會帶她去「科迪夫婦的房間」。[11]

伯南擔心世博會受更大一波罷工衝擊，甚至功虧一簣，他開始和木匠及鐵工協商，最後答應薪水提高到最低工資，加班費以一點五倍計算，週日和重大節日，包括別具意義的勞工節，則給予兩倍工資。工會工人簽下契約，答應會工作到世博會完成。伯南總算鬆了口氣，這代表他之前信心滿滿，恐怕是虛張聲勢。「妳能想見，我雖然身心俱疲，但上床睡覺時，我心情十分開心。」[12]他寫信給妻子說。要看他有多累只要看他語法就知道，他平常行文力求通順，如今又開始迂迴。「我們從中午過後一路談到九點。世博會結束前，我想不會再有紛爭了，連立在辦公桌上妳的照片都看起來格外動人。」

伯南聲稱，世博會在協商中獲得勝利，但其實世博會契約讓步是工會運動一大突破，最後立下的契約成為其他工會的範本。世博會屈服之後，美國和芝加哥如火如荼的勞工運動變得更加有力。

奧姆斯德帶著一馬車的苦痛回到芝加哥，發現人人都繃緊神經，全力趕工，伯南也天天滿場跑。四月十三日週四，奧姆斯德寫信給兒子約翰：「這裡所有人都忙得焦頭爛額，外人看來簡直一片混亂。」[13]風吹過公園光禿禿的土地，揚起陣陣飛塵。火車載著早該布置好的展品一輛輛駛進公園。由於布展進度延宕，臨時軌道和道路也無法清空。兩天後，奧姆斯德寫道：「其他人進度落後，我們各處工程勢必受到阻礙，最後會遭到抨擊的恐怕就是我們。其中最重要的部分，我想必須等世博會開幕後，夜裡再來補救。混亂中，我也想不出別的辦法，目前有數千工人在不同人的領導下施工，我想再過不久，工程便會開始整合。」[14]

他覺得景觀未完成，有一部分是他的責任，因為哈利・卡德曼過世之後，他在芝加哥找不到一位值得信任的工程監督。一八九三年四月十五日，他寫信給約翰：「我們恐怕不該將事情全交給烏里奇和菲爾。我希望烏里奇不是故意不老實，但他變得剛愎自用，甚至會欺騙和誤導我們，我們不能再信任他了。他的精神全耗在他不該去管的地方……我每一天都無法相信他。」[15]

他每天都對烏里奇更失望，信任感也蕩然無存。後來，他給約翰的另一封信寫道：「烏里奇也沒發覺自己背叛了我們。他渴望著不屬於分內的榮譽，這是最大的癥結點。他只在意自己是否更積

109 小大角戰役（Battle of Little Big Horn）是北美印第安戰爭的知名戰役，卡斯特少將（George Custer, 1839-1876）及美國第七騎兵團在小大角到遭蘇族和夏安族聯盟軍殲滅。

極、勤奮、熱情和有用，卻把改善景觀建築的責任全忘了。」[16]奧姆斯德尤其不苟同烏里奇任伯南擺布的態度。「烏里奇在會場四處奔走，忙東忙西，而伯南先生和其他部門主管仍不斷使喚著他：『烏里奇！』我和伯南確認工作時，一直聽到他對祕書重複：『要烏里奇去……』，做這個做那個的。我向伯南抗議過，但沒什麼幫助。除非特別安排，不然工作時我永遠找不到他，就算見到面，他也急著要離開。」

奧姆斯德擔心伯南信任烏里奇勝過他。「我想我們該下臺一鞠躬了。這兒已經沒有我們能插手的事了，伯南恐怕打算讓我們靜靜離開，將工作全權交給烏里奇。伯南看不出烏里奇無法勝任，也認為沒有重新評估的必要。我必須小心點，不要一直煩伯南，因為他早已分身乏術。」[17]

其他阻礙迅速出現。會場植物本來就嚴重短缺，有一艘從加州載著植物的貨輪突然無法如期抵達。就連四月前幾週的好天氣都變成了阻礙。天氣晴朗，再加上公園供水管線尚未完工，奧姆斯德無法在戶外場地種植作物。會場風沙飛揚，他形容道：「風沙大得嚇人，簡直像沙漠中的沙塵暴。」[18]風沙不斷刺激他的雙眼，沙礫被吹入他紅腫的嘴裡。「我一直設法暗示，我為何看起來無所作為……」他寫道，「我想社會大眾有段時間定會對我們大感失望——太不甘心了，接下來幾週需要有個堅定的人手穩住局勢，以免烏里奇將精力又放到別處去。」

四月二十一日，奧姆斯德再次倒臥在床上，他「喉嚨痛、牙齒潰瘍，全身痛到難以成眠」。[19]儘管身心俱疲，他精神漸漸好轉。除了當前工程延宕及烏里奇表裡不一的態度，他看到事情有所進展。林島河岸漸漸變得茂盛濃密，植物綻放花朵，樹林長出新葉，而在日本國內打造，由日本工匠在園區組裝的寺廟「鳳凰殿」，並未衝擊到森林景觀。電汽船抵達會場，船不僅漂亮，也正合奧姆斯德的心意，而相對於榮耀廣場宏偉矗立的白色建築，潟湖上的水鳥為景色注入迷人的活力。

奧姆斯德知道以伯南的人力而言，修補和油漆的工作不可能在五月一日前完成，換言之，他的工程遠遠落後，但他清楚看到會場正不斷在改善。「現在雇用了大量人力。」他寫道，「每天都看得到成果。」[20]

然而，就連這一絲希望都將消失，一股強大的鋒面即將越過草原，來到芝加哥。

確切時間不詳，但這段時間，有個叫喬瑟夫・麥卡錫（Joseph McCarthy）的牛乳小販將車停到了芝加哥洪保德公園旁。當時仍是早晨時分，大概十一點左右。公園裡有個男人引起他的注意。他看了看發覺自己認識他，他是《洋際報》雇用的送報員派翠克・潘德嘉斯特。

詭異的是，派翠克在原地繞圈子亂走。[21]更詭異的是，他頭向後昂，帽子戴得低低的，完全遮住了眼睛。

馬卡錫望著望著，派翠克便一頭撞上一棵樹。

大雨落下。起初，伯南並不在意。下雨之後，會場赤裸的土地便不會再塵土飛揚。其實他見了也滿沮喪的，因為光禿禿的地太多了。如今所有建築的屋頂都已完工，甚至包括製造業暨人文展覽館。

「下雨了。」伯南四月十八日週二寫信給瑪格麗特，「而我總算能說，就讓老天下吧。建築的屋頂總算大功告成，至於漏水問題，我們並不擔心。」[22]

但雨持續落下，愈下愈大。夜晚滂沱大雨之中，電燈的光幾乎都透不出來。雨水將塵土化為汙泥，馬匹寸步難行，馬車深陷泥濘之中。而雨水真漏進了建築物裡。週三晚上傑克森公園大雨傾盆，不久製造業暨人文展覽館出現無數高達六十公尺的飛瀑，波及下方展品。伯南匯聚大批工人和警衛，整晚填補裂縫，和雨水搏鬥。

「昨晚是我們在傑克森公園碰到最嚴重的暴風雨。」伯南週四寫信給瑪格麗特，「會場建築毫髮無傷，但製造業大樓東側屋頂漏水，我們趕緊蓋住貨物，忙到半夜。有家報紙寫道，委員長戴維斯也到場關心，確認現場安全之後才離開。但當然，戴維斯先生跟世博會一點關係也沒有。」[23]

屋漏偏逢連夜雨，眾人這才注意到有多少工程還沒完成。週四當天，伯南又寫了另一封信給瑪格麗特。「天氣從上週二開始便糟透了，即使眼前工作做不完，我仍馬不停蹄趕工……這個月確實忙得不可開交。妳根本無法想像。在這之中，令我驚訝的是我居然能如此平靜。」但他說自己的助理因此受到考驗。「壓力一大，能力孰強孰弱一目了然。面對這一切，我敢說達到要求的人屈指可數，但仍有幾個人十分可靠。其他人每個小時都必須仔細盯著，那些人最讓我感到疲倦。」[24]

一如往常，他想念著瑪格麗特。她出城去了，但開幕日之前會回來。「別想逃出我的手掌心，親愛的。」他寫道，「妳回來的時候最好乖乖來我這兒自首。」

當時是個保守年代，伯南這封信火燙到信封大概都冒出了蒸氣。

§

日復一日，窗子的玻璃起霧，報紙受潮捲起，雨水在屋頂滴答作響，彷彿惡魔鼓著掌。四處充斥汗臭和羊毛的霉味，尤其午餐時分的工人食堂。雨水流進電路管中，造成短路。費里斯摩天輪挖掘工地中幫浦已全天抽水，仍抵不過傾盆的雨水。女性展覽館屋頂也漏了水，布展工作緊急暫停。中道區的埃及人、阿爾及利亞人和半裸的達荷美人苦不堪言。唯獨哈特夫人[110]愛爾蘭村中的愛爾蘭人對雨司空見慣，泰然處之。

對奧姆斯德而言，這場大雨尤其令人氣餒。大雨毫不留情，會場和道路該淹的都淹了，該積水的也都積水了。小水窪個個成了大池塘。沉重的馬車輪劃過泥濘，壓出一道道深痕，要重新修補、整地、鋪上草皮的傷口這下又多了好幾處。

雖然大雨如注，工程卻加快了腳步。現場工人數量令奧姆斯德嘆為觀止。四月二十七日，開幕日前三天，他寫信給事務所回報：「我之前提到這裡雇了兩千人，真是愚蠢極至。那兩千人只是伯南先生親自雇用的人手。這週人數整整超過兩倍，而且還不包括承包商的人力。加上承包商和特許經營者，會場現在有一萬名工人在工作，如果能再雇人的話，我想工人一定會更多。我們的工作大幅落後，團隊都找不到人手了。」（他低估了會場的人數，最後幾週公園內的總工人人數已將近兩萬人。）他抱怨自己庫存的植物仍嚴重不足。「所有貨源似乎都斷貨了，未來將嚴重缺貨。」[25]

至少，他牙齒有所好轉，也能下床了。「我口腔的潰瘍消了。」他寫道，「我依然只能吃麵包配

110 哈特夫人（Alice Hart, 1848-1931），英國慈善家、藝術家和生意人。她和丈夫因有感於愛爾蘭多尼戈爾郡貧苦和飢荒的情況，於是決定復甦當地紡織工業，成立學校和基金會，提供工作機會。為了宣傳商品，一八八八年她首度在倫敦奧林匹亞展覽中心展示「多尼戈爾郡工業村」（Donegal Industrial Village），後來也到巴黎、芝加哥、費城等地展出。她對多尼戈爾郡地區產業影響至深，也培養出地區未來發展潛力。

牛奶，但今天在雨中走來走去，身體感覺好多了。」[26]

然而同一天，他私下寫給約翰一封令人心寒的信。「我們運氣不好。今天又下了大雨。」[27]伯南不斷施壓，希望奧姆斯德能設法讓榮耀廣場見人，例如放些杜鵑盆栽、用棕櫚樹布置陽臺等，奧姆斯德最不屑的正是這些造作取巧的方法。「我一點也不喜歡。」[28]他寫道。他痛恨必須「為了開幕採用蹩腳的權宜之計」。他知道開幕之後，所有工作馬上要全部重來。他的病痛、挫折和不斷增加的工作壓力讓他元氣大傷，感覺自己比實際年齡還老。「坐在食堂臨時餐桌前，現場人來人往，人聲鼎沸，我這身子半殘的老頭實在渾身不自在，喉嚨和嘴巴還未痊癒，吃喝也不方便。」[29]

不過，他沒放棄。他不顧大雨，搖搖晃晃走入場地，四處指揮栽種和鋪草皮的工程，每天日出時分，他也會親自出席伯南堅持的主管會議。天候不佳，再加上太過拚命，他原本有所起色的身子再次出了問題。「我著涼了，夜裡骨頭痛得難以入睡，只能靠吐司和茶過活。」他四月二十五日週五寫道，「一整天持續下著大雨，害我們不得不停工。」[30]但週一開幕日的準備工作仍瘋狂進行著。「油漆工大雨中站在梯子和鷹架上工作的畫面真奇怪。」奧姆斯德寫道，「許多人全身都溼透了，我想油漆一定刷得不均勻。」[31]由麥克莫尼斯[111]設計的哥倫布噴泉是開幕典禮的重點之一，但至今仍未完工。隔天週六安排要測試噴泉。「不論從哪個角度看來，噴泉都還沒準備好。」奧姆斯德寫道。「但下週一，噴泉便要在總統面前啟用。」[32]

至於奧姆斯德自己部門的工作，他已萬念俱灰。他原本預期這一刻能有所進展，並知道其他人也和他一樣失望。「我聽到不少批評，許多批評者和伯南一樣都是聰明人，但他們看到會場尚未完成，設施不完整，便脫口說了些不公平的重話。」[33]他寫道。他知道會場許多地方確實一片荒涼，亂七八糟，仍需加強。任何人都看得出來。但親耳聽到別人批評，尤其是從自己欣賞和尊重的人嘴中聽到，那更是教人心灰意冷。

死限不能更動。太多事情已就緒，延期這種事任誰想都不敢想。開幕典禮鐵定會照規劃開始，週一早晨遊行隊伍會由新總統格羅弗・克里夫蘭（Grover Cleveland）帶頭，從環線區走到傑克森公園。一輛輛火車駛入芝加哥，上頭坐著全世界的政治人物、親王和商業大亨。克里夫蘭總統和副總統蒞臨現場，隨行的還有內閣官員、議員、軍官及兩人的親友家眷。黑色的火車頭朦朧停在大雨中。搬運工從行李車廂拖出一個個大行李箱。有防水雨篷的黑色馬車停在火車站外的街道上，停車燈在雨中化為紅色光暈。時間一分一秒過去。

四月三十日開幕日前夕，一個叫F・赫伯・史達（F. Herbert Stead）的記者來到世博會會場。史達這個姓氏在美國名聞遐邇，因為赫伯的哥哥威廉是知名人物。威廉・史達是倫敦《帕摩爾報》前編輯，現在是《評中之評》（*The Review of Reviews*）期刊創立者。報社派赫伯來報導開幕典禮，於是他決定先到場地晃一晃，仔細感受一下世博會的環境。

他下馬車走進傑克森公園時，雨勢依舊滂沱。四處燈光閃爍，雨如披風緊裹著路燈。奧姆斯德優雅的步道此時成了一窪窪水池，無數雨滴落下，水面不斷波動。燈光下上百輛空貨運車停成黑鴉鴉一片。木材、空木箱和工人吃剩的餐點散落在四處。

---

111 費德列克・麥克莫尼斯（Frederick MacMonnies, 1863-1937），美國布雜藝術風格的雕刻家，哥倫布噴泉成為世博會焦點，奠定了他的地位，並深刻影響美國布雜藝術運動。

畫面令人心碎，但同時令人疑惑　明天早上便是世博會開幕日，但場地卻充滿垃圾和碎石瓦礫。史達寫道，場地「大都不完整」。[34]

雨持續下了整夜。

週日深夜，雨沉重地敲打窗框，芝加哥早報編輯為週一歷史性的版面下了漂亮的頭條。自從一八七一年芝加哥大火之後，市內報紙從未如此關注一場活動。但還有許多日常新聞要處理。年輕的排版師固定好分類廣告、徵人啟示和其他廣告，準備印上內頁。那天晚上，他們排版了一篇關於一家新開張旅館的布告。這旅館顯然蓋得很急，打算趁世博會遊客蜂擁而至時大撈一筆。不過，至少旅館地點不錯，位於英格塢的六十三街和瓦利斯街口，從世博會六十三街門出來便能輕鬆跳上新建好的「L巷」鐵路抵達旅館。

旅館老闆將旅館命名為「世博會旅館」。[35]

作者資料出處和補充註解

1 “*anxious effort*: Wheeler, 832.

2 *The menu*: Program, “Banquet to Daniel Hudson Burnham,” Burnham Archives, Box 59.

3 “*Each of you knows*: Moore, *Burnham, Architect*, 74.

4 “*The scale of the whole thing*: Moore, *McKim*, 122.

5 “*I fear nothing*: Burnham to Margaret, April 6, 1893, Burnham Archives, Family Correspondence, Box 25.

6 “*I am very happy*: Burnham to Margaret, April 10, 1893, ibid.

7 “*Why do you not write*: Burnham to Margaret, April 13, 1893, ibid.

8 “*The public will regard*: Ibid.

9 *Margaret sent him*: Burnham to Margaret, April 18, 1893, ibid.

10 *PILOT OF THE OCEAN*: Carter, 368.

11 *At the hotel's front desk*: Ibid., 374.

12 “*You can imagine*: Burnham to Margaret, April 10, 1893, Burnham Archives, Family Correspondence, Box 25.

13 “*Every body here*: Olmsted to John, April 13, 1893, Olmsted Papers, Reel 22.

14 “*We shall have to bear*: Olmsted to John, April 15, 1893, ibid.

15 “*I am afraid*: Ibid.

16 “*Ulrich is unwittingly faithless*: Olmsted to John, May 3, 1893, ibid.

17 “*I suppose that our time is out*: Ibid.

18 “*frightful dust*: Olmsted to John, April 13, 1893, Olmsted Papers, Reel 22.

19 “*with sore throat*: Olmsted to John, April 23, 1893, ibid.

20 “*A larger force is employed*: Ibid.

21 *The odd thing was*: *Chicago Record*, December 16, 1893, in McGoorty Papers.

22 “*It rains*: Burnham to Margaret, April 18, 1893, Burnham Archives, Family Correspondence, Box 25.

23 “*Last night turned out*: Burnham to Margaret, April 20, 1893, ibid.

24 “*The weather is very bad*: Ibid.

25 “*I wrote you*: Olmsted to unidentified recipient (stamped as received and read by his firm), April 27, 1893, Olmsted Papers, Reel 22.

26 “*My ulcer has shrunk*: Ibid.

27 “*We are having bad luck*: Olmsted to John, April 27, 1893, ibid.

28 “*I don't like it at all*: Ibid.

29 “*The diet of the provisional mess*: Ibid.

30 “*I took cold*: Olmsted to unidentified recipient, April 28, 1893, ibid.

31 “*It is queer*: Ibid.

32 “*It does not look ready*: Ibid.

33 “*I get wind*: Ibid.

34 “*gross incompleteness*: Miller, 489.

35 *the World's Fair Hotel*: Schechter, 56.

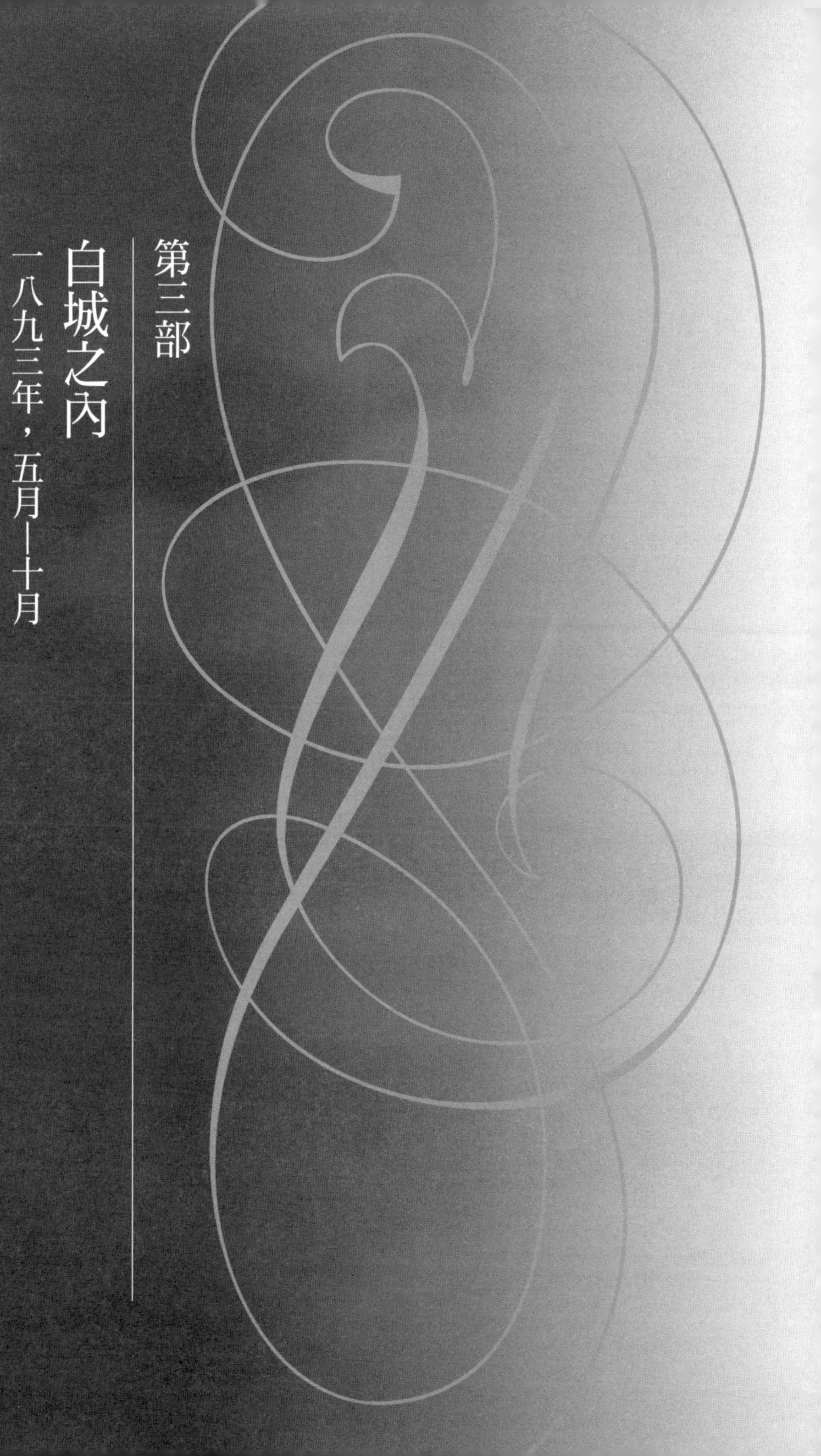

第三部

白城之內

一八九三年，五月—十月

開幕日

二十三烏亮的黑馬車停在萊辛頓旅館前密西根大道的黃泥上。[1]克里夫蘭總統登上了第七輛蘭道馬車。伯南和戴維斯共乘第六輛馬車。[2]兩人仍彼此猜忌，並爭奪著世博會的控制權，但此刻暫時以禮相待。維拉瓜公爵（duke of Veragua）是哥倫布的後裔，他坐在第十四輛馬車。公爵夫人和柏莎・帕默坐第十五輛車，帕默夫人鑽石亮光四射，彷彿散發著熱度。哈里森市長坐最後一臺馬車，群眾爆出最大的歡呼聲。其他高官顯要也坐上各車。一行人浩浩蕩蕩乘馬車搖搖晃晃，沿著密西根大道向南前往傑克森公園，馬車後頭一片人海，二十萬芝加哥人有人騎馬，有人步行，有人乘坐飛騰馬車、維多利亞馬車和史坦霍普馬車[112]，有人擠進巴士和街車。成千上萬人搭上火車，湧上亮黃色稱為「牛車」（cattle car）的車上。牛車是由伊利諾中央鐵路公司所打造，目的是能載愈多人到世博會愈好。人人拿出白手帕朝車揮，每根電燈也都掛著白旗。建築正面懸掛著潮溼的旗布。一千五百名哥倫布警衛隊身穿新製的淺藍色麻布制服，手戴白手套，身披黃邊的黑披風，他們親切地指揮人群朝黃金圓頂前進，走向雄偉高大的行政大樓。

隊伍將從西方穿過中道區，進入世博會會場。總統的座車轉入橫跨十三條街的國際大道時，太陽露臉了，陽光照亮大道上四十塊租地，有的大到容得下一座小村落，人群眼前豁然開朗，不禁爆出一陣歡呼。[3]馬車經過坐牛酋長的小屋，拉普蘭村、號稱食人族的達荷美族聚落，而正對面是加州鴕鳥農場，飄散著濃郁的奶油和蛋的氣味。農場販售著鴕鳥蛋蛋捲，不過其實蛋全是國產的雞蛋。

[4]接著隊伍經過奧地利村和飛天氫氣球公園，由繩索綁住氫氣球之後乘載遊客，飄浮在空中。到了中道區中央，隊伍繞過未完成的費里斯摩天輪，那景象令人哀傷，伯南見了心裡也悶悶不樂。木支架層層搭起，如一座摩天大樓，支架中有個半圓型的鋼鐵建築。

克里夫蘭總統座車來到中道區的穆斯林主題區，也就是索爾・布魯姆的阿爾及利亞村時，布魯姆點了個頭，村裡的女人全解下了面紗，布魯姆發誓這在習俗上是表示尊敬，但當然，話從他口中說出，可信度大打折扣。[5]馬車繞過開羅街。開羅街尚未開放，這也是另一件憾事。後來馬車經過土耳其村和爪哇食堂，外頭有著哈根貝克[113]動物秀，那是當時最知名的巡迴動物園，馴獸師戳四隻受過訓練的獅子，牠們齊聲發出獅吼。右方朦朧處，總統看到水牛比爾狂野西部牛仔秀的旗幟，旗子在六十二街科迪上校打造的環形場地上飄揚。

最後，馬車抵達了傑克森公園。

世博會充滿奇蹟。米羅維納斯巧克力雕像沒有融化，威斯康辛州展場十公噸的乳酪沒有發霉，但最大的奇蹟是克里夫蘭總統抵達會場前夕，漫長潮溼的一夜之後，會場竟煥然一新。赫伯・史達隔天早上重回會場，公園內仍有幾處嚴重積水，風吹過時水窪泛起陣陣水波，但空貨車和垃圾都消失了。前晚一萬人加緊趕工，以油漆和灰漿修飾建築，種下三色堇，並鋪上草皮。一千名女清潔工

112 史坦霍普馬車（Stanhope）是兩輪輕型小馬車，高座椅能乘坐兩人，以當時知名的運動家命名。

113 卡爾・哈根貝克（Carl Hagenbeck, 1844-1913），德國野生動物商人，他創造了現代動物園不以牢籠，而是模擬棲地的展示方式，一舉改變了動物園建築規劃。

同時間也進到雄偉的建築中，將地板刷洗乾淨，拋光打蠟。早晨漸漸來臨，太陽升得更高。雨後的天空晴朗清澈，景色不再像泡在水裡，看起來整齊潔淨，心曠神怡。伯南的手下保羅・斯塔瑞說：「世博會開幕時，奧姆斯德的草坪是第一個驚喜。」[6]

十一點鐘，克里夫蘭總統爬上立在行政大樓東端的舞臺，坐到坐位上，代表典禮即將開始。群眾拚命向前推擠，二十個女人昏倒。[7]幸好記者在前排，他們把一個年長的婦人拉過欄杆，讓她躺在媒體桌上，才救了她一命。[8]警衛隊拔劍衝去維持秩序。委員長戴維斯命交響樂團演奏開場曲〈哥倫布進行曲〉(Columbian March)，混亂才平息下來。

十月紀念日典禮又臭又長，令人昏昏欲睡，飽受批評，因此世博會人員規劃開幕日時相對簡短，不計代價遵守時程表。首先是祈福儀式，一名盲人牧師向天禱告，觀眾由於人數眾多，距離遙遠，一句話都聽不到。接下來大家獻上哥倫布的頌歌，這段表演和哥倫布的航行一樣漫長艱辛，令人難以忍受。「這時平塔號的前桅傳來呼聲，小號樂曲〈光！有光！有光！〉響起。」[9]

這一類的。

然後是委員長戴維斯致詞，他滔滔不絕說出和現實相違的漂亮話，大大稱讚國家委員會、世博會公司和婦女管理委員會三方合作無間，順利辦出一場傑出的世博會。[10]熟知三方間衝突的人緊盯著伯南，他完全不動聲色。戴維斯接著請總統上演講臺。

克里夫蘭人高馬大，穿一身黑衣，站到臺上，他頓了頓，嚴肅地掃視眼前的群眾。附近一張桌上鋪著美國國旗，國旗上有個紅藍色的絨毛枕，枕上放著黃金製的電報發報鍵。[11]

榮耀廣場的陽臺、草坪和欄杆每一處都站滿了人，眾人穿著黑色和灰色西裝，許多女人穿著華麗的紫羅藍色、深紅色、翠綠色的禮服，戴著以緞帶、細枝、羽毛裝飾的女帽。有個男人比周圍的人都高了一個頭，他戴一頂巨大的白帽子，身穿鑲銀邊的白色鹿皮外套，他正是水牛比爾。[12]女人紛紛望著他。雨消雲散，陽光從雲間灑下，照亮零星觀眾戴著的白色巴拿馬帽。從總統的位置來看，現場充滿活力和歡慶的氣氛，但地面都是水和泥濘，一有人動便會飄出一股霉味。

現場唯一乾著腳的是丹尼爾．切斯特．法蘭奇的共和國雕像，也就是「大瑪麗」，此時雕像身上包著一層帆布。

和之前的儀式比起來，克里夫蘭演講相對簡短。他說到最後，走向鋪著國旗的桌子。「如同按下機械開關，點亮燈火一般，雄偉的世博會如今即將啟航。」他說，「同時，讓我們心懷希望，期盼這股覺醒之力能促進人類未來福祉、尊嚴和自由。」[13]

十二點零八分，他按下了黃金按鍵。[14]歡聲向外擴散，層層觀眾陸續知道了總統按下按鍵。屋頂上的工人馬上打出信號，通知守在公園各處的同事，和湖上密西根號戰艦上的船員。按鍵按下形成迴路，啟動了電動引擎起動器，機械展覽館中三千匹馬力的亞力士蒸汽機[114]隨之發動。啟動器的鍍銀響鈴響起，齒輪轉動，活閥打開，引擎轟一聲響起，精密的軸心和軸承全蘇醒過來。一瞬間，建築內另外三十架引擎都開始轟隆作響。世博會噴泉三架巨大的沃辛頓幫浦[115]軸心和活塞開始運作，像螳螂一樣活動肢節，甩開寒冷。數百萬公升的水洶湧地衝進世博會水管線。四處的引擎冒出蒸汽，大地為之顫動。榮耀廣場上中間最高的旗杆揚起一面船帆般大的國旗，不久之後，兩旁旗杆也出現相同大小的旗幟，一面代表西班牙，另一面代表哥倫布。沃辛頓幫浦助力下，泉水從哥倫布噴泉向

114 愛德華．P．亞力士公司（Edward P. Allis）成立於一八六〇年代，最初是專門製造蒸汽機和磨坊及鋸木廠機械產品，到一九〇〇年成為美國最大的蒸汽機製造公司。

115 沃辛頓和貝克公司（Worthington and Baker）成立於一八四五年，專門製造蒸汽幫浦，美國海軍也是以該公司幫浦來抽艙底海水。

上噴發，高達空中三十公尺，陽光映照，在空中劃出一道彩虹，現場水花飛濺，賓客紛紛打起了傘。布條、旗子和掛旗突然出現在每個屋簷，一面巨大的紅旗橫跨整棟機械展覽館從上而下展開，帆布從大瑪麗的金箔肩膀滑下。陽光照在她身上，眾人不禁伸出手，擋住那耀眼的光芒。兩百隻白鴿飛向天空。密西根號的大炮轟天發射，蒸汽汽笛高響。同一時間，人群唱起〈我的國家屬於你〉（My Country 'Tis of Thee），雖然此時美國還沒選定國歌，但對許多人來說，這是他們心目中的美國國歌。群眾齊聲高唱的當兒，有個膚色蒼白、彎著頸子的瘦弱女子站在那兒，有個人神態自若挨著她。下一秒，珍·亞當斯發覺自己皮包不見了。[15]

世博會開始了。

雖然伯南知道許多工作尚待完成，奧姆斯德要重新整頓會場，摩天輪仍需要完成那天殺的輪子，但世博會看來似乎大獲成功。電報和信件一封封寄來向他祝賀。一個朋友告訴伯南：「那景致令我感動，美得像一朵盛開的玫瑰。」[16]世博會官方紀錄估計開幕日約有二十五萬人擠進傑克森公園。[17]另外兩個單位估計總人數高達五十萬和六十二萬人。那天之後，從各處看來，芝加哥世博會肯定是史上參觀人數最多的一場活動。

這份樂觀僅維持了二十四小時。

五月二日週二只有一萬人來到傑克森公園，[18]若遊園人數持續低迷，世博會保證會成為史上最大失敗。黃色的牛車和沿著六十三街的L巷列車幾乎全空。原本還希望這只是一時反常，但隔天希望馬上破滅，美國經濟不斷受到打擊，華爾街終於爆發大恐慌，股價崩盤。接下來一週，新聞更教人不安。

國家繩索公司是繩索製造業的巨型公司，壟斷美國百分之八十的市場，五月五日週四晚上，公司申請了破產管理。[19]接著芝加哥的美華銀行暫時停止經營，[20]這對世博會官方而言尤其是個惡兆，因為美華銀行是唯一經國會授權，能在世博會蓋分行的銀行，位置居中，不亞於行政大樓。三天後，另一間芝加哥大型銀行倒閉，[21]不久第三間銀行，也就是伯南家鎮上艾凡斯頓銀行倒了。全國十幾間銀行經營都出了問題。兩家國家銀行總裁在喬治亞州的布藍茲維會面。一名總裁平靜地退了席，進入自己私人辦公室，舉槍自盡。兩家銀行都倒閉了。[22]在內布拉斯加州的林肯鎮，內布拉斯加儲蓄銀行是學校孩童最喜歡的銀行。鎮上的老師會充當銀行行員，每週學童會把想存的錢交給老師，請老師幫忙存到個人存簿中。聽到銀行瀕臨倒閉的傳言時，銀行前全擠滿了孩子，希望能拿回錢。其他銀行出手救了內布拉斯加銀行，平息了這一場所謂的「兒童擠兌」事件。[23]

原本可能到芝加哥參觀世博會的人如今全待在家裡。經濟不景氣，再加上報導提到世博會還未完成，更讓人興致缺缺。如果大家只能去一次，當然希望要等所有展品布置好，每個景點都開始營運，尤其是摩天輪，據說那是工程奇觀，艾菲爾鐵塔和它相比簡直像小孩子的雕刻品。不過，那也要等摩天輪成功運轉，不會一吹就垮才行。

伯南承認，世博會太多景點仍未完成。他和建築師、製圖師、工程師和承包商大隊在不可思議的時間成就無數奇蹟，但顯然不足以克服經濟快速崩垮這盆冷水。製造業暨人文展覽館中的電梯當初捧為世博會奇觀，如今仍未正式運作。摩天輪看起來才完成一半。克虜伯展場、皮革展覽館和冷藏館四周，奧姆斯德都還未整地和種植植物。[24]世博會火車站還沒鋪磚，紐約中央展區、賓州火車展區、音樂廳和伊利諾州展覽館也還沒鋪上草皮，而伊利諾州展覽館對許多芝加哥人而言是世博會

最重要的建築。電氣展覽館內的展品和公司攤位布置進度大幅落後。西屋電氣展場五月二日週二才開工。

伯南嚴詞厲色向奧姆斯德、摩天輪和所有仍在趕工的承包商下達指令。奧姆斯德尤其備感壓力，可是布展一直拖延，運貨馬車和列車不斷來回，破壞場地，他也無可奈何。光是通用電氣公司便有十五車的展品堆放在場地上。[25]為了準備開幕典禮，奧姆斯德的部門已浪費不少寶貴的時間，群眾湧入公園也造成場地各處受損，需要重新整地布置。世博會逾九十公里的路不少處仍淹水，不然就泥濘不堪，剩下的因為馬車地未乾就開過，都壓出一道道深溝。奧姆斯德建造道路的承包商雇用八百人，並用上一百匹馬來重新平整路面，鋪上新的碎石。「我身體算不錯。」奧姆斯德五月十五日寫信給兒子。「但每天都累壞了。每件事情都很辛苦。身體天天都過勞，而且我一直無法達到自己的期望。」[26]

伯南知道，世博會首要之務是要**完整**，但同時必須增加吸引力，讓大眾拋開經濟不景氣的憂慮，來芝加哥遊玩。他增加一個「活動主任」的職位給法蘭西斯・米勒，讓他自由發揮，不擇手段提昇遊園人數。米勒舉辦了煙火大會和遊行活動。他不只選出特別的日子紀念各州和各國，也慶祝各種工人，包括鞋匠、磨坊工人、甜品師傅和打字員。皮媞亞騎士團和美國天主教騎士團[116]都獲得了各自的紀念日。米勒訂八月二十五日為有色人種紀念日，十月九日為芝加哥日。遊園人數開始增加，不過並不多。五月底，平均每日遊客只有三萬三千人，仍遠遠低於伯南和其他人所預期，更精確來說，遠低於能賺錢的水平。更糟的是，嚴守安息日運動人士施壓下，國會和國家委員會決議世博會週日必須關門。上百萬勞工休假日本來就在週日，從此之後世博會便和他們無緣了。

伯南希望美國金融衰退問題能盡早解決，但現實上，經濟依然萎靡不振。更多銀行倒閉，失業人數不斷攀升，工業生產力下滑，罷工變得更加激烈。六月五日，存款人擔心之下，芝加哥八間銀行分別發生了擠兌事件。[27]伯南自己的事務所也開始缺案。

116 皮媞亞騎士團（The Knights of Pythias）是美國祕密會社，一八六四年成立於華盛頓特區。美國天主教騎士團（Catholic Knights of America）是人壽保險公司及祕密會社，創立於一八七七年。

作者資料出處和補充註解

1 *Twenty-three gleaming*: For details of the Opening Day procession: Badger, xi, xii; Burg, 111; *Chicago Tribune*, May 2, 1893; Miller, 490; Muccigrosso, 78–80; Weimann, 141–46; *The World's Fair*, 13–16, 253–63.

2 *Burnham and Davis*: *The World's Fair*, 254.

3 *the sun emerged*: Ibid.

4 *The farm offered omelets*: Bloom, 137.

5 *Bloom gave a nod*: *The World's Fair*, 255.

6 "*When the fair opened*: Starrett, 50.

7 *Twenty women fainted*: Burg, 111.

8 *Reporters lucky enough*: Ibid., 23.

9 "*Then from the Pinta's foretop*: *The World's Fair*, 257–58.

10 *Director-General Davis spoke*: Ibid., 259.

11 *Nearby stood a table*: Weimann, 241.

12 *A tall man*: Miller, 490.

13 "*As by a touch*: Badger, xii.

14 *At precisely 12:08*: *Chicago Tribune*, May 2, 1893.

15 *Jane Addams realized:* Badger, xi; Miller, 490.

16 "*The scene burst on me*: Frank Collier to Burnham, May 1, 1893, Burnham Archives, Box 1, File 13.

17 *The official history*: For crowd estimates, see Badger, xii; Dedmon, 226; Weimann, 242.

18 *On Tuesday, May 2*: Weimann, 556.

19 *On the night of Thursday*: *Chicago Tribune*, May 5, 1893.

20 *Next Chicago's Chemical National Bank*: *Chicago Tribune*, May 9, 1893.

21 *Three days later*: *Chicago Tribune*, May 19, 1893.

22 *In Brunswick, Georgia*: Ibid.

23 *In Lincoln, Nebraska*: Ibid.

24 *Olmsted had yet to complete*: Ulrich, 46–48.

25 *General Electric alone*: *Chicago Tribune*, May 3, 1893.

26 "*I remain fairly well*: Olmsted to John, May 15, 1893, Olmsted Papers, Reel 22.

27 *On June 5 worried depositors*: Bogart and Mathews, 395.

世博會旅館

賀姆斯的世博會旅館出現第一個客人，不過人數不如他和南方其他旅館老闆所預期。[1]遊客多半是受旅館位置所吸引，沿六十三街向東乘坐L巷鐵路，一下就能到傑克森公園。雖然賀姆斯大宅二、三樓的房間都空的，但當男客人問有沒有房間時，賀姆斯都露出真誠而遺憾的表情，告訴他們目前沒有空房，並好心介紹他們到附近的旅館。他的客房漸漸住滿了女人，她們大都很年輕，不習慣一人生活。賀姆斯覺得她們令人心醉。

米妮・威廉斯的存在變得愈來愈尷尬。每個嬌嬌柔柔的客人一來，她都變更嫉妒，更黏著他不放。她的嫉妒賀姆斯其實沒特別放在心上，只是愈來愈不方便而已。米妮現在是項資產，必須好好保存備用，像蜘蛛用蛛絲裹起獵物一樣。

賀姆斯查看報紙廣告，尋找離他大宅夠遠的租屋，避免米妮臨時查勤。他在北區萊特伍大道一二二〇號找到個好地方，公寓位於林肯公園西側十幾條街外，靠近豪斯泰街。[2]那是城市美麗的邊埵區域，不過對賀姆斯來說，美麗不是考量的重點。公寓是一棟高大的私人住宅頂樓，屋主是個叫約翰・歐克（John Oker）的男人，他的女兒負責處理租屋事宜。他們最早於一八九三年四月刊登了租屋廣告。[3]

賀姆斯獨自去看那間公寓，並見到了約翰・歐克。[4]他說自己叫亨利・高登，告訴歐克他從事房地產。

歐克對未來的房客印象深刻。他打扮整齊，也許更恰當的形容詞是「講究」，衣著舉止都透露著自己經濟寬裕。亨利・高登說自己要租下公寓時，歐克十分開心。更開心的是，高登事先付給他現金四十元。高登告訴歐克，他和妻子幾週後會過來。

賀姆斯向米妮解釋，兩人早該搬了。[5]他們現在結婚了，他們需要一間比那棟城堡房間更大、更好的地方。這棟大宅不久會吵吵鬧鬧，充滿世博會的遊客。何況，就算沒有客人，這裡也不適合養育兒女。

想到陽光充足，空間寬敞的公寓，米妮確實很心動。事實上，城堡感覺一直陰沉沉的。而且米妮希望安娜來時，一切都很完美。不過，她有點疑惑，哈利為何要選這麼遠的地方，英格塢有這麼多美麗的房子，為何要選在北區呢？她說服自己，也許是因為世博會正式開始，這裡租金飆漲，賀姆斯不想花冤枉錢。

賀姆斯和米妮一八九三年六月一日搬進新公寓。[6]屋主女兒蘿拉・歐克（Lora Oker）形容高登「看來非常照顧他妻子」。[7]夫妻常去騎腳踏車，有一段時間還請了個女傭人。「我只能說，他向我們租屋時一切中規中矩，是個好房客。」歐克小姐說，「他介紹米妮・威廉斯為他妻子，我們一向稱呼她為『高登太太』。她則稱呼他『亨利』。」

把米妮安置到萊特伍大道之後，賀姆斯能自由自在享受經營世博會旅館的樂趣。

他的客人多半會在傑克森公園和中道區遊玩，常要到半夜才會回來。在旅館時，他們通常會待在自己的房裡，因為不像黎胥留旅館、大都會旅館和附近的紐朱利安旅館，賀姆斯大宅沒有設置公共區域，像圖書館、遊戲間和書房。他也沒有提供暗房，傑克森公園附近的旅館開始提供沖洗照片的服務，因為業餘攝影師人數不斷增加，他們手拿最新型的攜帶式照相機，人稱「柯達魔人」（Kodak fiend）。

女子覺得旅館相當可怕，尤其是晚上，但旅館老闆英俊瀟灑，看起來生活富裕，讓人稍微感到心安。賀姆斯不像在家鄉如明尼亞波利斯、德思莫恩或蘇瀑所認識的男人，他人很溫暖，充滿魅力，十分健談，像熟人一樣經常觸碰她們，這在家鄉可能算失禮，但在芝加哥嶄新的世界中莫名合理。這只是這場偉大的冒險中，這群女人發現的另一件新鮮事。而且都說是冒險了，如果沒有一點點危險像話嗎？

而且就大家看來，旅館老闆也格外寬宏大量。客人時不時無預警離開，帳也沒付，但他似乎完全不在意。他身上經常依稀有股化學藥劑味。[8]其實，這棟大宅常常有股藥味，但沒人放在心上。畢竟，他是個醫生，而且大宅的一樓本來就有間藥局。

作者資料出處和補充註解

1 *The first guests began arriving.* Boswell and Thompson著作中寫道：「每天晚上，城堡二、三樓全住滿了人。賀姆斯曾不情不願地讓幾個男人入住，但主要接待女人，尤其是年輕貌美富有的小姐，她們離鄉背井，如果一時沒回家，身邊沒人會察覺。許多人再也沒回家了。是的，許多人進了城堡，不曾出來。」(87) Franke著作寫道：「我們都知道，賀姆斯宣傳時說自己的『旅館』很適合來世博會的遊客。警方所知的失蹤人口中，至少有五十人能追溯到城堡，接著線索便斷了。」(109) Schechter於著作中寫道：「一八九三年五月到十月期間，沒人能確切指出賀姆斯究竟引誘了多少世博會旅客到城堡，但他那地方大多數夜晚都住滿了。」(56)

2 *He found a place: Chicago Tribune*, July 21, 1895.

3 *They first advertised:* Ibid.

4 *Holmes went alone:* Ibid.

5 *Holmes explained the move:* 賀姆斯希望米妮住離旅館愈遠愈好，這點無庸置疑，畢竟他選的公寓在北區，不過其實沒人知道他究竟用什麼說詞。我找了一個最有可能的說法。

6 *Holmes and Minnie moved: Chicago Tribune*, July 21, 1895.

7 *"seemed to be very attentive:* Ibid.

8 *That he often smelled:* 一八九五年七月三十日《芝加哥論壇報》報導，一個在賀姆斯大宅工作的理髮師表示屋內常飄出「奇怪」的氣味。一八九五年七月二十八日《論壇報》上，一名警探說：「我們一直都聽說賀姆斯的城堡有臭味。」

潘德嘉斯特

派翠克・潘德嘉斯特相信他不久就會被指派為市府法律顧問。他想好好準備，並開始為上任擬定計畫，招攬團隊。一八九三年五月九日，他又拿出一張明信片，寄到《州新聞》大樓，給一個叫W・F・庫林（W. F. Cooling）的人。派翠克替庫林上了一課，跟他說法律上權力最高的人是耶穌，接著再告訴他一個好消息。

「我是未來市府法律顧問人選之一。」他寫道，「如果我成為法律顧問，我打算請你來當我的助理。」[1]

作者資料出處和補充註解

1 "*I am a candidate*: *Chicago Record*, December 16, 1893, McGoorty Papers.

「黑夜是魔術師」

雖然世博會布展未完全，步道遍地車轍，土地都光禿禿的，但早來的遊客仍看到了城市可能、而且該有的樣貌。北方的黑城充滿黑煙和垃圾，但在白城中，遊客能享有乾淨的廁所、純淨的水源、救護車服務和電街燈，還有下水道處理系統，足以提供農夫於數英畝的土地上施肥。會場有遊客託嬰服務，而且最有趣的是，遊客將小孩留在兒童館時會拿到一張託兒收據，離開時要憑收據領回孩子。人少聲音大的芝加哥審查單位擔心，貧窮的父母會將孩子館當作收容所，把不要的小孩丟到那裡。雖然每天結束前人人都充滿擔憂，但至今只有一個命叫查理・強森的可憐孩子被遺棄，而且沒有任何孩子失蹤。[1]

在世博會展覽館中，遊客接觸到各種全世界最新的裝置和概念。[2]經由長途電話，他們在世博會能聽到紐約的交響樂演奏。他們在愛迪生的活動電影放映機看到了影片；電流滋滋流竄過尼古拉・特斯拉的身體時，他們看得目瞪口呆。他們還見到更瀆神的發明「拉鍊」117，以及第一個電動廚房，廚房內有一臺自動洗碗機。現場還有個叫「潔麥大媽」的品牌推出的產品，他們聲稱要做出主廚級的鬆餅，只要買這盒就夠了。世博會試賣了一種全新怪口味的口香糖叫「水果口味黃箭」，還有以焦糖包覆的爆米花叫「好傢伙王米花」。現場有一個新的穀物早餐叫「小麥穀枕」，有些人稱它「小麥門墊」，似乎不可能受到大家青睞。不過，有一款新啤酒賣得很好，贏得了世博會最佳啤酒獎。後來，釀造者順勢稱之為「藍帶啤酒」。遊客也見到了當世紀最新、最重要的收納發明「直立式檔案櫃」，發明者是麥爾威・杜威[118]，他也是杜威十進位圖書分類法的發明者。這些大展品之間還有各式各樣的精緻小東西，像以線卷堆成的火車頭、柯克肥皂蓋成的吊橋和醃黃瓜拼成的巨大美國地圖。李子果乾製造商送了一尊以李子果乾製成的等身高騎在馬上的騎士。路易斯安納州的艾佛里鹽礦公司送了一尊以鹽磚雕刻出的自由女神像，遊客戲稱為「羅得之妻」[119]。

最受人矚目，也為之心驚膽顫的是克虜伯展場的展品，弗里茲・克虜伯的「寵物怪獸」踞立在中間，四周放置了各式重型槍械。世博會熱門導覽書《省時觀展大全》（*Time-Saver*），將所有展品以一到三分評比，從一分代表只是「有趣」到三分代表「超級有趣」，本書給克虜伯展場的評價為三分。[3]不過對許多遊客來說，武器令他們不安。D・C・泰勒夫人（Mrs. D. C. Taylor）是世博會常客，她形容克虜伯的大炮是「可怕醜惡的東西，以鮮血和殺戮為食，是在世界文明發展下依然存在的野蠻。」[4]

泰勒夫人最愛榮耀廣場，而且她對人群穿梭在其中，行為格外斯文感到嘖嘖稱奇。「我們四周人人都動作輕柔，輕聲細語。沒有人趕時間或不耐煩，眾人彷彿中了魔咒，從開幕到閉幕都約束著我們。」[5]

中道區上，她發現截然不同的氣氛。泰勒夫人來到這裡時，走進終於開幕的開羅街，並觀賞她

---

117 拉鍊在專利申請時寫道：「拉鍊兩邊鍊帶如一男一女，每個鍊齒都有相對應鍊齒，拉上拉鍊時，鍊帶女邊的每個鍊齒會和男邊的鍊齒交合在一起。」拉鍊從發明到發展都充滿誘惑和性方面的想像。

118 麥爾威・杜威（Melvil Dewey, 1851-1931），美國圖書館館員和教育家，他發明的杜威圖書分類法影響全世界，成為大多數圖書館分類的根據。

119《聖經》故事中，上帝要將索多瑪、蛾摩拉及附近都毀滅。羅得的妻子逃命時，因為未遵從天使吩咐，回頭一看，結果化為一根鹽柱。

有生以來第一次的肚皮舞。她仔細望著舞孃。「她輕輕走到一邊，停頓腳步，敲起響板，然後又到另一頭做了同樣的事。接著她向前走幾步，停頓在舞臺上，腹部配合音樂上下起伏好幾次，身體他處沒有一絲肌肉在抽動，速度快得驚人，頭和腳也完全不動。」[6]

泰勒夫人和朋友走出開羅街時，默默對自己唱著〈我的國家屬於你〉，[7]像是一個害怕的孩子走過墓園，想藉唱歌紓解緊張。

世博會規模過大，令人難以全盤理解，因此遊客總有數不盡的問題來問哥倫布警衛隊。每個遊客提問時，或多或少都有相同的症狀，彷彿疑問是種傳染病，或是一種口語上的天花。問題多半大同小異，而且遊客口氣通常很焦急，還帶有指責。不過有的問題就只是怪而已。

「教宗在哪棟樓啊？」泰瑞莎．丁恩（Teresa Dean）每日都會替世博會寫一篇專欄，她偷聽到一女人問道。[8]

「教宗不在這裡，女士。」警衛回答。

「他在哪啊？」

「歐洲義大利吧，女士。」

那女人皺起眉頭。「那是在哪啊？」

警衛聽到這兒，相信她肯定是在說笑，於是打趣回道：「在那潟湖的底下，下去之後走三條街就到了。」

她問：「我要怎麼去那裡呢？」

另一個遊客想去蠟像館，她問警衛：「請問人造人在哪棟樓啊？」

警衛告訴她，他不知道，這時另　個遊客插了嘴。「這我之前有聽到。」他說，「他們在女性展覽館那頭。只管問婦女管理協會人員就知道了。」

一個雙腿殘廢的遊客靠假腿和拐杖四處參觀，[9]他外表看來肯定特別博學多聞，因為其他遊客不斷問他問題，最後那人埋怨這些問題多到他受不了了。

「還有件事我想知道。」一個遊客說，「這問完我就不打擾你了。」

「好吧，什麼事？」

「我想知道你腿怎麼斷的。」

那人說，除非這真的是最後一個問題，不然他不會回答。就這麼一個問題，不能再問了。清楚了嗎？

問問題的人答應了。

那人完全知道自己的答案會引起一連串的問題，他說：「腿是被咬斷的。」

「咬斷的！是怎麼——」

但事前已講好，那斷腿的人搖搖晃晃走了。

世博會才在拚遊園人數，水牛比爾的狂野西部牛仔秀早已吸引成千上萬觀眾。若科迪上校當時得到許可，這些人便需要先買傑克森公園入園票，世博會參觀人數勢必大增，收益也能大大提高。但因為表演是在世博會場地外，科迪現在週日也能照常演出，也不用將一半收益交給世博會公司。世博會六個月期間內，科迪三百一十八場表演中，每一場平均吸引了一萬兩千人到場，觀眾總人數達近四百萬人次。[10]

科迪大大搶走了世博會風采。[11] 牛仔秀主入口離世博會進出最頻繁的入口不遠，有些遊客以為他的表演正是世博會，而且看完都心滿意足地回家了。六月，一群牛仔為了記念世博會，舉辦了千里賽馬大賽，他們打算從內布拉斯加州的查德倫出發，一路騎到芝加哥，並將終點設在傑克森公園。獎金一千美金，十分豐厚。科迪提議，如果比賽設他的表演場地為終點，他個人將自掏腰包加碼五百元獎金，並加送一個漂亮的馬鞍。主辦方接受了。

總共有十名騎手，其中包括「響尾蛇」彼德（Pete）和內布拉斯加州改過自新的盜賊達克・米德頓（Doc Middleton）。他們一八九三年六月十四日早晨從查德倫的巴林旅館出發。根據競賽規則，每名騎手一開始能備有兩匹馬，一路上必須在各個檢查站登錄。最重要的一點是，他通過終點線時必須騎著最初其中一匹馬。

那場比賽最終失控，規則漏洞百出，馬匹不斷受傷。米德頓到伊利諾州不久便退出了。另外有四人也無法完賽。第一個通過終點線的人是個叫約翰・貝瑞（John Berry）的鐵道員，他六月二十七日早晨九點三十分騎著賽馬「毒藥」進入狂野西部牛仔秀表演場。水牛比爾光鮮亮麗，穿著鑲銀邊的白鹿皮外套，和所有狂野西部牛仔秀的表演人員及約一萬名芝加哥居民在那裡迎接他。但約翰・貝瑞最後只有拿到馬鞍，因為後續調查發現，比賽開始沒多久，他便將馬送上了東行的火車，自己也爬上車，舒舒服服度過前一百五十公里的路程。

科迪七月又搶盡風頭，世博會官方拒絕了卡特・哈里森市長的要求，市長希望世博會能有一天開放貧窮的孩子免費入場。但眾理事覺得承受不起，因為連一般門票銷售都還沒賺錢，即使是半價的兒童票，他們都要斤斤計較。水牛比爾馬上宣布狂野西部牛仔秀的兒童日，並加碼送上一張免費的火車票，芝加哥所有小孩不只能免費入場看表演，參觀狂野西部牛仔秀的營地，現場還有糖果和冰淇淋為孩子無限供應。

那天吸引了一萬五千人。

理事當初不給水牛比爾承租傑克森公園場地時，理由不無道理，他的狂野西部牛仔秀也許真的「不適合」世博會，但芝加哥的人民愛死了。

碧空萬里，天氣一路放晴。道路乾了，新開的花朵瀰漫芬芳。世博會漸漸完成了所有布置，連接世博會二十萬白熾燈泡的迴路上，電工解決了最後的問題。在伯南命令下，世博會場積極進行清潔工作。一八九三年六月一日，工人拆除了電氣館和礦業展覽館南邊瀉湖旁的臨時軌道，草坪終於不再充滿疤痕。六月二日《論壇報》報導：「整體環境明顯出現改變，製造業、農業、機械展覽館和其他大型建築外的一堆堆廢木箱都消失了。」[12]才一週前，製造業暨人文展覽館內充滿貨箱和垃圾，尤其是俄國、挪威、丹麥、加拿大展區，如今也盡皆清理乾淨，現場變得「完全不同，呈現出開闊的面貌」。

雖然內部展品充滿吸引力，但最早到傑克森公園的遊客馬上感受到，世博會最特別的吸引力來自建築。榮耀廣場雄偉壯麗的景象比當初在魯克里大廈想像得還不可思議。有的遊客為榮耀廣場感動，踏入其中便止不住眼中的淚水。

這並非單一元素的效果，而是綜合的成果。每棟建築本身氣勢磅礡，又採用了新古典風格，畫面加倍震撼，不僅挑簷齊高，外表都漆成柔和的白色，富麗堂皇，驚為天人，與遊客家鄉乏味的建築相去甚遠。「就我看來，其他人工造景沒有一個像榮耀廣場那麼完美。」身兼旅遊指南作家及出

版編輯的詹姆士·傅樂頓·莫賀德（James Fullarton Muirhead）寫道。他接著表示，廣場「實際上無可挑剔。呈現在眾人面前的美感經驗飽滿，令人心滿意足，彷彿看著經典畫作或雕塑，同時景色又廣闊雄偉，令人心曠神怡，任何單一的藝術作品都無法比擬」。[13]芝加哥檢察官，也是新興詩人的艾德格·李·馬斯特[120]稱廣場為「看不膩的夢幻美景」。[14]

陽光劃過天際，正因建築毫無色彩，光影千變萬化，萬紫千紅，格外迷人。清晨伯南巡視場地時，建築呈灰藍色，在迷濛幽昧的晨霧中彷彿飄浮空中。每天傍晚，太陽將建築染成一片赭紅，點亮微風揚起的沙塵，空中彷彿蒙上一層柔軟的橙色面紗。

有一日傍晚，伯南帶著一群人登上電汽船，其中包括約翰·魯特的遺孀朵拉和數位外國使節。伯南喜歡陪伴朋友和高官遊覽世博會，但總是希望能親自安排路線，這樣朋友才能以他認為最好的方式參觀，建築要從特別的角度依序觀賞，彷彿他仍是在書房中展示一張張設計圖，而不是真實的建築。

他第一年規劃時，就減少了傑克森公園的入口，試圖迫使所有世博會遊客依照他的順序參觀。遊客最後大多從公園西方的車站，穿過巨大的大門，或從東方世博會港口入園，第一腳踏進的都是榮耀廣場。強烈的第一印象確實很重要，但也暴露了他背後霸道的美學考量。他並沒有如願以償。理事堅持要多設入口，鐵路公司拒絕將世博會的火車聚匯到單一車站。伯南從未完全妥協。世博會期間他都說：「接待我們的客人時，由於重視其意見，我們都堅持先帶他們進到中央大廣場。」[15]

電汽船載著伯南、朵拉·魯特和外國使節靜靜穿過潟湖，水波擾亂了湖面映出的白城。夕陽落下東岸陽臺，於西岸投下深藍色的陰影。女人穿著緋紅色和碧綠色的禮服緩緩沿著河堤漫步。聲音飄過水面，間或傳來笑聲，如酒杯輕觸般清脆。隔天，一夜五味雜陳之後，朵拉·魯特寫信給伯南，感謝他導覽，並試著表達她複雜的心情。

「昨天傍晚要不是外國朋友打算去看些更刺激的表演，我們在潟湖上的時光彷彿進入了永恆。我想我會希望能在那夢幻國度一直漂流下去吧。」那景象讓她產生衝突的情感。她寫道：「眼前一切令人入迷，但我同時感到無比悲傷，我經常覺得若能馬上飛到樹林和山中該有多好，相信人能在那裡找到平靜。如今你的工作結束，約翰想營造的美景也已出色地呈現。對於你這兩年來工作的事，我其實心底有些意見，幾欲開口，但我不信任自己。我如此在意是因為對我來說，此事具有非凡的意義，而我希望你了解，也相信你能體諒。多年來，他的希望就是我的希望，他的野心也是我的野心，不知不覺那份心情一直都在。我將一切寫下對我來說是個解脫。我相信你不會介意。」[16]

若傍晚的世博會充滿魅力，夜晚便是令人心醉。建築和步道上的燈具呈現出電子照明精良之處，更是史上第一次大規模交流電測試。光是世博會便消耗了整座芝加哥市三倍的電力。[17]這些都是工程史的里程碑，但遊客很單純，他們真正愛的是無數燈泡點亮時的美麗畫面。每一棟建築外，包括製造業暨人文展覽館，都設有白熾燈泡。製造業暨人文展覽館屋頂上還架有史上最大的探照燈，光束掃過會場和周圍社區，據說一百公里外都看得到。巨大的彩色燈泡照亮了哥倫布噴泉數十公尺高的水柱。對許多遊客而言，透過世博會的夜間照明，他們才首次見識到何謂電力。剛從波蘭

120 艾德格・李・馬斯特（Edgar Lee Master, 1868-1950），美國律師、詩人和劇作家，出版十二齣劇、二十一本詩集、六本小說和六本名人傳記，包括林肯、馬克・吐溫和惠特曼等人。

來到芝加哥的女孩希妲．薩特（Hilda Satt）跟父親一同走到世博會。「暮光漸漸消逝，上百萬個燈突然同時亮起。」她幾年後回想道，「除了煤油燈，我從沒見過其他照明，那一瞬間，彷彿看到了天堂。」[18]

父親告訴她，燈是由電力開關啟動的。

「不用火柴嗎？」她問道。

燈火通明，再加上身穿藍制服的哥倫布警衛隊身影時時都在，世博會又立下一項里程碑。芝加哥人第一次能安全地在夜裡行走。光是這一點便漸漸吸引大量遊客，尤其是年輕的情侶，他們受制於維多利亞時代交往的陳規，需要一個幽靜昏暗的地方。

晚上燈光和黑影交織，掩飾了世博會許多缺點。像美國政治家約翰．英格爾（John Ingalls）在《柯夢波丹》寫道，那裡有「無數餐點的垃圾，簡直不堪入目」。[19]但在光影作用下，丹尼爾．伯南夢想中的完美城市在那幾小時中彷彿化為真實。

英格爾寫道：「黑夜是世博會的魔術師。」[20]

最初來參觀的遊客回到家鄉，紛紛跟親朋好友述說，雖然世博會還沒完成，但遠比自己所想得更雄偉壯觀、氣勢萬鈞。伯南那時代首屈一指的建築評論家蒙哥馬利．史凱勒[121]寫道：「第一次來世博會的遊客最常有的評語是，不論看了多少敘述或照片，都不足以形容世博會，實際見到總是令人震撼。」[21]遠方來的特派記者也將同樣的評論寄回給編輯，眾人的驚喜和敬畏漸漸滲透到國內每個城鎮角落。報紙上不斷報導國內經濟崩垮的消息，田野、山谷、窪地間的家家戶戶原本人心惶惶，現在心裡卻只想著芝加哥。這一趟確實會花不少錢，但似乎愈來愈值得一遊，不去甚至將抱憾終生。只要費里斯先生能加緊趕工，完成那巨輪就好了。

121 蒙哥馬利・史凱勒（Montgomery Schuyler, 1843-1914），美國紐約評論家和記者，為藝術、文學、音樂和建築撰寫評論。尤其在建築上，他肯定了現代設計和摩天大廈，大大影響美國建築發展。

作者資料出處和補充註解

1 *Only one child*: Weimann, 352. For broader discussion of daycare at the fair, see Weimann, 254–333, 349–52.

2 *Within the fair's buildings*: Burg, 206; Gladwell, 95; Miller, 494; Muccigrosso, 93, 163; Schlereth, 174, 220; Shaw, 28, 42, 49.

3 *A popular guide*: Burg, 199.

4 "*a fearful hideous thing*: Taylor, 9.

5 "*Every one about us*: Ibid., 7.

6 "*She takes a few*: Ibid., 22–23.

7 "*My Country 'Tis of Thee*: Ibid., 23.

8 "*In which building*: Dean, 335.

9 *One male visitor*: Ibid., 378.

10 *Over the six months*: Muccigrosso, 150; *The World's Fair*, 851.

11 *Often Cody upstaged*: Carter, 372–73; Downey, 168–69.

12 "*A strikingly noticeable change*: *Chicago Tribune*, June 2, 1893.

13 "*No other scene*: Pierce, *As Others See Chicago*, 352.

14 "*an inexhaustible dream*: Masters, 7.

15 "*we insisted on sending*: Untitled manuscript beginning: "To him who has taken part,"Burnham Archives, Box 59, File 37.

16 "*Our hour on the lagoon*: Dora Root to Burnham, undated, Burnham Archives, Box 3,File 63.

17 *The fair alone*: Hines, 117.

18 "*As the light was fading*: Polacheck, 40.

19 "*unspeakable debris*: Ingalls, 141.

20 "*Night," Ingalls wrote*: Ibid.

21 "*It was a common remark*: Schuyler, 574.

犯罪手法

於是，一切便這麼開始了。[1]賀姆斯為遊客供餐的餐廳女服務生失蹤了。前一天她還在工作，隔天就不見人影，她突然離去，毫無解釋。賀姆斯似乎跟眾人一樣摸不著頭緒。一個叫珍妮・湯普森（Jennie Thompson）的打字員失蹤了，還有一個叫艾弗琳・史都華（Evelyn Stewart）的女子，她不是賀姆斯的員工，就是住在他旅館的客人。有個男醫師在城堡租了間辦公室，待了好一陣子，他和賀姆斯交情不錯，大家常見到他們在一起。後來他也一字不提，匆匆消失了。

旅館的化學藥劑氣味一陣又一陣傳來，如潮汐一般。[2]有時走廊充滿腐蝕性的氣味，彷彿清潔劑用太多，有時則帶有一種尖銳的藥味，彷彿哪個牙醫在大宅某處幫客人麻醉。這棟屋子的瓦斯管線似乎出了問題，走廊上定期會出現瓦斯燃燒不全的氣味。

親朋好友經常來探尋失蹤的親友。[3]賀姆斯如常感同身受，熱心幫忙。警方依舊沒有介入。有錢人和外國高官來訪芝加哥人數愈來愈多，再加上街頭無數小偷、暴徒和騙子流竄，警方已分身乏術。

不像開膛手傑克，賀姆斯沒有面對面將人開膛剖腹，感受溫熱鮮血和內臟，但他確實喜歡靠近對方。[4]他喜歡靠近身體，聆聽受害者驚慌失措，一步步死亡的聲音。這是他最滿足的一刻。金庫

無法完全隔絕哭喊和敲打。旅館住滿客人時，他採用更安靜的方式。他將房間灌進瓦斯，讓客人在睡夢中死去，不然就是用萬能鑰匙溜進房，以浸著哥羅芳的布蓋住對方口鼻。總之，這是他權力的呈現，由他來選擇。

不論方法為何，結果都會讓他擁有一具新鮮的「材料」，任憑他處置。

接下來，最終階段就是找來他才華獨具的朋友查波，用拼骨技術讓一切大功告成，不過他不常找查波幫忙。[5]他把其他用完的材料都扔進燒窯，或埋到坑裡，灑上石灰。[6]他每次都不敢將查波拼好的骷髏頭留太久。早期他曾立下規矩，絕不留下任何戰利品。他渴望的是那稍縱即逝的滋味，像是新鮮的風信子花。一旦消失了，就只有再下一次手才能重現。

作者資料出處和補充註解

1 *And so it began: Chicago Tribune*, July 30, 1895, August 1, 1895. 一八九五年七月二十六日《論壇報》上，芝加哥警局局長表示：「賀姆斯這人究竟讓多少人消失，我們無從得知。」也參見 *Philadelphia Inquirer*, April 12, 1896.

2 *chemical odors: Chicago Tribune*, July 30, 1895.

3 *There were inquiries: Philadelphia Public Ledger*, November 21, 1894, July 22, 1895; Franke, 106; Schechter, 233. 也請見Eckert著作二百零九頁至二百一十頁。Eckert引用了茱麗亞·康納母親的信，信上日期是一八九二年十二月二十二日。雖然Eckert的《腥紅宅邸》(*The Scarlet Mansion*)是本小說，但他在電子郵件中告訴我那封信是真的。

4 *Holmes did not kill face to face:* 一八九五年七月二十八日《芝加哥論壇報》上，一名芝加哥警督表示：「我相信賀姆斯不會用斧頭或其他致命武器殺死被害者，但我全心相信他有辦法溜進黑暗的房中，趁受害者在睡覺時打開瓦斯開關。」

5 *The subsequent articulation:* Regarding the work of the "articulator," Charles Chappell, see *Chicago Tribune*, July 21, 23, 24, 25, 26, 28, 29, 30, 1895; *New York Times*, July 29, 1895; *Philadelphia Public Ledger*, July 23, 27, 29, 30, 1895; Boswell and Thompson, 81–86; Franke, 98–101; and Schechter, 39–44.

6 *He disposed of other: Chicago Tribune*, July 20, 23, 24, 25, 26, August 18, 1895; *Philadelphia Public Ledger*, July 22, 24, 25, 26, 27, 29, 30, 1895.

轉得好

一八九三年六月第一週，費里斯的工人開始撬開包覆和支撐巨輪鷹架上的木條和木板。弧型的輪框高掛空中，離地高達八十公尺，與伯南所建的共濟會會所中最高層樓一樣高，那是當時城內最高的建築。[1]三十六節吊艙都放置在地上，還沒掛上去，像是脫軌的火車車廂。但摩天輪已準備啟用。少了工程鷹架，摩天輪單獨矗立，顯得格外危險而脆弱。「沒有工程機械腦袋的人根本不可能明白，這龐然大物怎麼還站得住。」納撒尼爾・霍桑[122]之子朱利安寫道，「一眼望去沒看到什麼支架，有的看起來也不牢靠。輪輻像一面蛛網，就像最新型的腳踏車設計。」[2]

六月八日週四，路瑟・賴斯向中道區兩百公尺之外，萊辛頓大道上巨大鍋爐旁的鍋爐工打信號，要他將蒸氣灌入管徑二十五公分的地底蒸汽管。等鍋爐壓力夠了，賴斯朝摩天輪下方凹坑中引擎室裡的工程師點點頭，蒸氣咻咻衝入兩臺上千馬力的引擎活塞。驅動鏈輪平滑無聲地轉動起來。賴斯命令將引擎關上，緊接著工人將九公噸的鏈條裝上驅動鏈輪，另一端也安裝到巨輪之上。賴斯派電報給人在匹茲堡漢彌頓大樓辦公室的費里斯：「引擎灌入蒸汽後運轉正常。鏈輪鏈條已安裝完成，巨輪準備就緒。」[3]

122 納撒尼爾・霍桑（Nathaniel Hawthorne, 1804-64），美國著名小說家，代表作品為《紅字》。小說作品歸類於是浪漫主義時期的作品，內容常會探討道德和心理層面的議題。兒子朱利安・霍桑（Julian Hawthorne, 1846-1934）為美國知名作家和記者。求學時期在美國和德國攻讀土木工程，並曾在紐約擔任工程師。

費里斯無法親自到芝加哥，但他派合夥人W．F．格羅諾監督首度運轉。六月九日週五凌晨，格羅諾火車經過南區，發現摩天輪在那一帶鶴立雞群，正如艾菲爾在巴黎的設計。身旁乘客看到摩天輪的大小和不牢固的外觀，不禁連聲驚嘆，格羅諾聽了心裡既自豪又焦慮。費里斯受夠工程延宕，也受夠伯南的糾纏，他吩咐格羅諾趕快啟動摩天輪，不然乾脆把它拆了。

最後的調整和檢查花了週五一整天，但日落西山前，賴斯告訴格羅諾一切似乎準備好了。

「我不敢開口。」格羅諾說，「所以我只點點頭，示意開始。」他確實十分焦急，想趕快確認摩天輪能不能運作，但同時「很樂意將測試延期」。[4]

現在只剩啟動蒸汽機，看會發生什麼事了。從未有人打造過這麼巨大的輪子。要說輪子能平穩地運作不會壓垮鋼架，至此都只是工程師本著於對鋼鐵的了解，經縝密計算後所做出的結論。輪子一旦開始轉動，史上沒有任何建築結構曾承載過這種特殊的壓力。

費里斯美麗的妻子瑪格麗塔站在附近，雙頰發紅，無比興奮。格羅諾相信她和自己一樣精神緊繃。

「突然之間，一聲轟天巨響讓我回神過來。」[5]他說。低鳴劃破天空，附近包括布魯姆的阿爾及利亞人、埃及人、波斯人和大約一百公尺內的所有遊客全停下來，盯著摩天輪。

格羅諾說：「我抬起頭，看到巨輪緩緩移動。到底發生了什麼事！為何有這麼可怕的聲音！」

格羅諾跑向賴斯，他站在引擎室的凹坑裡，仔細望著壓力錶和機械運轉。格羅諾原本以為賴斯會緊急關閉引擎，但賴斯神情一派輕鬆。

賴斯解釋，他只是在測試摩天輪的煞車系統，也就是輪軸上那一圈鋼鐵。光是這次測試，摩天輪就已轉了八分之一圈。賴斯說，那只是鋼圈表面生鏽被刮下來的聲響。

坑裡的工程師鬆開煞車，啟動傳動齒輪。鏈輪開始轉動，鏈條也滑動起來。

此時眾多阿爾及利亞人、埃及人和波斯人，可能甚至幾個肚皮舞孃都聚集到了摩天輪的搭乘平臺，平臺做成階梯形，所以摩天輪開始營運時，一次有六節吊艙能上下。現場鴉雀無聲。

摩天輪開始旋轉時，沒裝上的螺帽和螺栓從軸輻上如雨落下，其中還有幾個扳手。摩天輪組裝時耗費了一萬兩千八百八十九公斤的螺釘。當然會有東西忘在上頭。[6]

異國村村民對落下的鋼鐵毫不在意，他們齊聲歡呼，並開始在平臺上跳舞。有人演奏起音樂。冒著生命危險建造摩天輪的工人，此時又冒著生命危險爬上緩緩移動的支架。「上頭還沒有裝上吊艙。」格羅諾說，「但眾人一點也不在乎，他們爬到輪輻上，坐到摩天輪支架末端，像我坐在這椅子上一般自在。」[7]

摩天輪轉一圈需要二十分鐘。巨輪完整轉一圈之後，格羅諾才感到這次測試成功了，這時他說：「我總算可以大聲慶祝了。」[8]

費里斯太太和他握手。群眾歡呼。賴斯寄電報給費里斯，費里斯一整天都在等待測試的消息，每個小時都更心急如焚。西聯電報匹茲堡辦公室在晚上九點十分接獲電報，身穿藍制服的信差穿梭略寒的春夜，將電報送到費里斯手中。賴斯寫道：「最後組裝和調整之後，傍晚六點灌入蒸汽，巨輪完整轉了一圈，一切順利，一圈需要二十分鐘——恭喜你大功告成，中道區正大肆慶祝。」[9]

隔天六月十日週六，費里斯傳電報給賴斯：「收到你的電報說，昨晚六點摩天輪已轉第一圈，而且一切成功，消息傳來全員都十分振奮。這點我也恭喜你，並希望你能日夜趕工安裝吊艙——若無法安裝，晚上先將吊艙安裝巴氏合金，做好準備。」[10]所謂「裝上巴氏合金」意思是要賴斯先裝好軸承。

摩天輪成功運轉，但費里斯、格維諾和賴斯全都知道，未來還有更重要的測試。週六開始工人會將吊艙掛上去，摩天輪將首次承受重量。三十六節吊艙每個重約一點二噸，總計近四十五噸的重量。這還不包括乘客，到時候可能還得加上九十噸左右的重量。

賴斯週六一接到費里斯的賀電，馬上回了電報，告訴他其實第一節吊艙早就掛上去了。

出乎意料之外，傑克森公園外頭，摩天輪首度運轉幾乎無人注意。全城之中，最講究「冰鎮」的那群人正關注著傑克森公園內發生的另一樁事。西班牙特使尤拉莉亞公主初次來世博會，她是西班牙前國王阿方索十二世的么妹，也是被放逐的西班牙女王伊莎貝拉二世的女兒。

這一趟並不順利。

公主二十九歲，國務院人員表示：「她容貌秀麗，舉止優雅，個性開朗。」[11]她從紐約坐火車提早兩天抵達，並馬上被接到帕默旅館，住在最豪華的套房中。芝加哥擁護者認為，公主來訪是個大好機會，一方面能展現芝加哥文雅高尚的新面貌，一方面能向世界證明，或至少向紐約證明，芝加哥也能接待皇家貴賓，正好比豬鬃也能做畫筆。第一則警訊來得很早，紐約通訊社傳來一則醜聞，向全國宣布這年輕的女人居然會抽菸，由此可知，事情可能不會如預料中那麼順利。

六月六日週二，公主來到芝加哥第一天下午，便帶著侍女和克里夫蘭總統指派的一名副官，悄悄溜出旅館。芝加哥市民完全不認得她，於是她自由自在地穿梭街道。「其實這最好玩了，街上來來往往的人都曾在報紙上讀到我的消息，也看過報上照片，或多或少對我有點印象，但我卻偷偷混在人群裡。」[12]她寫道。

她在六月八日週四首次踏入傑克森公園，那正是費里斯摩天輪轉動的第一天。哈里森市長陪在她身旁。她經過時群眾都鼓掌歡呼，不為別的，純粹因為她是王室貴族。報紙稱她為世博會女王，將她放上報紙頭版。但對她來說，這一切都非常無聊。她羨慕著芝加哥女人享有的自由。「我後來想到一件事，心裡實在不是滋味。」她寫信給母親道，「就算西班牙未來終於跟上自由的腳步，對我來說也太遲了。」[13]

隔天週五早晨，她覺得自己官方的責任已盡，打算好好享受這段時光。例如，她拒絕了委員會典禮的邀請，一時興起跑去德國村用餐。

不過，芝加哥上流社會才正在摩拳擦掌呢。公主可是王室貴族，她當然要受到貴族該有的待遇。有天晚上，按照行程，公主原本要參加柏莎・帕默於湖岸大道帕默宅邸主辦的晚宴。帕默夫人還特別訂了張王座放在高臺上。[14]

公主突然發現主辦人和旅館同名，於是找人問了一下。她發現柏莎・帕默是旅館老闆的妻子之後，她對外宣布自己絕對不可能接受區區「旅館老闆娘」的邀請。[15]此舉重重打擊了芝加哥社交界，他們一輩子都無法忘懷和原諒。

但礙於情面，她還是依約出席，結果心情卻變得更糟。經過一天悶熱，芝加哥晚上下起大雨。等尤拉莉亞公主到帕默夫人家大門口，白色的綢緞便鞋全都溼透了，她對典禮的耐心也消磨殆盡。她為眾人留了一小時，然後馬上離去。

隔天她回絕了辦在行政大樓的一場正式午餐宴席，再次私下到德國村用餐。那天晚上芝加哥專程在音樂廳替她辦了場音樂會，她晚到一個小時。音樂廳內坐滿了芝加哥各大家族人物。她最後僅待了五分鐘。

後續關於她行程的報導漸漸充斥酸言酸語。六月十日週六，《論壇報》不屑地報導：「公主殿下……習慣不顧行程，只順著自己內心的喜好行動。」[16]芝加哥各報紙一再重複，她做起事來喜歡跟隨「自個兒的性子」。

其實，公主慢慢喜歡上芝加哥了。她喜歡在世博會的這段時光，尤其喜歡卡特．哈里森。她送他一個鑲著鑽石的黃金菸盒。她計畫在六月十四日週三離開，臨行前幾天她寫信給母親：「我真捨不得離開芝加哥。」[17]

芝加哥人見她離開絲毫沒有依依不捨。若她週三早晨拿起一份《芝加哥論壇報》，會發現社論怨聲載道：「王室對於共和國人而言就是個難搞的客人，而西班牙王室更是難搞中的難搞……他們習慣晚到早退，大家見了只覺得他們怎麼不再更晚到、更早走，其實甚至乾脆不要來算了。」[18]

不過，寫出這段話，確實是代表心裡受傷，不吐不快。芝加哥替餐桌鋪上了最好的桌巾，放上最精緻的水晶杯，不是因為真心尊敬王室，只是為了向世界展現自己能將桌子設得多好。沒想到，嘉賓居然退避三舍，自己跑去吃德國香腸，配酸菜和啤酒。

作者資料出處和補充註解

1 *The rim arced*: 摩天輪直徑大約七十五公尺，但最高處逾八十公尺，因為地面和摩天輪必須留有距離。共濟會會堂高達九十公尺，但那高度包括頂樓上方挑高的弧形屋頂。
2 "*It is impossible*: Hawthorne, 569.
3 "*Engines have steam*: Rice to Ferris, June 8, 1893, Ferris Papers, Ferris Correspondence: Miscellaneous.
4 "*I did not trust myself to speak*: Anderson, 58.
5 "*Suddenly I was aroused*: Ibid.
6 *As the wheel began to turn*: Ibid., 60.
7 "*No carriages were as yet placed*: Ibid.
8 "*I could have yelled out*: Ibid.
9 "*The last coupling*: Rice to Ferris, June 9, 1893, Ferris Papers, Ferris Correspondence: Miscellaneous.
10 "*Your telegram stating*: Ferris to Rice, June 10, 1893, Ferris Papers, Ferris Correspon-dence: Miscellaneous.
11 "*rather handsome*: Weimann, 560.
12 "*Nothing could be more entertaining*: Ibid.
13 "*I realize with some bitterness*: Ibid., 262.
14 *In preparation*: Weimann, 560.
15 *She declared*: Ibid.
16 "*Her Highness*: Quoted in Wilson, 264.
17 "*I am going to leave*: Ibid., 267.
18 "*Royalty at best*: Ibid., 269.

南妮

安娜．威廉斯小名「南妮」（Nannie），她在一八九三年六月中旬從德州密德羅申來到芝加哥。德州天氣炎熱，一片光禿，相較之下芝加哥氣候涼爽，煙霧迷濛，充滿火車和喧囂。姊妹兩人眼眶泛淚，緊緊相擁，彼此稱讚對方看起來多美，米妮介紹了丈夫亨利．高登給安娜認識。看了米妮的信，安娜發現他比自己所想的矮，也沒那麼英俊，但他身上有種氣息，就連米妮熱情洋溢的信都沒有捕捉到。他散發著溫暖和魅力。他說話溫柔。他會觸碰她，害她只好抱歉地望著米妮。她述說自己從德州到此的旅程時，哈利聽得好專注，讓她覺得車裡好像只有他們倆一樣。安娜一直望向他的雙眼。

對待米妮時，他溫柔體貼，臉上時時掛著笑，再加上那份深情，安娜的疑心迅速一掃而空。他確實看起來深深愛著她。他充滿熱誠，時時都逗得她很開心，當然也逗得安娜花枝亂顫。他買了珠寶當禮物。他送給米妮一只金懷錶，鍊子是樓下藥局的珠寶商特製的。安娜想也不想便叫起他「哈利姊夫」。[1]

米妮和哈利先帶她遊覽芝加哥。[2]城裡雄偉的建築和華麗的豪宅令她驚嘆，但空中的煙霧、昏暗的角落和揮之不去的垃圾腐臭令她作噁。賀姆斯帶姊妹倆去聯合飼養場，嚮導領著他們進到宰殺的核心地帶，並提醒他們要小心腳步，免得因為血水滑倒。他們看著一隻隻豬被倒吊起來，一邊尖鳴，一邊搖搖晃晃順纜繩送入下方的屠宰室，那裡的人拿著血淋淋的刀，專業地割開牠們的喉嚨。

接下來，豬隻會浸到一桶滾燙的熱水之中，有的豬在那時仍活著。燙完水之後便會刮乾淨豬鬃，鬃毛會收到刮毛檯下的桶子裡。然後每隻冒著蒸氣的豬會送入各個工作站，全身是血的師傅會固定劃個幾刀，豬依序向前時，一塊塊豬肉便溼黏地重重落到檯上。賀姆斯神色自若。米妮和安娜嚇死了，但又因為宰殺極有效率而感到莫名刺激。安娜耳聞不少芝加哥的事，聽說這城市令人無法抗拒，連野蠻都能獲得富裕和權力，而飼養場正完美體現這一切。

接著便是盛大的世博會了。[3] 他們搭上沿六十三街建造的L巷鐵路。進到世博會會場之前，火車經過了水牛比爾的狂野西部牛仔秀表演場。從高架橋上，他們看到環形表演場東側以及周圍的座位，也看到他的馬匹和水牛，以及貨真價實的驛馬車。火車通過世博會圍牆，緩緩駛下坡道，停到位於交通展覽館後方的終點站。哈利姊夫替他們付了五十分錢的入場費。在世博會的十字轉門前，賀姆斯也只能乖乖付現。

他們當然先去參觀了交通展覽館。他們看到普爾曼公司的「理想產業」展，裡面有普爾曼公司城鎮精緻的模型，公司將自己建的城鎮吹捧為工人的天堂。交通展覽館附屬區都停滿火車和火車頭，他們從頭到尾參觀完普爾曼紐約至芝加哥特快車，裡頭設有長毛絨座椅和地毯，還有一個個水晶玻璃杯和光滑的木牆。在英蒙航運的展場中，客輪的一部分矗立在他們眼前。他們穿過黃金拱門走出展覽館，建築面門呈淡紅色，黃金拱門彷彿一道鍍金的彩虹。

如今，安娜首度感受到世博會真正浩瀚的規模。她前方橫著一條寬闊的道路，向左望去，道路沿著一大片潟湖和林島延伸，向右望去則看到礦業和電氣展覽館高大的門面。遠方她看到一輛火車沿著公園邊緣呼嘯而過，那是世博會全面電氣化的高架鐵路。附近電汽船無聲地滑行過潟湖。往大道遠處望去，製造業暨人文展覽館矗立在一角，如落磯山脈高聳的懸崖。白鷗掠過建築前方。建築

物大得出奇。賀姆斯和米妮接下來帶她去那裡。她一踏入其中，便感到建築物甚至比外觀來得更寬闊。

人的呼吸和煙塵形成一層藍霧，模糊了七十五公尺高繁複的天花板支架。天花板中央，五個巨大的電氣水晶燈彷彿浮在空中，這足至今打造過最大的水晶燈，每個直徑二十二公尺，亮度相當於八十二萬八千根蠟燭。根據蘭德麥克納利出版公司所製作的暢銷書《芝加哥世博會指南》（*Handbook to the World's Columbian Exposition*），吊燈下是一座室內的城市，有著「一座座鍍金圓頂建築、尖塔、清真寺、宮殿、亭子和五花八門的小型展場」。[4]中央踞立一棟鐘塔，那是室內最高的建築，高逾三十六公尺。鐘能自動上發條，直徑二公尺的鐘面能完整顯示日時分秒。儘管鐘塔如此之高，天花板又高上快四十公尺。

安娜目光望過室內城市，抬頭望向鋼鐵天幕時，米妮站在一旁眉開眼笑，十分驕傲。那裡一定有數以千計的展覽。即使只逛一部分，光是用想的就令人怯步。他們在法國展場看到哥白林（Gobelin）掛毯，在美國黃銅公司展覽中看到亞伯拉罕．林肯依真人面模所製的銅像。其他美國公司展覽玩具、武器、手杖、行李箱和所有能想得到的製造產品。有個大型展覽是關於埋葬用品，包括大理石和石碑、陵墓、壁爐、棺材、骨灰盒和殯葬業者的各式工具及家具。

米妮和安娜不久便累了。[5]他們走出建築，彷彿如釋重負，先到北運河旁的陽臺，並漫步走向榮耀廣場。安娜到了那裡，再次感到震撼。這時已是中午，日中當中。黃金打造的共和國雕像「大瑪麗」彷彿火炬站在中央。雕像基座所在的水池泛起陣陣漣漪，閃爍鑽石般的粼粼光芒。遠方的柱廊（Peristyle）有十三根高大的白柱，柱子間看得到再過去那蔚藍的湖水。廣場上光輝璀燦，十分刺眼。他們身旁許多人都戴上了藍鏡片的眼鏡。

他們決定先去吃飯，餐飲選擇數也數不盡。大多主建築都有餐飲販賣部。光製造業暨人文展覽館便有十處，還有兩間大餐廳，分別是德國和法國餐廳。交通展覽館有一間咖啡館，位於黃金拱門外的陽臺，那裡能飽覽潟湖區美景，因此十分熱門。會場四處都有著海爾斯麥根沙士[123]站，後來賀姆斯找了一處為她們買巧克力、檸檬水和麥根沙士。

他們幾乎每天都會來逛世博會，要能好好逛一輪，大家公認最少必須待上兩週。以當時而言，最吸引人的建築自然是電氣展覽館。在裡頭的「小劇場」（theatorium），他們聽了此時在紐約演奏的交響樂團。他們在愛迪生的電影放映機見識了電影。愛迪生也展示了一個能儲存聲音的奇異圓筒。「一個在歐洲的男人若要對在美國的妻子說話，他只要把話都說到圓筒裡，將圓筒包裝好透過快遞寄來就行了。」蘭德麥克納利公司出版的指南寫道。「男人對圓筒說的千言萬語，他的愛人字字句句都能聽到，千里之音如今只在咫尺之遙。」[6]

他們也見到了第一把電椅。

他們特別留了一天去中道區。安娜在密西西比和德州的經驗都難以和眼前的一切比擬，例如肚皮舞孃和駱駝，還有個充滿氫氣的氣球能將人載到數百公尺高。「說客」（Persuader）在平臺上叫著她，引誘她走進摩爾式宮殿，裡頭不僅有鏡子屋，讓人探索視覺幻象，也有一個風格多樣的蠟像館，遊客在裡面可以看到可愛的小紅帽，也能看到瑪麗・安東尼王后上斷頭臺。[7]中道區四處都五彩繽紛。開羅街充滿淡黃色、粉紅色和紫色。就連優惠套票上也增添不少色彩，土耳其戲院票是亮藍色，

123 Root Beer為北美流行的一種無酒精碳酸飲料，臺灣一般譯成「麥根沙士」。但沙士（Sarsi）原是指由墨西哥菝葜（Sarsaparilla）為原料做成的Root Beer，僅為此類飲料中其中一種。海爾斯（Hires）是北美著名汽水製造商。

拉普蘭村的票是粉紅色，威尼斯貢多拉船票是淡紫色。[8]

可惜的是，費里斯摩天輪還沒建好。

他們走出中道區，緩緩向南走回六十三街和L巷鐵路。他們精疲力盡，心滿意足，但哈利答應她們再來這裡一次。七月四日，這裡將舉辦一場眾所期盼的煙火大會，據說規模空前盛大。

哈利姊夫似乎很喜歡安娜，他邀請她夏天也住下來。她受寵若驚，接受了他的邀請，寫信請家人將她的大行李箱寄到萊特伍大道的住所。

她顯然心裡便暗自期待，因為她早已整理好行李箱中的行李。

賀姆斯的助手班傑明．皮特佐也一起去了世博會。他替兒子霍華買了個陀螺當紀念品，陀螺上頭還坐了個小錫人。[9]那馬上成為兒子最喜愛的玩具。

作者資料出處和補充註解

1 *Without even thinking*: *Chicago Tribune*, July 20, 1895.

2 *First Minnie and Harry*: 雖然血腥萬分，充滿惡臭，聯合飼養場是芝加哥最吸引旅客的景點，導遊確實會帶眾人進到屠宰進行之處。賀姆斯看來很可能帶米妮和南妮去那裡，一部分因為飼養場確實是知名景點，一部分是因為看女人嚇得花容失色，他確實能得到某種滿足。厄普頓・辛克萊在《魔鬼的叢林》一書寫道：「對一些遊客來說，這景象令人無法忍受。男人會望向彼此，緊張地大笑，女人會緊握雙手，面色泛紅，雙眼泛淚。」（35）欲知飼養場宰豬生產線細節，請參考書目中辛克萊的著作，尤其是三十四至三十八頁；還有Thomas J. Jablonsky和Louise Carroll Wade條目。Wade寫道，世博會那年超過一百萬人參觀了飼養場（xiv）。魯德亞德・吉卜林在文章〈芝加哥〉寫道：「我沒注意到頭頂上潤滑過的軌道、滾輪和滑輪，一拐過轉角，便衝入去完內臟的屍體之間，每個屍體都完全蒼白，簡直像一具具人屍，一個渾身鮮紅的男人推著牠們向前。」（341-44，尤其請見342）

3 *The great fair*: 根據當時的導覽手冊、世博會地圖以及報紙上的遊客必玩報導，我假設了這條可能的路線。欲知世博會展覽詳情，請見Flinn, 96-99, 104, 113-14; *Rand McNally*, 34-36, 71, 119-20, 126。

4 *Below the chandeliers*: *Rand, McNally*, 119–20.

5 *Minnie and Nannie rapidly grew tired*: 參觀製造業暨人文展覽館據說十分累人。大家常開玩笑說，一個男孩從展覽館一端進去，從另一端出來都變老人了。蘭德麥克納利公司的《芝加哥世博會指南》指出：「俄國軍隊都能在裡頭行軍了。」（116）

6 "*A man in Europe talks*: Flinn, 71.

7 *the Moorish Palace*: Flinn, 25; Gilbert, 114.

8 *Even the concession tickets*: For a collection of the actual tickets see Burnham Archives,Oversize Portfolio 4, Sheets 16 and 17.

9 *He bought a souvenir*: Geyer, 300.

暈眩

費里斯的工人習慣處理巨大的吊艙之後，安裝工作便開始加速。六月十一日週日晚上，摩天輪已裝上六節吊艙。[1]從摩天輪第一次轉動之後平均一天裝兩節吊艙。如今是時候測試載客了，這段時間剛好是不可多得的好天氣。西落的太陽呈金黃色，天空東方已一片暗藍。

即使格羅諾試圖勸阻，費里斯太太仍堅持要乘上第一次測試的吊艙。格羅諾檢查了摩天輪，確定吊艙能自由擺動。引擎坑中的工程師啟動引擎，摩天輪旋轉，讓一輛測試吊艙停到平臺。「我進到吊艙中時，心裡也不輕鬆。」格羅諾說，「我覺得自己快吐了。但我不能不上去。於是我佯作勇敢，踏入了吊艙。」[2]

路瑟・賴斯也上了吊艙，還有兩位製圖師和芝加哥前橋梁工程師W・C・修斯（W. C. Hughes）。他的妻子和女兒也登上了摩天輪。

乘客找位子時吊艙輕輕晃動。吊艙上大量的窗戶還沒裝上玻璃，也還沒裝上玻璃外的安全鐵柵。最後一名乘客上去之後，賴斯輕描淡寫地朝工程師點個頭，摩天輪開始轉動。所有人下意識抓住柱子或窗框穩住身子。

摩天輪轉動時，吊艙因為掛在兩端的耳軸上，因此保持了水平。格羅諾說：「因為是第一趟，耳軸在軸承中有點卡卡的，不斷傳出咿啞聲響，在此情況下聽在我們耳裡，實在緊張得要死。」[3]

吊艙又上升了一會，接著毫無預警停止了，這時大家不禁想到，若摩天輪停止運轉的話，那吊艙裡所有人要怎麼下去。[4]賴斯和格羅諾站到空蕩蕩的窗口查看。他們向下望，發現了問題所在。看熱鬧的群眾不斷增加，他們見到第一節吊艙有乘客，便不顧眾人大叫勸阻，大膽地跳上下一節吊艙。工程師怕有人受傷或喪命，只好停下摩天輪，讓乘客乘坐。

格羅諾估計大約有一百人登上下面那節吊艙。沒有人去把他們趕下吊艙。摩天輪再次轉動。

費里斯創造的不只單純是工程奇觀。他像電梯的發明者，創造了全新的感觀享宴。雖然格羅諾不久會改觀，但他第一個感覺是失望。[5]他原本預料感覺和搭乘快速電梯差不多，但在摩天輪上，他若單純直視前方，根本毫無感覺。

格羅諾站到吊艙一端，好好觀察摩天輪運行的過程和變化。他從側面望出去，看著如網交織的輪輻，吊艙上升的速度變得十分明顯：「……感覺一切都不斷向下落，而吊艙卻是靜止的。站在吊艙側面，望向繁複的鋼鐵支架時，這特殊的感受變得更明顯……」[6]他建議其他人，如果容易頭暈嘔吐的話最好別這麼做。

吊艙到達最高點，離地逾八十公尺處，費里斯太太爬到一張椅子上，大聲歡呼，下一節吊艙和地面上的人聽了也不禁爆出歡呼。

但不久之後，乘客都沉默了下來。新鮮感過去了，摩天輪真正的神奇之處漸漸浮現。

「隨吊艙緩緩下降，眼前出現了絕美的景色，世博會會場全一覽無遺，鋪展在眼前。」格羅諾說，「景色無比壯麗，我所有的恐懼都拋到腦後，也不再看錶計算摩天輪運轉的時間了。」[7]夕陽西下，黃橙的陽光灑上湖濱。「碼頭零星停泊著各式船隻，從高處望去只是一個個小黑點，美麗的夕陽散

發出的光線受萬物反射，四周景物都熠熠生輝，那畫面令人嘆為觀止。」整座公園繁複華麗，顏色、質感和動作交織。潟湖一片青藍，電汽船在晶瑩的薄紗上緩緩滑行。燈心草和菖蒲中點綴著深紅色的花朵。「那景象令人感動，所有人都不說話了，全都沉浸在那壯觀的景色之中。那景象恐怕空前絕後了。」

更多螺釘滾下落到吊艙頂上打破了這夢幻的一刻。

圍觀群眾仍在想辦法擠過警衛，跳上下一節吊艙，但格羅諾和賴斯根本不理他們。坑裡的工程師繼續讓摩天輪轉動，直到天色昏暗，無法繼續工作為止，但就連此時，追求刺激的群眾仍在旁吆喝。最後賴斯告訴擠進吊艙的人，他們如果繼續待在裡頭，他會把他們載到摩天輪最高處，並把他們留在上面過夜。格羅諾說：「這招奏效了。」[8]

費里斯太太走下吊艙之後馬上打電報給先生，鉅細靡遺告訴他這次成功的經驗。他打電報回來：「上帝保佑妳，親愛的。」[9]

隔天六月十二日週一早晨，賴斯傳電報給費里斯：「今天又掛上了六節吊艙。民眾爭先恐後想上去，我們調來更多警衛擋住他們。」[10]週二，安裝好的吊艙共有二十一節，只剩最後十五節便大功告成。

伯南對細節極為講究，為求謹慎，他打算替摩天輪做個圍欄。他想做一個開放式的圍欄，費里斯想要封閉式的。

費里斯受夠了伯南的指使和美學干預。他傳電報給路瑟・賴斯：「……不論要用封閉式的或開放式的圍欄，或有什麼美學立場，伯南或任何人都無權干預。」[11]

費里斯贏了。最後圍欄是封閉式的。

最後，所有吊艙都安裝上去了，摩天輪已準備開張。賴斯原本打算提早兩天，在六月十八日週日開始載客，但正當摩天輪準備載滿乘客和家庭，進行最後的測試之際，費里斯的理事會卻請他再延後一天。眾理事傳電報給費里斯：「開放日當天便讓人搭乘不大明智，因為測試未完全，恐出意外。」[12]

費里斯不情願地接受了。他離開芝加哥不久便傳電報給賴斯：「如果理事會決定要等到週三才營運，你就照他們的意思做吧。」[13]

理事會也許是受上週三，六月十四日中道區冰雪飛車（Ice Railway）意外影響，冰雪飛車有一條橢圓形的斜坡冰軌，車則是一輛兩兩並排的大雪橇，速度最快能達到時速六十五公里。老闆才剛建完這項遊樂設施，開始進行載客測試，原本只讓員工進行，結果一群路人擠上雪橇，第一輛擠了八個人，第二輛擠了六個人。其中包括三名布魯姆的阿爾及利亞人，其中一人解釋，他們來到軌道上是因為「我們沒人見過冰」，這說法令人存疑，因為阿爾及利亞人才剛度過芝加哥最冷的冬天。

大約傍晚六點四十五分，工作人員便進行試滑，不久雪橇便以最高速衝下冰軌。「日落時分，我聽說雪橇要滑過彎道了。」親眼目睹測試的哥倫布警衛隊說，「他們速度快得彷彿飛了起來。第一輛雪橇彎過了彎道。雪橇撞到路西側的一角，但繼續滑了下去。第二輛撞到同一個地方，但雪橇脫離了軌道。乘客都緊抓著車，雪橇頂衝破欄杆，重重落地。落下時雪橇上下顛倒，把人都壓在下頭。」[14]

雪橇向下墜落了近五公尺才落到地面。一人身亡。一個女子下巴和雙手手腕骨折。另外四人，包括兩名阿爾及利亞人受到挫傷。

那是場不幸的意外也是世博會的汙點，但所有人更明白，摩天輪三十六節吊艙載著兩千名乘客，若稍有不慎，傷亡人數恐怕難以計數。

作者資料出處和補充註解

1 *By Sunday evening:* Anderson, 60.
2 "*I did not enter:* Ibid.
3 "*Owing to our car:* Ibid.
4 *The car traveled:* Ibid.
5 *Gronau's first reaction:* Ibid.
6 "*. . . it seemed as if:* Ibid., 62.
7 "*It was a most beautiful sight:* Ibid.
8 "*This," Gronau said:* Ibid.
9 "*God bless you:* Untitled typescript, Ferris Papers, 6.
10 "*Six more cars:* Rice to Ferris, June 12, 1893, Ferris Papers, Ferris Correspondence: Miscellaneous.
11 "*Burnham nor anyone:* Ferris to Rice, June 14, 1893, ibid.
12 "*Unwise to open:* Robert W. Hunt to Ferris, June 17, 1893, ibid.
13 "*If the directors:* Ferris to Rice, June 17, 1893, ibid.
14 "*It was about sundown: Chicago Tribune,* June 15, 1893.

招募異族

儘管奧姆斯德十分擔心，但他仍將世博會景觀全權託付給烏里奇，排了個搞死自己的行程，在十六州之間東奔西走。[1]六月中旬，他回到了范德堡家族位於北加州的莊園。一路上，他隱瞞自己的身分，在車上、火車站和旅館探問陌生人對世博會的看法。世博會票房慘淡令他憂心又不解。他問旅客去過世博會了沒，若有去過便會問他們的評價，但對於沒去過的旅客，他其實更感興趣。他們聽說了什麼？有打算去嗎？為什麼不趕快去呢？

「美國各地群眾對於世博會的興趣愈來愈濃厚。」他六月二十日從巴爾的摩寫信給伯南。「我在各處都發現大家計畫去參觀。」[2]關於世博會的第一手資訊最令人津津樂道。參觀過世博會的神職人員也將世博會加入布道和講演內容中。令他更高興的是，遊客最喜歡的不是展覽，而是建築、水道和景色，而且處處令他們驚奇不已。「大多數人到世博會都覺得報紙上的報導不足以形容自己所見所聞。」他最後寫道，「全國對世博會愈來愈有興趣，即將成為風潮。」

但他也注意到其他事形成了阻力。奧姆斯德寫道，世博會的遊記確實引人入勝，「但內容總是提到世博會還沒完整，大家會覺得還有工程要補強，而且各種表演之後會更好」。農夫計劃等豐收結束之後再去。面臨全國經濟危機，再加上國會不斷施壓，許多人延後參觀之旅，期待鐵路公司調降到芝加哥的火車票。天氣也是個考量。大家覺得芝加哥七、八月太熱，因此打算等秋季再去參觀。

奧姆斯德發現了最致命的一點，大家擔心自己去芝加哥會被「狠狠敲詐」，尤其是世博會眾多

餐廳標價「根本搶劫」。「所有人都怨聲連連，我相信比你在芝加哥聽到的更嚴重。」他告訴伯南，「不論有錢人還是窮人都一樣……我想幾天前，我自己在世博會吃一頓中餐，都比我在田納西州諾克斯維爾付了多十倍的錢。還沒去世博會節儉的農工階級將深受衝擊。」

奧姆斯德擔心餐點價格還有另一個理由，他寫道：「最後會導致愈來愈多人自己帶食物來參觀，場地紙屑和垃圾也會愈來愈多。」

奧姆斯德指出，現在最重要的讓眾人回鄉時，報導寫得更精采一點。「這是現在宣傳最要緊的事。世博會確實超凡入勝，打動人心，好評不斷，趁著這股風潮，不要著重在大家是否滿意，而要強調遊客有多陶醉，世博會多麼出乎意料好玩，盡量去感染所有人。」

話說到此，他指出有些明顯的缺點要即刻改善，好比世博會的碎石步道。「世博會的碎石步道沒一寸好看，也沒一寸能走。」他寫道，「就我看來，承包商和盯緊承包商的監督大概沒見過何謂好的碎石步道。你們的碎石步道有什麼缺點？」他在這裡寫**你們的**碎石步道，不是**我的**，也不是**我們的**，但步道明明是由景觀設計部門負責。「有的路面含有磚石和小石頭，女士穿著夏天便鞋踩到都會痛。有的路面只要一溼便變得黏膩溼滑，走起來怪不舒服的。而且，只要不小心，泥濘就會弄髒鞋子和衣服，女士見了心裡也不開心。」歐洲這一趟，他看到真正高品質的碎石步道，「應該要和會客室地板一樣平整乾淨」。

如他所料，世博會的整潔也達不到歐洲標準。四處都是垃圾，清潔人手卻不夠。他說世博會需要兩倍人手，而且要仔細監督。「我讀到報導，垃圾看來全被扔下陽臺，落到陽臺和潟湖之間的灌木上。」奧姆斯德寫道。「不請個清潔工保持陽臺整潔簡直是犯罪。」

他還煩另一件事，伯南不顧他反對，讓幾艘蒸汽船到水面上和電汽船一起行駛，造成不少噪音。

「那幾艘船是廉價、醜陋、笨拙的玩意兒，在眾人稱為『榮耀廣場』的地方根本格格不入，就像一隻踏進花園的牛。」

但奧姆斯德最主要的擔憂是世博會傑克森公園不好玩。「許多人表示，走馬看花的東西太多了，令人又累又不耐煩。回家之前能逛完的十分有限。在這方面，大眾覺得滿可惜的，世博會應該要努力想辦法克服。」

正如奧姆斯德想以景觀營造神祕感，他建議工程師打造驚喜。音樂會或遊行都不錯，但活動都太「清楚或制式」。奧姆斯德希望加入「一些小的事件……不用刻意，也不用太正式，多一點即興和偶然」。他想像請法國號手站上林島，讓音樂從水面傳來。他想在船和橋上掛中國燈籠。「何不請戲班帶面具，拿著鈴鼓唱唱跳跳，像義大利會見到的那種？賣檸檬水的小販只要穿上獨特的服裝，搞不好也有幫助。或賣蛋糕的小販可以打扮成廚師樣，戴頂鴨舌帽，一身全白？」晚上，傑克森公園有大型活動，將中道區的人都吸引過來時，「難道不能用便宜的價碼雇用黑、白、黃皮膚各式各樣的『異族』穿上民族服裝，偷偷混入大廣場的人群嗎？」

伯南讀奧姆斯德的信時，一定覺得奧姆斯德瘋了。伯南過去這兩年都在打造莊嚴肅穆的美感，現在奧姆斯德想逗遊客笑。伯南希望遊客能感到嘆為觀止，無法言語。絕不要搞什麼唱唱跳跳，請什麼異族。

世博會是座夢想城市，但這是伯南的夢想。所有事物都反映著他獨裁的個性，包括大批警力和嚴禁摘花的規定。鐵證莫過於世博會禁止攝影一事。

伯南只雇用一個攝影師查爾斯．達德利．亞諾，讓他壟斷世博會官方相片的銷售，如此一來，伯南也能全面掌控全國流通的影像，也解釋了打扮光鮮亮麗的上流人士為何總出現在照片中。接著有個承包商獨享柯達相機的出租權，柯達相機當時推出最新型的可攜式相機，照相者也不需調整鏡頭和快門。為紀念世博會，柯達公司將熱門的四號盒子相機伸縮版命名為「哥倫布」。新相機照出的相片迅速被稱為「快照」（snap-shot），這詞原本是英國獵人用來指快速拿槍發射。想帶自己柯達相機進世博會的人必須花兩美元買許可證，這筆錢大多數遊客都付不起。中道區的開羅街則需再加一元費用。業餘攝影師若要帶傳統相機和三角架，必須付十元，這筆錢等於是外來的遊客到世博會一整天的開銷，包含住宿、餐費和門票。

雖然伯南對細節極為堅持，處處控制，但有件事他卻沒注意到。六月十七日，冷藏館發生一場小火災，[3]建築是由海克力士鋼鐵工程公司建造，外形像座城堡，位於會場西南方角落，負責製冰，儲藏參展商珍貴展品和餐廳物料，裡頭還有個溜冰場，供想在七月體驗溜冰的遊客遊玩。那是棟私人建築，除了批准其設計之外，伯南沒參與工程。巧的是，建築師叫法蘭克．P．伯南（Frank P. Burnham），不過兩人無親戚關係。

火舌從中央高塔的穹頂竄出，但火勢馬上受到控制，災損總計只有一百多元。即使損失不大，但核保人卻因此仔細評估建築，不查還好，一查不禁大驚失色。設計最重要的設施一直沒有裝設。七家保險業者與他們解約。世博會消防局隊長愛德華．W．莫菲（Edward W. Murphy）告訴核保人委員會：「那棟建築比會場上其他建築都還棘手。失火會一發不可收拾，而且遲早會付之一炬。」[4]

沒有人告訴伯南失火以及保險業者解約的事，也沒有人告訴他莫菲的預言。

作者資料出處和補充註解

1 *He traveled through*: Olmsted to Burnham, June 20, 1893, Olmsted Papers, Reel 41.

2 "*Everywhere there is*: Ibid.

3 *On June 17*: *Chicago Tribune*, July 11,19, 1893.

4 "*That building gives us*: *Chicago Tribune*, July 11, 1893.

終於

一八九三年六月二十一日週三下午三點三十分，開幕五十一天之後，喬治・華盛頓・蓋爾・費里斯坐在摩天輪下演說臺上的座位。[1]愛荷華州四十人樂儀隊已登上摩天輪的吊艙，現在在演奏〈我的國家屬於你〉。哈里森市長坐在費里斯身旁，一旁還有柏莎・帕默、芝加哥市議會和世博會各級人員。伯南顯然不在場。

吊艙已裝好玻璃窗，所有窗戶都設了鐵窗，一名記者形容：「瘋子不會有機會在摩天輪自殺，歇斯底里的女人也無法從窗戶一躍而下。」[2]每節吊艙旁設有一名服務員，他們穿著帥氣的制服，負責安撫怕高的乘客。

樂儀隊演奏結束，摩天輪停下。眾人開始演說。費里斯是最後登臺的人，他愉快地向觀眾表示，眼前的他已恢復正常，原本他腦袋裡那座瘋狂的「大走鐘」已經搬出來，[3]建造於中道區的核心地段。他把功勞歸給站在講臺後方的妻子瑪格麗塔。他將摩天輪獻給美國工程師。

費里斯太太送他一個金哨子，然後她、費里斯和其他官員走進第一節吊艙。哈里斯戴起黑色寬簷軟帽。

費里斯吹哨時，愛荷華州樂儀隊演奏起〈亞美利加〉（America），摩天輪也開始旋轉。眾人坐了好幾圈，喝香檳、抽雪茄，然後走下摩天輪，接受聚集在下方的人群歡呼。第一個買票的乘客登上了摩天輪。

摩天輪繼續轉動，只有乘客上下時才會暫停，並營運到晚上十一點。即使每節吊艙都擠滿人，摩天輪不曾搖動，支架也不曾發出聲音。

費里斯公司全力宣傳創始人的創舉。精美圖冊《費里斯摩天輪手冊》(*Ferris Wheel Souvenir*)上寫道：「建造時困難重重，發明者費里斯先生功不可沒，他滿腔熱血，一片赤誠，那份胸懷非偉大的共和國百姓所有，簡直媲美皇家子民。」[4]想到爭取許可時的百般刁難，費里斯忍不住刺了世博會公司一刀。手冊上寫道：「世博會公司未見其重要性，讓他們損失了數萬美元。」

恐怕還不只如此。一八九二年六月，世博會公司原本已同意興建，卻臨時變卦，直到六個月後才敲定，若非如此，摩天輪在五月一日開幕日一定早已完工。世博會不只損失了摩天輪五十一天的營業額，也失去了摩天輪所能吸引的入園遊客，搞不好當初伯南便不需如此焦頭爛額。結果，摩天輪白站在中道區一個半月，清楚告訴大家世博會還未完成。

社會大眾對安全一直有所疑慮，費里斯盡他所能安撫。紀念冊寫道，摩天輪即使載滿乘客，乘客「就像蒼蠅，無法影響摩天輪的旋轉和速度」。這比喻格外沒禮貌。冊子還加了一句：「建造巨輪時，所有想得到的危險都經過計算和準備。」

但費里斯和格羅諾做得太好了。摩天輪設計極為優雅，並善用了細鋼筋的支撐力，一眼望去，那些鋼筋看似無法支撐上頭的重量。摩天輪也許很安全，但看起來很危險。

「其實，摩天輪看起來太輕了。」記者指出，「有人會怕那些細鐵桿太過脆弱，無法支撐巨大的重量。大家不禁會擔心，若草原有一陣強風，迎面吹上摩天輪，那些細鐵桿真的禁得住不只是本身巨大的重量，還有在吊艙內的兩千人，再加上風壓嗎？」[5]

三週內，這問題便會得到答案。

作者資料出處和補充註解

1 *At three-thirty P.M.*: Anderson, 62; Barnes, 180.

2 "*No crank will have*. *Allegheniam*, July 1, 1893.

3 "*wheels in his head*. Untitled typescript, Ferris Papers, 6.

4 "*Built in the face*. "The Ferris Wheel Souvenir," Ferris Papers, 1.

5 "*In truth, it seems too light*. *Allegheniam*, July 1, 1893.

潮湧

忽然之前，人潮開始來了。雖然遠遠稱不上洶湧，但奧姆斯德旅行間感受到的嚮往，終於開始讓遊客前來傑克森公園。鐵路公司車票仍未降價，六月底參觀人數已增加逾一倍，月平均參觀人數從五月淒涼的三萬七千五百零一人增加到八萬九千一百七十人。[1]規劃時，大家原本夢想每日有二十萬人次，雖然人數遠低於此，但已令人鼓舞。英格塢到環線區等地區的旅館終於漸漸出現遊客。女性展覽館的天頂花園咖啡館現在一天招待兩千名顧客，是開幕日的整整十倍。[2]隨之而來的垃圾量超出負荷，而且清潔工要將臭氣沖天的大垃圾桶拖下樓時，只能用遊客所走的樓梯。清潔工不能坐電梯，因為伯南命他們天黑就把電梯關掉，省電以供給夜間照明。汙漬和氣味不斷累積，餐廳經理後來蓋了個溜槽，威脅要將垃圾直接倒到奧姆斯德珍貴的草坪上。

伯南收回了命令。

世博會變得無比誘人，一個來自德州加爾維斯頓的露西歐．羅德尼太太（Mrs. Lucille Rodney）沿著鐵軌走了兩千公里來到芝加哥。[3]「不要再稱之為『湖畔白城』了。」英國歷史學家和小說家華特．貝桑特爵士（Sir Walter Besant）於《柯夢波丹》寫道，「那是夢想的國度。」[4]

就連奧姆斯德現在似乎也挺滿意的，當然，他仍有話好說。他也希望設一個中央入口，營造遊客的第一印象。他於《內陸建築師》寫的正式評論表示，這點沒成功的話，世博會的價值會「減損不少」[5]，不過他馬上補充，他的評論「完全不是抱怨」，而是給未來遇到同樣問題的人的專業指示。

他仍希望林島能維持原狀，痛斥未經規劃便同意興建的建築「破壞了遠景，擾亂了空間，世博會建築處處吸引人的注意力，而風景原意是要舒緩遊客的雙眼」。他寫道：「最終效果不好。」

不過，整體看來，他很高興，尤其是工程的過程。他寫道：「其實我覺得這次令人滿意，而且十分鼓舞人心，因為居然能在短時間內召集無數專業人才，妥善組織，並一同合作。我另外覺得值得注意的一點是，這項壯舉的過程中，摩擦、嫉妒、羨慕和勾心鬥角並不多。」

他將功勞給了伯南。「不論在努力、技術和處事上再怎麼讚嘆都不為過，能有這樣的成果全拜他一人所賜。」

彷彿要上教堂一樣，遊客穿上最好的衣服，而且舉止意外地規矩。世博會六個月期間，哥倫布警衛隊只逮捕過兩千九百二十九人，一天平均約十六人，事由通常是行為不檢、偷竊和扒竊，[6]扒手最喜歡總是人山人海的世博會水族館。警衛隊抓出一百三十五名前科犯，並將他們逐出會場。有三十人私自帶柯達相機入園，三十七人未經許可拍照而遭到罰款。會場發現三個嬰兒。一名平克頓偵探在蒂芬妮展場「攻擊遊客」。還有名「祖魯人行為脫序」。警衛隊指揮官萊斯上校給伯南的官方報告中寫道：「園內有成千上萬員工和數百萬遊客進出，由此可見，我們維持秩序的成績斐然。」[7]

世博會四處是蒸汽引擎、巨輪、消防馬車和飛車雪橇，再加上現場擠滿了人，負責管理救護車的珍托斯（Gentles）醫師不斷護送傷患到世博會醫院，有的鼻青臉腫，有的鮮血淋漓，有的怒火中燒。世博會期間，醫院醫治了一萬一千六百零二名病人，一天平均六十四人，從傷病紀錄看來，情況似乎和現代大同小異。[8]清單上包括：

八百二十人痢疾
一百五十四人便祕
二十一人痔瘡
四百三十四人消化不良
三百六十五人異物進入眼睛
三百六十四人嚴重頭痛
五百九十四人昏倒、暈厥和過度疲憊
一人脹氣
一百六十九人牙痛得要命

世博會還有一大亮點。不管在看米羅維納斯巧克力雕像、棺材展或站在克虜伯巨炮底下，你永遠料不到身旁會出現哪個大人物。在「三巨頭餐廳」、「費城咖啡館」，甚至是狄更斯筆下《匹克威克外傳》（*The Pickwick Papers*）的「大白馬酒館」用餐時，你也不知道誰會坐在隔壁桌。摩天輪開始上升時，吊艙中忽然抓住你手臂的人，搞不好也是個驚喜。法蘭茲・斐迪南大公低調參觀世博會，但他似乎比較喜歡芝加哥的紅燈區，陪伴他遊園的人被形容為「沒水準的守財奴」。[9]以前曾拿小斧割下白人頭皮的印第安人、安妮・歐克麗、哥薩克人、輕騎兵和槍騎兵以及美國目前放假而成為科迪上校演員的第六騎兵團，也紛紛從水牛比爾的營地來到會場。站熊（Standing Bear）酋長戴著正式頭飾前去搭摩天輪，頭上那兩百根羽毛毫不顫抖。有的印第安人則去騎上釉的中道旋轉木馬。

名人包括帕德雷夫斯基、胡迪尼[124]、特斯拉、愛迪生、喬普林[125]、戴洛、普林斯頓教授伍德羅・威爾遜[126]，還有一個可愛的老婦人，她身穿點綴著勿忘我花藍的黑色絲質夏日裙，她叫作蘇珊・B・安東尼。伯南吃中餐時遇到西奧多・羅斯福，世博會多年後他仍會學羅斯福用「狂！」（Bully）這個感嘆詞。戴蒙德・吉姆・布雷迪[127]和莉蓮・羅素[128]吃晚飯，滔滔不絕講著自己多愛甜玉米。

沒有人看到馬克・吐溫。他來芝加哥看世博會，但生病了，好幾天都待在旅館房間，後來白城一眼都沒看到便離開了。

偏偏就他沒看到。

巧遇也有夢幻的一刻。

伊利諾盲人教育機構校長法蘭克 哈芬・霍爾（Frank Haven Hall）發明了能製作點字書的印版，在世博會會場展出。[10]霍爾之前曾發明「霍爾點字打字機」，但他從來沒有申請專利，因為他覺得他是為了幫助盲人，而非獲利。那天他站在全新的機器旁，有個盲人女孩和朋友來到他面前。一聽到霍爾是她天天用的打字機的發明家，女孩馬上伸出雙臂環抱住他的脖子，給他一個大大的擁抱，並親吻他。

在這之後，霍爾只要提到他遇見海倫・凱勒（Helen Keller）的故事，眼眶都會充滿淚水。

一天，婦女管理委員會在爭辯是否要支持週日營運時，一個嚴守安息日運動人士在女性展覽館，氣呼呼和蘇珊・B・安東尼吵了起來，因為安東尼也認為世博會週日該開放。（即使在國內地位崇高，安東尼其實並非婦女管理委員，也無法參與委員會會議。）總之，那名神職人員天馬行空做了個類比，質問安東尼，難道她希望兒子週日去看水牛比爾秀，而不去上教堂嗎？

她回答，是啊，「他這樣會學到更多事吧……」[11]

對虔誠的教徒而言，這段對話證明了安東尼推動婦女參政，基本上全是一派胡言。科迪得知此事時，簡直被逗樂了，他馬上寄了張感謝卡給安東尼，邀請她來看表演。[12]不論她想看哪個表演，他都會給她一個包廂。

表演開始時，科迪騎馬進入表演場，白帽下的灰長髮飄動，白外套的銀邊在陽光下閃閃發光。他踢了一下馬腹，策馬小跑，朝安東尼的包廂而去。觀眾屏息以待。

他拉住馬，地面揚起一片塵土，接著他脫下帽子，手優雅地一掃，彎腰鞠躬，頭幾乎碰到了馬鞍的椿頭。

安東尼站在包廂回禮，然後友人形容她「像女孩子一樣熱情」，[13]向科迪揮舞手帕。所有人都明白那一刻多重要。美國過去最偉大的英雄向未來最重要的英雄敬禮。兩人的互動令

---

124 哈利・胡迪尼（Harry Houdini, 1874-1926），本名艾瑞克・懷茲（Erik Weisz），可說是史上最偉大的魔術師和逃脫術師。

125 史考特・喬普林（Scott Joplin, 1867-1868），非裔美籍的作曲家和鋼琴師，他一生中寫了四十四首原始的散拍歌曲，有「散拍之王」的美譽。

126 伍德羅・威爾遜（Woodrow Wilson, 1856-1924），後來擔任美國第二十八任總統，任內實施經濟進步改策，並曾率領美國度過一戰。

127 戴蒙德・吉姆・布雷迪（Diamond Jim Brady, 1856-1917），本名詹姆士・布坎南・布雷迪（James Buchanan Brady），他是鍍金年代知名實業家和慈善家，愛好收集鑽石，據傳也是個大胃王。

128 莉蓮・羅素（Lillian Russell, 1860-1922），當時最為著名的美國女演員和歌手，和布雷迪關係長達四十年，據說她也嗜吃美食。

全場觀眾起身，掌聲和歡呼如雷。

如費德里克．傑克森．特納[129]在世博會劃時代的演說所說，邊疆最終確實無法再延伸，但在那之前，邊界在陽光下會如一道淚痕，閃閃發光。

世博會也有悲劇發生。[14]英國人在皇家戰艦維多利亞號（*Victoria*）精美的複製船上掛上了喪旗。一八九三年六月二十二日，航海技術的驚人結晶維多利亞號離開的黎波里時，被皇家戰艦坎伯當號（*Camperdown*）撞上。維多利亞號的船長下令讓船全速衝向岸邊，試圖讓她擱淺，這和現今指令一樣，目的是要讓沉船更容易打撈。十分鐘之後，引擎仍全速運轉，船身卻高高翹起，緩緩沉沒，許多船員仍被困在甲板下。其他幸運脫逃的船員不是被船螺旋槳擊中，便是在鍋爐爆炸時活活燒死。「尖叫哀嚎四起，海中的白沫出現血淋淋的手臂、腿和傷痕累累、四分五裂的屍體。」記者說，「無頭的屍體被漩渦拋出，在海面上停留一會，接著便沒入海中。」

這場意外造成四百人死亡。

摩天輪馬上成為世博會最熱門的設施。每天都有成千上萬人去搭乘。[15]七月三號那週，摩天輪賣出六萬一千三百九十五張票，賺進三萬零六百九十七點五美元。世博會公司拿一半，費里斯那一週營收為一萬三千九百四十八美元，相當於今日約四十萬美元。

依然有人質疑摩天輪是否安全，自殺和意外的不實流言頻傳，包括說一隻巴哥因為嚇壞了，跳出吊艙窗戶墜地而死。費里斯公司澄清，那並非事實，而是一名記者「無事生非，四處造謠」[16]編織的謊言。不過要是摩天輪沒有鐵窗，歷史恐怕就不同了。有一次，一名叫威利特（Wherritt）的潛在懼高症患者坐上摩天輪，原本他還相當平靜，突然間精神崩潰。等吊艙一動他才發覺不對，開始想吐，幾乎昏倒。乘客無法通知下方工程師停止摩天輪。

根據一人所說，威利特慌慌張張在吊艙來回跌跌撞撞，「像隻嚇壞的綿羊」衝向面前的乘客。他開始用力撞車廂牆面，力量之大，鐵欄都被撞歪了。[17]服務員和男乘客試圖壓制他，但他掙脫開來，衝向門口。根據作業程序，摩天輪啟動之後服務員便將門鎖上了。威利特使勁去搖門，門上的玻璃都碎了，卻仍打不開。

吊艙開始下降時，威利特漸漸平靜下來，又笑又哭，總算鬆了口氣，後來卻發現摩天輪不會停，因為每人乘坐一次都要轉兩圈。威利特再次抓狂，服務員和乘客再次壓制他，但所有人都已精疲力盡。他們擔心威利特要是掙脫會發生什麼事。吊艙結構完好，但壁面、窗戶和門的設計只為阻擾人做傻事，可禁不起人一再破壞。畢竟威利特已打破玻璃，撞歪鐵欄。

一個女人走上前，解開裙子。全車的人都目瞪口呆，她脫下裙子，拋到威利特的頭上，然後用手蓋好裙子，輕聲安慰他。此舉馬上奏效，威利特「靜得像隻駝鳥」。

一女人在大庭廣眾解衣寬帶，一男人頭上罩著裙子。世博會真是驚奇不斷。

---

129 費德里克・傑克森・特納（Frederick Jackson Turner, 1861-1932），美國歷史學家，提出邊疆假說（Frontier Thesis），認為殖民時期到一八九〇年代，向西拓荒的過程形塑了美國人的本質。

世博會是芝加哥引以為傲的一大盛事。主要多虧了丹尼爾・伯南，所有建築師面臨如此挑戰都只能心懷謙卑，而芝加哥證明這座城市能跨越重重阻礙，成就非凡之舉。不光是有買世博會股票的成千上萬人，市民人人都對世博會有種認同感。希妲・薩特發現父親帶她參觀世博會時，態度有所改變。「他對世博會充滿自豪，彷彿他曾參與規劃一樣。」她說，「我回想那段日子，芝加哥大多數人都引以為傲。芝加哥那段時光招待了全世界，我們人人都參與其中。」[18]

但世博會不只激發了自信心。全國經濟陷入危機，芝加哥彷彿在黑暗中舉起了一把火。伊利鐵路公司先是經營出問題，然後破產了。接下來便是北太平洋鐵路公司。丹佛三家國家銀行一天之內相繼倒閉，拖垮一連串的公司。市政府害怕因缺糧引發暴動[130]，召集了民兵。芝加哥《內陸建築師》編輯試圖穩定人心：「目前的情況只是意外。資金只是暫時隱藏。企業只是恐慌，並未被擊倒。」[19]編輯都錯了。

六月，兩名生意人在同一天、同在芝加哥大都會旅館自殺。[20]一人在早上十點三十分拿剃刀劃開自己的喉嚨。另一人從旅館理髮師那兒聽到消息，當天晚上，他在自己房間，抽起吸菸外套的絲質腰帶，一端綁住脖子，一端綁在床架上，然後使勁從床上滾下。

「人心惶惶。」亨利・亞當斯寫道，「每個人都覺得自己比別人更慘。」[21]

雖然離世博會閉幕仍有一段時間，大家紛紛哀嘆起一切終將結束。瑪莉・哈特威・卡瑟伍[131]寫道：「這仙境關閉之後我們該怎麼辦？一切消失，魔力破除之後，我們該怎麼辦？」[22]北卡羅萊納婦女管理委員莎莉・卡頓（Sallie Cotton）和六個孩子那年夏天都住在芝加哥，她的日記寫下所有人的擔憂。她見過世博會之後,「生活一切都變得渺小而不重要」。[23]

世博會臻於完美,其優雅和美麗深植人心,彷彿世博會延續下去,人民便安居樂業,世界一片祥和。

130 原文為「麵包暴動」(bread riot),由於麵包為平民基本食物,市面缺少麵包,或價格飆漲,對此感受最深的婦女和窮人便會上街頭抗議。

131 瑪莉・哈特威・卡瑟伍(Mary Hartwell Catherwood, 1847-1902),美國歷史羅曼史小說作家,場景多半設在中西部,作品對歷史細節十分講究。

1 *By the end of June*: *Chicago Tribune*, August 1, 1893.
2 *The Roof Garden Café*: Weimann, 267.
3 *Mrs. Lucille Rodney*: Badger, 162.
4 "*Call it no more*: Besant, 533.
5 *The failure of this*: Olmsted, "Landscape Architecture."
6 *In the six months*: Rice, 85.
7 *In his official report*: Ibid., Appendix I, 2.
8 *Over the life of the fair*: Burnham, *Final Official Report*, [illegible]–80.
9 "*half-boor, half-tightwad*: Dedmon, 232; May, 334–35, 340–41.
10 *Frank Haven Hall*: Hendrickson, 282.
11 "*he would learn far more*: Weimann, 566.
12 *When Cody learned of it*: Badger, 163–64; Weimann, 5[illegible]–66.
13 "*as enthusiastic as a girl*: Weimann, 566.
14 *There was tragedy*: *Chicago Tribune*, June 27, 1893.
15 *In the week beginning*: "Ferris Wheel, Statement of Business by the Week," Ferris Papers.
16 "*short on news*: Untitled typescript, Ferris Papers, 7.
17 *Wherritt staggered*: Anderson, 66.
18 "*He seemed to take*: Polacheck, 40.
19 "*Existing conditions*: *Inland Architect and News Record*, vol. 22, no. 2 (September 1893), 24.
20 *In June two businessmen*: *Chicago Tribune*, June 4, 1893.
21 "*Everyone is in a blue fit*: Steeples and Whitten, 1.
22 "*What shall we do*: Muccigrosso, 183.
23 "*everything will seem small*: Weimann, 577.

獨立紀念日

一八九三年七月四日早晨，天色灰濛，風起雲湧。儘管世博會每週參觀人數都在成長，但仍低於預期，法蘭西斯・米勒為了進一步吸引人潮，精心籌備盛大的煙火，但天氣卻令人堪憂。接近中午時，太陽終於露面，但狂風一整天依舊掃過傑克森公園。接近傍晚時，溫和的金色陽光灑上榮耀廣場，烏雲匯聚在北方的天空。暴風雨沒有接近芝加哥。人潮迅速聚集。賀姆斯、米妮和安娜擠在人群之中，人人汗流浹背。許多人帶了毛毯和食籃來，但馬上發現根本沒空間野餐。現場幾乎沒有小孩。哥倫布警衛隊全員都在場，淡藍色的制服在人群中十分顯眼，像是黑土上的番紅花。金色的陽光漸漸轉變為淡紫色。所有人都開始走向湖邊。「延伸八百公尺的優美的湖畔擠滿了人。」[1]《論壇報》報導寫道。這片人潮形成的「黑海」川流不息。「他們坐在原地，等待好幾個小時，全場有一種風雨欲來的古怪氣氛。」一人開始唱〈與主更親〉（Nearer My God to Thee），上千人馬上一同合唱。[2]

天黑之後，每個人都望向天空，引頸期待當晚第一發煙火升空。樹木和欄杆上掛滿成千上萬個中國燈籠。摩天輪吊艙上盞盞紅燈綻放光芒。[3]逾百艘船、快艇和汽艇停泊湖上，船首、吊杆、繩索上都有五顏六色的燈。

人群聽聞什麼都會忍不住歡呼。世博會交響樂團演奏起〈美好的家鄉〉（Home Sweet Home），聽到這首歌，大家都熱淚盈眶，尤其是甫到芝加哥的遊子。[4]榮耀廣場和雄偉的建築燈光亮起，四

周金碧輝煌。製造業暨人文展覽館的巨大探照燈掃過人群，哥倫布噴泉噴出七彩的水柱，《論壇報》形容水柱如「孔雀羽毛」。每一刻都令群眾驚呼連連。

但九點鐘一到，群眾全靜了下來[5]。一個藍點從北方天空升起，看起來沿著湖岸飄向碼頭。一盞探照燈照過去，原來是一個巨大的熱氣球。藤籃下閃耀出一道火光。下一秒，紅色、白色和藍色的火花向下噴發，在黑色的天空中形成一面美國國旗。熱氣球和國旗飄過人群頭頂。探照燈繼續跟著熱氣球，光束清楚照出後方黃色的雲煙。過了一會，煙火開始發射，在湖岸上方劃出一道道弧。拿著火炬的人奔過海灘，點燃一個個發射器，其他在駁船上的人點燃了原地旋轉的火花，並將炸彈投入湖中，炸出紅白藍色的華麗噴泉。炸彈和煙花不斷密集發射，接下來便進入表演高潮，湖岸旁的音樂廳外有一面精緻的鐵網，突然火花爆出，構成一張金光閃閃的巨大喬治．華盛頓肖像。

群眾大聲歡呼。

所有人同時開始移動，不久烏鴉鴉的人潮擠向出口，以及L巷和伊利諾中央車站。賀姆斯和威廉斯姊妹等了一小時才坐上北向的火車，但心情依然十分亢奮。那天晚上，歐克家聽到萊特伍大道一二二〇號公寓樓上傳出笑語。[6]

屋裡的喜悅並非沒有原因。這個夜晚變得更美好了，因為賀姆斯向米妮和安娜獻上一個大驚喜。安娜睡前寫信給德州的阿姨，告訴她這天大的消息。

「姊姊、哈利姊夫和我明天要去密爾瓦基州，[7]經過聖羅倫斯河去緬因州的老果園海灘。我們會在緬因州待兩週，然後去紐約。哈利姊夫覺得我有天賦，希望我能四處遊覽，研究藝術。接著我們會坐船經過倫敦和巴黎，抵達德國。如果我喜歡的話，能留在那裡研究藝術。哈利姊夫說不論是經濟或其他事，你們再也不用擔心我了，他和姊姊會照顧我。」

「儘快回信。」她再寫道，「寄來芝加哥就好，信件會轉寄給我。」

她沒有提到行李箱的事，因為行李箱當時仍在密德羅申，尚未運到芝加哥。她現在必須暫時將就一下。等行李箱到了之後，她會傳電報安排，將行李箱直接轉寄到緬因州或紐約，這樣她出發去歐洲前就能拿到所有東西。

安娜那夜入眠時，心仍為世博會和賀姆斯的驚喜怦怦跳著。後來，德州卡普和坎提事務所的威廉・卡普（William Capp）律師指出：「安娜沒有自己的財產，她信中描述的事對她來說非常重要，彷彿人生將因此扭轉。」[8]

隔天早上依然安排了愉快的行程，賀姆斯說他會帶安娜「單獨」去參觀他在英格塢的世博會旅館。[9]出發去密爾瓦基之前，他正好有些事務必須處理。同時米妮會將萊特伍大道的公寓整理一下，讓房東能安心租給下一個房客。

賀姆斯是個充滿魅力的男人。安娜現在認識他了，也覺得他真的十分英俊。當他湛藍的雙眸望向她時，她全身彷彿都溫暖了起來。米妮確實過得幸福美滿。

作者資料出處和補充註解

1 “*For half a mile*: *Chicago Tribune*, July 5, 1895.

2 *One man began singing*: Ibid.

3 *Red lights glowed*: Ibid.

4 “*Home Sweet Home*: Ibid.

5 *At nine o'clock*: For details about the night's fireworks di plays see *Chicago Tribune*, July 5, 1895; Burg, 43; Gilbert, 40.

6 *That night the Oker family*: Franke, 108.

7 “*Sister, brother Harry and myself*: Boswell and Thompso, 88. This letter is quoted alsoin Franke, 106, and Schechter, 62.

8 “*Anna had no property*: *Chicago Tribune*, July 30, 1895.

9 *Holmes had announced*:Schechter提出一個情境，認為賀姆斯邀請安娜一人和他一同參觀旅館。這似乎滿有可能的。另一個可能是在賀姆斯辦公室時，他請安娜替他處理一些文件，並要米妮待在公寓整理東西，準備接下來的旅行。賀姆斯當然想將兩人分開，因為他體格不算壯碩。他善於勸誘，心思狡猾。（Schecheter, 62）

擔憂

後來那天晚上，票務人員在會場清點七月四日當日購票入園的人數，總計賣出二十八萬三千兩百七十三張票。遠超過世博會第一週銷售的票數。[1]

這是第一個鐵證，證明芝加哥也許終究創造了一場非凡的活動，伯南見了再次點燃希望，相信世博會最後也許仍能達到他所預期的入園人數。

但次日購票入園的人數只有七萬九千零三十四人。[2]三天後，人數降至四萬四千五百三十七人。背負世博會債務的銀行家愈來愈焦慮。據世博會審計員計算，伯南的部門建造世博會花了逾兩千兩百萬美元，大約相當於二十一世紀的六億六千萬美元，支出超出原本估計的一倍之多。[3]銀行家向世博會委員施壓，要求他們成立一個「撙節委員會」，不只要設法減少世博會開支，還要盡全力執行任何節省成本的措施，包括裁員、解散部門和委員。[4]

伯南知道將世博會未來放到銀行家手中，世博會肯定失敗。要舒緩這股壓力，唯一的辦法就是將購票人數推上高峰。芝加哥大人物充滿傲氣，視自己為金錢大亨。為了不蝕本，且不讓他們丟臉，世博會估計接下來每天最少要賣出十萬張票。[5]

為了在絕望中抓住一絲希望，一方面鐵路公司一定得降低火車票價，一方面法蘭西斯・米勒也要使盡渾身解數，吸引全國各地的民眾來參觀世博會。

美國經濟愈來愈不景氣，銀行相繼倒閉，自殺頻傳，一切彷彿是痴人說夢。

作者資料出處和補充註解

1 *At the fairgrounds:* See daily attendance statistics in *Chicago Tribune*, August 1, 1893.

2 *But the next day:* Ibid.

3 *The fair's auditor: Chicago Tribune*, August 16, 1893.

4 *The bankers were pressuring: Chicago Tribune*, August 2, 3, 1893.

5 *Estimates held: Chicago Tribune*, August 1, 1893.

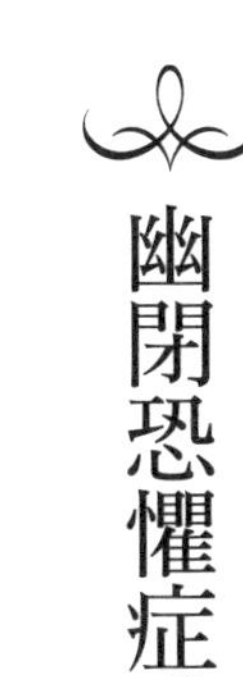

幽閉恐懼症[1]

賀姆斯知道旅館所有客人此時都會在世博會。他帶安娜參觀藥局、餐廳和理髮廳，帶她到屋頂一覽英格塢全貌以及大宅四周綠樹林蔭的優美景色。他最後帶她到辦公室內，請安娜坐下之後，他向她道個歉，拿起一捆紙，開始讀了起來。

他不經心地請安娜去隔壁金庫拿他放裡面的一份文件。

她開開心心答應了。

賀姆斯默默尾隨在她身後。

起初，門關上像是個意外。金庫內一片漆黑。安娜搥門叫哈利。她聽了一會，然後又敲一次。她不害怕，反倒覺得難為情。她不喜歡眼前的黑暗，這比之前她所經歷過的黑都有過之而無不及。當然比德州無月的夜晚黑得多了。她用指節敲了好幾下門，又聽了一陣。

空氣漸漸感到滯悶。

賀姆斯靜靜聽著。金庫和辦公室只有一牆之隔，他平靜地坐在牆邊的椅子上。時間慢慢過去。

這天恬然安靜，風和日暖，輕風吹拂房中，街角辦公室其中一個好處就是通風。微風依舊帶著些許涼意，還捎來了早晨草原和溼土的氣味。

安娜脫下鞋，用腳踢門。金庫內愈來愈熱。她臉上和手臂冒出汗珠。她猜哈利走到大宅其他地方，沒注意到她困住了。這樣就能解釋，為何不管她怎麼敲，他都沒有來開門。也許他去處理樓下店面的事了。她一邊想，一邊緊張起來。金庫愈來愈悶熱，她吸不到清新的空氣。而且她想上廁所。

他一定會百般道歉。為了不讓他內疚，她不讓他看出自己多害怕。她試著去想下午的旅程。她只是個德州的老師，不久卻要踏上倫敦和巴黎街頭，一切彷彿是場夢，但哈利答應她，並已安排好一切。再過幾小時，她會搭上短程火車到密爾瓦基，接下來她、米妮和哈利會坐上船，一路航向紐約和加拿大間聖羅倫斯河美麗涼爽的河谷。她幻想自己坐在河邊高級旅館寬敞的陽臺，一邊喝茶，一邊欣賞日落。

她又敲門，這次也敲了金庫和通風的辦公室之間的牆。

一如往常，對方開始驚慌失措。賀姆斯想像安娜癱坐在角落。如果他想要的話，他可以衝到門口，將門打開，將她抱入懷中，和她　起哭哭啼啼，慶幸沒釀成悲劇。他可以在最後一分鐘，或最後幾秒鐘現身。他可以這麼做。

或者，他可以打開門，望著安娜，臉上露出大大的微笑，讓她知道這不是意外，接著再次重重關上門，回到椅子上，看接下來會發生什麼事。或他可以現在就注入瓦斯。如同他的微笑，瓦斯噴嘴的嘶嘶聲和噁心的氣味，能清楚告訴她事情不對勁。

這一切他都能做。

他必須仔細聽才聽得到裡頭的哭聲。密不透風的門、鐵牆和礦綿幾乎隔絕了所有聲音，但他發現透過瓦斯孔，他能聽得更清楚。

這是他最渴望的一刻。雖然尖叫和哀求很快便會愈來愈衰弱，但他的性慾在數小時間能得到滿足。

他將瓦斯注入金庫，以求保險。

❦

賀姆斯回到萊特伍大道的公寓，要米妮準備好。安娜在城堡等他們。他擁抱米妮，親吻她，告訴她他覺得自己多幸運，以及他有多喜歡她妹妹。

搭火車到英格塢時，他似乎心情輕鬆安定，彷彿他剛才騎腳踏車騎了好久好久。

❦

兩天後，七月七日，歐克家收到一封亨利・高登寄來的信，他說不需要再租公寓了。[2]那封信完全出乎意料之外。歐克一家人都以為高登和兩個姊妹仍住在公寓裡。蘿拉・歐克上樓查看。她敲了敲門，沒聽到聲音，便直接走進門。

「我不知道他們怎麼離開這裡的。」她說，「但看得出來他們走得很急，幾本書和零碎的東西散

落於地。如果書上有誰的筆跡，也全都不見了，書頁全被拆開，散落一地。」[3]

七月七日，德州密德羅申富國運貨員將一個大行李箱搬上北向的火車。[4]安娜的行李箱署名寄給「南妮・威廉斯小姐，寄住於H・高登住處：芝加哥萊特伍大道一二二〇號」。[5]

幾天之後，行李箱抵達了芝加哥。富國運貨車夫試著將行李箱送到萊特伍大道，但找不到姓威廉斯或高登的人。[6]他將行李箱拿回富國辦公室。沒有人來認領。

賀姆斯去找了個叫西法斯・韓福瑞（Cephas Humphrey）的英格塢住戶，他有自己的團隊和馬車，專門運送家具、行李箱和大型物品。賀姆斯請他運送一個大木箱子和一個行李箱。「我希望你天黑再來載。」賀姆斯說，「我不希望鄰居看到。」[7]

韓福瑞照約定時間出現。賀姆斯帶他進到城堡裡，走上樓，進到一個有道厚門、毫無窗戶的房間。

「那地方看起來糟透了。」韓福瑞說，「那裡一面窗也沒有，只有一道厚重的門。我走到裡面全身發毛。我感覺得到事情不對勁，但賀姆斯先生沒給我時間思考。」[8]

木箱子呈長方形，大概是棺材大小。韓福瑞先把箱子搬下樓。搬到人行道上時，他把箱子直放。賀姆斯從樓上看到，緊張地敲擊窗戶，向下喊：「不要直放，把箱子平放。」[9]

韓福瑞照做了，然後再次上樓拿行李箱。行李箱很重，但對他來說沒有問題。

賀姆斯請他將長木箱子運到聯合倉庫，告訴他要放到哪個站臺。賀姆斯看來已雇好快遞員去那裡取箱，並送上火車。他沒說要送去哪裡。

至於行李箱，韓福瑞不記得他送去哪了，但後來證據顯示，他將行李箱送到查爾斯・查波靠近庫克郡立醫院的家中。

不久之後，賀姆斯送上一份驚喜大禮給助手班傑明・皮特佐的家人。他給皮特佐的妻子卡莉數件洋裝、好幾雙鞋和幾頂帽子，[10]這是他表妹米妮・威廉斯小姐的東西，她婚後搬到東岸，舊東西都不要了。他建議卡莉將洋裝改一改，用布料替三個女兒做幾件衣服。卡莉非常感激他。

賀姆斯也給了管理員帕區克・昆蘭一份驚喜大禮。兩只堅固的行李箱，上面都刻著「MRW」，也就是米妮・R・威廉斯的縮寫。[11]

作者資料出處和補充註解

1 警方猜測賀姆斯在金庫殺死南妮和米妮・威廉斯。Schechter假設以下情境:「他們正要離開,賀姆斯突然停下,彷彿想到什麼。他解釋,他需要到金庫拿個東西——他存放在保險箱的重要商業文件。一下就好。

「他抓住南妮的手,帶她走向金庫。」(62)

大約是如此,但我覺得我假設賀姆斯請她幫忙拿,並尾隨她,將她鎖在金庫內,比較符合他的個性。他是個連續殺人犯,但性格懦弱。

賀姆斯於七月五日殺死兩人,是根據一八九五年三月十四日一封E・T・強生(E. T. Johnson)律師寄來的信,他當時負責追尋這兩個失蹤女子的下落。他指出她們離開萊特伍大道的房子,時間「大約在一八九三年七月五日,後來再也沒有人聽到她們的消息」(刊載於一八九五年七月二十一日《芝加哥論壇報》)。參見本書三一八頁的內容,安娜在七月四日傍晚曾寫封信向阿姨報喜,綜合這封信來看,謀殺案確實發生在七月五日。

2 *Two days later*: Franke, 108.

3 "*I do not know how*: *Chicago Tribune*, July 21, 1895.

4 *Also on July 7*: The *Chicago Tribune* of July 20, 1895, identifies the express company as Wells-Fargo. The *Philadelphia Public Ledger* of November 23, 1894, states that the trunk was shipped from Midlothian, Texas, on July 7, 1893.

5 *The trunk was addressed*: *Chicago Tribune*, July 20, 1895; *Philadelphia Public Ledger*, November 23, 1894.

6 *A Wells-Fargo drayman tried*: Ibid.

7 "*I want you to come*: *Chicago Tribune*, July 28, 1895; *Philadelphia Public Ledger*, July 29, 1895.

8 "*It was an awful looking place*: *Chicago Tribune*, July 28, 1895; *Philadelphia Public Ledger*, July 29, 1895.

9 "*Don't do that*: *Chicago Tribune*, July 28, 1895; Philadelphia Public Ledger, July 29,1895.

10 *He gave Pitezel's wife*: *Chicago Tribune*, August 1, 1895.

11 *Holmes also surprised*: Ibid.

暴風雨與大火

伯南的工作仍馬不停蹄，辦公室的步調仍未減緩。世博會建築全部落成，所有展品也都布置妥善，但如同銀器注定會日漸暗淡一般，世博會的光芒勢必日漸消逝減損，也躲不過悲劇的命運。

七月九日週日，天氣炎熱無風，除了摩天輪之外，中道區的飛天氫氣球也是受歡迎的設施之一。氫氣球名為「芝加哥」，注入十萬立方呎的氫氣，氣球的繫繩連接到一個絞盤上。[1]下午三點，氫氣球已經升空三十五趟，每次高度都高達三百公尺。以攤位上的德國氫氣球駕駛而言，那天是升空的好天氣，四周平靜無風，他想籃子下方繫繩應該是垂直繫著正下方的絞盤。

但是三點鐘時，攤位的經理G．F．摩根（G. F. Morgan）檢查了儀器，發現氣壓驟降，代表暴風雨將至。他停止對外售票，命令人員開始收氫氣球的繩線。他發現摩天輪的操作員並未進行防備措施，並繼續營運。

一時間蒼穹變色，烏雲蔽空，西北方吹起陣陣微風。天空彷彿凹陷下來，漏斗狀的雲彷彿在蠕動一般，沿湖岸向南成形，正朝世博會而來。

摩天輪上坐滿了乘客，他們望著漏斗雲彷彿跳著肚皮舞，越過傑克森公園朝中道區而來。

氫氣球下方，經理摩根命令人員抓緊纜繩。

傑克森公園原本陽光普照，突然昏天黑地，伯南不禁也走到外頭觀望。強風從四面八方刮來。餐點包裝紙被狂飛捲起，如海鷗般在空中飛舞。天空似乎將魔爪伸入世博會，某處傳來玻璃粉碎的聲響，不是被石頭輕輕敲碎，而是大片玻璃驚天動地墜落於地。[2]

農業展覽館屋頂落下一塊巨大的玻璃，砸到底下一張桌子，若早個幾秒鐘，剛在那兒賣糖果的年輕女子就會被砸中。[3]製造業暨人文展覽館屋頂上六面窗玻璃被吹下。各展覽單位趕緊衝去用厚帆布蓋住展品。

機械展覽館圓頂大約四平方公尺被風捲走，世博會匈牙利咖啡館的屋頂也全被掀開。一艘奧姆斯德的電汽船趕緊靠岸，疏散所有乘客，正要開進船塢停泊時，一陣狂風吹上船的雨篷，四噸半的船因此翻覆。舵手和服務員跳水逃生。

大量羽毛在空中飛舞。中道區駝鳥園的二十八隻駝鳥泰然自若地接受牠們的損失。

⁂

摩天輪內，乘客全縮起身子。一個女人昏倒了。一名乘客後來寫信給《工程新聞》形容：「我們進入車廂後，兩人合力才將門關緊。風大到雨不是垂直下，而是橫著飛。」[4]不過，摩天輪仍如無風一樣正常旋轉。乘客只感覺到稍微震動。寫信的人看來是個工程師，他估計風只讓摩天輪歪了頂多四公分。

摩天輪上的乘客望著狂風吹走旁邊的氫氣球，底下的人根本抓也抓不住，摩根經理差點被拉到空中。風將氫氣球吹得東歪西扭，彷彿是個內外翻轉的沙袋，轉眼間，八千公尺絲綢所織成的氫氣球四分五裂，碎片最遠被吹到八百公尺之處。

摩根面對這場災難顯得十分平靜。「暴風雨來的時候我其實也看得津津有味。」他說，「能親眼看到氫氣球破成碎片也算一生難得的經驗，不過對擁有世博會股票的人來說，代價相當高。」[5]

暴風雨和隔天七月十日週一發生的意外有無關聯其實無人確定，但時間點不禁令人懷疑。

週一下午一點多鐘，伯南在指揮修理工程，團隊在清理會場殘骸時，冷藏館高塔穹頂開始冒出黑煙，六月十七日那起火災也是從那裡燃起。

高塔是由木頭建造，並設有三個鐵煙囪，因為主建築物下方有三個鍋爐。[6]雖然有點矛盾，但要產生冷的話，必須要生熱。煙囪比高塔低約一公尺，上頭原本要安裝一個套管，延長煙囪長度，讓煙囪高過建築物。法蘭克・伯南的設計中，套管極為關鍵，煙囪中過熱的氣體才能避開木牆。但不知何故，承包商沒有安裝。那棟建築就像房子煙囪沒蓋到屋頂，只蓋到閣樓。

消防隊在下午一點三十二分接獲第一次通報，馬上發動引擎，趕到現場。[7]詹姆士・費茲派崔克（James Fitzpatrick）大隊長率領二十個消防員進到主建築，爬上屋頂，再從那裡靠近高塔，爬上二十公尺的樓梯，通往高塔外陽臺。他們用繩子將水管拉上來，設好八公尺的梯子，將管子對準高塔。

大隊長和打火弟兄都沒察覺，高塔上方的大火其實是個致命的陷阱。鐵煙囪和高塔內牆之間的空間全是以光滑的美國白松所建成，著火的焦黑碎片落入其中，在狹窄的空間中點燃了火苗，不久便耗盡其中空氣，化為過熱的電漿，只要一有新鮮的氧氣就會變成爆炸物。

高塔陽臺上的消防員專注在撲滅上方的火焰，腳下卻出現一縷白煙。

下午一點四十一分，消防隊接到第二次通報，啟動了世博會機械展覽館的巨大警報。此時數千名客走向冒煙處，擠在附近建築的草坪和道路上。有人還帶了東西來吃。伯南和戴維斯都來了。哥倫布警衛隊抵達現場，清空區域，讓更多消防車和雲梯馬車進來。接下來那恐怖的一刻，摩天輪上的乘客盡看在眼裡。

消防局的報告寫道：「無數人同時目睹如此可怕的慘劇，這事真是前所未有，人人臉上充滿悲痛。」[8]

忽然之間，火焰從高塔中竄出，位置大約在隊長和打火弟兄下方十五公尺處。新鮮的空氣灌入，高塔馬上爆炸。根據消防局官方報告，消防人員推判「似乎是煙囪周圍通風井中的氣體點燃了，整座高塔內部馬上成為熔爐」。[9]

消防員約翰．戴維斯（John Davis）當時和大隊長及其他弟兄站在陽臺上。「我看到那裡只剩一個機會，便下定決心拚死一搏。」戴維斯說，「我跳向水管，幸運地抓住管子。其他弟兄似乎都嚇到無法動彈。」[10]

戴維斯和另一個弟兄滑下水管，落到地面上。陽臺上的消防員知道自己大限將至，紛紛向彼此道別。目擊者目睹他們擁抱握手。費茲派崔克大隊長抓住一條繩子盪下樓，穿越火焰，掉落到下方主建築屋頂，他倒在那裡，一條腿骨折，多處內傷，八字鬍燒掉一半。其他人跳樓墜地而死，有些人則撞破主建築屋頂。

消防局長莫菲和兩名消防員爬上梯子，救下費茲派崔克大隊長。他們用繩索將他運給下方同事。他仍活著，但狀態岌岌可危。

烈火總計害死十二名消防員和三名工人。費茲派崔克於當晚九點仍不幸身亡。

隔天入園人數逾十萬人。燒成廢墟的冷藏館仍冒著煙，反而吸引了無數人參觀。

驗屍官馬上召開審訊會，會中陪審團聽了丹尼爾・伯南、法蘭克・伯南、海克力士鋼鐵工程公司和數名消防員證詞。丹尼爾・伯南指出，他對前一場火災毫不知情，也不知道建築物少了套管，並表示建築是私人建築，他只負責批准設計，無權過問工程。[11]七月十八日週二，審訊會陪審團以過失犯罪起訴他、莫菲隊長和兩名海克力士公司高層，並將案子交於法院的大陪審團。[12]

伯南對此十分震驚，但保持沉默。「要你對火災和人命負責真是一點也不合理。」世博會工程監理狄昂・傑羅丁寫信道，「做此裁定的人肯定笨到家了，不然就是嚴重受人誤導。」[13]

按照慣例，伯南和其他人必須收押待審，但這次甚至連死因裁判法庭一時都反應不過來。警長根本來不及逮捕建築工程總監伯南，而伯南隔天早上便交了保釋金。

木頭的焦臭還未散去，伯南便封閉了交通展覽館和製造業暨人文展覽館屋頂步道，以及行政大樓的陽臺和上層柱廊，擔心建築物或展品失火引起恐慌，造成更大的悲劇。[14]每天製造業暨人文展覽館的屋頂步道都擠滿了人，但要下樓只能坐電梯。伯南想像男女和孩子在恐慌之中滑下屋頂玻璃，結果玻璃碎裂，所有人墜落到六十米下的展場。

禍不單行，七月十八日，陪審團下令要將伯南逮捕同一天，世博會委員在銀行施壓下，投票決議成立撙節委員會，[15]並指派了三名態度冰冷的人員負責，他們幾乎掌握全權，能大刀闊斧降低世博會成本上。後來世博會公司委員會批准一項決議，自八月一日起，「工程、保養或任何世博會相關管理上，經費都必須經由此委員會核准才得以實行」。[16]顯然委員會從一開始就針對著伯南率領的工程部門。

伯南和米勒正在努力增加參觀人數，本來就有諸多必要開銷。至少就伯南看來，世博會此時最不樂見的就是出現三個鐵公雞高高在上，斤斤計較每筆新開銷。米勒對八月有些特別的想法，包括一場熱鬧的中道舞會，伯南等世博會高層會和達荷美及阿爾及利亞肚皮舞孃共舞。委員會審查這場宴會和米勒其他活動時，一定會覺得預算花得毫無價值。但伯南知道，包括警衛隊、清理垃圾和道路及草坪養護等工作，全都是至關重要的開銷。

他擔心撙節委員會將徹底毀了世博會。

作者資料出處和補充註解

1 *The balloon*: *Chicago Tribune*, July 10, 1893.
2 *The sky seemed to reach*: Ibid.
3 *In the Agriculture Building*: Ibid.
4 "*It took the combined effort*: Anderson, 66.
5 "*I got some pleasure*: *Chicago Tribune*, July 10, 1893.
6 *The tower*: *Chicago Tribune*, July 11, 12, 1893.
7 *The first alarm*: Burnham, *Final Official Report*, 61, 74; *Chicago Tribune*, July 11, 1893; *Graphic*, July 15, 1893, Chicago Historical Society; *Synoptical History*, 74–77.
8 "*Never," the Fire Department reported*: *Synoptical History*, 75.
9 "*as though the gaseous*: Burnham, *Final Official Report*, 61.
10 "*I saw there was*: *Chicago Tribune*, July 11, 1893.
11 *Daniel Burnham testified*: *Chicago Tribune*, July 12, 1893
12 *On Tuesday, July 18*: *Chicago Tribune*, July 19, 1893.
13 "*The attempt to hold you*: Geraldine to Burnham, July 19, 1893, Burnham Archives, Business Correspondence, Box 1, File 32.
14 *With the stink*: *Chicago Tribune*, July 14, 1893.
15 *As if things*: *Chicago Tribune*, August 3, 1893.
16 "*no expenditures whatever*: Ibid.

愛情

一群從聖路易來的教師和一名記者到世博會時，冷藏館大火廢墟仍未完全清理乾淨。這二十四名教師贏了《聖路易共和報》舉辦的比賽，報社將替他們支付世博會的住宿費。[1]林林總總加上親友，一群人總共四十人，擠進了芝加哥和奧爾頓鐵路公司名為貝那拉斯的豪華臥鋪車廂。他們在七月十七日週一上午八點鐘抵達芝加哥聯合車站，馬上跳上馬車到瓦色提旅館。旅館離世博會會場不遠，從二樓陽臺便能看到摩天輪、製造業暨人文展覽館和大瑪麗鍍金的頭。

記者名叫西奧多・德萊賽，他年輕又充滿自信，處處吸引著年輕的女人。他和所有人打情罵俏，但果不其然，他最有興趣的是對他興趣缺缺的那位，她叫莎拉・歐斯朋・懷特（Sara Osborne White），身材嬌小，相貌俏麗，由於她喜歡穿棕色的衣服，以前有個追他的男生暱稱她為「銅水壺」。她根本不是德萊賽的菜。此時他性經驗豐富，而且正和女房東打得火熱。對他來說，莎拉・懷特「表面全然天真，如處女般保守，內心卻深藏著激情」。[2]

德萊賽和眾老師一同搭乘摩天輪，並觀賞水牛比爾的表演，科迪上校親自向這群女子問好，並一一和她們握手。德萊賽隨著女孩子遊覽製造業暨人文展覽館，[3]並表示「男人在那兒隨女人一攤攤逛，就算逛上一整年也不會累」。到了中道區，德萊賽說服了詹姆士・J・考貝[132]來見這群女生。考貝是個拳擊手，在一八九二年九月擊倒約翰・L・蘇利文[133]，隔天早晨《芝加哥論壇報》頭版全都關於這場大戰。考貝也和女孩子一一握手，不過有個老師拒絕了這個機會。她姓蘇利文。

德萊賽戲稱《聖路易共和報》旅行團為「四十烏合眾」(Forty Odd)，他只要逮到機會，便將莎拉・懷特和團員隔開，但莎拉帶了她妹妹蘿絲同行，事情變得很困難。有一次，德萊賽想親莎拉，她告訴他不要「被感情沖昏頭」。[4]

他誘惑別人失敗，自己倒是深深墜入愛河，只不過對象是世博會。他說，他彷彿「墜入夢中，好幾個月無法醒來」。[5]夜晚最令人心醉。「尤其陰影全融合在一起，湖泊和白城圓頂上方點點星光綻放那一刻。」

他和那四十多人離開世博會後，卻仍念念不望莎拉・懷特。他在聖路易寫信給她，追求過程中，下定決心要好好寫作。他離開聖路易，到密西根鄉下報社當編輯，但發覺在小鎮當編輯的美夢不如自己所想。他又跌跌撞撞一陣子來到了匹茲堡。他寫信給莎拉・懷特，只要回到聖路易便會去拜訪她。他要她坐到他大腿上，她拒絕了。

不過，她倒是接受了他的求婚。德萊賽給他在《聖路易環球民主報》的朋友約翰・麥克斯威爾(John Maxwell)看她的照片。在德萊賽眼中，她是個神祕誘人的女人，麥克斯威爾只看到一個生活枯燥的教師。他試著警告德萊賽：「如果你現在結婚，娶一個傳統又刻板的女人，而且年紀還比妳大，你就完了。」[6]

對德萊賽這樣的男人來說，這是個好建議。但德萊賽沒有採納。

132 詹姆士・J・柯貝(James J. Corbett, 1866-1933)，美國拳擊手，世界重量級拳賽冠軍，生涯對戰二十場，且因技巧創新，並利用科學方式訓練而被稱為「現代拳擊之父」。

133 約翰・L・蘇利文(John L. Sullivan, 1858-1918)，愛爾蘭裔美籍的拳擊手，咸認是拳擊戴手套之後，史上第一位重量級拳王。

摩天輪成為愛情載體。情侶紛紛來問能不能在摩天輪最高點結婚。[7]路瑟・賴斯從未允許，但其中有兩對情侶已經寄出婚禮邀請函了，他通融他們在辦公室辦婚禮。

不過，雖然摩天輪氣氛浪漫，夜間搭乘人潮一直不多。黃金時段是傍晚五點到六點之間。

重獲自由，握有大筆地產的賀姆斯帶了個新女人到世博會遊玩，她叫喬吉安娜・約克（Georgiana Yoke），[8]上半年他去施萊辛格和梅耶百貨公司時，與負責專櫃銷售的她相遇。她在印第安納州富蘭克林長大，一八九一年前都和父母住一起，後來她到芝加哥追求更廣大燦爛的生活。她遇到賀姆斯時年方二十三，但由於個子嬌小，再加上金黃色的頭髮，使她看起來更年輕，幾乎像個女孩。不過她面容較女孩削瘦，那雙藍色的大眼睛下充滿智慧。

她從來沒見過他這樣的人。他英俊瀟灑，用詞文雅，生活顯然十分優渥。他甚至在歐洲也有地產。但是，她為他感到難過。因為他好孤單，除了一個住在非洲的姑媽，他的家人都過世了。[9]他最後一個表叔才剛過世，在南方和德州沃斯堡留給他一大筆地產。

賀姆斯送她許多禮物，包括一本《聖經》、鑽石耳環和一個墜子。她說墜子是「一個小愛心，上面鑲有珍珠」。[10]在世博會上，他帶她搭乘摩天輪和威尼斯貢多拉船，伴著她在林島陰暗芳香的步道漫步，四周中國燈籠透出柔和的光芒。

他向她求婚。她答應了。

但他先告訴她，他結婚必須用另一個名字「亨利・曼斯菲爾德・霍華德」(Henry Mansfield Howard)。[11]他說那是他逝世表叔的名字。表叔以他的家族為傲，賀姆斯必須繼承表叔全名，才能繼承他的財產。為了紀念表叔，賀姆斯答應了。

哈里森市長也相信自己戀愛了，對象是一個來自紐奧良的女人，名叫安妮・霍華德（Annie Howard）。[12]當了兩次鰥夫的哈里森已經六十八歲，而安妮才二十多歲，沒人確定她究竟二十幾，但大家猜測應該是二十一到二十七之間。根據一人形容，她「圓滾滾的」且「充滿活力」。她在世博會時來到芝加哥，在市長家附近租了間豪宅。她在世博會時都在買藝術品。

哈里森和霍華德小姐有事要對全市宣布，但市長打算等到十月二十八日再說，那天世博會將慶祝美國城市日。其實，那根本是他的大日子。那是世博會閉幕日前兩天，全國數千位市長會齊聚一堂，他會以芝加哥市長身分上臺宣告，芝加哥打造出史上最偉大的一場世博會。

作者資料出處和補充註解

1 *The twenty-four teachers:* Dreiser, *Journalism*, 121.
2 "*an intense something:* Lingeman, 118.
3 *Dreiser followed the ladies:* For details about the teachers' visit to the fair, see Dreiser, *Journalism*, 121–38.
4 "*sentimental:* Lingeman, 121.
5 "*into a dream:* Ibid., 119.
6 "*If you marry now:* Ibid., 122.
7 *Couples asked permission:* Untitled typescript, Ferris Papers, 9.
8 *Georgiana Yoke: Trial*, 364.
9 *He was so alone:* Ibid., 436.
10 "*a little heart:* Ibid., 364.
11 *He cautioned*, however: Ibid., 436.
12 *Mayor Harrison too:* Abbot, 233; *Chicago Tribune*, August 24, 1893; Muccigrosso, 181.

怪胎

一八九三年七月三十一日，撙節委員會將報告交給世博會委員會。報告指出，世博會財務管理「只能以奢華無度來形容」，[1]必須立即大幅減少開支，進行人員縮編。「至於工程部門實在令人無言。」報告繼續寫道，「我們沒時間深入探究，但印象上經營策略如同過去一樣，視金錢如無物。」

撙節委員會中，至少這三名人員明確表示，世博會美學成功歸成功，不能將收益拋在腦後。雖然有人覺得過於現實，但在芝加哥大人物心中，所謂的榮耀不講面子或情感，而是追求最高的利益，但如今，狀況岌岌可危。報告結語寫道：「身為生意人，我們若不想在大眾前蒙羞，接下來一定要大刀闊斧，痛改前非。」

另一份意見書中，撙節委員會建議理事將此委員會立為永久職，並賦予正式權力，負責批准或駁回任何一筆世博會開銷，不論金額多小。

即使世博會委員會上的生意人態度變強硬了，對他們而言，這項要求仍太過分了。主席哈洛·希金博瑟（Harlow Higinbotham）說，要他交出這等權力，不如要他辭職算了。其他理事亦有同感。撙節委員會被拒絕之後，心有不甘，三人紛紛辭職。一人對記者說：「如果理事願意照原計劃，給予委員會權力，那砍掉的人頭早夠填滿大廣場水池……」[2]

撙節報告過於刺耳，內容有諸多責難，反觀當時芝加哥仍沉浸在歡欣之中，世博會不但辦成了，而且還辦得比所有人想得還壯麗。甚至連紐約人都道歉了……總之，至少紐約一個編輯道歉了。《紐約織品報》有一名編輯叫查爾斯・T・魯特（Charles T. Root）。雖然姓魯特，但他和伯南過世的合夥人不是親戚。他於一八九三年八月十日週四發表一篇評論，提到了自從芝加哥贏得世博會主辦權之後，紐約報社編輯刊出各式嘲笑和批評。「這座宰豬暴發戶組成的野蠻城市打算舉辦世界博覽會時，上百家報社，包含數十家東岸最大的日報，竟視之為笑談，捧腹大笑……」[3]他寫道，後來批評少了，卻少有批評者「補償世博會的名譽」，這明明是芝加哥應得的道歉。他繼續抨擊，說紐約如果贏得世博會主辦權，絕對不可能辦得那麼好。「目前為止就我觀察，芝加哥這回眾志成城，團結一致，集結各界聲望和影響力，並擁有強大的經濟為後盾，白城的成就紐約根本望塵莫及。」他說，該是時候承認事實了。「芝加哥令敵人失望了，並震驚世界。」

但是，世博會理事和高層沒被表象蒙蔽。購票人數雖然穩定成長，票房仍遠遠不足，情況迫在眉睫。十月三十日便是閉幕典禮，時間只剩三個月。（原本閉幕式是打算辦在十月最後一天，也就是十月三十一日，但聯邦立法院某位不知名的人士誤以為十月只有三十天，造成這起烏龍。）

理事會對鐵路公司施壓，希望他們降低車票價格。《芝加哥論壇報》正式向火車票價宣戰，公開攻擊鐵路公司。「這是國家大事，並非地方活動，他們一點也不愛國。」一八九三年八月十一日一篇社論罵道。「他們無所不用其極只求私利。」隔天報紙針對紐約中央鐵路公司的總裁錢西・德普刊出一篇滿是冷嘲熱諷的文章。「德普先生一直都是世博會特別的朋友，過去他曾大言不慚地說他的鐵路勢必配合，讓尼加拉瓜瀑布之外的數萬人造訪芝加哥……」《論壇報》表示，他並未遵守他的承諾。「錢西・M・德普身為芝加哥養子的身分差不多該收回了。芝加哥要和他斷絕關係。」

活動主任法蘭西斯・米勒此時正全力宣傳世博會，安排一連串異國活動。他在榮耀廣場水池舉辦划船比賽，讓中道區異國村的居民彼此競爭。每週二傍晚，他們會以傳統船隻競速。「我們想辦

些活動，讓潟湖和水池熱鬧起來。」[4]米勒告訴一名訪問者。「大家看膩電汽船了。如果我們能讓土耳其人、南海群島民族、僧伽羅人、愛斯基摩人和美國印第安人在大水池划著傳統小船，景象不僅新奇，也會讓人更有興趣。」

米勒每週五也決定舉辦中道各族間的游泳比賽，報紙稱他們為「各品種」的人。[5]第一場比賽八月十一日辦在潟湖，祖魯人對抗南美印第安人。達荷美和土耳其人也都有一同競技。「有些人毛多得跟大猩猩一樣。」《論壇報》報導寫道，當時代對各人種評述極不尊重。「比賽一大賣點就是參賽者都衣不蔽體，而且人人全心投入比賽，想贏得五元金幣。」

米勒最大的妙計便是八月十六日週三晚上盛大的中道舞會。《論壇報》稱之「中道怪胎的舞會」，他們打算寫一篇文章，引起全國注目，開門見山便提到婦女管理協會為了中道肚皮舞的事，鬧得滿城風雨。「那些良家婦女想逮捕這群舞孃……究竟是因為她們傷風敗俗，還是怕她們得腹膜炎，這我們不得而知。總之她們認為，表演若在尼羅河河畔或敘利亞市場，就是賞心悅目，但搬到傑克森和華盛頓公園間的中道區的話，簡直不成體統。」[6]

論壇報繼續解釋，但舞會不僅邀請了肚皮舞孃，也包含其他嬉笑墮落、衣裝不整的中道女子，並安排她們與伯南和戴維斯等高層官員共舞。「因此，事態嚴重，令人不寒而慄。」《論壇報》酸溜溜地寫道，「婦女管理協會一想到各種可能，胸部便驚恐地顫抖。萬一戴維斯委員長和舞姿曼妙的穆斯林美人率領遊行隊伍，美人跳到中途忽然腹膜炎發作怎麼辦？如果（波特）帕默陪同一名埃及路克索廟信徒，後來發現她也患了腹膜炎怎麼辦？若四海皆兄弟的哈里森市長忍不住和她們跳起舞，那該怎麼辦？這幾位大人物會出聲反對，強行阻止舞孃扭動，還是會隨全國上下的風潮，嘗試東方的扭動之舞？假設希金博瑟主席發現自己面對一個塗油裸背的斐濟美人或達荷美女戰士，跳著詭異古怪的食人族之舞，他會冒著生命危險去阻止她，還是乾脆隨她共舞呢？」

喬治・法蘭西斯・崔恩[134]出現在傑克森公園之後，舞會更是精采可期。米勒邀請號稱「國民崔恩」（Citizen Train）的他來主持舞會、船賽、游泳比賽及各式各樣的活動。[7]他總是身著白西裝，繫著紅色腰帶，戴著一頂紅色土耳其氈帽，雖然沒有人懂為什麼，但他是那時代的當紅炸子雞。據說《環遊世界八十天》的主角菲利亞斯・福格便是以他為範本寫成的。崔恩說自己是為了拯救世博會而來，他要以自己的超能力增加票房。這股力量以電力的形式儲存在他身體中。他會在會場漫步，摩擦雙手，一點一滴運用著那股能量。因為害怕力量流失，他拒絕和任何人握手。「芝加哥打造了世博會。」他說，「其他人都想毀了它。芝加哥創造出的世博會將由我來守護，而且我一定會達成使命。」[8]

舞會辦在世博會游泳場，那棟巨大建築物中能供人游泳和洗浴，裡頭也有各式宴會廳。天花板掛著黃紅旗布。俯瞰宴會廳的柱廊設有一間間包廂，裡頭都是世博會高層和名門望族。伯南、戴維斯、希金博瑟都有自己的包廂，想當然帕默家族也有。柱廊也有給買票觀眾的座位和站位。包廂前方的欄杆掛著一面面巨大三角絲綢，上頭繡著金色的阿拉伯花飾，在四周白熾燈泡的照耀下金光四射。撙節委員會肯定不會允許這種事。

晚上九點十五分，國民崔恩一貫穿著白衣，不知何故捧著一大束香豌豆花，帶領異國隊伍走下游泳場階梯，進入下方宴會廳。[9]隊伍中許多人光著腳。崔恩牽著一個十歲的墨西哥女芭蕾舞者，身後數十名男女都穿著傳統文化服飾。索爾・布魯姆負責宴會廳的秩序。

134 喬治・法蘭西斯・崔恩（George Francis Train, 1829-1904），美國企業家，早期經營航運、鐵路和馬車等事業，一八七〇年進行環遊世界的旅程，並大肆宣傳，一八七二年甚至獨立參選美國總統。

舞會流程以一支支舞向特定官員和來賓致敬。戴維斯委員長為方陣舞曲開舞，伯南為「柏林舞曲」開舞，而哈里森市長則為波卡舞曲開舞。舞跳完之後，眾人要合唱〈美好的家鄉〉。

天氣炎熱。[10]中道的坐牛小屋目前住著蘇族的酋長，他名叫「面雨」(Rain-in-the-Face)，曾殺死卡斯特少將的弟弟，此時他人如其名，汗如雨下，綠色顏料流下臉龐。一個拉普蘭人穿毛皮衣。愛斯基摩女人穿著海象皮衫。卡普爾塔拉的大君那週從印度遠道而來，坐在宴會廳臨時王座上，三名僕人在旁替他搧扇子。

宴會廳現場色彩鮮豔，活力四射。日本人穿著紅絲緞，貝都因人穿紅色和黑色，羅馬尼亞人穿紅色、藍色和黃色。平常幾乎不穿衣服的女人，例如亞馬遜人亞何茲（Aheze）和達荷美人薩圖貝（Zahtoobe）都穿上了以美國小國旗縫成的短裙。《論壇報》不經意用描述富人禮服的方式幽了自己一默，報導指出南海島民蘿拉（Lola）身穿她的「傳統樹皮衣，以低胸造型遮住一半的身體，搭配無袖背心」[11]。夜晚一分一秒過去，杯酒下肚，和蘿拉跳舞的隊伍排得愈來愈長，可惜肚皮舞孃身穿衣袍，頭戴頭巾，全身包得緊緊的，男人都穿著黑西裝在場中跳舞，並「挽著頭髮蓬亂、戴著牙齒項鍊、黑皮膚的亞馬遜女子」。不只芝加哥，甚至全世界都不曾見過這種事。《論壇報》稱這場宴會為「巴別塔摧毀後最奇怪的聚會」。

當然，現場充滿美食。正式菜單如下：

開胃小點

愛爾蘭村水煮馬鈴薯

中道區國際肉丁
冷盤
非洲西岸達荷美烤傳教士
印第安村烤水牛
鴕鳥園烤鴕鳥
開羅街水煮駝峰
哈根貝克動物園燉猴
主菜
拉普蘭油燜馴鹿
冰雪飛車炸雪球
利比玻璃展晶冰沙
糕餅
氫氣球甜甜圈
皮革展覽特製三明治（口味多樣）[12]

至於甜點，節目單寫道：「總收入的百分之二十五。」

宴會於凌晨四點三十分結束。異國人群緩緩走回中道區。來賓爬上馬車，沉沉入睡，或輕輕哼唱著當日熱門曲〈宴會之後〉（After the Ball），馬車夫駕車帶他們回家，馬蹄噠噠敲打著花崗岩，在

空蕩蕩的街道上回響。

這場宴會和法蘭西斯・米勒舉辦的其他活動讓世博會變得更狂野和開心。白天世博會在潔白的麻刀灰漿下彷彿穿著純潔的禮服，但夜晚時，它光腳跳著舞，滿口香檳。

參觀人數增加了。[13]八月每日購票入園的人數平均為十一萬三千四百零三人，終於超過關鍵的十萬人門檻。不過，超過不多。全國經濟仍持續惡化，勞動力不穩定。

八月三日，芝加哥拉扎魯斯・西維曼銀行倒閉了。伯南的公司是這家銀行的長年客戶。八月十日晚上，倒閉的雷丁鐵路公司前高層查爾斯・J・艾迪（Charles J. Eddy）是經濟大恐慌第一批受害者，他走進中道正北方的華盛頓公園內，飲彈自盡。當然，他一直住在大都會旅館。他是那家旅館夏日發生的第三名自殺者。哈里森市長警告，失業率已到警戒程度。「如果國會不給我們錢，暴動將令全國震盪。」[14]他說。兩週後，工人在市政廳外和警察發生扭打。那只是小規模的衝突，但《論壇報》稱之為暴動。幾天後，兩萬五千名失業勞工在市中心湖邊聚集，工會領袖山謬・龔帕斯站在五號貨運馬車車斗提出質疑：「為什麼國內的錢都存在銀行和穀倉，但工人卻無所事事，無家可歸，在街上遊蕩？為何那群坐擁金山遊手好閒的人過著奢華生活，坐著高級馬車，望向窗外看到一場和平的聚會，就稱之為暴動？」[15]

芝加哥工業鉅子和商賈在週日晨報上看到龔帕斯的演說之後，覺得他提出的問題格外令人不安，因為他要求的似乎不單純只是工作而已。龔帕斯提倡從根本改變工人和雇主的關係。這番話非常危險，必須不計代價壓制。

作者資料出處和補充註解

1 “*can only be characterized*. *Chicago Tribune*, August 3, 1893.
2 “*If the directory had seen fit*: *Chicago Tribune*, August 2, 1893.
3 “*Hundreds of newspapers*: *Chicago Tribune*, August 13, 1893.
4 “*We want to do something*: *Chicago Tribune*, August 9, 1893.
5 *Millet also organized*: *Chicago Tribune*, August 12, 1893.
6 “*Whether the apprehensions*: *Chicago Tribune*, August 11, 1893.
7 *Further enriching the affair*: *Chicago Tribune*, August 17, 1893; Downey, 168.
8 “*Chicago built the fair*: *Chicago Tribune*, August 16, 1893.
9 *At nine-fifteen that night*: *Chicago Tribune*, August 17, 1893.
10 *It was hot*: Ibid.
11 “*native costume of bark*: Ibid.
12 *The official menu*: Ibid.
13 *Attendance rose*: *Chicago Tribune*, October 10, 1893.
14 “*If Congress does not give*: *Chicago Tribune*, August 9, 1893.
15 “*Why should the wealth*: *Chicago Tribune*, August 31, 1893.

潘德嘉斯特

自己將成為芝加哥重要的官員之一，一想到這件事，著實令人興奮。派翠克終於不需再忍受寒冷的早晨和骯髒的街道，也不用面對憤怒的送報小童，他們老是不聽話，又常嘲笑他。但他愈來愈沒耐心了。他早該就任法律顧問了。

十月第一週的一天下午，[1]派翠克搭纜線車到市政廳看未來的辦公室。他遇到一名職員，並自我介紹。

不可思議的是，職員不認得他的名字。派翠克解釋，哈里森市長打算任命他為法律顧問時，職員大笑。

派翠克執意要和現在的法律顧問克勞斯（Kraus）見面。克勞斯當然會認得他。

職員去找顧問。

克勞斯從辦公室出來，並和他握手。他向團隊另一人介紹派翠克為「下一任顧問」。突然之間，所有人都露出微笑。

派翠克起初以為眾人微笑是因為他不久便會上任，但他現在感覺那笑容別具深意。

克勞斯問他想不想立即上任。

「不用。」派翠克說，「我不急。」[2]

他心裡當然不這麼想，但派翠克被這問題弄糊塗了。他不喜歡克勞斯問這問題的態度。一點都

不喜歡。

作者資料出處和補充註解

1 *One afternoon: Chicago Record*, December 16, 1893, McGoorty Papers.

2 *"No," Prendergast said*: Ibid.

邁向勝利

法蘭西斯．米勒將一八九三年十月九日訂為芝加哥日，當天週一早晨十點，世博會六十四街大門的售票員大略計算截至當時的售票數，發現光此入口便賣出了六萬張門票。[1]根據平常的銷售經驗，這大約是世博會總銷售門票數的五分之一，換言之，目前傑克森公園內估計大約有三十萬名遊客，不僅超出其他天的總入園人數，也逼近了巴黎世博會三十九萬七千的參觀人次紀錄。何況，早上都還沒過完。售票員感覺今日非比尋常。門票銷售數量每小時不斷倍增。有的售票亭銷量大增，窮於應付，銀幣堆了一地，淹上售票員的鞋子。

米勒和其他世博會高層都預期參觀人次會爆增。芝加哥對世博會十分驕傲，人人都知道世博會將在三週後正式落幕。為確保參觀人數，哈里森市長正式對外宣布，各行各業當天休假。法院關門，期貨交易所休市。天公也作美。週一天空蔚藍，清新舒爽，氣溫都低於攝氏十七度。每家旅館都住滿了人，甚至還超收，有的旅館為了多接客人，經理不得不拿床墊出來，睡在大廳和走廊。威靈頓餐飲公司在傑克森公園經營了八家餐廳和四十個攤位，他們為那天事先運來了兩列車的馬鈴薯，四千桶六十公升的啤酒，約五萬七千公升的冰淇淋和兩萬公斤的肉。廚師做了二十萬份培根三明治，煮出四十萬杯咖啡。

不過，沒人預料到現實遊客數量多驚人。中午票務主任霍雷斯．塔克（Horace Tucker）傳電報到世博會總中心：「壓倒性打破巴黎紀錄，人潮仍不斷增加。」[2]一個叫L．E．戴克（L.E. Decker）

的售票員是水牛比爾的外甥，他替狂野西部牛仔秀賣票賣了八年，今天他在世博會輪班時賣出一萬七千八百四十三張票，成績第一，贏得了霍雷斯・塔克贈送的一盒雪茄。走失的孩子數量大增，哥倫布警衛隊警局的椅子都坐滿了。十九個孩子在警局過夜，家長在隔天才終於領回。世博會內外共五人喪命，其中包括一個工人幫忙準備晚上的煙火時發生意外，還有一名遊客下纜線車時，不幸被後方另一輛車撞死。人潮推擠之下，一個女人被擠下火車月臺，斷了條腿。喬治・費里斯那天搭乘自己的摩天輪，朝下一看，倒抽一口氣：「下頭一定有一百萬人吧。」[3]

煙火在八點整開始。[4]米勒規劃了一連串美麗的「花樣煙火」，煙火將固定在巨大的金屬支架上，排列出各種肖像和圖樣。第一個主題是一八七一年的芝加哥大火，圖樣包括歐利瑞太太的牛踢翻煤油燈的畫面。晚上煙火響徹雲霄，燃燒的嘶嘶聲不絕於耳。世博會煙火師最後在湖上夜空中同時發射五千發火箭作為壓軸。

但真正的高潮發生在世博會閉園之後。四下一片寂靜，空氣仍瀰漫著火藥味，警衛隊荷槍實彈陪同財務人員前往各個售票亭，搬回將近三公噸重的銀幣。森嚴警戒之下，他們清點了數目。凌晨一點四十五分，他們得出了確切的數字。

差點給費里斯猜中了。傑克森公園當天購票入園的高達七十一萬三千六百四十六人次。其中只有三萬一千零五十九人是小孩，約占百分之四。[5]另外有三萬七千三百八十名遊客是用優惠暢遊券入園，因此當日參觀人數總計七十五萬一千零二十六人次，超過歷史上任何單日和平集會的人數。《論壇報》認為，除了西元前五世紀薛西斯大帝[135]召集的五百萬大軍之外，史上不曾有過這麼多人齊

135 薛西斯一世（Xerxes I, 518-465 BC）是波斯阿契美尼德王朝的國王，平熄埃及叛亂之後，曾率大軍進攻希臘。

聚一堂。[6]巴黎世博會三十九萬七千人次的紀錄確實完全粉碎。

伯南的窩棚得知消息之後，眾人歡呼喝彩，開了香檳，整夜慶祝。但最棒的消息其實是隔天才傳來。世界博覽會公司高層之前四處吹噓，因此飽受大家嘲弄，如今他們開了一張一百五十萬的支票給伊利諾信託儲蓄銀行，繳清了世博會最後一筆債務。[7]

風城大獲全勝。

伯南和米勒總算開始規劃伯南的大日子，也就是十月三十日的閉幕典禮，那一天將慶祝伯南功成身退，事情總算都做完了。伯南此時相信，沒有事情能撼動世博會的成功，以及他在建築史上的地位。

作者資料出處和補充註解

1 *By ten o'clock*: Dybwad and Bliss, 38–40.
2 *"The Paris record*: Ibid., 38.
3 *"There must be a million*: Ibid., 39.
4 *The fireworks*: Ibid., 64–68.
5 *In that single day*: *Chicago Tribune*, October 10, 1893.
6 *The Tribune argued*: Ibid.
7 *But the best news*: Badger, 109.

離別

法蘭克・米勒希望閉幕式能比世博會芝加哥日吸引到更多遊客。米勒積極規劃時，幫助伯南打造世博會的人一一回到正常生活。

查爾斯・麥金姆依依不捨的離開了。對他而言，世博會像是一盞明燈，照亮人生中各處陰影。十月二十三日早晨，他突然離開了傑克森公園，那天稍晚，他致信伯南：「你知道我不喜歡說『再見』，今早也不會看到我了。難過不足以表達離開你們的感受。

「你們給我一段美好的時光，我會好好記得世博會最後的日子，當然我也會珍惜最初的回憶，尤其是和你共有的。這話題夠我們聊上一輩子，有朝一日，期盼我倆能再聚首，回顧並暢談其中點點滴滴，當然，若未來有需要我幫忙之處，我絕對傾力相助。」[1]

隔天麥金姆寫信給巴黎的朋友，提到自己、伯南和大多數芝加哥人都深深覺得世博會太美好了，再過六天，也就是十月三十日正式閉幕之後，絕不能撒手不管，放任場地年久失修，漸漸荒廢。「當初世博會如魔術般眨眼間建成，現在相關人員都由衷希望能比照此法，儘速將會場清空。考量到經濟和其他因素，有人提議以炸藥炸毀建築，光榮地送它一程。另有人提議用火燒，不只相對容易，視覺效果也最壯觀，但就怕湖泊風向改變，灰燼飛入城市造成危險。」[2]

麥金姆和伯南心裡都不覺得該放火燒了世博會。其實，建築設計上已盡力提高剩餘價值，但他們不忍心看著這場美夢就此結束，寧可一了百了。沒有人能忍受白城人去樓空，一片淒涼。《柯夢

波丹》一名作者寫道：「最好讓世博會瞬間消失，在火光中光榮離去，也好過年久失修，日漸傾圮。好比早晨的宴會大廳，人聲不再喧騰，燈火不再輝煌，這景象最令人傷感了。」[3]

後來，關於大火的討論彷彿成了預言。

奧姆斯德也和世博會斷了關係。夏末他工作忙碌，再加上天氣悶熱，身體再次出了問題，也再次失眠。他當時仍有許多工程在進行，其中最主要的是比爾特摩莊園，但他覺得自己已來到職業生涯的尾聲。他已七十一歲。一八九三年九月六日，他寫信給好友弗列德．金斯伯里（Fred Kingsbury）：「我不能去找你，經常希望能坐車到老地方，與你及其他人見面，但我差不多認命了。我人生最後一段路一定不好過。」[4]不過，奧姆斯德罕見地表達自己已心滿意足。「我喜歡我的孩子。」他告訴金斯伯里。「除了改善景觀，供人享受之外，孩子是我人生的重心。雖然我病痛纏身，但別以為我是個厭世的老人。」

路易士．蘇利文由於交通展覽館廣受稱讚，獲獎無數，尤其是那道金拱門。他繼續和丹克馬．艾德勒工作，但情況已全然不同。景氣不斷萎縮，兩個合夥人的事務所案子所剩無幾。一八九三年一整年，他們只完成兩棟建築。[5]蘇利文對同儕向來毫不留情，他公司一名資淺的建築師私底下接案，利用閒暇時間替客戶設計房子，蘇利文發現後勃然大怒，馬上解雇了他。

那名資淺的建築師叫法蘭克．洛伊德．萊特[136]。

世博會工程的一萬名工人也失去了工作，回到滿是失業人口的現實世界。世博會一閉幕，成千上萬失業人口加入他們，走上芝加哥街頭。如秋天迎面而來的寒意，暴力事件頻傳。哈里森市長深感同情，盡力幫助。他雇用上千人清理街道，下令警局晚上開放給無家可歸的人有個地方過夜。芝加哥《商業金融新聞》報導：「工業活動從未如此突如其來嚴重中斷。」[6]生鐵產量銳減一半，新鐵路工程幾乎停滯不前。由於世博會載客需求，普爾曼公司並未受到經濟衝擊，但世博會後期，喬治．普爾曼也開始降薪和裁員。不過，倒是沒有降低普爾曼公司城鎮的租金。

白城提供庇護，吸引了人群。如今冬日在即，黑城以骯髒、飢餓和暴力迎接人群。

賀姆斯也感覺到，該是離開芝加哥的時候了。債主和各家族尋人的壓力逼得他喘不過氣。[7]他先在城堡頂樓放了把火。[8]這起火災損失不大，他以席朗．S．坎貝爾之名買了保險，向保險公司要求六千美金的理賠。其中一家保險公司的調查人F．G．柯沃伊（F. G. Cowie）起了疑心，開始仔細調查火災原因。柯沃伊雖然找不到縱火的鐵證，但他相信一定是賀姆斯或同謀放的火。他建議保險公司付錢，但理賠只能給席朗．S．坎貝爾，而且本人必須出面。[9]

賀姆斯不能自己去拿錢，因為柯沃伊認得他。平常，他會直接找個人扮作坎貝爾，收下這筆錢，但最近他愈來愈小心了。米妮．威廉斯的監護人派了個律師威廉．卡普來尋找米妮，並保護她的資

136 法蘭克．洛伊德．萊特（Frank Lloyd Wright, 1867-1959），美國建築師，他是草原派建築先驅，並相信建築和環境必須融為一體，這概念他稱之為「有機建築」（organic architecture）。他最著名的作品是「落水山莊」（Fallingwater）。

產。[10]安娜的監護人布萊克博士／牧師雇用了一名私家偵探，偵探曾來到賀姆斯的大宅。西葛倫家、史密斯家和其他家長的信仍不斷寄來。目前仍沒人控訴賀姆斯犯案，但這一波追問他前所未見，不僅逼得更緊，也拐彎抹角質疑著他。席朗・S・坎貝爾從來沒現身拿那筆錢。

但賀姆斯發現，柯沃伊的調查後來造成更大的傷害。他挖出賀姆斯底細時，成功聯繫了賀姆斯這五年間矇騙的債主，包括家具商、鋼鐵商、腳踏車業者和工程承包商。眾債主雇用了芝加哥拉法葉討債公司的辯護律師喬治・B・錢柏林（George B. Chamberlin），自從賀姆斯改良燒窯卻沒付錢給火爐公司之後，錢柏林便一直纏著賀姆斯。後來，錢柏林自稱是全芝加哥第一個懷疑賀姆斯犯罪的人。

一八九三年秋天，錢柏林和賀姆斯聯絡，要求賀姆斯到他的辦公室一趟。[11]賀姆斯原本以為錢柏林會和他一對一會面，但他到辦公室之後，發現裡面有二十四名債主，還有各債主的律師，其中還有一名警探。

賀姆斯大吃一驚，但他絲毫不為所動。他和所有人握手，直接面對債主憤怒的目光。怒火馬上降了幾度。他手腕十分高明。

錢柏林這次計劃就是個陷阱，想一舉揭穿賀姆斯完美的偽裝，沒想到即使辦公室人人痛恨他，他仍一臉不在乎。錢柏林告訴賀姆斯，他總共欠債主少說五萬美元。

賀姆斯擺出最明事理的表情。他了解大家的憂心。他解釋自己犯下的錯。他野心太大，害得他還不出債來。要不是一八九三年經濟恐慌，一切都不會有事，所有債務都能還清，如同芝加哥和全國的無數生意人，他受經濟不景氣重創，清還債務的希望也因此落空。

錢柏林不可思議地發現，有的債主竟同情地點起了頭。

賀姆斯眼中噙著淚水。他深沉且由衷地道歉，並提出解決方法。他會以名下財產作為抵押，償還債務。

錢柏林差點笑出來，但在場另一名律師居然還建議眾人接受。賀姆斯佯裝的親切態度竟軟化了債主，錢柏林看到都傻了。剛才這群人明明希望警探在賀姆斯一進門時馬上逮捕他。現在他們居然想討論該怎麼辦。

錢柏林要賀姆斯去隔壁房間等一下。

賀姆斯照做了。他平靜地等待結果。

眾人激烈爭執，之前提議接受賀姆斯抵押的律師假藉喝水的名義，走出錢柏林辦公室，進到賀姆斯所在的房間裡。賀姆斯和他聊了聊。接下來發生什麼事，沒有人清楚。錢柏林後來說，律師可能不滿自己的意見被駁回，去向賀姆斯通風報信，警告他債主想將他繩之以法。當然，也許是賀姆斯直接付錢給律師，向他探問情況。或者他再次故作親切，淚眼汪汪，誘騙律師透露債主慢慢達成的共識。

律師返回眾人身邊。

賀姆斯開溜了。[12]

不久，賀姆斯便動身前往德州沃斯堡，打算好好利用米妮・威廉斯的地產。[13]他有所規劃，打算賣掉部分的地，並在剩下的地上蓋一棟跟英格塢大宅一模一樣的三層樓建築。同時，他會用土地來貸款和開支票。至少在搬到下一個城市之前，他想過一段富足的生活。他帶著助手皮特佐和他嬌小漂亮的未婚妻喬吉安娜・約克小姐一起到德州。離開芝加哥前，賀姆斯向費城的誠信互惠人壽公司聯絡，替皮特佐買了一萬元的人壽保險。[14]

作者資料出處和補充註解

1 "*You know my dislike*: Moore, *McKim*, 127.
2 "*indeed it is the ambition*: Ibid., 126.
3 "*better to have it vanish*: Boyesen, 186.
4 "*I can't come to you*: Stevenson, 415.
5 *For all of 1893*: Crook, 102.
6 "*Never before*: Bogart and Mathews, 398.
7 *The pressure*: *Philadelphia Public Ledger*, November 21, 894.
8 *First he set fire*: *Philadelphia Public Ledger*, November [illegible], 1894; Boswell and Thompson,89; Franke, 41; Schechter, 64–65.
9 *He advised the insurers*: Ibid.
10 *The guardians of Minnie*: *Philadelphia Public Ledger*, November 21, 1894; July 27, 1895; Franke, 106.
11 *In the fall of 1893*: *Philadelphia Inquirer*, May 8, 1896.
12 *Holmes fled*: Ibid.
13 *Soon afterward Holmes set out*: Geyer, 346; *Trial*, 302, 608; Franke, 213.
14 *Just before leaving*: Geyer, 346; Trial, 210.

黑夜降臨

整個十月，世博會參觀人數爆增，因為愈來愈多人發現再不來白城就看不到了。[1]十月二十二日，參觀人數總計十三萬八千零一十一人。兩天後，人數高達二十四萬四千一百二十七人。現在一天有兩千人搭乘摩天輪，人數比月初整整增加百分之八十。[2]所有人都希望參觀人數不斷增加，進而吸引大家參加閉幕典禮，打破芝加哥日的參觀人次紀錄。

為了吸引更多遊客，法蘭西斯・米勒規劃了包括音樂、演說、煙火等一整天的慶祝活動。他專程委託西班牙為世博會打造妮娜（Niña）、平塔（Pinta）和聖瑪利亞（Santa María）一比一的複製船，而「哥倫布」將親自乘船登陸。米勒雇用了演員扮演哥倫布和各船船長，船員則會是將船開到芝加哥的西班牙船員。米勒從園藝展覽館借來熱帶植物和樹木，並移植到湖岸。他也打算在海灘上布置枯倒的櫟樹和楓葉，彰顯哥倫布是在秋天登陸，但棕櫚樹和枯黃的針葉其實並不搭調。哥倫布登陸時會將劍插入地面，宣布新世界從今以後屬於西班牙，其他人則會站好位置，生動地呈現兩分錢紀念郵票上，哥倫布發現新大陸的畫面。根據《論壇報》報導，現場還會有水牛比爾牛仔秀和其他展場召集而來的印第安人，他們會「戒慎恐懼地」[3]盯著登陸者，口中語無倫次鬼叫，「來來回回」奔走。米勒希望藉此能帶遊客重返「四百年前」。大煞風景的是，一旁的蒸汽拖船會拖著西班牙船艦靠岸。

但是首先，十月二十八日週六是哈里森市長的大日子——美國城市日。五千名市長和市議員會

接受哈里森邀請來到世博會，其中包括舊金山、紐奧良和費城市長。至於紐約市長是否出席，紀錄上並未明確記載。

那天早上，哈里森先開心地向記者證實傳言，沒錯，他和年輕的安妮·霍華德確實在交往，不只如此，他們打算在十一月十六日結婚。

下午，他光榮地起身上臺，向在場市長致詞。朋友都說他那天風姿格外瀟灑，精神充沛。

他稱讚傑克森公園已完全改頭換面。「你瞧瞧！」他說，「這些建築、這大廳和幾世紀以來詩人的夢想，憑著一群瘋狂建築師的熱情和手藝，全化為真實。」[4]他告訴聽眾。「我自己已重獲新生。」這也許暗指霍華德小姐的事。「我相信自己將看到芝加哥成為美國第一大城和世界第三大城。」他此時已六十八歲，卻大膽宣布：「我打算再活半世紀，再過半世紀，倫敦也會顫抖，害怕芝加哥超越它……」

他望向奧馬哈的市長，大方地表示願意將奧馬哈納為芝加哥市郊。

他話鋒一轉。「我望向這偉大的世博會，一想到它即將荒廢，我萬分悲痛。」他說。他希望破壞工程能快刀斬亂麻，並引用了伯南最近的發言：「『把這裡毀了吧，既然一定會荒廢，乾脆毀了。我們放把火，把它燒了吧。』我認同他的想法。如果我們無法養護這地方一年，我會希望放把火，燒了一切，讓世博會升上明亮的天空，直通永恆的天堂。」

派翠克·潘德嘉斯特受不了了。他剛才去了趟法律顧問辦公室，這明明應該是他的辦公室，他卻備受羞辱。他們捉弄他，露出戲謔的笑容。但哈里森答應要給他這份工作。他要怎麼做才能獲得市長的注意？他寄的明信片都石沉大海。沒有人寫信給他，沒有人把他當真。

美國城市日下午兩點鐘，他走出母親的房子，到密爾瓦基大道的鞋店。[5]他付給老闆四元，買到一把二手的六發轉輪手槍。他知道這型號的手槍常因撞到或落地意外走火，因此他只裝了五發子彈，擊錘前的膛室沒放入子彈。

後來，此舉將成為討論重點。

三點鐘，大約是哈里森在演講時，派翠克走到芝加哥市中心的聯合大廈，州長約翰・P・奧特傑（John P. Altgeld）辦公室便在那裡。[6]

派翠克臉色蒼白，異常興奮。大廈一名人員覺得他行為詭異，於是告訴他不得進入大廈。

派翠克回到了街上。

哈里森離開傑克森公園時天色已漸暗，傍晚氣溫寒冷，煙霧迷濛，他乘車北上位於亞士蘭大道的宅邸。過去幾週溫度驟降，晚上低至五度以下，天空彷彿永遠一片陰沉。哈里森在七點時抵達家中。他修理了一樓的窗戶，然後和兩個孩子蘇菲（Sophie）和普萊斯頓（Preston）吃晚餐。他還有其他小孩，但他們都長大離家了。當然，晚餐有西瓜。

晚餐吃到一半，大約七點半，前門的門鈴響起。[7]女僕瑪莉・漢森（Mary Hanson）應了門，看到一個憔悴的年輕人，他不僅鬍子刮得乾淨，黑髮看來也才剛剪。他看起來生病了。他希望和市長

見面。

其實這件事稀鬆平常。亞士蘭宅邸晚上常有陌生賓客登門拜訪，畢竟哈里森以此為傲，不論貴賤，他歡迎所有芝加哥市民來找他。不過，今晚的客人格外衣衫襤褸，舉止怪異。即便如此，瑪莉·漢森還是請他等市長用完餐，半個小時後再來。

對市長來說，那天不但令人興奮，也令人精疲力盡。他在餐桌上睡著了。八點前，兒子便走出餐廳，到樓上的房間著裝，他那天晚上在市中心有約。蘇菲也上樓寫信。房裡舒適明亮。瑪莉·漢森和其他僕人聚在廚房吃晚餐。

八點整，大門門鈴再次響起，瑪莉又去應門。

同一名年輕人站在門口。瑪莉請對方在走廊上稍待，她去找市長。

「大約八點鐘時，我聽到一個聲音。」哈里森的兒子普萊斯頓說，「我嚇了一跳，聽起來像一幅畫倒了。」[8]蘇菲也聽到了，並聽到她父親大叫一聲。「我沒多想。」她說，「因為我以為是走廊後面屏風倒了。父親的聲音我以為是他在打呵欠，因為他打呵欠總是非常大聲。」

普萊斯頓走出房間，看到門廳飄下一陣煙。他走下樓梯，又聽到兩聲爆裂聲。「第二槍很清楚，驚心動魄。」他說，「我知道那一定是槍聲。」聽起來「像人孔洞爆炸」。

他跑到走廊上，看到哈里森倒在地上，僕人圍在四周，空氣中飄著槍煙。地上血不多。普萊斯頓大喊：「我父親沒受傷吧，對吧？」

市長親自回答了。「有。」他說，「我中彈了。我要死了。」

街上又傳來幾聲槍響。馬車夫抽出自己的手槍，朝空射擊，吸引警方注意，並朝潘德嘉斯特開一槍，潘德嘉斯特也回射了一槍。

騷動中，鄰居威廉・J・喬默斯（William J. Chalmers）前來幫忙，他將外套摺起，墊在哈里森頭下面。哈里森告訴他，他心臟中彈了，但喬默斯不相信。地上血太少了。

他們為此爭執。[9]

喬默斯告訴哈里森，他心臟沒有中彈。

哈里森劈口罵道：「我就告訴你我心臟中彈了，死定了。」

過了一會，他心跳便停了。

「他死前都還在生氣。」喬默斯說，「因為我居然不相信他。他即使要死了，態度仍強勢霸道。」

派翠克・潘德嘉斯特走到附近的德普蘭街警局，冷靜地告訴坐在櫃檯的O・Z・巴柏（O. Z. Barber）警長：「把我關起來，我是射殺市長的人。」[10]警長起先簡直難以置信，直到派翠克將槍交給他，刺鼻的火藥味四散，他才發現所言屬實。鮑柏警長看到彈巢有四個空彈殼，還有一枚子彈。第六個膛室是空的。

巴柏問派翠克，他為何槍殺市長。

「因為他背叛了我的信任。我全力替他助選，他答應要任命我為法律顧問。但他沒遵守承諾。」

世博會公司取消了閉幕典禮。盛大遊行、哥倫布登陸都取消了，哈洛．希金博瑟、喬治．戴維斯和柏莎．帕默也不會登臺致詞。沒有頒獎典禮，伯南和奧姆斯德不會得到讚誦。他們不會齊聲高唱〈哥倫布萬歲〉（Hail Columbia）和〈友誼萬歲〉（Auld Lang Syne）。辦在世博會音樂廳的閉幕典禮變成一場追悼會。觀眾進場時，管風琴樂手以音樂廳的管風琴演奏蕭邦的〈送葬進行曲〉（Funeral March）。音樂廳無比寒冷，主席宣布眾人不需脫帽。

J．H．巴洛斯博士／牧師（Reverend Dr. J.H. Barrows）吟誦祝福和禱告，接著在世博會高層要求下，朗誦希金博瑟原本為閉幕典禮準備的致詞。這段演說依舊合適，尤其其中一段。「我們將背棄文明最美好的夢想，任其化為塵土。」巴洛斯讀道，「感覺彷彿失去一名摯友。」[11]

觀眾緩緩離場，走入冰冷陰鬱的午後。

日落時分，四點四十五分正整，密西根號大炮發射，並發射了二十響，一千人默默站到世博會旗幟旁就位。[12]戰艦最後一聲炮響之後，行政大樓巨大的旗幟落地，同時那一千面旗也落了下來，集合在榮耀廣場的小號手和低音管樂手吹奏起〈星條旗〉和〈亞美利加〉。二十萬名遊客紛紛加入合唱，不少人熱淚盈眶。

世博會落幕了。

卡特．哈里森六百輛馬車送葬行列綿延數公里。[13]哀悼者人山人海，身著黑衣，隨隊伍靜靜、緩緩向前。最前端靈車載著哈里森的黑棺，後頭跟著哈里森鍾愛的肯塔基母馬，馬鐙掛在空蕩蕩的馬鞍上。四處象徵白城的白旗全都降了半旗。數千人配戴寫著「我們的卡特」的小徽章，默默望著一輛輛載著芝加哥大人物的馬車駛過眼前，包括阿穆爾、普爾曼、史瓦博[137]、菲爾德、麥考密克[138]和亞倫・蒙哥馬利・華德。

還有伯南。

這趟路他難過至極。他之前便走過這條路，當時是為了替約翰・魯特送葬。世博會以死亡開始，如今也以死亡結束。

送葬隊伍無比壯觀，隊伍走過每個地區都要花上兩小時。等到隊伍到了恩惠之地墓園，城市北方的天空一片昏暗，地面飄著薄霧。警察在通往墓園紅磚教堂的道路兩旁列隊致敬。一旁還有五十名聯合德國合唱協會的歌手。

哈里森曾在野餐時聽過他們唱歌，當時開玩笑要他們乾脆來他的葬禮表演。[14]

哈里森之死如一面沉重的布幕落下，讓芝加哥籠罩在悲傷中。他死後一切都不同了。芝加哥報紙原本會大肆報導世博會之後一連串的影響，現在大多數報社都陷入沉默。雖然不算正式的，但世博會於十月三十一日仍對外開放，不少人來會場看最後一眼，彷彿向過世的親友送上最後的心意。一名婦人淚水盈眶告訴專欄作家泰瑞莎・丁恩：「向世博會道別，和以前每次與人道別一樣難過。」

137 查爾斯・史瓦博（Charles M. Schwab, 1862-1939），美國鋼鐵巨頭，卡內基鋼鐵公司總裁。後來一九〇三年轉而經營伯利恆鋼鐵公司，在他帶領下，伯利恆公司成為全美第二大鋼鐵公司。

138 小賽勒斯・麥考密克（Cyrus McCormick Jr., 1859-1936），麥考密克收割機公司總裁。麥考密克收割機對農業造成革命性衝擊，間接打破奴隸文化。

[15]威廉・史達是一名英國編輯，他弟弟赫伯曾來報導開幕典禮，如今他在閉幕當晚從紐約抵達了芝加哥，隔天首次踏入世博會。他說自己不論在巴黎、羅馬或倫敦所見的景色，都不如榮耀廣場那麼完美。

那天晚上，世博會會場最後一次發出光亮。「星空下，湖水黝黑黯然。」史達寫道，「但岸上璀燦輝煌，白城散發著金色光芒，美麗如詩人之夢，寂靜如亡歿之城。」[16]

作者資料出處和補充註解

1 *Throughout October*: *Chicago Tribute*, October 29, 1893
2 *Twenty thousand people*: "Ferris Wheel, Statement of Business by the Week," Ferris Papers.
3 "*peer cautiously*: *Chicago Tribute*, October 25, 1893.
4 "*Look at it now*: Abbot, 228.
5 *At two o'clock*: *Chicago Tribute*, October 29, 1893.
6 *At three o'clock*: *Chicago Tribute*, December 20, 1893.
7 *In the midst of supper*: *Chicago Times*, December 14, 1393, McGoorry Papers.
8 "*It must have been*: Ibid.
9 *They argued*: *Chicago Record*, December 15, 1893, and *Chicago Daily News*, October 23,1943, McGoorty Papers.
10 "*Lock me up*: *Chicago Record*, December 15, 1893, McGoorty Papers.
11 "*We are turning our backs*: *Chicago Tribute*, October 31, 1893.
12 *At exactly four-forty-five*: Ibid.
13 *The six hundred carriages*: *Chicago Tribute*, November 2, 1893; Miller, 101.
14 *Harrison had heard them*: *Chicago Tribute*, November 2, 1893.
15 "*The good-by*: Dean, 418.
16 "*Beneath the stars*: Pierce, *As Others See Chicago*, 357.

黑城

事實證明，世博會抵擋不住黑城太久。失業人口原本便不斷增加，正式閉幕後，數千名工人流落街頭，世博會荒廢的雄偉建築滿滿都是無家可歸的人。「世博會之後嚴冬降臨，貧窮的人們骨瘦如柴，飢寒交迫。」小說家羅勃・赫里克（Robert Herrick）在《生命之網》（*The Web of Life*）中寫道，「這座揮霍之城傾盡全力，在世博會中向世界綻放最美麗的花朵之後，如今完全崩潰瓦解……城市穿上的這件衣裳太大了。數公里的商店、旅館、公寓住宅一片空蕩，可見城市萎縮嚴重……一萬人為反常的工資湧入這座歡天喜地的城市，最後卻擱淺於此，沒食物，沒住處，只好偷躲在無人居住的建築裡。」[1]最令人心痛的便是這反差。「令人觸目驚心！」雷・斯坦納・貝克[139]在《美國記事》（*American Chronicle*）寫道，「富麗堂皇的世博會閉幕之後，人類墮落至此！前一個月輝煌、自豪、無比驕傲；下個月卻悲慘、折騰、飢餓受凍。」[2]

在那殘酷的冬日，伯南的攝影師查爾斯・亞諾拍了一系列非常不同的照片。一張照片中，機械展覽館前全是煙塵和垃圾。[3]一面牆被潑上深色的液體。底柱有個大箱子，顯然是游民的家。「現場一片荒涼。」專欄作家泰瑞莎・丁恩一八九四年一月二日又去了傑克森公園一趟。「你會後悔來

139 雷・斯坦納・貝克（Ray Stannard Baker, 1870-1946），美國記者和歷史學家。一八九三年曾採訪普爾曼公司罷工新聞。一九〇六年亞特蘭大種族暴動後，他撰寫了《跟著色線走》（*Following the Color Line*）一書，探討美國種族分歧問題。

到這裡。如果旁邊沒人，你會伸出手臂，嘴裡喃喃祈禱，希望那份感動回到身上。太殘酷了，世博會給了我們美好的願景，讓我們做了一場美夢，並在天堂度過六個月的時光，最後一切卻驟然消逝。」[4]

她去了公園六天後，發生第一起大火，好幾棟建築物燒毀，包括宏偉的柱廊。隔天早晨，大瑪麗傷痕累累，骯髒汙穢，站在一片扭曲烏黑的鋼鐵間。

冬天成為美國勞工一大考驗。對工人來說，尤金．德布斯[140]和山謬．龔帕斯愈來愈像救世主，芝加哥商賈大亨如惡魔。喬治．普爾曼繼續裁員，降低工資，即使他公司金庫仍擁有現金六千萬，公司城鎮租金卻一毛不降。[5]普爾曼的朋友曾警告他，做人不要那麼頑固，也別低估工人的怒火。他的家人搬出芝加哥，並將自己上好的瓷器都藏了起來。一八九四年五月十一日，普爾曼兩千名工人在德布斯建立的美國鐵路工會支持下展開罷工。克里夫蘭總統下令聯邦軍隊到芝加哥，並指派尼爾森．A．麥爾斯（Nelson A. Miles）將軍指揮，他是世博會典禮官。麥爾斯對他的新命令感到不安。他感覺到動蕩之中醞釀一股前所未見的力量，「比過去任何事件都危險，影響也更深遠」。[6]但是，他仍服從了命令，世博會前典禮官上緊發條，對抗建造世博會的工人。

罷工工人以肉身擋火車，燒毀車廂。一八九四年七月五日，有人縱火燒毀了世博會最宏偉的七大建築。[7]波斯特巨大的製造業暨人文展覽館、杭特的圓頂和蘇利文的金拱門無一倖免。環線區裡，眾人聚集在房子屋頂，還有魯克里大廈、共濟會會堂、禁酒會堂頂樓辦公室及城市各高點，望向遠方的火光。火焰竄上三十公尺的夜空，火光在湖面上閃爍。

雖然來得遲了點，但伯南心願達成了。「毫無遺憾。」《芝加哥論壇報》評論道，「不如說還有些慶幸，哥倫布紀念季壯觀的景致幸好毀於自然力量，而非拆除人員之手。」[8]

隔年，大眾開始懷疑：

「數百人到芝加哥參觀世博會之後音訊全無。」《紐約世界報》報導，「世博會結束後，『失蹤人口』清冊人數眾多，大家懷疑其中大部分都和犯罪相關。遊客人生地不熟來到芝加哥參觀世博會，莫非受賀姆斯貼出的廣告誘騙，住進賀姆斯的城堡，最後一去不返？莫非他將城堡建在世博會附近是為了吸引大量受害者……？」[9]

起初，芝加哥警察無法回答這些問題，只能指出一項明白的事實。世博會期間，人在芝加哥非常容易失蹤。

賀姆斯城堡的祕密最後能攤在陽光下，其實全憑一名警探之力。來自遠方的他心繫喪親之痛，單槍匹馬，鍥而不捨循線追蹤，真相才得以大白。

140 尤金・德布斯（Eugene Debs, 1855-1926），美國工會領袖，世界產業工人工會創立者，曾五度競選美國總統，因此成為美國最知名的社會主義人士。

作者資料出處和補充註解

1 "*The poor had come*: Herrick, 135.
2 "*What a spectacle*: Gilbert, 211.
3 *One shows*: Hales, 47.
4 "*It is desolation*: Dean, 424.
5 *George Pullman continued*: Wish, 290.
6 "*more threatening*: Papke, 29.
7 *On July 5, 1894*: Gilbert, 210; Miller, 550.
8 "*There was no regret*: Miller, 550.
9 "*There are hundreds*: Quoted in *Chicago Tribute*, August 18, 1895.

第四部

攤在陽光下的殘酷真相

一八九五年

「H・H・賀姆斯財產」

法蘭克・蓋爾（Frank Geyer）警探是個大塊頭，[1]容貌和善誠懇，有像海象般濃濃的八字鬍，目光和舉止認真嚴肅。他是費城最優秀的警探，已在警界二十年，這段時間他調查了大概兩百起謀殺案。他了解謀殺犯，以及他們不變的模式。丈夫殺死妻子，妻子殺死丈夫，窮人殺窮人，動機不外乎金錢、嫉妒、激情和愛。謀殺案鮮少出現像廉價推理小說的謎題。但如今是一八九五年，蓋爾剛著手這起案件，便感到情況異乎尋常。其中奇特的一點是，嫌疑犯已關在監獄裡，七個月前他因保險詐欺被捕，目前關在費城莫雅門辛監獄。

嫌疑犯是個醫生，本名為馬吉特，但大家比較聽過他的假名「H・H・賀姆斯」。他以前曾住在芝加哥，一八九三年世博會期間，和共犯班傑明・皮特佐經營一家旅館。他們後來搬到了德州沃斯堡，接著又去了聖路易，最後搬到費城，一路上犯下無數詐欺案。賀姆斯在費城欺騙誠信互惠人壽公司，假造投保人班傑明・皮特佐已死的消息，詐取近一萬美金。一八九三年，世博會結束前不久，賀姆斯在誠信公司的芝加哥辦公室投保。詐騙露出馬腳後，誠信公司委託號稱「不眠之眼」的平克頓全國偵探事務所，來調查賀姆斯。事務所在佛蒙特州柏林頓找到他的蹤跡，並尋線索追到波士頓，通知警察將他逮捕到案。賀姆斯承認犯下詐欺罪，案子移送到費城接受審判。這時，案件似乎告一段落。但到現在一八九五年六月，眾人漸漸發現，賀姆斯並未假造班傑明・皮特佐之死，他殺了他，並將現場安排成意外。皮特佐五個孩子其中三人，愛莉斯、奈麗和霍華至今行蹤不明，最後一次被人看到時是和賀姆斯在一起。

蓋爾的任務便是找到三名孩子。[2]請蓋爾來調查的人是費城地方檢察官喬治・S・葛拉姆（George S. Graham），過去這幾年，若遇上必須仔細推敲的案子，他通常會找蓋爾。但是，葛拉姆這次考慮再三，[3]因為他知道幾個月前，蓋爾的房子才發生大火，並痛失妻子瑪莎（Martha）和十二歲的女兒艾絲特（Esther）。

蓋爾在牢房中偵訊賀姆斯，但沒問出什麼新消息。賀姆斯堅持他最後見到皮特佐的孩子時，他們仍好好活著，並和一個名叫米妮・威廉斯的女人在一起，準備要前去父親的藏身處。

蓋爾覺得賀姆斯八面玲瓏、油嘴滑舌，見人說人話，見鬼說鬼話。「賀姆斯愛說謊，而且能說得天花亂墜。」蓋爾寫道，「他所有故事都誇大不實，加油添醋，目的是讓內容聽起來更可信。說起話時，他表面誠懇，有時裝出悲痛的樣子，語氣顫抖，再配上濡溼的雙眼，顯得楚楚可憐，但轉眼間他態度馬上會變得堅強剛毅，彷彿一片柔情化為滿腔憤怒和力量。」[4]

賀姆斯說自己取得一具和班傑明・皮特佐身形相似的屍體，並運送到專門為詐騙承租的房子二樓。[5]不知是巧合，還是故作諷刺，那棟房子就在市立停屍間後面，位於市政廳北方距離幾條街之處。賀姆斯承認處理過屍體，想讓皮特佐看起來因意外爆炸而死。他將屍體上半身潑上溶劑，放火焚燒，接著將屍體放到直射太陽之處。等到屍體被人發現，外貌已嚴重扭曲，完全無法確認身分。賀姆斯自願協助驗屍官確認身分。在停屍間時，他不只指出死人脖子上有長明顯的贅疣，還抽出自己的手術刀，親自割下，然後理所當然地交給驗屍官。

驗屍官也希望皮特佐家人能到場確認身分。[6]皮特佐的妻子卡莉生病無法出門，她請她二女兒十五歲的愛莉斯來。驗師官將屍體蓋起，讓愛莉斯指認皮特佐的牙齒。她似乎很確定這是父親的屍體。於是誠信公司付了死亡撫恤金。賀姆斯接著到了聖路易，來到皮特佐家此時的住處。他帶著愛莉斯，並說服卡莉讓他帶走另外兩個孩子。他解釋，他們的父親躲了起來，非常想念他們。接走十一歲的奈麗和八歲的霍華之後，三名孩子便與他一同踏上這詭異又哀傷的旅程。

蓋爾從愛莉斯的信得知，她一開始覺得這像冒險一樣。愛莉斯一八九四年九月二十日寫給母親的信寫道：「我希望妳能看到我所見的一切。」[7]同一封信中，她表達了自己對賀姆斯故作親密的態度感到厭惡。「我不喜歡他叫我寶貝、孩子、親愛的那一類的鬼話。」隔天她又寫了封信：「媽媽，妳有看過或吃過紅香蕉嗎？我吃了三根。好粗喔，我用大姆指和食指握住，指尖只能剛好碰到而已。」[8]自從離開聖路易，愛莉斯便再也沒有聽到家鄉的消息，也擔心母親的病況惡化。「除了這封信，妳有收到我另外寄的三封信嗎？」愛莉斯寫道，「妳還躺在病床上，還是已經可以下床了？我希望能聽到妳的消息。」

蓋爾警探很確定幾件事，其中之一是這些信從未寄到卡莉．皮特佐手中。賀姆斯照顧他們這段時間，愛莉斯和奈麗不斷寫信給母親，並將信交給賀姆斯，以為他會幫忙寄。他一封都沒寄。他被逮捕後，警方發現一個鐵盒，上頭寫著「H．H．賀姆斯財產」，[9]裡頭有各式各樣的文件，還有兩女孩數十封信。他將信裝在盒子中，彷彿是從海灘撿來的貝殼。

儘管賀姆斯保證愛莉斯、奈麗和霍華在英國倫敦，由米妮．威廉斯妥善照顧，皮特佐太太仍心急如焚，悲痛欲絕。英國倫敦警方完全找不到他們的蹤跡。蓋爾覺得這回希望渺茫，大概凶多吉少。蓋爾寫道，最後一次得到孩子的消息已是半年前的事，「這任務情況似乎不大樂觀，所有人大都認為孩子不可能找到了。但是檢察官相信，至少為了傷心的母親，應該再盡最後一次努力尋找那些孩子。這次任務並未有特別限制，上頭僅要我自行判斷，追隨線索。」[10]

蓋爾於一八九五年六月二十六日晚上出發，那是炎夏中悶熱的夜晚。六月中旬，所謂「永久高壓」的高氣壓帶籠罩亞特蘭大州中部，讓費城的氣溫升高到三十二度到三十七度。鄉間潮溼悶滯。即使到了晚上，蓋爾的火車內空氣依舊溼悶。男士西裝飄著散不掉的雪茄煙，每一站蛙鳴和蟋蟀聲都充滿車廂。蓋爾一夜睡得斷斷續續。

隔天火車向西飛奔過賓州和俄亥俄州炎熱的山谷，蓋爾重新讀了孩子信件的副本，找尋任何之前錯過、並能進一步追查的線索。信件不只證明了孩子之前和賀姆斯在一起，也能讓蓋爾依循信上的地址，推理出賀姆斯和孩子的路線。他們第一站似乎是辛辛那提。

蓋爾警探在六月二十七週四晚上七點三十分來到辛辛那提。[11]他住進了皇宮旅館。隔天他去市立警局總部向警監報告他手上的任務。警監派了警探約翰・史努克（John Schnooks）協助他，他是蓋爾的老朋友。

蓋爾希望能從辛辛那提開始，重新走過孩子走過的路。這目標可不容易。他手邊只有筆記本、幾張照片和孩子的信，接下來便只能靠他的經驗和才智。他和史努克列出辛辛那提車站附近所有旅館，然後靠雙腿一一拜訪，比對住房登記，看能不能找到孩子和賀姆斯所住的旅館。賀姆斯肯定會用假名，所以蓋爾帶著照片，甚至還帶有一段筆錄，仔細描述孩子惹眼的「平頂」行李箱。但這已是好幾個月前的事了，蓋爾幾乎不抱希望，此時不會有人還記得一個男人和三個孩子。

結果，他錯了。

警探調查了一間間旅館。天氣愈來愈熱。雖然警探每一趟都要重新自我介紹，並述說相同的故事，但他態度仍十分有禮，充滿耐心。

中央大街上有間便宜的小旅館名叫大西洋旅舍。一如在其他旅館，他們照例解釋完之後，請旅館人員給他們看住房登記簿。他們先翻到一八九四年九月二十八日週五，那便是賀姆斯去聖路易的房子接走了奈麗和霍華的那一天。蓋爾猜測賀姆斯和三個孩子在同一天到辛辛那提。蓋爾手指劃過書頁，停在「艾力克斯・E・庫克」(Alex E. Cook)這個名字上，登記簿記錄房客帶著三個孩子。

蓋爾記憶中浮現出這名字。賀姆斯曾用這名字在佛蒙特州柏林頓租房。蓋爾現在也看過大量賀姆斯的筆跡。登記簿上的筆跡相當神似。

根據住房登記，「庫克」他們只待」一晚。但蓋爾從女孩的信得知，他們在辛辛那提多待了一天。說來奇怪，賀姆斯竟然大費周章搬到另一家旅館，但蓋爾經驗老道，知道推敲罪犯行為時，絕不能先入為主，不然常會自陷窠臼而不自知。他和史努克謝過了旅館人員配合，繼續調查其他旅館。

日正當中，街道炙熱難耐。每一棵樹上的夏蟬鳴唱。警探來到六街和藤曼街口，進入一間叫布里斯托的旅館，發現一八九四年九月二十九日週六「A・E・庫克」一群人曾入住，他帶著三個孩子。旅館人員看到蓋爾的照片時，馬上確認當天的房客正是賀姆斯、愛莉斯、奈麗和霍華。他們隔天九月三十日週日早上便退房了。時間正符合順序。蓋爾從信上得知，他們週日早上便離開辛辛那提，晚上抵達了印第安納波利斯。

但蓋爾還不打算離開辛辛那提。現在他全憑直覺行事。平克頓偵探事務所發現，賀姆斯四處旅行時有時會在城市中租房子，像柏林頓便是一例。蓋爾和史努克將注意力放到辛辛那提房地產公司。最後，他們調查途中，來到位於東三街上J・C・湯瑪士（J. C. Thomas）的房地產事務所。賀姆斯某種特質肯定引起大家注意，因為湯瑪士和職員都記得他。賀姆斯用「A・C・海斯」（A. C. Hayes）之名租了一棟在波普拉街三〇五號的房子，並事先付了租金。

湯瑪士表示，承租日是在一八九四年九月二十日週五，正是賀姆斯和孩子抵達辛辛那提那天。賀姆斯只租了兩天。

湯瑪士無法再提供任何線索，但他告訴警探房子隔壁鄰居是個叫荷麗耶塔・希爾（Henrietta Hill）的女人。

蓋爾和史努克馬上前往希爾小姐的住處，她觀察敏銳，而且喜歡說三道四。「其實沒什麼好說的。」她嘴裡雖這麼說，後來卻講個沒完。[12]

她在九月二十九日週六看到房子前停了輛載家具的馬車，才注意到有新房客。一個男人和男孩從車上走下來。最令希爾小姐注意的是馬車上只有一個大鐵爐，那鐵爐以一般住家來說，實在大得出奇。

希爾小姐覺得那鐵爐怪怪的，於是曾和鄰居提起這件事。隔天早上，賀姆斯來到她門前告訴她，他最終決定不要住這裡了。他說，如果她想要那爐子，他可以送她。

蓋爾警探判斷，賀姆斯一定感覺到鄰居目光，改變了計劃。但他的計劃究竟為何？此時，蓋爾

寫道：「雖然已得知他租下波普拉街房子，並運來如此巨大的鐵爐，但關鍵的原因，我至今仍不明白。」[13]不過，他十分肯定自己「抓住了最後一條線索」，接下來定能追查到孩子的下落。

根據女孩寫的信，蓋爾下一站十分明確。他謝謝史努克警探的陪伴，搭上了前往印第安納波利斯的列車。

印第安納波利斯又更熱了。樹上的葉子動也不動，如同死屍的手。

週日一早，蓋爾前往警局，找來當地另一名夥伴大衛．理查茲（David Richards）警探。他們的行蹤有一部分不難找。奈麗．皮特佐從印第安納波利斯寄出的信中，她寫道：「我們住在英格蘭旅館。」而理查茲警探知道這間名叫英格蘭的旅館。

在旅館登記簿上，蓋爾找到了九月三十日有「三個姓坎寧的孩子」入住。他知道，坎寧是卡莉．皮特佐的婚前姓。

但是，事情沒那麼簡單。根據住房登記，坎寧的孩子在十月一日週一便退房了。但蓋爾再次從信上知道，孩子在印第安納波利斯至少多留了一週。賀姆斯似乎又將辛辛那提那套搬過來。

蓋爾比照辛辛那提的方法，進行地毯式搜索。他和理查茲警探調查一家家旅館，但都找不到孩子的蹤跡。

但是，他們卻找到了別的線索。

他們在一家名叫圓環公園的旅館發現有個房客登記為「喬吉亞．霍華德夫人」（Georgia Howard）。這名字蓋爾此時十分熟悉，霍華德是賀姆斯另一個常見的假名。他相信這名女子是賀姆斯最後一個妻子喬吉安娜・約克。登記簿上記錄著「霍華德夫人」於一八九四年九月三十日週日入住，住了四個晚上。

蓋爾將照片給旅館老闆娘羅迪厄太太（Mrs. Rodius）看，她認出賀姆斯和約克，但沒見過孩子。羅迪厄太太解釋，她和約克成了朋友。他們聊天時，約克曾提及她的丈夫是個「相當富有的人，他在德州擁有地產和農莊，在德國柏林也有地產。等她丈夫將工作的事安排好，他們打算馬上去德國。」[14]

這些旅館住宿時間令人摸不著腦袋。蓋爾猜測，九月三十日週日，賀姆斯設法讓三個孩子和他的妻子住進同城市的不同旅館，彼此互不相識。

但孩子接下來去哪了？

蓋爾和理查茲調查了印第安納波利斯所有旅館和寄宿公寓，但再也沒找到孩子的行蹤。

在印第安納波利斯，蓋爾靠雙腳一步步調查，似乎走到了盡頭，理查茲還記得一八九四年秋天有一間叫圓環旅舍的旅館，但後來關門了。他和蓋爾去詢問其他旅館，找出經營者的名字，最後從前員工口中問到住房登記資料目前在一名鎮上的律師手中。

住房登記簿保存欠佳，殘破不堪，但蓋爾在十月一日週一入住房客中，找到熟悉的名字：「三個姓坎寧的孩子」。登記簿上寫三個孩子來自伊利諾州加爾瓦，那是皮特佐太太的家鄉。因此蓋爾覺得自己一定要和前旅館老闆聊一聊，後來發現老闆現在在西印第安納波利斯經營一間酒吧。他的名字叫赫曼・愛克羅（Herman Akelow）。

蓋爾解釋自己的任務，馬上將賀姆斯和皮特佐孩子的照片給愛克羅看。他說，對，他很確定照片上的男人曾住過他的旅館。

不過，他記得最清楚的是那三個孩子，而現在，他會向警探娓娓道來，解釋原委。

此時，蓋爾追查到印第安納波利斯全憑鐵盒中的信。十月六日和八日，賀姆斯攔截了愛莉斯和奈麗至少三封信。信不長，寫得也不好，但能清楚反映孩子每天的生活，以及賀姆斯可謂囚禁著他們的狀況。「今天天氣比較暖。這裡有好多輕便馬車，吵得人幾乎無法思考。我一開始寫信是用水晶筆……全是玻璃做的，所以我要很小心，不然會破掉，這支筆只花了五分錢。」[15]

愛莉斯同一天也寫了信。她離開母親時間最長，因為她已經感到疲倦，心裡十分難過。那天是週六，外頭下著大雨。她感冒了，並且一直在讀《湯姆叔叔的小屋》，讀到眼睛都痛了。「我想這週日時間會過得慢到不知道怎麼形容……妳為什麼不寫信給我。我離家之後，都沒有收到妳的信，過了明天之後便三週了。」[16]

週一，賀姆斯將一封皮特佐太太寫的信給孩子，裡頭寫到：「看來你們都很想家。」[17]愛莉斯看了不禁馬上回信。在這封賀姆斯從未寄出的信中，愛莉斯提到霍華很不乖。「一天早上，賀姆斯先生要我叫他隔天早上別亂跑，他要找他，他會來接他出門。」但霍華不聽話，賀姆斯來找他時，他跑得不見蹤影。賀姆斯為此勃然大怒。

雖然愛莉斯既難過又無聊，仍珍惜少數愉快的時刻。「昨天我們吃了馬鈴薯泥、葡萄和雞，還有牛奶及冰淇淋，每樣都一大盤，超好吃，還有檸檬派和蛋糕，妳覺得是不是很好？」

雖然信從未寄到皮特佐太太手中，要是知道孩子吃得這麼好，她心裡可能會感到安慰。但是，前旅館老闆告訴蓋爾的實情卻令人鼻酸。

愛克羅每天會請他大兒子上樓，叫孩子下來吃飯。兒子通常都會告訴他孩子在哭。「他們看來傷心欲絕，想家、想念母親，也想聽到她的消息。」[18]蓋爾寫道。一名叫卡洛琳・克勞斯曼（Caroline Klausmann）的德國女清潔工去打掃孩子的房間，也看到同樣心疼的景象。愛克羅說，卡洛琳後來搬到芝加哥了。蓋爾在筆記本上寫下她的名字。

「賀姆斯說霍華是非常不乖的孩子。」愛克羅回想道，「他想把他送到安置中心，或送給農夫養，因為他不想再照顧他了。」[19]

蓋爾心中仍懷抱一絲希望，希望孩子如賀姆斯所說都還活著。即使蓋爾警察生涯至今已二十年，他仍不相信有人能平白無故殺死三名孩子。若只是要殺死他們，賀姆斯又何必花費時間和金錢帶他們跑到不同的城市，換了無數旅館？他為何要替他們買水晶筆，在辛辛那提帶他們去動物園，還讓他們吃檸檬派和冰淇淋？

蓋爾出發前往芝加哥，但心底仍不想離開印第安納波利斯。「我心裡有股感覺，霍華沒能活著離開那地方。」[20]到了芝加哥，他驚訝地發現市警局對賀姆斯一無所知。他找到了卡洛琳・克勞斯曼，她現在在克拉克街上的瑞士旅館工作。他給她看孩子的照片時，她眼中泛起淚光。

蓋爾搭車前往底特律，鐵盒中愛莉斯最後一封信便是在那城市寫的。

這一趟調查，蓋爾心裡漸漸有了譜。賀姆斯行為毫無道理可言，但似乎有固定的模式。蓋爾知

道自己到底特律該從何處找起，他找了另一名警探來幫忙，再次耐著性子，地毯式調查旅館和寄宿公寓。即使述說了故事和照片不下上百次，他總是不厭其煩耐著性子，一次次禮貌地詢問。這便是他厲害之處，而他最大的弱點是他相信邪惡有底線。

他再次找到孩子的行蹤，以及賀姆斯和約克的住房登記，不只如此，他又發現一件更詭異的事。同一時間，卡莉・皮特佐和她另外兩個孩子黛西（Dessie）和尚在襁褓的華頓（Wharton）也都住到了底特律的葛艾斯旅館。蓋爾發現時驚訝不已，賀姆斯現在安排三組人旅行，把他們當玩具在大陸上移來移去。[21]

而且他有了另一個發現。

他從旅館走到另一間旅館，發覺賀姆斯不只不讓卡莉和愛莉斯、奈麗及霍華見面，還讓他們只相隔三條街。突然之間，他理解了賀姆斯此舉真正的用意。

他重讀愛莉斯最後一封信。她在一月十四日週日寫信給祖父母，那天她母親帶著黛西和寶寶入住了葛艾斯旅館。這是其中最哀傷的一封信。天氣變冷，愛莉斯和奈麗兩人都感冒了。「告訴媽媽我需要大衣。」愛莉斯寫道，「我穿薄外套快冷死了。」[22]兩個孩子沒有保暖的衣服，她們每天都不得不待在房內。「我和奈麗唯一能做的事是畫圖，我不想再呆坐在房裡，我憋到一踏到外頭大概都能飛了。我好希望能見到你們。我好想家，想到都不知道幹什麼了。我想華頓現在已經能走了，對吧，我好希望他在這裡，看著他時間會過得很快。」

蓋爾無比驚愕。「所以可憐的愛莉斯寫信給伊利諾州加爾瓦的祖父母，抱怨天冷，請他們向母親要來更厚、更舒服的衣服，希望華頓能來排解無聊……這個疲憊、寂寞、想家的孩子寫這封信時，母親、妹妹和最想念的華頓就在離她步行不到十分鐘的地方，而且還住了整整五天。」[23]

蓋爾發覺，這對賀姆斯來說是場遊戲。他控制了所有人，並為此陶醉。

愛莉斯信中一段話在蓋爾腦中揮之不去。

她寫道：「霍華現在沒和我們在一起了。」[24]

作者資料出處和補充註解

1 *Detective Frank Geyer*: 關於法蘭克・蓋爾警探，我多半從他的書《賀姆斯和皮特佐案》得知，這本書詳細客觀，而且極為明確，清楚記載了班傑明・皮特佐的謀殺案，以及蓋爾搜尋班傑明・皮特佐的孩子的紀錄。書中充滿孩子寫的書信，以及其他珍貴的文件，例如審訊和自白。我在費城圖書館另外找到了蓋爾警探的資料，收錄在費城市長「年報」中的警司年度報告（請見書目City of Philadelphia條目）。這些報告含有珍貴的資訊，例如蓋爾進行例行警探工作時，都和另一名頂尖警探湯瑪士・G・克勞佛（Thomas G. Crawford）合作，克勞佛之前也負責將賀姆斯從波士頓送到費城。這一趟路上，賀姆斯想催眠克勞佛，並尋求他同意。克勞佛拒絕了。賀姆斯又問了一次，並告訴他如果有這榮幸，他會付給他五百美元——換言之，賀姆斯露骨地賄賂他。蓋爾和克勞佛找回的失物價值換算成金錢，在費城警探搭檔中排行向來數一數二。
我也參考《赫曼・W・馬吉特，別名H・H・賀姆斯的審判》一書，這本書記錄了審判的逐字稿，包含結辯和上訴法院的意見。也請參見Franke, 61-81和Schechter, 195-205。

2 *Geyer's assignment*: Geyer, 158–61, 171–74.

3 *Graham had thought twice*: Schechter表示：「一八九五年三月，蓋爾家發生火災，他的妻子瑪莎和唯一的孩子、年僅十二歲的艾絲特因此喪命。」（202）

4 "*Holmes is greatly given*: Geyer, 54.

5 *Holmes claimed*: Ibid., 53–57. 蓋爾的書前半段（13-172）詳盡講述了保險詐欺和班傑明・皮特佐謀殺案。若需要更多細節，請見《赫曼・W・馬吉特，別名H・H・賀姆斯的審判》。

6 *The coroner*: Geyer, 33–40.

7 "*I wish you could see*: Ibid., 353–54.

8 "*Mamma have you*: Ibid., 355.

9 "*Property of H. H. Holmes*: Ibid., 158.

10 "*it did not look like*: Ibid., 173.

11 *Geyer reached Cincinnati*: Ibid., 174. Geyer devotes pages 173–298 to a nearly day-by-dayaccount of his search.

12 "*There is really*: Ibid., 174.

13 "*I was not able*: Ibid., 180.

14 "*a very wealthy man*: Ibid., 188.

15 "*We are all well here*: Ibid., 269–70.

16 “*And I expect*: Ibid., 271.
17 “*It seems as though*: Ibid., 272.
18 “*evidently heartbroken*: Ibid., 190.
19 “*Holmes said that Howard*: Ibid., 189.
20 “*something seemed to tell me*: Ibid., 190.

21 *Geyer realized*: Ibid., 213–14.
22 “*Tell mama*: Reprinted in Franke, 223–24.
23 “*So when this poor child*: Geyer, 258.
24 “*Howard,” she had written*: Franke, 224.

莫雅門辛監獄

賀姆斯坐在莫雅門辛監獄牢房中，建築位於費城南方，第十街和里德街交叉口，塔樓四立，高牆設有雉堞。對於自己身陷囹圄，他似乎不以為意，不過他仍抗議司法不公。「身為囚犯的莫大羞辱，比任何肉體上的折騰都還難令我忍受。」[1]他寫道，但事實上，他完全沒感到羞辱。頂多暗自感到竊喜，因為至今無人能證明他殺死班傑明・皮特佐及失蹤的孩子。

他住的牢房約三乘四公尺，外牆高處有一個設有鐵欄的窄窗，裡頭只有一盞電燈，每天晚上九點守衛會準時熄燈。牆面粉刷成白色。監獄石牆隔絕了城市和全國的熱浪，但無法隔絕費城惡名昭彰的溼氣。溼氣彷彿一件潮溼的羊毛大衣，時時披在賀姆斯和其他囚犯身上，但賀姆斯仍舊不為所動。賀姆斯成了模範囚犯，或其實是模範囚犯的範本。他用個人魅力得到獄卒的偏袒。他在牢中能穿自己的衣服，「也能留著手錶和其他小東西」。[2]他後來也發現，能花錢買到外頭帶進來的食物、報紙和雜誌。他還在報上讀到，六月訊問過他的費城警探法蘭克・蓋爾目前人在中西部，搜尋皮特佐的孩子。賀姆斯讀了心裡一陣痛快，這不僅滿足了他對大眾關注的需求，也感到自己彷彿將警探玩弄於股掌。他知道蓋爾的搜索根本白忙一場。

賀姆斯的牢房有一張床、一個凳子和一張書桌，他在桌上寫他的回憶錄。他說自己去年冬天開始動筆。確切時間是一八九四年十二月三日。

回憶錄開頭，他寫得像是寓言故事：「歡迎和我一同來到新罕布夏州，優美崎嶇的山丘下方，

有個寧靜的新英格蘭小鎮……一八六一年，筆者我赫曼·W·馬吉特在此出生。我不覺得自己第一年的生命和其他尋常鄉下的男孩有何不同。」[3]時間和地點正確，但敘述自己童年過著一般的田園生活，當然全是杜撰。心理變態者只有特定的人格特質，他們小時候常會隨口說謊，對動物異常殘忍，並常有破壞行為，尤其愛好縱火。[4]

賀姆斯回憶錄有一段為「監獄日記」，[5]他說是從他抵達莫雅門辛監獄後便動筆寫的。但可能只是為了回憶錄所發明的日記，打算藉此強調自己無辜，給人溫柔虔誠的印象。他說日記有寫一個日常課表，目標是為了讓自己更好。他每天會在六點三十分起床，「照常用海棉沐浴」，然後清理牢房。他會在七點吃早餐。「我被關這段時間，不再吃肉了。」接著他計劃運動和讀早報到十點。「一週六天的十點到十二點及兩點到四點，我會專注閱讀過去的醫學書和其他學科，包括速記學、法文和德文。」剩下的時間，他會閱讀各式期刊和圖書館書籍。日記中，他有一段提到自己正在讀喬治·杜莫里耶（George Du Maurier）一八九四年的暢銷書《翠奧比》（*Trilby*），故事是在說一個年輕歌手翠奧比·歐菲黑（Trilby O'Ferrall）遭到催眠師斯凡嘉里（Svengali）控制。賀姆斯寫道，自己「覺得有幾段特別好看」。

日記其他地方，賀姆斯試圖打動人心。

一八九五年五月十六日的日記寫道：「今天是我的生日。我已三十四歲。不知道母親是否會像過去一樣寫信給我……」

另一天的日記裡，他描述最後一個妻子喬吉安娜·約克來見他的事。「她受盡折騰，神情憔悴，但她仍打起精神，盡力掩飾，不過我都看在眼裡。過了幾分鐘，我再次和她道別。她走入世界中，將繼續承受沉重的壓力，一想到此，我便心如刀割，悲痛欲絕。每天在確定她是否安好，不受傷害和侵擾之前，我形同行屍走肉。」

賀姆斯在牢房也寫了封長信給卡莉・皮特佐，從他行文能看出，他知道警察會讀他的信。他堅持愛莉斯、奈麗和霍華與「威廉斯小姐」在倫敦，如果警方仔細確認細節，便能找到孩子。「我對孩子無微不至，視他們如己出，妳比這些陌生人更了解我。班傑明和我情同手足，絕對不會背叛彼此。我們從來不曾吵過架。而且，最起碼，他對我來說至關重要，我不可能殺了他。至於孩子的事，除非妳親口對我說，不然我永遠不相信妳覺得他們死了，也不相信妳覺得是我下的手。妳這麼了解我，妳能想像我殺死無辜的孩子嗎？何況根本毫無動機？」[6]

他解釋孩子為何至今沒寄信過來。「他們一定有寫信，但威廉斯小姐為了安全，可能沒寄出。」

賀姆斯仔細閱讀每天的報紙。警探的調查看來沒什麼收穫。賀姆斯確信蓋爾不久便會不得不放棄，回到費城。

前景一片大好。

作者資料出處和補充註解

1 "*The great humiliation*: Mudgett, 215.

2 "*and to keep my watch*: Ibid., 216.

3 "*Come with me*: Ibid., 5.

4 *It is one of the defining*: Diagnostic, 646; Karpman, –99; Silverman, 21, 28, 32–33.

5 "*prison diary*: Mudgett, 210. His supposed diary appears on 211–21.

6 "*I was as careful*: Letter reprinted in Geyer, 163–71.

房客

一八九五年七月七日週日，蓋爾警探追查工作到了多倫多，市警局指派奧夫・卡迪（Alf Cuddy）警探協助他。[1]蓋爾和卡迪一同調查多倫多旅館和寄宿公寓，經過多天搜查，他們也發現賀姆斯同時讓三組人旅行。

賀姆斯和約克住在沃克旅舍，名字登記為「G・豪伊（G. Howe）和妻子，來自哥倫布」。

皮特佐太太住在聯合旅舍，名字登記為「C・A・亞當斯（C. A. Adams）太太和女兒，來自哥倫布」。

兩個女孩住在奧比恩旅館，名字登記為「愛莉斯和奈麗・坎寧，來自底特律」。

沒有人記得看到霍華。

蓋爾和卡迪著手調查房地產公司紀錄，聯絡租屋屋主，但多倫多的面積比蓋爾之前到過的城市更大。這件事根本不可能辦得到。七月十五日週一早上，他醒了過來，準備在乏味的資料中打滾一整天，但當他走進警局，卡迪心情格外愉悅。警方接獲一則通報，卡迪覺得滿有希望的。一個叫湯瑪士・賴夫斯（Thomas Ryves）的人在報紙上讀到關於賀姆斯的敘述，覺得聽起來像一八九四年十月，租了他隔壁聖文森街十六號房子的傢伙。

蓋爾心裡有所保留。他這趟任務受媒體大肆報導，他一到多倫多，便有上千人向警方通報，全都是無用的消息。

卡迪同意這次可能也只是白費力氣，但至少能出去透個氣。

蓋爾至此已被炒作為全國名人，相當於美國版的夏洛克．福爾摩斯。全國報紙關於他追查的報導寫得沸沸揚揚。在那個時代，一人殺死三個年幼的孩子仍是非同小可、駭人聽聞的大事。盛夏溽暑中，蓋爾警探單槍匹馬追查犯罪的形象也深植人心，引人想像。他成為所有男人幻想中的自己：肩負重任，即使困難重重，仍絲毫不懈怠。數百萬人每天早上醒來，都期盼能在報紙上讀到這名毅力過人的警探終於找到失蹤的孩子。

蓋爾對自己成名的事毫不在乎。他追查至此已過了近一個月，但他有何進展？每一階段都只出現更多疑問。賀姆斯為何要帶著孩子？他為何曲折地從一個城市到另一個城市？賀姆斯究竟有何力量，竟能讓人受他擺布？

關於賀姆斯，蓋爾有一點仍然想不透。每個犯罪都有動機。但賀姆斯背後的動力超出蓋爾經驗所能解釋。

他一直推導出相同的結論。賀姆斯玩得很開心。他保險金詐欺是為了錢，但其他事純屬娛樂。賀姆斯藉操縱他人，測試自己的力量。

蓋爾最煩惱的核心問題是：孩子們現在究竟在哪？

❦

警探發現湯瑪士．賴夫斯是個年老的蘇格蘭人，他為人和善，熱情迎接兩人。賴夫斯解釋為何隔壁房客引起他注意。首先，他家具不多，也就一塊床墊、一張舊床，還有個異常大的行李箱。一天下午，房客來賴夫斯家借鏟子，他解釋自己想在地窖挖個坑來儲存馬鈴薯。隔天早上，他將鏟子還了回來，再隔一天，他便把行李箱運走了。賴夫斯後來再也沒見到這個人。

蓋爾警探聽完情緒激動，他要賴夫斯一個小時之後，準時和他在隔壁房子前會合。然後他和卡迪衝去找負責租房事宜的房仲。稍作說明後，蓋爾拿出賀姆斯的照片給她看。她馬上認出他來。他非常英俊，雙眼無比湛藍。

「事情順利得難以置信。」蓋爾寫道。[2]他和卡迪簡短道了謝，加緊腳步回到聖文森街。賴夫斯站在外頭等他們。

蓋爾向他借把鑰子，於是賴夫斯回家，出來時手中拿著他當年借給隔壁房客的同一把鑰子。

那是棟漂亮的房子，中間的山牆高挺，有著圓齒狀的裝飾，如童話中的薑餅屋，只不過房子並非坐落於樹林深處，而是在多倫多市中心街道上，路旁一棟棟優美的房屋成列，院子都圍有柵欄，尖樁都採用高雅的鳶尾花飾。鐵線蓮攀爬上陽臺的柱子，花朵綻放。

現在的房客J・安布魯斯特太太（Mrs. J. Armbrust）應了門。賴夫斯介紹兩名警探給她認識。安布魯斯特太太讓他們進門。他們走入中央走廊，走廊將房屋從中分成兩半，並連接兩個房間。房中有一條樓梯通往二樓。蓋爾要求看一下地窖。

安布魯斯特太太帶著警探來到廚房，將地上一塊油毯掀起，下頭有一個方形的活板門。警探打開時，潮溼泥土的霉味飄進廚房。地窖不深，但裡頭一片漆黑。安布魯斯特太太拿了提燈過來。

蓋爾和卡迪走下陡立的樓梯，其實說那是樓梯，不如說是截梯子。他們走進一個小空間，大約三公尺見方，高不過一百二十公分。提燈橘黃色的光投射出兩名警探巨大的陰影。蓋爾和卡迪小心

避開頭頂上的光，駝著背，用鏟子鏟了一下土。蓋爾在西南角落找到一處鬆軟的土。鏟子輕而易舉便插入土中，令人不安。

蓋爾說：「我們才挖一個小洞，穢氣馬上冒出，氣味臭得嚇人。」[3]挖不到一公尺，他們便挖到人骨。

他們請殯葬人員B・D・韓弗里（B. D. Humphrey）幫忙撿取屍骸。蓋爾和卡迪小心翼翼爬回地窖。韓弗里則一躍而下。

此時惡臭已擴散到全屋。安布魯斯特太太嚇呆了。

後來棺材送到了。

殯葬業人員將兩具棺材搬到廚房。

孩子埋入土中時全身赤裸。愛莉斯側躺著，頭朝向西方。奈麗面朝下，身體一部分疊在愛莉斯身上。她烏亮的髮辮整齊地垂在背後，彷彿她才剛綁好。他們在地窖地上鋪上一塊布。

他們從奈麗開始。

「我們盡可能小心將她抬起。」蓋爾說，「但屍體已大半分解，她背上的髮辮將她頭皮扯了下來。」[4]

他們還發現了另一件事。奈麗的雙腳都被截斷了。[5]警方後來仔細搜索那棟房子，卻遍尋不著。

起初這是一大謎團，後來蓋爾想起，奈麗天生畸足。賀姆斯將雙腳斬斷，除去特徵，以免暴露她的身分。

皮特佐太太讀早報才得知女兒找到了。她正巧回芝加哥拜訪朋友，因此蓋爾無法傳電報聯絡到她。她隨即搭火車到多倫多。蓋爾和她在車站碰面，並帶她去他住的羅辛旅舍。她精疲力盡，傷心不已，意識一直恍惚恍惚。蓋爾拿嗅鹽喚醒她。

蓋爾和卡迪隔天下午來接她去停屍間。他們帶著白蘭地和嗅鹽。蓋爾寫道：「我告訴她，她只會看到愛莉斯的牙齒和頭髮，還有奈麗的頭髮，至於其他部分，絕對不可能讓她看到。她一聽到馬上全身癱軟，差點陷入昏厥。」[6]

驗屍官盡力降低認屍的衝擊。他們清乾淨愛莉斯頭骨上的腐肉，仔細清理她的牙齒，然後用帆布將屍體蓋起。他們在她臉上蓋上一張紙，並在紙上開個洞，只露出牙齒，正如費城驗屍官為她父親所做的一樣。

他們清洗了奈麗的頭髮，並小心地放到蓋住愛莉斯屍體的帆布上。

卡迪和蓋爾分別站在皮特佐太太兩旁，帶她進到停屍間。她馬上認出愛莉斯的牙齒。她轉向蓋爾問：「奈麗在哪裡？」[7]這時她才注意到奈麗那一縷黑色長髮。

驗屍官找不到暴力的痕跡，研判賀姆斯將兩個女孩關在大行李箱中，用燈嘴注入瓦斯。果不其

然，警察發現行李箱時，箱上有鑽孔並補上的痕跡。

蓋爾寫道：「最令人驚訝的是，賀姆斯輕易地在多倫多市中心謀殺了兩名小女孩，卻絲毫沒引起任何人的疑心。」若不是費城檢察官葛拉姆派他來調查，他相信「這幾起謀殺案絕對不可能真相大白，皮特佐太太到棺材裡都不會知道孩子是生是死。」[8]

對蓋爾來說，找到這兩個女孩是「此生最滿意的案子」，[9]但美中不足的是霍華仍不見蹤影。皮特佐太太不願相信霍華死了。她「盲目相信著最後會發現他還活著」。

就連蓋爾也希望賀姆斯沒說謊，並希望他在印第安納波利斯時，向旅館人員說的是實話。「（霍華）是否如賀姆斯之前所透露，送去了哪個機構，或他是不是躲在哪個不知名的地方才讓人遍尋不著？他究竟是生是死？我百思不解，苦惱萬分，彷彿在黑夜中摸索。」[10]

作者資料出處和補充註解

1 *On Sunday, July 7, 1895*: Geyer, 214.
2 "*This seemed too good*: Ibid., 230.
3 "*Only a slight hole*: *Philadelphia Public Ledger*, August 5, 1895.
4 "*We lifted her*: Geyer, 233.
5 *Nellie's feet*: Schechter, 224.
6 "*I told her*: Geyer, 244.
7 "*Where is Nellie?*: Ibid., 245.
8 "*Nothing could be more*: Ibid., 250.
9 "*one of the most satisfactory*: Philadelphia Public Ledger, August 5, 1895.
10 "*Had he been placed*: Geyer, 251–52.

活蹦亂跳的死人

一八九五年七月十六日週二，全國報紙都刊出蓋爾在多倫多的發現，那天早晨，費城地方檢察官緊急打電話給莫雅門辛監獄典獄長，指示他不要讓賀姆斯看到任何早報。[1]指令來自助理檢察官湯瑪士・W・巴洛（Thomas W. Barlow）。他希望能利用這次消息，嚇得賀姆斯全盤托出。

巴洛的命令遲了一步。負責攔截早報的警衛看到賀姆斯坐在桌前，冷靜地讀著新聞，像在看天氣的消息一樣。

賀姆斯在回憶錄中辯稱消息確實令他無比震驚。他寫道，那天報紙如常在八點三十送來，「我還沒攤開報紙，便看到斗大的頭條宣布在多倫多找到孩子的消息。一時間，這簡直令人難以置信，我以為頭條只是為求聳動，稍有發現便斷下結論……」[2]他寫道，但突然之間他恍然大悟。米妮・威廉斯殺死了他們，或找人殺了他們。賀姆斯知道她有個討厭的朋友叫「哈奇」（Hatch）。他猜在威廉斯教唆之下，哈奇下手殺了孩子。這真是太恐怖了，他無法理解。「我不想再讀那篇報導了。我眼前出現自己急著離去那時候，那兩張可愛的小臉——我感受到孩子羞怯的吻，再次聽到她們真誠的道別，我忽然明白，自己又必須背負另一份重擔進墳墓……我想這時，要不是有人突然要我準備前往檢察官辦公室，我早已完全失去理智。」

早晨十分炎熱。賀姆斯坐車沿寬街向北前往市政廳，空氣如太妃糖黏答答的。到了檢察官辦公室，巴洛進行偵訊。《費城公眾紀錄報》報導賀姆斯「不再滔滔雄辯。整整兩個小時，面對諸多質問，

他都不願多談。他毫不畏懼，卻同時三緘其口。」[3]

賀姆斯寫道：「我不可能承認他的指控，也無法回答眾多的問題。」[4]他告訴巴洛，威廉斯小姐和哈奇顯然也殺死了霍華。

賀姆斯被帶回莫雅門辛監獄。他開始積極尋找出版社出版他的回憶錄，希望能趕快付印，扭轉大眾印象。如果他無法直接面對面發揮魅力，至少要以間接的方式嘗試。他和一名叫約翰・金恩（John King）的記者簽約，委託他安排出版和行銷。

他寫信給金恩。「我的想法是去找《紐約先驅報》和《費城報》，拿到他們所有剪報，把我們想要的部分挑選出來交給印刷師傅，要他自費電鍍鑄版。」[5]他尤其想要《先驅報》一張他大鬍子的照片。他也希望「我兩個名字（賀姆斯和馬吉特）的簽名能同時以雕版和電鍍的方式印在照片下方。」他希望這件事趕快執行，待書稿排好版之後，書籍要件便齊全了，只待印刷。

他還給金恩一些銷售上的建議。「書出版之後，把書放到費城和紐約的報攤。接著找願意下午在費城工作的可靠推銷員。一次走一條街，把書丟下，然後半小時之後去收錢。上午大家都在忙，這麼做沒有意義。我念書時曾這樣販售過，大獲成功。

「之後，如果你想到別處，可以去書裡寫過的地方，在芝加哥、底特律和印第安納波利斯過幾天。送一本給這幾座城市的報社，讓他們去評論，這樣能幫助銷售……」

賀姆斯知道警察也會讀這些信，因此他故意在信裡拐彎抹角強調自己無辜。他建議金恩去芝加哥賣書時，最好去一趟某間特定的旅館，查看住房登記簿，並取得職員供詞。雖然大家多半認為米妮・威廉斯早被謀殺了，但搞不好金恩能找到她和賀姆斯的入住紀錄。

賀姆斯寫信給金恩：「如果她那時已是一具屍體，豈不成個活蹦亂跳的死人。」

作者資料出處和補充註解

1 *In Philadelphia:* 報紙詳細報導了巴洛試圖藉此讓賀姆斯措手不及。見 *Philadelphia Public Ledger*, July 17, 1895.

2 "*and I hardly opened it:* Mudgett, 2、26.

3 "*genius for explanation: Philadelphia Public Ledger*, July 17, 1895.

4 "*I was in no condition:* Mudgett, 227.

5 "*My ideas are:* Boswell and Thompson, 112–13.

「這段日子不辭勞苦」

對蓋爾來說，這一刻非常奇怪。他調查了所有線索，查過每一家旅館，探訪每一間寄宿公寓和房地產公司，而如今他必須重新開始調查。從哪裡開始？還有哪個方向漏掉了？天氣仍熱得令人窒息，彷彿在嘲笑他。

他直覺認為，賀姆斯在印第安納波利斯殺了霍華。他七月二十四日回到城內，再次找來大衛・理查茲協助，但這次蓋爾也請報社幫忙。隔天報紙報導了他抵達這座城市的消息。數十人來旅館拜訪他，建議他該去何處搜索霍華的下落。「印第安納波利斯附近租屋的神祕人士彷彿每天都在倍增。」[1]蓋爾寫道。他和理查茲來回奔走無數辦公室和一棟棟房子，卻一無所獲。「日子一天天過去，但我仍困在一片黑暗之中，大膽又聰明的罪犯看來將智壓警探……霍華・皮特佐失蹤案將成為歷史上的懸案。」[2]

此時，賀姆斯背後的真相變得更深沉而黑暗。

蓋爾發現女孩之後，芝加哥警方進入賀姆斯英格塢的大宅調查。搜查「城堡」的祕密時，他們每天都更深入，每天都挖出新的證據。蓋爾的發現已令人毛骨悚然，但證據顯示，賀姆斯遠比大家所想的邪惡。有人猜測，世博會時他可能殺了數十人，其中大多是年輕女子。有人估計人數總計兩百人，這肯定是誇大其詞，[3]因為對大多數人來說，賀姆斯殺這麼多人，怎麼可能無人察覺。蓋爾以前也許會同意，但經調查之後，他一次次發現，賀姆斯十分擅長躲避注意。

芝加哥警探於七月十九日週五晚上開始搜索大宅。[4]起初他們先探索整棟建築。三樓全是小間的旅館房間。二樓共有三十五間房，難以歸類。有些是尋常的臥室，有些則沒有窗戶，並裝設著氣密門。有一個房間設有大到能走進去的金庫，牆面由鋼鐵做成。警察發現一個瓦斯噴嘴，除了灌瓦斯進金庫外，沒有別的用途。開關設在賀姆斯個人房間內。他們在賀姆斯的辦公室找到一本存摺，屬於一個名叫露西・博班克（Lucy Burbank）的女人。上頭寫著資產高達兩萬三千元。女人行蹤不明。

調查最詭異之處是在警察舉高搖曳的提燈，進入旅館地下室時開始，他們看到一座以磚木建成的地窖，大約十五公尺寬，五十公尺長。警方馬上有所發現。那裡有一大桶酸液，底部仍浸著八根肋骨和一部分的頭骨。現場還有好幾堆生石灰、一座巨大的燒窯和一個解剖檯，上面仍沾染著類似血汙的痕跡。他們找到手術工具和焦黑的高跟鞋。

以及更多人骨：

十八根孩子肋骨。

數塊椎骨。

一塊腳骨。

一塊肩胛骨。

一塊髖臼。

牆內、沙坑和生石灰中都有衣物，包括一件女孩的洋裝和一件沾滿血跡的工作服。火爐煙囪上有頭髮凝塊。調察人員挖出兩個保管箱，裡面裝滿生石灰和屍骸。他們推斷，屍骸可能屬於米妮和

安娜・威廉斯這兩名德州女子，芝加哥警方最近才得知兩人失蹤。巨大燒窯的灰燼中，他們找到一截鍊子，賀姆斯藥局的珠寶商認出那屬於賀姆斯送給米妮的懷錶。他們也發現賀姆斯寫給藥局藥劑師的信。「你可曾見到威廉斯姊妹的鬼魂？」賀姆斯寫道，「她們現在還纏著你嗎？」[5]

隔天，靠一名叫查爾斯・查波的人帶領，警察又在地窖西南角找到一間密室，據傳他曾幫助賀姆斯處理屍體，製作骷髏標本。他全力配合警方調查，不久，警察便從現在的擁有者手中追回三具完整的骨骸。第四具骷髏是在芝加哥哈尼曼醫學院。

最驚人的發現是在二樓的大金庫內。金庫門內側有一個清楚、赤裸的女性腳印。警方研判腳印是在裡頭窒息的女人留下的。他們相信，她的名字叫愛蜜琳・西葛倫。

芝加哥警察傳電報通知地方檢察官葛拉姆，他們在賀姆斯大宅找到孩子的骨骸。葛拉姆命令蓋爾去芝加哥，看骨骸有沒有可能是霍華・皮特佐。

蓋爾發現大宅的真相曝光後，全城瞠目結舌。新聞鋪天蓋地，日報頭條無一倖免。《論壇報》頭條聳動地寫道「惡魔的受害者」，[6]並報導霍華・皮特佐的遺骸已在大宅中尋獲。這則新聞占去了六到七個頭版欄位。

蓋爾和警察總局長見面，並且得知剛才經過檢查，法醫已確定那是一個小女孩的骨骸。局長推測出女孩可能的身分，並說女孩叫佩兒・康納。蓋爾沒聽過這名字。

蓋爾傳電報向葛拉姆回報此失望的消息，葛拉姆命他返回費城討論和暫且休息。

八月七日週三傍晚，氣溫高達三十多度，火車車廂簡直像火爐一樣。蓋爾再次出發，這次身旁是誠信互惠人壽頂尖的保險調查員W・E・賈瑞（W. E. Gary）。蓋爾很高興有他陪伴。

他們去了芝加哥，然後去印第安納州的洛根斯波特、珀魯，再去俄亥俄州的蒙皮利爾樞紐站及密西根州的亞得里安。他們花了好幾天調查每一間旅館、寄宿公寓和所有現存的房地產事務所紀錄。蓋爾說：「全都白忙一場。」[7]

在費城經過短暫休息後，蓋爾心中重新燃起希望，現在卻感到希望之火「迅速熄滅」。他仍相信自己最初的直覺，霍華一定在印第安納波利斯一帶。他又去了那裡一趟，這是今年夏天他第三次造訪。

「我必須坦白，回到印第安納波利斯，我心中沒有一絲喜悅。」[8]蓋爾寫道。他和保險調查員賈瑞住進蓋爾前一趟住的史賓塞旅舍。他費盡心力，卻找不到霍華，心中既沮喪又煩惱。蓋爾寫道：「這謎題看來解不開了。」[9]

八月十九日週四，蓋爾得知了賀姆斯位於英格塢的城堡，也就是他那黑暗的理想國度，前一晚全付之一炬。《芝加哥論壇報》頭版頭條寫著：「賀姆斯的巢穴燒毀：大火毀滅了謀殺和謎團所在之處」。[10]消防隊懷疑有人縱火。警方推斷不論是誰放的火，都是想破壞其中暗藏的祕密。他們沒有逮到任何人。

蓋爾警探和賈瑞調查員一同調查了九百條線索。他們擴大搜索，連印第安納波利斯外的小鎮都

不放過。蓋爾在交回警局的報告寫道：「到了週一，除了厄汶頓，我們將搜索完外圍所有城鎮，而厄汶頓頂多再一天就會調查完畢。到那時候，我也不知道還能去哪了。」[11]

他們於一八九五年八月二十七日週二早晨前往厄汶頓，登上一款新型的電動街車，電力來自車子天花板上一個叫「拖拉器」(troller) 的滑輪式導電裝置。電車抵達終點站前，蓋爾看到一間房地產事務所的招牌。他和賈瑞決定從那裡著手。

老闆叫布朗先生（Mr. Brown）。他拿來兩張椅子，請警探坐下，但他們仍站在原地。他們不覺得自己會久留，天黑之前，還有不少辦公室要跑。蓋爾拿出如今已髒兮兮的文件袋，取出照片。

布朗調整一下眼鏡，仔細端詳賀姆斯的照片。過了好一陣子，他開口說道：「那棟房子不是我負責的，但鑰匙在我這兒，去年秋天，這男的沒頭沒腦地衝進來說，他要那棟房子的鑰匙。」[12]蓋爾和賈瑞楞在原地。布朗繼續說：「這男的我記得非常清楚，因為我覺得他很沒禮貌，我頭髮都花白了，好歹要敬老尊賢吧。」

警探四目相交。兩人同時坐了下來。「歷經千辛萬苦。」蓋爾說，「我這段日子不辭勞苦，數週以來四處跋涉奔波——在溽暑中舟車勞頓，百般折騰，不斷在信念和希望、失落和絕望中掙扎，但這一刻，當我知道真相要揭曉時，一切都得到了回報。」[13]

後來偵訊中，一名叫艾維・摩曼（Elvet Moorman）的年輕人作證自己曾幫賀姆斯在房中安裝一個巨大的火爐。他記得問過賀姆斯，他為何不裝一個瓦斯火爐。賀姆斯回答「他覺得瓦斯會影響孩子的健康」。[14]

印第安納波利斯修理店老闆作證說，賀姆斯於一八九四年十月三日曾到他店裡，手裡拿著兩箱手術工具，請他將工具磨利。三天後，賀姆斯將工具取走了。

蓋爾警探作證，在房內調查時，他曾到找到一條從屋頂通到地窖的煙囪。他走到煙囪底部，打開爐門，並用紗窗過濾灰燼，找到了幾顆人齒和幾塊下顎碎片。他也找到「一大團焦塊，切開之後，裡面有一部分的胃、肝和脾，都烤到硬掉了」。[15]器官塞進煙囪時擠成一團，因此並未燒成灰燼。

當然，皮特佐太太收到通知，前來確認身分。她認出霍華的大衣和圍巾別針，還有個屬於愛莉斯的鉤針。

最後，驗屍官給她一個蓋爾親自在房內找到的玩具。那是一個陀螺，上頭坐了個錫人。她馬上認出來。怎麼認不出呢？那是霍華心目中最重要的東西。[16]皮特佐太太要將孩子託付給賀姆斯之前，親手將那陀螺放進了行李箱。那是他父親在芝加哥世博會買給他的禮物。

作者資料出處和補充註解

1 "*The number of mysterious persons*: Geyer, 268.
2 "*Days came and passed*: Ibid., 269.
3 *at two hundred*: Boswell and Thompson, 87; Franke, 109.
4 *Chicago detectives*: 芝加哥警方搜索賀姆斯城堡在美國報紙都有大量報導。詳見 *Philadelphia Public Ledger*, July 22, 25, 26, 27, 29, 30, 1895; *Chicago Tribune*, July 17, 21, 23, 25, 27, 28, 29, August 18, 1895; and *New York Times*, July 25, 26, 29, 31, 1895.
5 "*Do you ever see*: *Chicago Tribune*, July 26, 1895.
6 *One Tribune headline*: *Chicago Tribune*, July 20, 1895.
7 "*all*," *Geyer said*: Geyer, 283.
8 "*I must confess*: Ibid., 283–84.
9 "*The mystery*: Ibid., 284.
10 "*Holmes' Den Burned*: *Chicago Tribune*, August 19, 1895.
11 "*By Monday*: Geyer, 285.
12 "*I did not have the renting*: Ibid., 286.
13 "*All the toil*: Ibid., 287.
14 "*that he did not think*: Ibid., 301.
15 "*a large charred mass*: Ibid., 297.
16 *It was Howard's*: Ibid., 300.

蓄意犯罪

一八九五年九月十二日，費城大陪審團經投票後，以謀殺班傑明・皮特佐的罪名將賀姆斯起訴。[1]只有兩名證人提出證據，一人是誠信互惠人壽總裁L・G・福斯（L. G. Fouse），另一人則是法蘭克・蓋爾警探。賀姆斯依然堅稱是米妮・威廉斯和神祕的哈奇殺死孩子。印第安納波利斯和多倫多的大陪審團覺得此話不可信。印第安納波利斯大陪審團起訴賀姆斯謀殺霍華・皮特佐，多倫多大陪審團起訴他謀殺愛莉斯和奈麗。如果費城法院無法定罪，他們至少還有兩次機會；如果費城成功了，另一項起訴便無實質意義，因為以皮特佐謀殺案而言，費城的判決會是死刑。

賀姆斯的回憶錄出現在報攤。最後一頁他寫道：「總而言之，我想表達的是我是個非常平凡的男人，體力和智力甚至低於平均，歸罪於我的犯罪行為規模龐大，需要精心策劃和執行，我根本辦不到……」[2]

他請求社會大眾暫緩起訴，給他時間證明清白。「我相信很快便能給大家一個滿意的答案。我不會說那是結束，那絕不是終點。因為除了平反我蒙受的誣衊，還必須將真正的犯罪者繩之以法。這並非為了延長或拯救我的生命，自從我聽說多倫多可怕的事件，我已不在乎自己的死活。但是，過去的我受人景仰尊敬，未來的我絕不要背負謀殺者的汙名。」

令報社編輯不解的是，賀姆斯怎能逃避芝加哥警方正式的調查。《芝加哥洋際報》寫道：「說來丟臉，若不是保險公司努力調查賀姆斯詐欺和詐欺未遂案，他至今仍會逍遙法外，虎視瞻瞻潛伏在社會中，並妥善掩飾自己的犯罪證據。」[3]《紐約時報》寫道，芝加哥「感到羞愧」並不意外，熟知事件的人「一定會感到不可思議，城市警局和地方檢察官不僅無法扼止恐怖的犯罪，甚至對此毫不知情」。[4]

其中最令人驚訝，也許可說最令人失望的是芝加哥警局局長，他過去當律師時，曾代表賀姆斯，替他處理十多起日常的商業訴訟。[5]

《芝加哥時代先驅報》綜合各項觀點，如此評論賀姆斯：「他是犯罪天才，也是惡魔的化身，令人匪夷所思，任何小說家都創不出這樣的角色。這起事件也闡明了世紀末的光景。」[6]

作者資料出處和補充註解

1 *On September 12, 1895*: 有關費城，印第安納波利斯和多倫多起訴書的新聞報導，參見 *Philadelphia Public Ledger*, September 13, 1895.

2 "*In conclusion*: Mudgett, 255–56.

3 "*It is humiliating*: Quoted in *Literary Digest*, vol. 11, no. 15 (1896) 429.

4 *Chicago's "feeling of humiliation*: Ibid.

5 *One of the most surprising*: *Chicago Tribune*, July 30, 1895.

6 "*He is a prodigy*: Schechter, 228.

終章

最後一程

世界博覽會

世界博覽會強烈衝擊全國，一舉改變了美國的心靈，並反映在大大小小之處。華特・迪士尼的父親伊利亞斯曾幫忙打造「白城」，而華特創造的魔幻王國可說是由此而來。[1]迪士尼一家人當然對世博會留下深刻印象，也因世博會賺了不少錢，那年第三個孩子誕生時，伊利亞斯還心懷感激地想將他命名為哥倫布。但他妻子芙羅拉（Flora）阻止了他，寶寶後來取名為羅伊（Roy）。一九〇一年十二月五日，華特・迪士尼誕生了。作家L・法蘭克・鮑姆（L. Frank Baum）和插畫家威廉・華勒斯・丹斯洛（William Wallace Denslow）參觀了世博會，雄偉壯觀的景色也啟發了《綠野仙蹤》中的奧茲國。[2]法蘭克・洛伊德・萊特很喜歡林島上的日本寺廟，也許影響了他「草原派」的住宅設計。[3]世博會之後，哈里森總統指定十月十二日為國定假日「哥倫布日」，那天固定會有上千場遊行，並擁有一個三天的週末假期。[4]之後每一場嘉年華會都包含中道區和摩天輪，每家雜貨店也都賣著世博會誕生的商品。小麥穀枕留傳下來了，成為家喻戶曉的食品。家家戶戶後來都採用交流電，家中也設有數十盞白熾燈泡。在世博會大規模使用後，這兩種科技的價值才真正受到肯定。不論大小城鎮，街上或多或少都出現了古羅馬建築的元素，像人來人往的銀行、圖書館和郵局不約而同都採用了圓柱設計。也許上頭會有塗鴉，甚至亂潑上的油漆，但背後都來自白城的光輝。就連華盛頓林肯紀念堂都能追溯到世界博覽會。[5]

世博會最大的影響是它改變了美國人看待城市和建築師的態度。不只是少數富有的建築投資者，全美人民都以前所未有的方式思考城市。伊萊休・羅脫[141]說世博會「引導人民跳脫平凡的荒野之美，從全新角度欣賞建築的宏偉和華美」。[6]亨利・德馬利・洛伊德[142]認為世博會告訴美國人民「社會可以同時兼具美感、功能及和諧，那是他們過去無法想像的事。人民過著平凡單調的生活，根本不可能有此願景，而那份期盼將隨著社會發展，延續到第三或第四代。」[7]世博會告訴務實去華的人民，城市並非一板一眼、講究實際的堡壘，也並非必然黑暗骯髒，充滿危險。城市也可以有美麗的一面。

威廉・史達馬上察覺世博會的力量。[8]白城和黑城的極端衝突，激發他寫出《若基督來到芝加哥》（*If Christ Came to Chicago*），大家多半公認本書啟發了「城市美化運動」，運動的目標是美化美國城市，追上歐洲偉大城市。如史達一樣，全世界的市政府將世博會認為是都市發展的標的。他們聘請伯南，比照白城，將城市規劃概念引進各自的城市。[9]伯南成為了現代都市計劃先鋒。他為克里夫蘭、舊金山和馬尼拉打造都市計劃，並在跨世紀之際，重拾並擴大了設計師郎方[143]於華盛頓特區的規劃。每一個案子他都是無償服務。

幫忙起草華盛頓都市新計劃時，伯南說服賓州鐵路總裁艾力克斯・卡薩（Alexander Cassatt）拆掉位於國家廣場的貨車軌道和倉庫，造就了今日從國會大廈到林肯紀念堂空曠開闊的草坪。[10]其他城市也邀請丹尼爾・伯南為他們進行都市規劃，包括沃斯堡、亞特蘭大市和聖路易，[11]但他全拒絕

141 伊萊休・羅脫（Elihu Root, 1845-1937），美國律師和政治家，曾任美國國務卿和戰爭部長，改善了美國和拉丁美洲及日本的關係，於一九一二年獲得諾貝爾和平獎。

142 亨利・德馬利・洛伊德（Henry Demarest Lloyd, 1847-1903），美國進步時代政治運動人士和扒糞運動記者。

143 皮耶・查爾斯・郎方（Pierre Charles L'Enfant, 1754-1825），法裔美籍軍事工程師，他於一七九一年推出了所謂的「郎方計劃」，規劃了華盛頓特區基本的樣貌。

了。他專注於眼前芝加哥的都市計劃。這幾年發展下來，芝加哥計劃的許多設計都付諸執行，包括如美麗緞帶的都市湖畔公園和密西根大道的「華麗一英里」(Magnificent Mile)。湖畔有一區域命名為伯南公園來紀念他，裡面有軍人球場和他所設計的菲爾德自然博物館。狹長的公園向南延伸，一路連接到傑克森公園，世博會當時的藝術宮現在搖身一變成永久的科學與工業博物館，正對著潟湖和林島。林島現在枝葉糾纏，一片荒蠻，奧姆斯德見了大概會露出微笑吧——不過他當然仍找得到地方批評。

二十世紀前期，世博會成了建築師激辯的主題。評論家認為世博會毀了本土的芝加哥建築學派，取而代之引起新一波老掉牙的古典風格。人云亦云之下，這觀點變得煞有介事，而且在莫名推波助瀾之下，其他人不僅難以反駁，提出異議，甚至會招致攻訐。一群人擠在悶熱的房間進行學術辯論時，此情此景十分常見。

路易士．蘇利文是第一個跳出來大聲批評世博會對建築學影響的人，但那時他年事已高，伯南也已去世多年。

世博會閉幕之後，蘇利文發展並不順利。世博會結束後第一年經濟不景氣，艾德勒和蘇利文只接到兩個案子。一八九五年則完全沒有接到案。一八九五年七月，艾德勒離開了事務所。蘇利文當時三十八歲，無法培養人脈，也找不到新案源應付開支。他生性孤僻，無法容忍笨蛋。建築師朋友請蘇利文給點意見改良設計時，蘇利文回答他：「就算我說了，你也聽不懂。」[12]

工作分崩離析之後，蘇利文發現自己不得不放棄會堂大廈裡的辦公室，並拍賣個人物品。他借酒澆愁，並服用溴化物以鎮定情緒。一八九五年到一九二二年，蘇利文只蓋了二十五棟新建築，一年大約一棟。他不時為了錢的事找伯南，不過不清楚他是直接借錢，還是將個人收藏賣給他。一九一一年伯南日記上記了一筆：「路易士・蘇利文來向DHB借更多錢。」[13]DHB即是伯南全名的縮寫。同年，蘇利文在畫上題了詞：「給丹尼爾・H・伯南，他的朋友路易士・H・蘇利文敬上。」[14]

但蘇利文一九二四年在自傳中寫得天花亂墜，對伯南處處開炮，也抨擊世博會對大眾的影響。蘇利文寫道，白城古典建築讓人印象深刻，害美國這半世紀都一味模仿。世博會是「傳染病」[15]、「病毒」[16]和「慢性腦膜炎」[17]。在他眼中，這造成了無可挽回的後果。「因此在這塊自由之邦、勇士之鄉中，建築已死——這塊土地曾自視擁護民主，高唱創新，講求智慧，特立獨行，標榜進取和進步，如今不復以往。」[18]

蘇利文貶低伯南和世博會的價值，反之讚揚自己在建築上努力講求創新，打造出獨特的美國風格。法蘭克・洛伊德・萊特接下了蘇利文的旗幟。蘇利文雖然於一八九三年解雇萊特，但兩人後來成為朋友。萊特學術地位升高，蘇利文地位也水漲船高。相反的，伯南地位則一落千丈。建築評論家和歷史學者間漸漸形成一股潮流。他們批評伯南心中充滿不安全感，盲目追隨東岸建築師崇拜古典，卻扼殺了美國建築。

但不少近代的建築史學家和評論家承認這觀點太過狹隘。世博會是一段必經的過程，不僅喚醒了美國對美學的重視，也替像法蘭克・洛伊德・萊特和路德維希・密斯・凡德羅[144]等人立下基礎。

對伯南個人而言，世博會絕對是一大成功。他完成了對父母的誓言，成為了美國最偉大的建築師，一生確實享盡此殊榮。世博會期間，除了伯南最親近的友人，沒人注意到有一件事對伯南來說

144　路德維希・密斯・凡德羅（Ludwig Mies van der Rohe, 1886-1969），德裔美籍建築師，與柯比意和萊特等建築師並列，是現代主義建築先驅，提倡「國際風格」（International Style），講求以工業素材為基礎，不強調裝飾。

有多重要。哈佛和耶魯同時頒發榮譽碩士學位給他，承認他打造世博會的成就。[19]兩校頒獎典禮在同一天。他參加了哈佛的典禮。對他來說，獎項是一種救贖。他過去考不進兩校，職業生涯不曾有「正統的起跑點」，一輩子都耿耿於懷。獲頒學位多年後，換伯南的兒子丹尼爾要考哈佛了，但他入學考試成績卻未達標準。伯南遊說哈佛校方人員，希望能網開一面，暫時收下他兒子，他寫道：「他必須知道自己是勝利者，只要知道這點，他便會像我一樣表現出他真正的實力。當初我沒繼續去考劍橋……讓各校看看我的能耐，這成為我人生中一大憾事。」[20]

伯南在芝加哥努力工作，向他們證明了自己。然而許多人依舊認為約翰·魯特才是世博會美感的最大功臣，伯南聽了不禁怒火中燒。「他過世時，世博會的計劃根本八字還沒一撇。」他說，「其實只有少數人這麼想，那些人不外乎他的親朋好友，而且多半是女性，世博會美學獲得肯定之後，他們自然希望將他的回憶和世博會扯在一起。」[21]

魯特死時，伯南無比悲痛，但同時解放了他，讓他成為一名更自由、優秀的建築師。「魯特過世之後，許多人質疑少了他，是否無法彌補。」伯南的朋友詹姆士·艾斯沃斯寫信給伯南的自傳作家查爾斯·穆爾（Charles Moore）。艾斯沃斯結語提到，魯特過世「激發了伯南先生過去缺乏的特質，如果魯特還活著，他不可能有如此成長」。[22]一般人通常覺得，事務所內伯南負責經營，魯特負責所有設計。艾斯沃斯說，伯南確實「或多或少」倚仗魯特的美學天賦，但他也補充，魯特死後，「沒有人會這麼覺得……看到他的表現，甚至不會想起他曾有合夥人，也不會覺得他過去不曾同時兼顧經營和設計兩方面」。

一九〇一年，伯南在紐約二十三街和百老匯大道口的三角空地建造了福勒大廈，[23]但鄰居覺得那棟大樓形狀簡直像家用熨斗，於是便稱之為「熨斗大廈」。伯南和事務所繼續蓋了數十棟建築，包括紐約吉貝爾百貨、波士頓法林百貨和加州帕莎蒂納威爾遜山天文臺。他和約翰・魯特在芝加哥環線區所蓋的二十七棟建築物中，[24]只有三棟留存至今，其中包括了魯克里大廈，其頂樓的圖書室仍維持著一八九一年二月那場神奇會議的原貌。而瑞萊斯大廈如今成為了伯南旅館。旅館的餐廳名叫艾特伍餐廳，以紀念查爾斯・艾特伍，他後來代替魯特，成為伯南事務所的建築設計總監。

伯南成為了最早期的環保人士。他說：「在我們的時代，人類濫取濫用自然資源，但今後一定要有所節制。破壞孩子未來的生活環境實在太不道德了。」[25]雖然有些誤解，但他對汽車寄予厚望。馬匹淘汰後，「野蠻的時代將終結」。他說：「在這之後，文明將踏出重要的一步。汽車不僅無煙、無毒氣，也沒有馬匹的便溺，空氣和街道將清新乾淨。這不就代表人類的健康和精神將變更好嗎？」

艾凡斯頓的冬夜，他和妻子會與法蘭克・洛伊德・萊特夫婦去滑雪橇。伯南熱衷於橋牌，不過眾所周知他牌技差勁。他曾承諾妻子，世博會之後他工作步調便會慢下。但這一天不曾到來。他告訴瑪格麗特：「我以為世博會生活就夠緊繃了，但後來重要的案子一件件塞到我手中，害我每一天、每一週和每一年都不得閒了。」[26]

在二十世紀初，伯南五十多歲的身體開始惡化。他得了結腸炎，一九〇九年又發現他罹患糖尿病。病魔夾擊之下，他飲食不得不更健康。糖尿病破壞了他的循環系統，他有條腿慘遭感染，下半輩子讓他受盡折磨。時間一年年過去，他對超自然力量有了興趣。他在舊金山雲霧繚繞的雙峰頂端建造了一棟小屋，作為自己的「設計窩棚」，一天他在那兒對朋友說：「如果我好好花點時間，並非質疑，而是純粹從哲學上探討一神信仰的必要性，我一定能證明人死之後，生命仍會持續下去。」[27]

他知道這輩子已到了尾聲。一九〇九年七月四日，他和朋友站在瑞萊斯大廈屋頂俯瞰他鍾愛的城市，開口說道：「你將看到這座城市變得更美好。我是看不到了。但它一定會變得更美好。」[28]

作者資料出處和補充註解

1 *Walt Disney's father*: Mosley, 25–26; Schickel, 46.
2 *The writer L. Frank Baum*: Adams, 115; Updike, 84–85.
3 *The Japanese temple*: Miller, 549.
4 *The fair prompted*: Jahn, 22.
5 *Even the Lincoln Memorial*: 世博會成功之後，伯漢聲名大噪，他也因此躋身加入負責建築和紀念碑的聯邦委員會。他投入的古典風格那時也成為主流。請見本書四三七頁及以下相關的條目。也請參見Hines, 154-57。
6 "*our people out*: Moore, *McKim*, 245.
7 "*possibilities of social beauty*: Hines, 120.
8 *William Stead recognized*: Whyte, 53.
9 *They asked Burnham*: Hines, 140, 180–83, 188–89, 190–91. See also Burnham and Bennett, *Plan*; Burnham and Bennett, *Report*; McCarthy, "Chicago Businessmen."
10 *While helping design*: Hines, 148–49.
11 *Other cities came to Daniel Burnham*: Hines, 347.
12 "*If I told you*: Crook, 112. 詳情請見Crook的著作，其中記錄了世博會後蘇利文生涯走下坡的來龍去脈，內容鉅細靡遺，但略顯乏味，畢竟這是博士論文。
13 "*Louis Sullivan called*: Hines, 232.
14 "*To Daniel H. Burnham*: Ibid.
15 "*contagion*: Sullivan, Louis, 321, 324.
16 "*virus*: Ibid., 324
17 "*progressive cerebral meningitis*: Ibid.
18 "*Thus Architecture died*: Ibid., 325.
19 *Both Harvard and Yale*: Hines, 125.
20 "*He needs to know*: Ibid., 254, 263.
21 "*What was done*: Daniel Burnham, "Biography of Daniel Hudson Burnham of Chicago," Moore Papers, Speech, Article and Book File, Burnham 1921, Proofs and Biographical Sketches.
22 "*It was questioned by many*: Ellsworth to Moore, February 8, 1918, Moore Papers, Speech, Article and Book File, Burnham Correspondence, 1848–1927, Box 13, File 2.
23 *In 1901 Burnham built*: Hines, 288.
24 *Of the twenty-seven buildings*: Lowe, 122.
25 "*Up to our time*: Hines, 351.
26 "*I thought the fair*: Burnham to Margaret, April 7, 1894, Burnham Archives, Family Correspondence, Box 25, File 5.
27 "*If I were able*: Edward H. Bennett, "Opening of New Room for the Burnham Library of Architecture," October 8, 1929, Burnham Archives, Box 76.
28 "*You'll see it lovely*: Undated biography, Burnham Archives, Box 28, File 2.

曲終人散

奧姆斯德耳鳴、牙痛和失眠不曾好轉，不久之後，他目光漸漸呆滯，也愈來愈健忘。一八九五年五月十日，七十三歲生日兩週後，他寫信給兒子約翰：「今日，我這輩子第一次確定，我再也不能相信最近的記憶。」[1]那年夏天，他在布魯克萊恩辦公室的最後一天，他寫了三封信給喬治・范德堡，每一封說的事情都差不多。[2]

一八九五年九月有段時間，他形容那是「人生最痛苦的一週」，[3]並向朋友查爾斯・艾略特坦承害怕自己很快便會被送進療養院。「你一定無法想像我有多怕這件事，我擔心他們為求方便，將我送進某個『機構』裡。」[4]他在九月二十六日寫道。「什麼都好，就是不要送進療養院。我父親是精神病療養院的主任，他這輩子工作換了不少地方，但自始至終、檯面上或檯面下都在療養院服務，我對那地方深感恐懼。」

他失憶的情況加速。他變得精神憂鬱，偏執妄想，控訴兒子約翰想「叛變」，意圖將他踢出公司。奧姆斯德的妻子瑪麗帶他到緬因州家族小島上休養，後來他憂鬱症加重，有時更出現暴力行為，會毆打家裡養的馬。[5]

瑪麗和幾個兒子發覺，奧姆斯德的情況他們已無能為力。他變得難以控制，徹底失智。瑞克忍著深沉的悲痛，也許也終於鬆了口氣，將父親安置在麻州威弗里的麥克林療養院。奧姆斯德記憶雖然不清，但他仍知道麥克林的景觀出自自己的設計。他心中並未因此得到安慰，因為他馬上發現這

裡就像中央公園、比爾特摩莊園、世博會和其他地方一樣，景觀全被搞得亂七八糟。「他們沒有照我的設計做。」他寫道，「王八蛋！」[6]

奧姆斯德於一九〇三年八月二十八日凌晨兩點過世。他的葬禮低調簡樸，只有家人出席。目睹大師一點一滴在眼前消失的奧姆斯德夫人，最後並未出席葬禮。[7]

費里斯摩天輪於世博會淨賺二十萬美金，並原封不動放到一八九四年春天。喬治．費里斯後來將摩天輪拆除，在芝加哥北區重新組裝。但是到那時候，摩天輪不但失去了新鮮感，地段的人潮也不復以往。易地重建已花費十五萬美元，結果摩天輪營運失利，再加上鋼鐵檢驗公司因經濟不景氣造成財務虧損，費里斯不得不出售摩天輪大部分的所有權。

一八九六年秋天，費里斯和妻子分居了。[8]她回娘家。他則搬到了匹茲堡市中心的杜肯旅館。一八九六年十一月十七日，他被送到了仁慈醫院（Mercy Hospital），五天後，他死於傷寒，當時才三十七歲。[9]一年後，他的骨灰仍留在處理屍體的殯葬業者手中。「費里斯太太原本要拿回骨灰，但被拒絕了。」殯葬人員說，「因為死者仍有其他近親。」[10]兩個朋友悼詞中寫道，費里斯「錯估了自己的支撐力，一生渴求功成名就，壯烈身亡。」[11]

一九〇三年，芝加哥拆屋公司在拍賣會上以八千一百五十元買下摩天輪，在一九〇四年路易斯安納世博會重新組裝。[12]摩天輪再次賺進大把鈔票，替新公司賺進二十一萬五千美元。一九〇六年五月十一日，拆屋公司炸毀摩天輪，打算報廢。首先爆炸的一百磅炸藥原本是要將巨輪從支柱上炸開，讓輪子傾倒。結果輪子緩緩轉動起來，彷彿想在天空中轉動最後一次。最終，摩天輪原地崩塌，成為一堆彎曲的廢鐵。

中道區負責人索爾・布魯姆世博會之後成為一個年輕富少。他將資金投入一家公司，那家公司專門將易腐食品用最新型的冷藏車送到遠方城市。這行業前景看好。但普爾曼罷工潮讓芝加哥所有火車都停擺，火車廂上的食品全臭酸腐敗。他錢全賠光了。但他還年輕，也依舊是過去那個布魯姆。他用他僅剩的資金買下兩件昂貴的西裝，無論他下一步是什麼，樣子都要看起來有說服力。「但有件事很清楚……」他寫道，「我一點也不介意自己破產。我白手起家，如果我現在一無所有，頂多只是打平。而且，我其實有所收穫。我度過了一段美好的時光。」[13]

布魯姆後來成為了國會議員，並參與起草聯合國憲章。

世博會讓水牛比爾賺進百萬元，相當於今日約三千萬美元，[14]他利用這筆錢在懷俄明州打造科迪鎮，在內布拉斯加州北普拉特建造了公墓和遊樂場，付清五間北普拉特教堂的欠款，買下一家威斯康辛州的報社，贊助年輕美麗的女演員卡薩琳・克萊蒙（Katherine Clemmons）的戲劇生涯。眾所周知，他和妻子關係淡薄，這下又更漸行漸遠。他一度控訴妻子想毒殺他。

一九〇七年經濟恐慌毀了他的荒野西部牛仔秀，他不得不加入馬戲團。他已經七十歲了，但仍戴著銀邊的大白帽，騎馬繞場。一九一七年一月十日，他於妹妹丹佛家中過世，身上的錢甚至不夠辦自己的葬禮。[15]

西奧多・德萊賽和莎拉・歐斯朋・懷特結婚。一八九八年，《嘉莉妹妹》出版前兩年，他寫信給莎拉：「我去了傑克森公園一趟，看看世博會那老地方剩下什麼，畢竟，我在那裡學會了愛妳。」[16]

他後來不斷出軌。

對朵拉・魯特而言，和約翰的生活如彗星般曇花一現。婚後，她隨著他進入藝術和金錢的世界，生活處處多彩多姿，充滿活力。她丈夫機智風趣，音樂才華過人，手指優雅修長，如今照片中仍能見得，這一切無不反映著那段光輝絢爛的日子，但在他死後，她卻永遠回不去了。二十世紀第一個十年尾聲，她寫了一封長信給伯南。「你說你覺得這些年我活得很好，這對我來說特別重要。」她寫道，「我只要一有機會停下來，便會深深自我懷疑。從一生積極進取的你口中聽到鼓勵，我心中不禁湧起一股新的動力。若面對未來的世代，女人的責任是專注於生活，謙卑地將薪火傳遞給下一代，那我相信你的稱讚我受之無愧。」[17]

但她知道約翰死後，美好國度的大門已永遠輕輕關上。她告訴伯南：「若約翰活下來，一切會截然不同。在他刺激精采的人生中，我會是他的妻子，並為他生兒育女。那樣的人生多有趣！」

派翠克・尤金・潘德嘉斯特於一八九三年十二月接受審判。檢察官是一名刑事律師，由政府專為此案所指派。

他的名字叫艾佛烈・S・楚德。

派翠克的律師試圖證明他瘋了，但陪審團是一群氣憤填膺、傷心不已的芝加哥人，他們根本不信。有個證據成為重要的關鍵。派翠克手槍放在口袋時，特別留了個空膛室，以免槍枝意外走火，這點支持了他神志清醒的說法。十二月二十九日下午兩點二十八分，陪審團討論一小時三分鐘後判定他有罪。法官判處他死刑。審判和後續上訴期間，派翠克仍繼續寄明信片給楚德。派翠克於一八九四年二月二十一日寫道：「如果情有可原，無論是誰都不該被處死，此舉敗壞社會道德，可謂野蠻。」[18]

克拉倫斯・戴洛插手這樁案件，以全新的策略為派翠克贏得審訊的機會，重新探討他精神是否正常，但最後功敗垂成，派翠克終被處死。戴洛稱他是個「精神錯亂的可憐傻瓜」。[19]戴洛經過此案更加深他對死刑的厭惡。多年之後，他為奈森・李奧波德（Nathan Leopold）和李察・勒伯（Richard Loeb）辯護，兩人被控為了刺激，謀殺一名芝加哥男孩，當時他說：「我為天下的父母親感到難過。當母親凝視著小寶寶的藍色眼眸，她無法看透孩子的未來，孩子最後也許能如她想像成龍成鳳，也可能被送上絞刑臺。」[20]

這是樁世界知名的案件，李奧波德和勒伯為了掩飾被害人身分，將他衣服剝得精光。他們將部分衣物丟棄在傑克森公園奧姆斯德的潟湖裡。[21]

紐約華爾道夫飯店進入新世紀幾年後，數十位西裝筆挺的年輕男子圍在一塊巨大的派餅旁。[22]

上頭的鮮奶油開始滑動，一名女人從中現身。她明豔動人，橄欖色的肌膚光滑細緻，黑色長髮飄逸。她叫作芙瑞達·瑪薩。這群人年紀太輕，根本沒人記得她，但好久好久以前，她曾在史上最偉大的世博會上跳過肚皮舞。

這票男人現在唯一注意到的是她全身一絲不掛。

作者資料出處和補充註解

1 *"It has today:* Olmsted, May 10, 1895, memory no longer to be trusted.

2 *That summer:* Stevenson, 424.

3 *"the bitterest week:* Rybczynski, *Clearing*, 407.

4 *"You cannot think:* Ibid.

5 *He beat the family horse:* Roper, 474.

6 *"They didn't carry out:* Ibid.

7 *His wife:* Rybczynski, *Clearing*, 411.

8 *In the autumn of 1896:* Anderson, 75.

9 *On November 17:* Ibid., 75.

10 *"The request of Mrs. Ferris:* Ibid., 77.

11 *"miscalculated his powers:* Ibid., 75.

12 *In 1903:* For details on the fate of Ferris's wheel, see Anderson, 77–81.

13 *"But one thing:* Bloom, 143.

14 *The fair made Buffalo Bill:* Carter, 376; Monaghan, 422.

15 *He died in Denver:* Monaghan, 423.

16 *"I went to Jackson Park:* Lingeman, 114.

17 *"It means so much:* Hines, 266–67.

18 *No one should be:* 普倫德嘉斯特寫給艾佛烈・楚德。（信上日期寫一八九三年二月二十一日，但時間明顯是錯誤的，因為此信寫於他定罪之後。寄件地址為庫克郡立監獄。）

19 *"a poor demented imbecile:* Darrow, 425.

20 *"I am sorry for all fathers:* Weinberg, 38.

21 *They dumped:* Darrow, 228.

22 *In New York:* 據傳惡名昭彰的肚皮舞孃「小埃及」在世博會初次登臺。索爾・布魯姆說她從來沒出現過（Bloom, 137）。唐娜・卡爾頓（DonnaCarlton）在《尋找小埃及》（*Looking for Little Egypt*）一書中說，世博會上可能真有個叫小埃及的舞孃，但許多舞孃都用了這個名字。有些資料也說，小埃及本名為芙瑞達・瑪薩。（拼法有六種，我選了其中之一）。能確定的是，世博會確實有個叫芙瑞達・瑪薩的舞孃。卡爾頓說她在中道區「可能有上臺表演」（74），並提到有資料寫說芙瑞達認為「『小埃及之名屬於她』」。將開羅街搬到中道區的主辦人喬治・潘加羅斯公開表示，他雇用芙瑞達・瑪薩來中道區演出，眾所周知，她是開羅最優秀的舞孃。專欄作家泰瑞莎・丁恩描述自己到開羅街劇場時，看到「美麗的芙瑞達，扭曲身子表演著」（157）。無論如何，世博會多年後，在紐約一場告別單身派對裡，一個以小埃及為名的年輕女子確實曾從鮮奶油派中現身，那場派對名聲臭到被稱為「西里糊塗的晚宴」（Awful Seeley Dinner）。宴會主辦人是赫貝・巴納姆・西里（Herbert Barnum Seeley），他是已故P・T・巴納姆的遠房親戚。他哥哥克林頓・巴納姆・西里（Clinton Barnum Seeley）即將結婚，那場派對便是為他舉辦的。（Carlton, 65）

賀姆斯

一八九五年秋天，賀姆斯在費城以謀殺班傑明．F．皮特佐的罪名接受審判。地方檢察官喬治．葛拉姆從辛辛那提、厄汶頓、底特律、多倫多、波士頓、伯林頓和沃斯堡找來三十五名證人，但他們從未上法庭。法官規定葛拉姆只能呈上和皮特佐直接相關的證據，因此化名賀姆斯的赫曼．W．馬吉特醫生曲折離奇、鉅細靡遺的犯罪紀錄全都排除在外。

葛拉姆還帶了賀姆斯從班傑明．皮特佐屍體取下的疣，以及一個木箱，裡頭裝著皮特佐的頭骨。證詞多半令人毛骨悚然，描述著屍體腐爛和體液橫流的情況，以及哥羅芳的效果。「他嘴中充斥紅色的液體。」威廉．史考特醫生說，他是陪同警方到皮特佐屍體所在之處的藥劑師。「肚子和胸部只要受到輕微的壓力，液體便會加速流出……」[1]

史考特醫生駭人的證詞說完，賀姆斯起身說：「我請求庭上暫時休會，讓人平撫情緒，以便用餐。」[2]

法庭上也有令人悲傷的時刻，尤其是皮特佐太太上證人席時。她身著黑洋裝，頭戴黑帽，身披黑紗，臉色蒼白，神情淒楚。她常說到一半停下來，頭埋入手中。葛拉姆給她看愛莉斯和奈麗的信，請她確認筆跡。這令她措手不及，精神馬上崩潰。賀姆斯沒透露出任何情緒。「他表情冷漠至極。」《費城公眾紀錄報》記者說，「他事不關己地寫著筆記，彷彿坐在辦公室寫一封商務信件。」[3]

葛拉姆問皮特佐太太從一八九四年賀姆斯帶走孩子後，她是否見過孩子。她幾不可聞地輕聲說：「我在多倫多停屍間看到她們，肩並肩放在一起。」[4]

法院旁聽席無數人掏出白手帕拭淚，彷彿現場突然下起一場大雪。

葛拉姆稱賀姆斯為「世上最危險的人」。[5]陪審團判定他有罪，法官判他絞刑。賀姆斯的律師上訴，但徒勞無功。

賀姆斯等待處決時準備了一篇冗長的自白書。這是他第三份自白書，他承認自己殺害了二十七個人。如同前兩份，第三份自白書內容同樣有真有假。有幾個他聲稱殺死的人最後都還活得好好的。他究竟殺了多少人永遠不得而知。他至少殺了九個人，包括茱麗亞和佩兒・康納、愛蜜琳・西葛倫、威廉斯姊妹、皮特佐和他的孩子。大家都認為他還殺了更多人。估計數字最高可達兩百人，不過即使他以殺人為樂，這數字過分誇張，實在令人難以置信。蓋爾警探相信平克頓偵探若沒追蹤到賀姆斯，並在波士頓逮捕他，他會將皮特佐一家人全殺光。「他確實想殺死皮特佐太太、黛西和寶寶華頓，這點無庸置疑。」[6]

賀姆斯在自白書中也滿口胡言，或可謂陷入幻想，看不清現實，他寫道：「我深深覺得我被關進監獄以來，我原本的面孔和容貌漸漸變得陰森恐怖……我的頭和臉逐漸拉長。我確信我愈來愈像惡魔了——外表已幾乎成形。」[7]

不過，他殺死愛莉斯和奈麗的描述聽起來所言屬實。他說他將兩個女孩放到大行李箱中，在蓋子上鑽了孔。「接著我便暫時不管她們了，後來等我回來有空時才將她們殺了。下午五點，我跟鄰居借了把鏟子，同時去旅館找皮特佐太太。接著我回到我的旅館吃晚餐，晚上七點我再次回到囚禁女孩的房子，將瓦斯管連接行李箱，結束她們的生命，然後打開行李箱，看看她們烏黑扭曲的面孔，便去房子地下室替她們挖淺墳。」[8]

他提到皮特佐。「從我們相識之初，我便打算殺了他，那時我甚至還不知道他有好幾個家人能讓我滿足嗜血的欲望。」[9]

賀姆斯擔心死後會有人來偷他屍體，特別囑咐律師要如何埋葬他。他也拒絕提供屍體給人解剖。有人出價五千元，他的律師拒絕了。[10]費城的威斯達研究所蒐集了大量醫學標本，他們想要他的腦，[11]律師對此類要求也一概拒絕。威斯達研究所所長米爾頓・格林曼（Milton Greeman）對此非常遺憾。「那人不是尋常衝動行事的罪犯。」格林曼說，「他不但研究犯罪，還為此擬定生涯計畫。他的腦對科學也許有所助益。」[12]

一八九六年五月七日早上十點之前，賀姆斯早餐享用完水煮蛋、乾烤吐司和咖啡後，人被送上莫雅門辛監獄的絞刑臺。這對獄卒來說是難過的一刻。他們喜歡賀姆斯。他們知道他是個謀殺犯，但他獨具魅力。獄長助理是個叫理查森（Richardson）的人，他準備套索時十分緊張。賀姆斯轉向他微笑道：「老先生，別急，慢慢來。」[13]十點十三分，理查森拉開活板門，將他吊死。

照賀姆斯遺囑，約翰・J・歐魯克（John J. O'Rourke）殯葬公司手下的人將棺材先灌入一層水泥，將賀姆斯屍體放入後，再灌入更多水泥，蓋住屍體。他們穿過南方鄉間，將棺材運到聖十字墓園，那是座位於費城南方德拉瓦郡的天主教墓園。他們費了番功夫，才將沉重的棺材搬入墓園中央的墓窖，兩名平克頓偵探徹夜駐守，輪班睡在一個白色的松木棺材中。次日，工人挖了個雙人墓穴，先灌入水泥之後，才放入賀姆斯的棺材。他們在上頭再次灌入水泥，然後把墓封起。「賀姆斯明顯是想保護自己的遺體，不讓科學機構分析和解剖。」[14]《費城公眾紀錄報》報導。

怪事陸續發生，賀姆斯聲稱自己是惡魔彷彿煞有介事。[15]蓋爾偵探生了重病。莫雅門辛的典獄長自殺。陪審團主席在詭異的意外事故中慘遭電死。為賀姆斯主持最後禱告的神職人員發現死在教堂，死因不明。愛蜜琳・西葛倫的父親在鍋爐爆炸意外中燒死，死狀悽慘。一場大火燒毀了喬治・葛拉姆檢察官的辦公室，只有一張賀姆斯的照片完好如初。

赫曼・偉伯斯特・馬吉特，也就是H・H・賀姆斯的墳上沒有石碑和墓碑。[16]他在聖十字墓園安息的事是個祕密，只記錄在一本古老的登記簿上，位置是十五區十排第四十一塊地，並在三號和四號墳之間，旁邊的墓園小徑稱之為拉撒路大道，拉撒路是聖經中起死回生的人物。登記簿上也記下「十呎的水泥」。墓園所在地如今只有一塊草坪，四周有幾座古老的墳墓。有的是小孩的墓，還有一名第一次世界大戰的飛行員。

不曾有人來為賀姆斯獻花，但他其實並未完全被人遺忘。

一九九七年，芝加哥警方在歐海爾機場逮捕了一個名叫麥克・史萬戈（Michael Swango）的醫師。[17]最初罪名是詐欺，但史萬戈也涉嫌連續殺人，他利用過量的合法藥物謀殺醫院病人。最後，史萬戈醫師承認謀殺四人，但調查人員相信他殺死更多人。警方在機場逮捕史萬戈時，在他行李中找到一本筆記。他在筆記上抄下了一本書的段落，也許是對他有所啟發，或有所共鳴。

那一段來自大衛・法蘭克（David Franke）的著作《虐待醫師》（*The Torture Doctor*），內容關於H・H・賀姆斯。文章是為了讓讀者進入賀姆斯的思緒之中。

「『他會看著鏡中的自己，告訴自己是全世界最強大、最危險的男人。』」史萬戈的筆記本寫道，「『他能感覺到，自己是化身為人的神。』」

作者資料出處和補充註解

1 “*There was a red fluid*: Trial, 117.

2 “*I would ask*: Ibid., 124.

3 “*It was an expression*: *Philadelphia Public Ledger*, October 31, 1895.

4 “*I saw them at Toronto*: *Trial*, 297.

5 “*the most dangerous man*: Schechter, 315.

6 “*That he fully intended*: Geyer, 317.

7 “*I am convinced*: *Philadelphia Inquirer*, April 12, 1896.

8 “*Here I left them*: Ibid.

9 “*It will be understood*: Ibid.

10 *His lawyers turned down*: Franke, 189.

11 *The Wistar Institute*: *Philadelphia Inquirer*, May 10, 1896.

12 “*The man was something*: Ibid.

13 “*Take your time, old man*: *Philadelphia Inquirer*, May 8, 1896. The Philadelphia Public Ledger of the same date offers a slightly different version: “Don’t be in a hurry, Aleck. Take your time.”

14 “*Holmes’ idea*: *Philadelphia Inquirer*, May 8, 1896.

15 *Strange things*: 內容主要來自賀姆斯回憶錄附錄中所蒐集的剪報。請見Mudgett, 256頁之後的段落。Schechter也提供了不少詭異事件的精彩摘要，請見333–37。

16 *No stone*: My observations.

17 *In 1997*: Stewart, 70.

奧林匹克號上

奧林匹克號上，伯南等待著法蘭西斯・米勒和另一艘船的消息。出航前，他手寫了一封十九頁的信給米勒，請他來參加林肯委員會下一場會議，委員會當時正要選出林肯紀念堂的設計師。伯南和米勒強烈推舉紐約的亨利・培根（Henry Bacon），伯南相信他之前和林肯委員會討論時頗具說服力。「但——你我都知道，親愛的法蘭西斯……狗只要一轉頭，老鼠馬上會回來咬同一處啊。」[1]他強調米勒出席有多關鍵。「你必須到場重申重點，他們應該要選一個讓我們放心的設計師。總之，我這件事全權交給你處理了。」他親自寫上投遞地址，相信美國郵局會懂得該怎麼做：

F・D・米勒收
將搭乘輪船鐵達尼號抵達
紐約[2]

伯南希望奧林匹克號到達鐵達尼號沉船處時，能發現米勒仍活著，並能聽米勒抱怨這一趟航行令人髮指的鳥事，但那天晚上，奧林匹克號返回原始航線，前往英國。另一艘船已抵達鐵達尼號沉船現場。

但奧林匹克號返回航線有另一個理由。兩艘船的製造者J·布魯斯·伊斯梅（J. Bruce Ismay）也乘坐了鐵達尼號，他是少數存活下來的男性乘客，並堅持不能讓其他生還者看到同一型的輪船。[3]他擔心生還者會受到驚嚇，而且對白星航運公司也太羞辱了。

眾人迅速明白了鐵達尼號沉船的嚴重性。伯南失去了一位好友。乘務員失去了兒子。威廉·史達也在船上不幸溺斃。一八八六年，史達在《帕摩爾報》曾警告，如果航運公司輪船救生船再這麼少，遲早會出現巨大船災。鐵達尼號的生還者說曾聽到他說：「我想沒多嚴重，我要回去睡了。」[4]

那天晚上，在北方格外死寂的汪洋某處，伯南最後一個好朋友冰凍的屍體無聲地漂流。而伯南在寂靜的特等艙中，打開了日記，提筆書寫。他深深感到寂寞。他寫道：「我親愛的好友法蘭西斯·米勒乘坐了鐵達尼號……於是，我和世博會最好的戰友緣分到此為止。」[5]

伯南只多活了四十七天。他和家人旅行經過海德堡時，不知不覺陷入昏迷，顯然是糖尿病、結腸炎和腿部感染綜合導致。[6]他死於一九一二年六月一日。瑪格麗特最後搬到加州帕莎蒂納，她在那裡度過戰爭、流感大流行、經濟大蕭條和另一起戰爭。她死於一九四五年十二月二十三日。兩人都埋葬在芝加哥恩惠之地墓園，墳墓在墓園內唯一一座池塘中的小島上。[7]約翰·魯特就葬在左近，帕默、路易士·蘇利文、哈里森市長、馬歇爾·菲爾德、菲利普·阿穆爾和許多人也都在此安息。有人葬在墓穴，有人葬在墳墓；有的樣式簡樸，有的華麗雄偉。要論奢華鋪張，還是沒人比得過波特和柏莎·帕默，彷彿死後身分地位依舊重要。他們在墓園唯一的高地建了一棟希臘式的巨大建築，十五根巨大圓柱並立，俯瞰著墓園池塘。其他人的墓散布在四周。秋天天氣晴朗時，彷彿能依稀聽到玻璃杯叮鈴相擊，綾羅綢緞窸窣摩擦，並聞到一絲留連的昂貴雪茄香氣。

作者資料出處和補充註解

1 "*But—I know*: Burnham to Millet, April 12, 1912, Moore Papers, Speech, Article and Book File, Burnham Correspondence, 1848–1927. Box 13, File 1.

2 *Hon. F. D. Millet*: Envelope, April 11, 1912, ibid.

3 *The builder of both ships*: Lynch, 159.

4 "*I think it is nothing serious*: Whyte, 314.

5 "*Frank Millet, whom I loved*: Hines, 359.

6 *As he and his family traveled*: Hines, 360, 433.

7 *Both are buried*: My observations. See also Hucke and Bielski, 13–30.

後記

鍍金年代芝加哥最吸引我的是他們願意為了公民榮譽挑戰不可能的任務，這概念在現代早已不復存在，有兩個聰明人讀過本書草稿，他們也相當納悶，不解芝加哥當初為何一心一意想贏得世博會主辦權。將人的自尊心和無法理解的邪惡並立之後，我對人性和野心有了更強烈的體悟。關於世博會，我讀得愈多愈深受吸引。以今日法律責任看來，喬治・費里斯願意打造這麼大的新玩意，而且一次就成功了，這一切根本超出理解。

芝加哥歷史協會及芝加哥藝術博物館的賴爾森和伯南圖書館擁有關於世博會及丹尼爾・伯南豐富的史料。我從華盛頓大學的蘇札洛圖書館取得不少基礎資料，那是我所見過最好、最有效率的圖書館。我也去了華盛頓的國會圖書館，我在那兒開心地沉浸在費德列克・洛・奧姆斯德的手稿中，不過中途也常中斷，因為奧姆斯德的字跡實在歪七扭八，難以辨讀。

我研讀、挖掘了數十本關於伯南、芝加哥、世博會和維多利亞時代晚期的書。其中好幾本書大有幫助，例如湯瑪士・海因斯（Thomas Hines）的《芝加哥的伯南》（*Burnham of Chicago*, 1974）、蘿拉・伍德・洛貝（Laura Wood Roper）的《費德列克・洛・奧姆斯德傳記》（*FLO: A Biography of Frederick Law Olmsted*, 1973）、威托・理卡斯基（Witold Rybczynski）的《遠方的一塊空地》（*A Clearing in the Distance*, 1999）。尤其是唐諾・L・米勒（Donald L. Miller）的《世紀之城》（*City of the Century*, 1996），這本書格外有助益，陪伴著我穿梭古老的芝加哥。有四本手冊對我特別有幫助，分別是愛麗絲・辛可維奇（Alice Sinkevitch）的《美國建築師學會芝加哥導覽書》（*AIA Guide to Chicago*, 1993）、麥特・哈克（Matt Hucke）和烏蘇拉・比斯基（Ursula Bielski）所著的《芝加哥墓園一覽》（*Graveyards of Chicago*, 1999）、約翰・弗林（John Flinn）的《世博會官方導覽手冊》（*Official Guide to the World's Columbian Exposition*, 1893）和蘭德麥克納利出版公司的《芝加哥世博會指南》（1983）。哈克和比斯基的書引導我去了一趟恩惠之地墓園。那裡優美而寧靜，矛盾的是，歷史卻彷彿活了過來。

可惜費城法官阻止地方檢察官葛拉姆傳喚三十名證人，賀姆斯真實的樣貌仍教人難以捉摸。好幾本書都有寫到賀姆斯的事，但說法眾說紛紜。其中兩本哈洛德・謝克特（Harold Schechter）的《墮落》（*Depraved*）和大衛・法蘭克的《虐待醫師》似乎可信度最高，現代殺人魔史萬戈醫師曾經引用的便是後者。另有兩本作品完全本著於事實。一本是法蘭克・蓋爾警探的回憶錄《賀姆斯及皮特佐案》（*The Holmes-Pitezel Case*），內容詳實記錄了賀姆斯被捕之後所發生的事，蓋爾警探在書中也寫下了部分第一手資料，那些文件至今也不存在了。我運氣很好，從網路賣家手中買到這本古老的書籍。第二本書是《赫曼・W・馬吉特，別名H・H・賀姆斯的審判》（*The Trial of Herman W. Mudgett, Alias, H. H. Holmes*），本書出版於一八九七年，內容完整記錄了審判過程。我在華盛頓大學法律圖書館找到了一本。

賀姆斯自己寫了一本回憶錄《賀姆斯自述》（*Holmes' Own Story*），我在國會圖書館罕見書庫找到了。他也有至少三份自白書。前兩份自白書有出現在蓋爾的書中。第三份最為轟動，曾刊載在《費城詢問報》上，賀姆斯因此得到可觀的報酬。蓋爾在法庭上曾揭露不少證據，賀姆斯在波士頓被逮捕後記者也刊登大量報導，雖然賀姆斯的回憶錄和自白書大半是謊言，但零星細節和上述來源的事實相符。報紙報導我大量引述《芝加哥論壇報》和費城的《詢問報》和《公眾紀錄報》兩家報紙。

許多報導充斥錯誤，而且我猜大都經過加油添醋。我將注意力放在事實和抄錄的原始文件上，諸如信件、電報、訪問和原始素材，其中包括警方的官方說法，以及在賀姆斯「恐怖城堡」見諸頭版之後出現的證人證詞。一八九〇年代犯罪調查有一點不但令人震驚，也相當引人入勝，即使調查仍在進行，警方會授權記者深入犯罪現場。調查賀姆斯案時，芝加哥警察總長一度告訴《論壇報》記者，他真想乾脆雇用一群記者大隊來當警探。

賀姆斯動機為何，恐怕永遠成謎。我著重於他對於擁有和支配的渴望，但我認為背後仍有無數可能的動機。我的描述是其來有自，一方面根據賀姆斯過去的歷史和行為，一方面參考了精神鑑定學家多年來對於變態連續殺人犯及其動機的研究。西雅圖心理學家詹姆士．O．蘭尼（James O. Raney）時不時會協助進行精神鑑定，他讀過手稿後，告訴我他對於心理變態者本質的看法，心理變態者在現今的心理教科書中有個乏味的說法，稱為「反社會人格違常」患者。還好希區考克在名稱改變前過世[145]。

賀姆斯謀殺時除了他自己，顯然沒人在現場——換言之，現場沒人活著逃出來。但在本書中，我重建了兩起謀殺場景。我為此掙扎許久，花了無數時間反覆閱讀楚門．卡波提（Truman Capote）的《冷血》（*In Cold Blood*），參考卡波提如何完成他黑暗又令人深感不安的敘述。可惜的是，卡波提並未留下註解。為了建構犯罪場景，我串起已知的證據，編織出一段可信的敘述，如同檢察官對法官最後呈上的論證。賀姆斯審判時，專家據當時的理解，說明了哥羅芳特性以及哥羅芳對人體的影響，我根據上述記錄寫下了茱麗亞被哥羅芳薰死的敘述。

我並未聘用研究員，也並未以網路進行初步研究。我習慣實際接觸資料，因此便只能認命地腳踏實地查找書籍。對我來說，每一趟去圖書館或檔案庫都像一樁樁偵探小故事。過程中常會遇到珍貴的小時刻，那些時光中，歷史像在黑暗中劃亮的火柴一般，彷彿活了過來。有次去芝加哥歷史協會時，我找到了派翠克．潘德嘉斯特寄給艾佛烈．楚德的那張明信片。我親眼看到鉛筆字跡是如何深深劃入紙面。

我引用文獻時力求精確。內容出處和有所爭議的素材我都有標明，只省略眾所周知、毫無疑議的部分。關於那兩起謀殺的場景，我皆記錄了我的推論和切入角度，並提供了我所根據的事實。事件全貌是經由以下引用資料所建構。任何依照我的腳步一點一滴拼湊出全局的人，肯定會得到相同的結論。

145 亞佛烈德．希區考克（Alfred Hitchcock, 1899-1980），英國電影導演，電影史上影響力數一數二的導演之一，最著名的作品《驚魂記》（*Psycho*）片名直譯便是心理變態者。

致謝

這是我和王冠出版社（Crown Publishers）以及我的編輯Betty Prashker合作的第三本書。Betty處事充滿自信，態度委婉卻又堅定，總是令人安心，再次證明自己是紐約編輯中的佼佼者。每個作家都需要他人幫助，她也義無反顧地全力協助我。除此之外，每一本書也都需要各方努力，而王冠出版社再次召集一群全心投入的團隊，盡力將本書介紹給更多讀者。在此感謝出版人Steve Ross、行銷魔法師Andrew Martin、Joan DeMayo和Tina Constable、以及多數作家身邊永遠少一位的資深宣傳公關Penny Simon。

我也有幸擁有超強的經紀人David Black，他對敘述重心的直覺無人能比（也擁有無人能比的美酒）。而且，他處事正直，盡職盡責。

在家裡，我的家人讓我不致崩潰。沒有我妻子Christine Gleason的幫助，我絕對無法完成本書，她不但是位醫師，更天生是塊編輯的料，我這輩子沒見過這樣的高手。她的信心如座燈塔，引領著我的方向。我三個女兒告訴我生命中最重要的事。我的狗告訴我世上除了晚餐，什麼都不重要。

兩個作家好友熱誠地答應要看完手稿，並提供了睿智的建言。Robin Marantz Henig寄來十多頁精細的忠告，我一一採納。Carrie Dolan是我認識最優秀、最好笑的作家，她的評論都弄得像恭維一樣。這本事我看沒有編輯比得上。

也要感謝西雅圖心理醫師和鑑識顧問James Raney醫師，他讀完手稿，分析出導致賀姆斯行為最有可能的心理因素。芝加哥建築師Gunny Harboe修復了伯南和魯特現存兩棟建築瑞萊斯大廈和魯克里大廈，感謝他帶我參觀這兩棟大樓，以及還原至當年面貌的伯南圖書室。

最後，我想說一點關於芝加哥的事。我著手寫本書之前，我對芝加哥所知甚少。人文地景對我來說向來十分重要，而今日的芝加哥如一八九三年一樣，散發著獨特的風貌。我愛著這座城市，也愛我所見到的人，尤其是密西根湖，它的面貌千變萬化，時時刻刻各異其趣，難以捉摸。

我得承認一樁羞恥的祕密：我其實最喜歡冬天天寒地凍的芝加哥。

參考書目

Abbot, Willis John. *Carter Henry Harrison: A Memoir.* Dodd, Mead, 1895.

Adams, Henry. T*he Education of Henry Adams.* Modern Library, 1999 (1918).

Adams, Rosemary. What George Wore and Sally Didn't. Chicago Historical Society, 1998.

Anderson, Norman D. *Ferris Wheels: An Illustrated History.* Bowling Green State University Popular Press, 1992. Chicago Historical Society.

Badger, Reid. *The Great American Fair.* Nelson Hall, 1979.

Baker, Charles. *Life and Character of William Taylor Baker, President of the World's Columbian Exposition and of the Chicago Board of Trade.* Premier Press, 1908.

Baker, Paul R. *Richard Morris Hunt.* MIT Press, 1980.

Bancroft, Hubert Howe. *The Book of the Fair.* Bancroft Co., 1893.

Barnes, Sisley. "George Ferris' Wheel, The Great Attraction of the Midway Plaisance," *Chicago History*, vol. 6, no. 3 (Fall 1977). Chicago Historical Society.

Besant, Walter. "A First Impression." Cosmopolitan, vol. 15, no. 5 (September 1893).

Bloom, Sol. *The Autobiography of Sol Bloom.* G. P. Putnam's Sons, 1948.

Bogart, Ernest Ludlow, and John Mabry Mathews. *The Modern Commonwealth*, 1893–1918. Illinois Centennial Commission, 1920.

Boswell, Charles, and Lewis Thompson. *The Girls in Nightmare House.* Fawcett, 1955.

Boyesen, Hjalmar Hjorth. "A New World Fable." *Cosmopolitan*, vol. 16, no. 2 (December 1893).

Brinnin, John Malcolm. *The Sway of the Grand Saloon.* Delacorte Press, 1971.

Burg, David F. *Chicago's White City of 1893.* University of Kentucky Press, 1976.

Burnham, Daniel H. Archives, 1943.1, Series I–IX, Art Institute of Chicago.

———. *The Design of the Fair.* Report. Burnham Archives, Box 58.

———. *The Final Official Report of the Director of Works of the World's Columbian Exposition.* Garland, 1989.

Burnham, Daniel H., and Edward H. Bennett. *Plan of Chicago.* Da Capo Press, 1970 (1909).

———. *Report on a Plan for San Francisco.* Urban Books, 1971 (1906).

Burnham, Daniel H., and Francis Davis Millet. *The Book of the Builders.* Columbian Memorial Publication Society, 1894.

Carlton, Donna. *Looking for Little Egypt.* IDD Books, undated.

Carter, Robert A. *Buffalo Bill Cody: The Man Behind the Legend.* John Wiley & Sons, 2000.

Catalogue of 200 Residence Lots. Chicago Real Estate Exchange, 1881. Chicago Historical Society.

City of Philadelphia. "Report of the Superintendent of Police," in *First Annual Message of Charles F. Warwick, Mayor of the City of Philadelphia.* (For the year ended December 31, 1895.) Free Library of Philadelphia.

———."Report of the Superintendent of Police," in *Fourth Annual Message of Edwin S. Stuart, Mayor of the City of Philadelphia.* (For the year ended December 31, 1894.) Free Libraryof Philadelphia.

Cleckley, Hervey. *The Mask of Sanity.* C. V. Mosby, 1976.

Commager, Henry Steele. *The American Mind.* Yale University Press, 1950.

Crook, David Heathcote. *Louis Sullivan, The World's Columbian Exposition and American Life.* Unpublished thesis, Harvard University, 1963.

Darrow, Clarence. *The Story of My Life.* Charles Scribner's Sons, 1934.

Dean, Teresa. *White City Chips.* Warren Publishing Co., 1895. Chicago Historical Society.

Dedmon, Emmett. *Fabulous Chicago.* Atheneum, 1981.

Diagnostic and Statistical Manual of Mental Disorders, 4th ed. American Psychiatric Association.

Douglas, John, and Mark Olshaker. *The Anatomy of Motive.* Pocket Books, 1999.

———. *The Cases That Haunt Us.* Scribner, 2000.

Downey, Dennis B. *A Season of Renewal: The Columbian Exposition and Victorian America.* Praeger, 2002.

Dreiser, Theodore. *Journalism.* Edited by T. D. Nostwich. Vol. 1. University of Pennsylvania Press, 1988.

———. *Sister Carrie.* Penguin, 1994 (1900).

Dybwad, G. L., and Joy V. Bliss. *Chicago Day at the World's Columbian Exposition.* The Book Stops Here (Albuquerque), 1997.

Eaton, John P., and Charles A. Haas. *Falling Star.* W. W. Norton, 1990.

Eckert, Alan W. *The Scarlet Mansion.* Little, Brown, 1985.

The Englewood Directory. George Amberg& Co, 1890. Chicago Historical Society.

Ferris, George Washington Gale. Papers. Chicago Historical Society.

Flinn, John. *Official Guide to the World's Columbian Exposition.* Columbian Guide Co., 1893.

Franke, David. *The Torture Doctor.* Hawthorn Books, 1975.

Geyer, Frank P. *The Holmes-Pitezel Case.* Frank P. Geyer, 1896.

Gilbert, James. *Perfect Cities: Chicago's Utopias of 1893.* University of Chicago Press, 1991.

Gladwell, Malcolm. "The Social Life of Paper." *New Yorker.* March 25, 2002.

Hales, Peter. *Constructing the Fair. Platinum Photographs by C. D. Arnold.* Art Institute of Chicago, 1993.

Hall, Lee. *Olmsted's America.* Little, Brown, 1995.

Hawthorne, Julian. "Foreign Folk at the Fair." *Cosmopolitan*, vol. 15, no. 5 (September 1893).

Hendrickson, Walter B. "The Three Lives of Frank H. Hall." *Journal of the Illinois State Historical Society*, vol. 49, no. 3 (Autumn 1956).

Herrick, Robert. *The Web of Life.* Grosset& Dunlap, 1900.

Hines, Thomas S. *Burnham of Chicago.* Oxford University Press, 1974.

Hollingsworth, Adelaide. *The Columbia Cook Book.* Columbia Publishing Co., c.1893.

Hoyt, Homer. *One Hundred Years of Land Values in Chicago.* University of Chicago Press,1933.

Hucke, Matt, and Ursula Bielski. *Graveyards of Chicago.* Lake Claremont Press, 1999.

Ingalls, John J. "Lessons of the Fair." *Cosmopolitan*, vol. 1[illegible], no. 2 (December 1893).

Jablonsky, Thomas J. *Pride in the Jungle: Community and Everyday Life in Back of the Yards Chicago.* Johns Hopkins University Press, 1993.

Jahn, Raymond. *Concise Dictionary of Holidays.* Philosophical Library, 1958.

Johnson, Claudius O. *Carter Henry Harrison I: Political Leader.* University of Chicago Press, 1928.

Karpman, Ben. "The Problem of Psychopathies." *Psychiatric Quarterly*, vol. 3 (1929).

Kiler, Charles Albert. *On the Banks of the Boneyard.* Illinois Industrial University, 1942.
Kipling, Rudyard. "Chicago." *Kipling's Works.* "Sahib Edition." Vol. 6 (undated). Author's collection.
Lewis, Arnold. *An Early Encounter with Tomorrow.* University of Illinois, 1997.
Lingeman, Richard. *Theodore Dreiser.* G. P. Putnam's Sons, 1986.
Lowe, David. *Lost Chicago.* Houghton Mifflin, 1975.
Lynch, Don. *Titanic: An Illustrated History.* Hyperion, 1992.
Masters, Edgar Lee. *The Tale of Chicago.* G. P. Putnam's Sons, 1933.
May, Arthur J. "The Archduke Francis Ferdinand in the United States." *Journal of the Illinois State Historical Society*, vol. 39, no. 3 (September 1946).
McCarthy, Michael P. "Chicago Businessmen and the Burnham Plan." *Journal of the Illinois State Historical Society*, vol. 63, no. 3 (Autumn 1970).
———. "Should We Drink the Water? Typhoid Fever Worries at the Columbian Exposition." *Illinois Historical Journal*, vol. 86, no. 1 (Spring 1993).
McGoorty, John P. Papers. Chicago Historical Society.
Meehan, Pat. "The Big Wheel." *University of British Columbia Engineer*, vol. 5 (1965).
Merck's Manual of the Materia Medica. Merck & Co., 1899.
Miller, Donald L. *City of the Century.* Simon & Schuster, 1996.
Millet, F. D. "The Decoration of the Exposition." *Harper's*, vol. 12, no. 6 (December 1892).
Millon, Theodore, et al. *Psychopathy: Antisocial, Criminal, and Violent Behavior.* Guilford Press, 1998.
Monaghan, James. "The Stage Career of Buffalo Bill." *Journal of the Illinois State Historical Society*, vol. 31, no. 4 (December 1938).
Monroe, Harriet. *A Poet's Life.* Macmillan, 1938.
———. *John Wellborn Root: A Study of His Life and Work.* Prairie School Press, 1896.
Moore, Charles. Burnham interview, Burnham Archives, 1943.1, World's Columbian Exposition, Box 59.
———. *Daniel H. Burnham, Architect, Planner of Cities.* Vols. 1 and 2. Houghton Mifflin, 1921.
———. *The Life and Times of Charles Follen McKim.* Da Capo, 1970 (1929).

———. Papers. Library of Congress.

Morgan, H. Wayne. "'No, Thank You, I've Been to Dwight': Reflections on the Keeley Cure for Alcoholism." *Illinois Historical Journal*, vol. 82, no. 3 (Autumn 1989).

Morrison, Hugh. *Louis Sullivan: Prophet of Modern Architecture.* W.W. Norton, 1998.

Mosley, Leonard. *Disney's World.* Scarborough House, 1990.

Muccigrosso, Robert. *Celebrating the New World: Chicago's Columbian Exposition of 1893.* Ivan R. Dee, 1993.

Mudgett, Herman W. *Holmes' Own Story.* Burk & McFetridge, 1895. Library of Congress.

Olmsted, Frederick Law. "The Landscape Architecture of the World's Columbian Exposition." *Inland Architect and News Record*, vol. 22, no. 2 (September 1893).

———. Papers. Library of Congress.

———. *Report on Choice of Site of the World's Columbian Exposition.* Reprinted in Jack Tager and Park Dixon Goist, *The Urban Vision.* Dorsey Press, 1970.

Papke, David Ray. *The Pullman Case.* University Press of Kansas, 1999.

Pierce, Bessie Louise. *A History of Chicago*, vol. 3. Alfred A. Knopf, 1957.

Pierce, Bessie Louise, ed. *As Others See Chicago: Impressions of Visitors, 1673–1933.* University of Chicago Press, 1933.

Polacheck, Hilda Satt. *I Came a Stranger: The Story of a Hull-House Girl.* Edited by Dena J. Polacheck Epstein. University of Illinois Press, 1991.

Poole, Ernest. *Giants Gone: Men Who Made Chicago.* Whittlesey/McGraw-Hill, 1943.

Rand, McNally & Co.'s Handbook to the World's Columbian Exposition. Rand, McNally, 1893.

Rice, Edmund. *Report of the Columbian Guard.* World's Columbian Exposition, Chicago. 1894. Chicago Historical Society.

Roper, Laura Wood. *FLO: A Biography of Frederick Law Olmsted.* Johns Hopkins, 1973.

Rybczynski, Witold. *A Clearing in the Distance: Frederick Law Olmsted and America in the 19th Century.* Touchstone/Simon & Schuster, 1999.

———. *The Look of Architecture.* New York Public Library/Oxford University Press, 2001.

Sandweiss, Eric. "Around the World in a Day." *Illinois Historical Journal*, vol. 84, no. 1 (Spring 1991).

Schechter, Harold. *Depraved.* Pocket Books, 1994.

Schickel, Richard. *The Disney Version.* Simon & Schuster, 1968.

Schlereth, Thomas J. *Victorian America: Transformations in Everyday Life, 1876–1915.* HarperCollins, 1991.

Schuyler, Montgomery. *American Architecture and Other Writings,* vol. 2. Belknap Press/Harvard University Press, 1961.

Shaw, Marian. *World's Fair Notes: A Woman Journalist Views Chicago's 1893 Columbian Exposition.* Pogo Press, 1992. Chicago Historical Society.

Silverman, Daniel. "Clinical and Electroencephalographic Studies on Criminal Psychopaths." *Archives of Neurology and Psychiatry.* vol. 30, no. 1 (July 1943).

Sinclair, Upton. *The Jungle.* University of Illinois, 1988 (1906).

Sinkevitch, Alice, ed. *AIA Guide to Chicago.* Harvest/Harcourt Brace, 1993.

Smith, F. Hopkinson. "A White Umbrella at the Fair." *Cosmopolitan,* vol. 16, no. 2 (December1893).

Starrett, Paul. *Changing the Skyline.* Whittlesey House, 1938.

Steeples, Douglas, and David O. Whitten. *Democracy in Desperation: The Depression of 1893.* Greenwood Press, 1998.

Stevenson, Elizabeth. *Park Maker: A Life of Frederick Law Olmsted.* Macmillan, 1977.

Stewart, James. "The Bench: A Murderer's Plea." *New Yorker.* September 18, 2000.

Sullivan, Gerald E., ed. *The Story of Englewood, 1835–1923.* Englewood Business Men's Association, 1924.

Sullivan, Louis H. *The Autobiography of an Idea.* Dover Publications, 1956 (1924).

A Synoptical History of the Chicago Fire Department. Benevolent Association of the Paid Fire Department, Chicago, 1908. Chicago Historical Society.

Taylor, D. C. *Halcyon Days in the Dream City,* 1894. Chicago Historical Society.

Tierney, Kevin. *Darrow: A Biography.* Thomas Y. Crowell, 1979.

Town of Lake Directory. George Amberg and Co., 1886. Chicago Historical Society.

The Trial of Herman W. Mudgett, Alias, H. H. Holmes. George T. Bisel, 1897.

Trude, Daniel P. Papers. Chicago Historical Society.

Ulrich, Rudolf. *Report of Superintendent. Landscape, Road and Miscellaneous Departments.* Burnham Archives, 1943.1, Box 58.

Updike, John. "Oz Is Us." *New Yorker.* September 25, 2000.

Wade, Louise Carroll. *Chicago's Pride: The Stockyards, Packingtown, and the Environs in the Nineteenth Century.* University of Illinois Press, 1987.

Weimann, Jeanne Madeline. *The Fair Women.* Academy Chicago, 1981.

Weinberg, Arthur, ed. *Attorney for the Damned.* Simon & Schuster, 1957.

Wheeler, Candace. "A Dream City." *Harper's*, vol. 86, no. 516 (May 1893).

The White Star Triple Screw Atlantic Liners, Olympic and Titanic. Ocean Liners of the Past. Patrick Stephens, Cambridge, 1983.

Whyte, Frederic. *The Life of W. T. Stead*, vol. 2. Houghton Mifflin, 1925.

Wilson, Robert E. "The Infanta at the Fair." *Journal of the Illinois State Historical Society*, vol.59, no. 3 (Autumn 1966).

Wish, Harvey. "The Pullman Strike: A Study in Industrial Warfare." *Journal of the Illinois State Historical Society*, vol. 32, no. 3 (September 1939).

Wolman, Benjamin B., ed. *International Encyclopedia of Psychiatry, Psychology, Psychoanalysis, and Neurology*, vol. 10. Aesculapius Publishers/Van Nostrand, 1977.

The World's Fair, Being a Pictorial History of the Columbian Exposition. Chicago Publication and Lithograph, 1893. Chicago Historical Society.

Wyckoff, Walter A. *The Workers: An Experiment in Reality.* Charles Scribner's Sons, 1899.

譯名對照表

人名：

一至五畫

「響尾蛇」彼德 "Rattlesnake" Pete
A·A·福雷澤 A. A. Frazier
A·C·海斯 A. C. Hayes
A·S·耶茨 A. S. Yates
B·D·韓弗里 B. D. Humphrey
C·A·亞當斯 C. A. Adams
C·E·戴維斯 C. E. Davis
C·F·瑞謝爾 C. F. Ritchel
C·W·阿諾 C. W. Arnold
D·C·泰勒夫人 Mrs. D. C. Taylor
D·S·海斯 D. S. Hays
E·T·強生 E. T. Johnson
E·甸恩 E. Dehn
F·G·柯沃伊 F. G. Cowie
F·赫伯·史達 F·Herbert Stead
G·F·摩根 G. F. Morgan
G·豪伊 G. Howe
H·B·露意絲太太 Mrs. H. B. Lewis
H·H·賀姆斯 H. H. Holmes
J·B·馬康伯 J. B. McComber
J·C·湯瑪士 J. C. Thomas
J·E·麥克羅依 J. E. McElroy
J·H·巴洛斯博士／牧師 Reverend Dr. J. H. Barrows
J·P·摩根 J. P. Morgan
J·W·海利曼 J. W. Highleyman
J·布魯斯·伊斯梅 J. Bruce Ismay
J·安布魯斯特太太 Mrs. J. Armbrust
L·E·戴克 L. E. Decker
L·G·勞倫 L. G. Laurean
L·G·福斯 L. G. Fouse
L·法蘭克·鮑姆 L. Frank Baum
M·B·皮克特 M. B. Pickett
M·B·勞倫斯 M. B. Lawrence
O·Z·巴柏 O. Z. Barber
P·T·巴納姆 P. T. Barnum
R·T·E R. T. E.
R·W·麥克勞瑞 R. W. McClaughry
T·B·卡斯 T. B. Carse
W·C·布萊克博士／牧師 Reverend Dr. W. C. Black
W·C·修斯 W. C. Hughes
W·E·蓋瑞 W. E. Gary
W·F·庫林 W. F. Cooling
W·F·格羅諾 W. F. Gronau
W·H·華桑 W. H. Wathen
W·W·博英頓 W. W. Boyington
丁威特·C·魁吉爾 DeWitt C. Cregier
大衛·法蘭克 David Franke
大衛·理查茲 David Richards
小埃及 Little Egypt
小賽勒斯·麥考密克 Cyrus McCormick Jr.
山謬·W·艾勒頓 Samuel W. Allerton
山謬·龔帕斯 Samuel Gompers
丹尼爾·切斯特·法蘭奇 Daniel Chester French
丹尼爾·哈德森·伯南 Daniel Hudson Burnham
丹克馬·艾德勒 Dankmar Adler
厄尼斯·葛蘭姆 Ernest Graham
厄普頓·辛克萊 Upton Sinclair
尤拉莉亞公主 Infanta Eulalia

尤金·德布斯　Eugene Debs
水牛比爾　Buffalo Bill
卡洛琳·克勞斯曼　Caroline Klausmann
卡特·亨利·哈里森　Carter Henry Harrison
卡莉·坎寧　Carrie Canning
卡莉·華生　Carrie Watson
卡爾·哈根貝克　Carl Hagenbeck
卡爾佛特·沃克斯　Calvert Vaux
古列爾莫·馬可尼　Guglielmo Marconi
史丹佛·懷特　Stanford White
史考特·喬普林　Scott Joplin
尼古拉·特斯拉　Nikola Tesla
尼爾森·A·麥爾斯　Nelson A. Miles
布朗先生　Mr. Brown
弗列德·金斯伯里　Fred Kingsbury
弗里德里希·克虜伯　Friedrich Krupp
弗里德里希·謝林　Friedrich Schelling
皮耶·查爾斯·郎方　Pierre Charles L'Enfant

六至十畫

伊西琉斯·康納（奈德）　Icilius Conner（Ned）
伊利亞斯·迪士尼　Elias Disney
伊格納奇·帕德雷夫斯基　Ignace Paderewski
伊莎貝拉二世　Queen Isabel II
伊萊休·羅脫　Elihu Root
伊麗莎白·凱迪·斯坦頓　Elizabeth Cady Stanton
伍德羅·威爾遜　Woodrow Wilson
吉福德·平肖　Gifford Pinchot
多爾　Doyle
安妮·歐克麗　Annie Oakley
安妮·霍華德　Annie Howard
安娜·威廉斯（南妮）　Anna Williams（Nannie）
安德魯·奧德登克　Andrew Orderdonk
朱利安·霍桑　Julian Hawthorne
朵拉·門羅　Dora Monroe
米妮·R·威廉斯　Minnie R. Williams
米基·芬恩　Mickey Finn
米爾頓·格林曼　Milton Greeman
艾力克斯·卡薩　Alexander Cassatt
艾弗琳·史都華　Evelyn Stewart
艾力克斯·E·庫克　Alex E. Cook
艾吉爾　Algeer
艾佛烈·S·楚德　Alfred S. Trude
艾茲拉·龐德　Ezra Pound
艾勒　Allard
艾絲特·蓋爾　Esther Geyer
艾維·摩曼　Elvet Moorman
艾德格·李·馬斯特　Edgar Lee Master
艾德格·愛倫·坡　Edgar Allan Poe
西法斯·韓福瑞　Cephas Humphrey
西奧多·湯瑪斯　Theodore Thomas
西奧多·德萊賽　Theodore Dreiser
西奧多·羅斯福　Theodore Roosevelt
亨利·D·曼恩　Henry D. Mann
亨利·史坦利　Henry Stanley
亨利·瓦特森　Henry Watterson
亨利·艾夫斯·卡伯　Henry Ives Cobb
亨利·沙金特·卡德曼　Henry Sargent Codman
亨利·亞當斯　Henry Adams
亨利·高登　Henry Gordon
亨利·培根　Henry Bacon

亨利・曼斯菲爾德・霍華德　Henry Mansfield Howard
亨利・喬治　Henry George
亨利・馮布朗　Henry Van Brunt
亨利・雷納　Henry Rayner
亨利・維拉德　Henry Villard
亨利・德馬利・洛伊德　Henry Demarest Lloyd
亨利・歐文斯　Henry Owens
亨利・霍華德・賀姆斯　Henry Howard Holmes
佛德里克・普特南　Frederick Putnam
克拉倫斯・戴洛　Clarence Darrow
克林頓・巴納姆・西里　Clinton Barnum Seeley
克勞斯　Kraus
克雷拉・A・拉芙琳　Clara A. Lovering
坎蒂絲・惠勒　Candace Wheeler
坐牛酋長　Sitting Bull
希妲・薩特　Hilda Satt
李察・勒伯　Richard Loeb
沃特・威考夫　Walter Wyckoff
沃德・麥卡利斯特　Ward McAllister
狄昂・傑羅丁　Dion Geraldine
亞伯拉罕・哥特利布　Abraham Gottlieb
亞何茲　Aheze
亞佛烈德・希區考克　Alfred Hitchcock
亞卓特弟兄　Brother Adjutor
亞契　Archie
亞倫・蒙哥馬利・華德　Aaron Montgomery Ward
亞德莉納・帕提　Adelina Patti
亞德蕾・賀林斯渥　Adelaide Holingsworth
亞歷山大・古斯塔夫・艾菲爾　Alexandre Gustave Eiffel
亞歷山大・羅斯　Alexander Ross
亞歷山大・龐德　Alexander Bond
佩兒・康納　Pearl Conner
奈森・李奧波德　Nathan Leopold
奈麗・皮特佐　Nellie Pitezel
帕區克・昆蘭　Patrick Quinlan
彼德・查頓・布魯克三世　Peter Chardon Brooks III
彼德・懷特　Peter Wight
林坎・史蒂芬　Lincoln Steffens
法蘭西斯・E・維勒　Francis E. Willard
法蘭西斯・J・貝拉米　Francis J. Bellamy
法蘭西斯・米勒　Francis Millet
法蘭西斯・艾格紐　Francis Agnew
法蘭克・P・伯南　Frank P. Burnham
法蘭克・哈芬・霍爾　Frank Haven Hall
法蘭克・洛伊德・萊特　Frank Lloyd Wright
法蘭克・蓋爾　Frank Geyer
法蘭茲・斐迪南大公　Archduke Francis Ferdinand
波特・帕默　Potter Palmer
芙瑞達・瑪薩　Farida Mazhar
芙羅拉・金蒂　Flora Ginty
芝加哥五月　Chicago May
芬妮・摩爾　Fannie Moore
阿方索十二世　King Alfonso XII
阿方斯・貝提榮　Alphonse Bertillon
保羅・林道　Paul Lindau
保羅・斯塔瑞　Paul Starrett
哈利・胡迪尼　Harry Houdini
哈里葉・門羅　Harriet Monroe
哈奇　Hatch
哈洛・希金博瑟　Harlow Higinbotham

哈洛德・謝克特 Harold Schechter
哈維・克萊克利 Hervey Cleckley
威托・理辛斯基 Witold Rybczynski
威利特 Wherritt
威廉・J・喬默斯 William J. Chalmers
威廉・R・米德 William R. Mead
威廉・S・馬哈格 William S. MacHarg
威廉・卡普 William Capp
威廉・史考特醫師 Dr. William Scott
威廉・史達 William T. Stead
威廉・貝克 William Baker
威廉・阿斯特 William Astor
威廉・特庫賽・謝爾曼 William Tecumseh Sherman
威廉・普雷特曼 William Pretyman
威廉・華勒斯・丹斯洛 William Wallace Denslow
威廉・詹尼 William Jenney
柏莎・歐諾赫・帕默 Bertha Honore Palmer
查理・強森 Charlie Johnson
查爾斯・B・艾特伍 Charles B. Atwood
查爾斯・J・艾迪 Charles J. Eddy
查爾斯・T・魯特 Charles T. Root
查爾斯・古提奧 Charles Guiteau
查爾斯・史瓦博 Charles M. Schwab
查爾斯・安德森・達納 Charles Anderson Dana
查爾斯・艾略特 Charles Eliot
查爾斯・查波 Charles Chappell
查爾斯・麥金姆 Charles McKim
查爾斯・凱勒 Charles Kiler
查爾斯・達德利・亞諾 Charles Dudley Arnold
查爾斯・穆爾 Charles Moore
派翠克・尤金・約瑟夫・潘德嘉斯特 Patrick Eugene Joseph Prendergast
珍・亞當斯 Jane Addams
珍托斯 Gentles
珍妮・湯普森 Jennie Thompson
約翰・奧姆斯德 John Olmsted
約翰・B・雪曼 John B. Sherman
約翰・J・歐魯克 John J. O'Rourke
約翰・L・卡本 John L. Capen
約翰・L・蘇利文 John L. Sullivan
約翰・P・奧特傑 John P. Altgeld
約翰・史努克 John Schnooks
約翰・弗林 John Flinn
約翰・克羅 John Crowe
約翰・沃夫岡・馮・歌德 Johann Wolfgang von Goethe
約翰・沃克 John Walker
約翰・貝瑞 John Berry
約翰・金恩 John King
約翰・威爾堡・魯特 John Wellborn Root
約翰・英格爾 John Ingalls
約翰・麥克斯威爾 John Maxwell
約翰・奧古斯都・羅布林 John Augustus Roebling
約翰・歐克 John Oker
約翰・戴維斯 John Davis
面雨 Rain-in-the-Face
唐娜・卡爾頓 Donna Carlton
唐諾・L・米勒 Donald L. Miller
席朗・S・坎貝爾 Hiram S. Campbell
格羅弗・克里夫蘭 Grover Cleveland
泰瑞莎・丁恩 Teresa Dean
海倫・凱勒 Helen Keller
烏蘇拉・比斯基 Ursula Bielski
班・赫克特 Ben Hecht
班傑明・F・皮特佐 Bejamin F.

Pitezel
班傑明・哈里森　Benjamin Harrison
班頓・T・萊曼　Benton T. Lyman
站熊酋長　Standing Bear
納撒尼爾・霍桑　Nathaniel Hawthorne
索倫・S・畢曼　Solon S. Beman
索爾・布魯姆　Sol Bloom
茱麗亞・康納　Julia Conner
馬克・吐溫　Mark Twain
馬克思・韋伯　Max Weber
馬特蘭・阿姆斯壯　Maitland Armstrong
馬歇爾・菲爾德　Marshall Field

十一至十五畫

強納森・貝克納　Jonathan Belknap
梅森・A・舒菲德　Mason A. Schufeldt
理查・M・杭特　Richard M. Hunt
理查・哈丁・戴維斯　Richard Harding Davis
理查森　Richardson
荷麗耶塔・希爾　Henrietta Hill
莉連・羅素　Lillian Russel
莎拉・麥金姆　Sarah McKim
莎拉・歐斯朋・懷特　Sara Osborne White
莎莉・卡頓　Sallie Cotton
莫菲　Murphy
麥克・史萬戈　Michael Swango
麥克・德楊　Mike De Young
麥妲・Z・貝克納　Myrta Z. Belknap
麥特・哈克　Matt Hucke
麥爾威・杜威　Melvil Dewey
凱薩琳・克萊蒙　Katherine Clemmons
喬吉安娜・約克　Georgiana Yoke
喬吉亞・霍華德夫人　Mrs. Georgia Howard
喬治・B・波斯特　George B. Post
喬治・B・錢柏林　George B. Chamberlin
喬治・R・戴維斯　George R. Davis
喬治・S・葛拉姆　George S. Graham
喬治・W・梅納　George W. Maynard
喬治・杜莫里耶　George Du Maurier
喬治・法蘭西斯・崔恩　George Francis Train
喬治・波曼　George Bowman
喬治・威斯汀豪斯　George Westinghouse
喬治・華盛頓・范德堡　George Washington Vanderbilt
喬治・華盛頓・蓋爾・費里斯　George Washington Gale Ferris
喬治・潘加羅斯　George Pangalos
喬瑟夫・E・博克勒　Joseph E. Berkler
喬瑟夫・麥卡錫　Joseph McCarthy
喬瑟夫・麥迪爾　Joseph Medill
斯凡嘉里　Svengali
普萊斯頓・哈里森　Preston Harrison
湯瑪士・G・克勞佛　Thomas G. Crawford
湯瑪士・塔馬吉　Thomas Talmadge
湯瑪士・愛迪生　Thomas Edison
湯瑪士・賴夫斯　Thomas Ryves
湯瑪士・W・巴洛　Thomas W. Barlow
絲卓兒　Strowers
華特・貝桑特爵士　Sir Walter Besant
華特・迪士尼　Walt Disney
華盛頓・赫辛　Washington Hesing

華頓・皮特佐　Wharton Pitezel
菲比・安・摩西　Phoebe Anne Moses
菲利亞斯・福格　Phileas Fogg
菲利普・阿穆爾　Philip Armour
菲爾・卡德曼　Phil Codman
萊曼・蓋奇　Lyman Gage
萊斯里・英若特・奇立　Leslie Enraught Keeley
費迪南・W・佩克　Ferdinand W. Peck
費德列克・洛・奧姆斯德　Frederick Law Olmsted
費德列克・麥克莫尼斯　Frederick MacMonnies
費德列克・傑克森・特納　Frederick Jackson Turner
奧夫・卡迪　Alf Cuddy
奧古斯都・聖高登　Augustus St. Gaudens
愛里沙・格雷佛・奧蒂斯　Elisha Graves Otis
愛莉斯・皮特佐　Alice Pitezel
愛瑞克森　Erickson
愛蜜琳・G・西葛倫　Emeline G. Cigrand
愛德華・T・傑佛里　Edward T. Jeffery
愛德華・W・莫菲　Edward W. Murphy
愛德華・項克蘭　Edward Shankland
愛德蒙・萊斯上校　Col. Edmund Rice
愛麗絲・辛可維奇　Alice Sinkevitch
楚門・卡波提　Truman Capote
瑞克・奧姆斯德　Rick Olmsted
葛楚・康納　Gertrude Conner
詹姆士・B・伊茲　James B. Eads
詹姆士・J・柯貝　James J. Corbett
詹姆士・O・蘭尼　James O. Raney
詹姆士・加爾菲德　James Garfield
詹姆士・艾斯沃斯　James Ellsworth
詹姆士・卓吉　James Dredge
詹姆士・傅樂頓・莫賀德　James Fullarton Muirhead
詹姆士・費茲派崔克　James Fitzpatrick
詹森　Jansen
賈克柏・理斯　Jacob Riis
路易・巴斯德　Louis Pasteur
路易士・蘇利文　Louis Sullivan
路瑟・V・賴斯　Luther V. Rice
路德維希・密斯・凡德羅　Ludwig Mies van der Rohe
達克・米德頓　Doc Middleton
雷・斯坦納・貝克　Ray Stannard Baker
漢普斯德・瓦許伯恩　Hempstead Washburne
瑪格麗特・伯南　Margaret Burnham
瑪格麗塔・費里斯　Margaret Ferris
瑪莉・哈特威・卡瑟伍　Mary Hartwell Catherwood
瑪莉・漢森　Mary Hanson
瑪莉恩・奧姆斯德　Marion Olmsted
瑪莎・蓋爾　Martha Geyer
瑪麗・沃克　Mary Walker
瑪麗・凱莉　Mary Kelly
翠奧比・歐菲黑　Trilby O'Ferrall
蒙哥馬利・史凱勒　Montgomery Schuyler
赫貝・巴納姆・西里　Herbert Barnum Seeley
赫曼・偉伯斯特・馬吉特　Herman Webster Mudgett
赫曼・愛克羅　Herman Akelow
德拉・歐蒂斯　Della Otis

慕勒　Mueller
歐達夫・余詹　Octave Uzanne
魯道夫・烏里奇　Rudolf Ulrich
魯德亞德・吉卜林　Rudyard Kipling

十六畫以上

錢西・德普　Chauncey Depew
霍華・皮特佐　Howard Pitezel
霍雷斯・艾略特　Horace Elliott
霍雷斯・塔克　Horace Tucker
戴蒙德・吉姆・布雷迪　Diamond Jim Brady
薛西斯一世　Xerxes I
黛西・皮特佐　Dessie Pitezel
薩圖貝　Zahtoobe
羅伯・柯霍　Robert Koch
羅伯特・拉提默　Robert Latimer
羅勃・E・費爾普先生　Robert E. Phelps
羅勃・皮巴迪　Robert Peabody
羅勃・杭特　Robert Hunt
羅勃・赫里克　Robert Herrick
羅迪厄太太　Mrs. Rodius
麗茲・波登　Lizzie Borden
蘇珊・安東尼　Susan Anthony
蘇菲・哈里森　Sophie Harrison
蘇菲亞・海頓　Sophia Hayden
露西・賀姆斯　Lucy Holmes
露西・博班克　Lucy Burbank
露西歐・羅德尼太太　Mrs. Lucille Rodney
露意莎・科迪　Louisa Cody
蘿拉　Lola
蘿拉・伍德・洛貝　Laura Wood Roper
蘿拉・海耶斯　Laura Hayes
蘿拉・歐克　Lora Oker
蘿絲・懷特　Rose White

地名：

一至五畫

E・S・荷頓藥局　E. S. Holton Drugs
H・柏帝珠寶公司　H. Purdy & Co.
S・A・基恩公司　S. A. Kean & Co.
三巨頭餐廳　Three Restaurant
久利特　Joliet
大白馬酒館　Geat White Horse Inn
大西洋旅舍　Atlantic House
大都會旅館　Metropole
大腳草原　Big Foot Prairie
大學俱樂部　University Club
女性展覽館　Woman's Building
小大角戰役　Battle of Little Big Horn
小劇場　theatorium
工會聯盟俱樂部　Union League
中央大街　Central Avenue
中央大廣場　Grand Court
中道區　Midway
仁慈醫院　Mercy Hospital
內布拉斯加儲蓄銀行　Nebraska Savings Bank
六十三街　Sixty-third Street
六街　Sixth street
厄汶頓　Irvington
天頂花園咖啡館　Roof Garden Café
太平洋大旅館　Grand Pacific Hotel
巴林旅館　Baline Hotel
巴柏頓　Barberton
比爾特摩莊園　Biltmore Mansion
水牛比爾狂野西部牛仔秀　Buffalo Bill's Wild West Show
世紀俱樂部　Century Club
加菲爾公園　Garfield Park
加爾瓦　Galva
加爾維斯頓　Galveston
北太平洋鐵路公司　Northern Pacific
北方大道　North Avenue
北普拉特　North Platte
卡琉麥特　Calumet
卡琉麥特湖　Lake Calumet
卡普和坎提事務所　Capp &Canty
卡普爾塔拉　Kapurthala
卡萊爾　Carlisle
史都華街　Stewart
史賓塞旅舍　Spencer House
四十一街　Forty-first Street
布里斯托旅館　Bristol Hotel
布恩和克羅奇俱樂部　Boone and Crockett Club
布魯克林大橋　Brooklyn Bridge
布魯克萊恩　Brookline
布藍茲維　Brunswick
布藍茲維旅館　Brunswick Hotel
平克頓全國偵探事務所　The Pinkerton National Detctive Agency
瓦色提旅館　Varsity Hotel
瓦利斯街　Wallace Street
白星航運　White Star Line
白教堂俱樂部　Whitechapel Club
皮革展覽館　Leather Building

六至十畫

交通展覽館　Transportation Building
伊利諾州展覽館　Illinois State Building
伊利鐵路公司　Erie Railroad
共和國雕像（大瑪麗）　Statue of Republic（Big Mary）
共濟會會堂　Masonic Fraternity Temple
匈牙利咖啡館　Hungarian Café
印第安納沙丘　Indiana Dunes

印第安納波利斯　Indianapolis
吉貝爾百貨　Gimbel’s
吉爾曼　Gilman
吉爾曼頓　Gilmanton
安克拉治　Anchorage
安納保　Ann Arbor
托比家具公司　Tobey Furniture Company
老果園海灘　Old Orchard Beach
艾力斯街　Ellis
艾凡斯頓　Evanston
艾佛里鹽礦公司　Avery Salt Mines
艾爾瓦　Alva
行政大樓　Administration Building
西屋電氣公司　Westinghouse Electric
西聯電報公司　Western Union
亨德森鎮　Henderson
伯利恆鋼鐵公司　Bethlehem Steel
伯林頓　Burlington
佛蒙特大學　University of Vermont
克拉克街　Clark
克林頓　Clinton
克虜伯槍炮展場　Krupp Pavilion
冷藏館　Cold Storage Building
利文斯頓旅館　Livingston Hotel
坎伯蘭峽　Cumberland Gap
坎貝爾－耶茨製造公司　Campbell-Yates Manufacturing Company
杜肯旅館　Duquesne Hotel
沃克旅舍　Walker House
沃基肖　Waukesha
沃斯堡　Fort Worth
辛辛那提　Cincinnati
里德街　Reed street
亞士蘭大道　Ashland Avenue
亞得里安　Adrian
亞斯特街連棟別墅　Astor Street Townhouse
亞當斯運通公司　Adams Express Company
亞當街　Adams street
兒童館　Children’s Building
奇斯爾赫斯特　Chislehurst
岩溪河谷　Rock Creek Valley
帕莎蒂納　Pasadena
帕默旅館　Palmer House
拉扎魯斯・西維曼銀行　Lazarus Silverman
拉法葉　Lafayette
拉許醫學院　Rush Medical College
拉普蘭　Lapland
拉塞爾街　La Salle Street
拉蒙　Lemont
拉撒路大道　Lazarus Avenue
明尼亞波利斯　Minneapolis
東三街　East Third Street
林肯公園　Lincoln Park
林肯紀念堂　Lincoln Memorial
林肯鎮　Lincoln
林島　Wooded Island
法林百貨　Filene’s
法國美術學院　L’Ecole des Beaux Arts
法國陶藝家餐具公司　French Potter Crockery Company
波士頓演說學院　Boston Academy of Elocution
波西　Percy
波克街　Polk Street
波特蘭　Portland
波普拉街　Poplar Street
玩家俱樂部　Player Club
的黎波里　Tripoli
肯塔基醫學院　Kentucky Medical College
芝加哥和奧爾頓鐵路公司　Chicago & Alton Railroad
芝加哥拉法葉討債公司　Lafayette Collection Agency
芝加哥河　Chicago River

洪保德公園　Humboldt Park
芝加哥俱樂部　Chicago Club
芝加哥塔螺旋彈簧協會和平底雪橇運輸公司　Chicago-Tower Spiral-Spring Ascension and Toboggan Transportation Company
芝加哥歷史協會　Chicago Historical Society
芝加哥藝術博物館　Art Institute of Chicago
金士里餐廳　Kinsley's
門羅街　Monroe Street
阿士維　Asheville
阿格紐公司　Agnew & Co.
哈尼曼醫學院　Hahneman Medical College
威弗里　Waverly
威拉德旅館　Willard Hotel
威斯達研究所　Wistar Institute
威爾梅特　Wilmette
威爾遜山天文臺　Mount Wilson Observatory
威靈頓旅館　Wellington Hotel
威靈頓餐飲公司　Wellington Catering Company
施萊辛格和梅耶百貨公司　Schlesinger & Meyer
春田　Springfield
查德倫　Chadron
洛林和詹尼建築事務所　Loring & Jenney
洛契斯特　Rochester
洛根斯波特　Logansport
珀魯　Peru
皇宮旅館　Palace Hotel
皇宮戲院　Alcazar Theater
約翰街　John Street
美國公務員委員會　U.S. Civil Service Commission
美國政府展覽館　U.S. Government Building
美華銀行　Chemical National Bank
英格烏　Englewood
英格蘭旅館　English Hotel
英曼汽船公司　Inman steamship
英蒙航運　Inman Line
軍人球場　Soldier Field
埃森　Essen
夏安區　Cheyenne
夏特士教座堂　Chartres Cathedral
展望公園　Prospect Park
庫克郡立醫院　Cook County Hospital
庫克郡師範學院　Cook County Normal School
恩惠之地墓園　Graceland
格蘭尼斯大樓　Grannis Block
桑吉巴島　Zanzibar
泰勒街　Taylor Street
海吉兒礦泉水公司　Hygeia Mineral Springs Company
海克力士鋼鐵工程公司　Hercules Iron Works
海爾斯麥根沙士站　Hires Root Beer Oases
紐朱利安旅館　New Julien Hotel
紐波特　Newport
草原大道　Prairie Avenue
馬斯卡廷　Muscatine
馬蹄鐵型火車彎道　Horseshoe Curve

十一至十五畫

商人公司　Merchant & Co.
國家委員會　National Commission
國家繩索公司　National Cordage Company
國際大道　Avenue of Nations
基奧瓦族　Kiowa
基督教女子禁酒協會會堂　Women's Christian Temperance

Union Temple
基督教青年會　YMCA
婦女管理委員會　Board of Lady’s Managers
密西西比河　Mississippi River
密西根大道　Michigan Avenue
密西根大學　University of Michigan
密爾瓦基大道　Milwaukee Avenue
密爾瓦基鐵路　Milwaukee & St. Paul line
密德羅申鎮　Midlothian
第一國民銀行　First National Bank
莫雅門辛監獄　Moyamensing Prison
莫爾福克斯　Mooers Forks
通用電氣公司　General Electric
麥克林療養院　McLean Asylum
麥克阿瑟兄弟公司　McArthur Brothers
麥金姆、米德和懷特事務所　McKim, Mead & White
麥恩斯建設公司　The Mines Building
傑克森公園　Jackson Park
傑克遜鎮　Jackson
喀土木沙漠　Khartoum
單稅俱樂部　Single-Tax Club
堤岸區　Levee
富國銀行集團　Wells Fargo & Co.
富蘭克林　Franklin
提芬　Tiffin
提摩曼歌劇院　Timmerman Opera House
普爾曼公司　Pullman Palace
湖岸大道　Lake Shore Drive
華納玻璃公司　Warner GlassBending Company
華盛頓大學　University of Washington
華盛頓公園　Washington Park
華爾道夫飯店　Waldorf-Astoria Hotel
菲爾德自然博物館　Field Museum
萊辛頓旅館　Lexington Hotel
萊特伍大道　Wrightwood Avenue
費城咖啡館　Philadelphia Café
週六午後俱樂部　Saturday Afternoon Club
郵電公司　Postal Telegraph Company
開羅街　Street in Cairo
園藝展覽館　Horticulture Building
圓環公園　Circle Park
圓環旅舍　Circle House
奧比恩旅館　Albion Hotel
奧頓　Alton
奧諾雷街　Honoré Street
新奧爾巴尼　New Albany
會堂大廈　Auditorium
會堂建築協會　Temple Building Association
溫特沃斯街　Wentworth Street
瑞士旅館　Swiss Hotel
瑞萊斯大廈　Reliance Building
聖十字墓園　Holy Cross Cemetery
聖文森街　St. Vincent Street
聖派翠克大教堂　St. Patrick’s Cathedral
聖羅倫斯河　St. Lawrence River
葛艾斯旅館　Geis’s Hotel
蒂芬妮展場　Tiffany Pavilion
誠信互惠人壽公司　Fidelity Mutual Life Association
誠信倉儲公司　Fidelity Storage Warehouse
路易斯安納世博會　Louisiana Purchase Exposition
路易斯維爾　Louisville
路易斯維爾大學　University of Louisville
農業展覽館　Agriculture Building

達芬波特　Davenport
達特茅斯學院　Dartmouth College
達荷美　Dahomey
雷丁鐵路公司　Reading Railroad
雷克鎮　Lake
電汽船航運公司　Electric Launch and Navigation Company
電氣展覽館　Electricity Building
嘆息橋　Bridge of Sighs
漁業展覽館　Fisheries Building
漢普斯特　Hampstead
漢彌頓大樓　Hamilton Building
福勒大廈　Fuller Building
蒙皮利爾樞紐站　Montpelier Junction
蒙托克大廈　Montauk
製造業暨人文展覽館　Manufactures and Liberal Arts Building
豪斯泰街　Halsted Street
銀灰中心　Silver Ash Institute
寬街　Broad Street
德外特　Dwight
德拉瓦郡　Delaware County
德拉薩天主教學院　De La Salle Institute
德思莫恩　Des Moines
德莫尼柯餐廳　Delmonico's
德斯普蘭士河　Des Plaines River
德普蘭街　Desplaines Street
摩根街　Morgan Street
歐海爾機場　O'Hare Airport
熨斗大廈　Flatiron Building
魯克里大廈　Rookery
黎胥留旅館　Richelieu

十六畫以上

戰神廣場　Champ de Mars
橋港　Bridgeport
機械展覽館　Machinery Building
諾克斯維爾　Knoxville
諾里斯鎮　Norristown
賴爾森和伯南圖書館　Ryerson and Burnham Libraries
霍爾館　Hull House
霍爾點字打字機　Hall Brail Writer
環線區　Loop
聯合大廈　Unity Building
聯合車站　Union Station
聯合信託公司銀行　Union Trust Company Bank
聯合牲畜飼養場　Union Stock Yards
聯合倉庫和隧道公司　Union Depot & Tunnel Company
聯合旅舍　Union House
聯合德國合唱協會　United German Singing Societies
瀑河城　Fall River
羅辛旅舍　Rossin House
羅德島　Rhode Island
藝術宮　Palace of Fine Arts
藤曼街　Vine street
懸崖小屋　Cliff House
礦業展覽館　Mines Building
蘇札洛圖書館　Suzallo Library
蘇瀑　Sioux Falls
蘭普金　Lumpkin
蘭德麥克納利出版公司　Rand, McNally& Co.
霸菱兄弟　Baring Brothers & Co.
纜線車　grip-cars

其他：

一至五畫

小麥穀枕 Shredded Wheat
火后號 *Fire Queen*
火蜥蜴 salamander
布洛姆馬車 brougham
平塔號 *Pinta*
皮媞亞騎士團 The Knights of Pythias
冰雪飛車 Ice Railway
印第安納號 *Indiana*
好傢伙玉米花 Cracker Jack
坎伯當號 *Camperdown*
貝那拉斯 Benares
妮娜號 *Niña*
波梅利微甜香檳 Pommery Sec.
波普牌 Pope
阿蒙提雅多雪莉酒 Amontillado
城市美化運動 City Beautiful movement
柯克肥皂 Kirk's Soap
柯達魔人 Kodak fiend
洛克福乳酪 Rocquefort
美國天主教騎士團 Catholic Knights of America
飛騰馬車 phaeton
哥白林掛毯 Gobelin
哥倫布警衛隊 Columbian Guard
祖魯人 Zulu
粉刷幫 Whitewash Gang
紐約市號 *City of New York*
密西根號 *Michigan*
彭雷維克乳酪 Pont l'Eveque
華麗一英里 Magnificent Mile
奧林匹克號 *Olympic*
聖瑪利亞號 *Santa María*
僧伽羅人 Singalese
漢生馬車 Hanson
窩棚 shanty
維多利亞馬車 victoria
維多利亞號 *Victoria*
蒙哈榭白葡萄酒 Montrachet
慧納不甜香檳酒 Ruinart Brut
潔麥大媽 Aunt Jemima
線腳 moulding
戴伍德郵車 Deadwood Mail Coach
薩里馬車 surrey
藍帶啤酒 Pabst Blue Ribbon
蘇玳甜白酒 Sauternes
蘭道馬車 Landau
靈車 hearse

書籍報刊：

一至五畫

《一個詩人的一生》 *A Poet's Life*
《工程新聞》 *Engineering News*
《工程學》 *Engineering*
《工程雜誌》 *Engineering Magazine*
《內陸建築師》 *The Inland Architect*
《世紀之城》 *City of the Century*
《世博會官方導覽手冊》 *Official Guide to the World's Columbian Exposition*
《生命之網》 *he Web of Life*

六至十畫

《州新聞》 *Staats-Zeitung*
《冷血》 *In Cold Blood*
《帕摩爾報》 *Pall Mall Gazette*
《芝加哥日報》 *Chicago Journal*
《芝加哥世博會指南》 *Handbook to the World's Columbian Exposition*
《芝加哥先驅報》 *Chicago Herald*
《芝加哥洋際報》 *Chicago Inter Ocean*
《芝加哥時代先驅報》 *Chicago*

Times-Herald
《芝加哥時報》 *Chicago Times*
《芝加哥墓園一覽》 *Graveyards of Chicago*
《芝加哥論壇報》 *Chicago Tribune*
《青年之友》 *Youth's Companion*
《柯夢波丹》 *Cosmopolitan*
《省時觀展大全》 *Time-Saver*
《美國建築師學會芝加哥導覽書》 *AIA Guide to Chicago*
《美國記事》 *American Chronicle*
《若基督來到芝加哥》 *If Christ Came to Chicago*
《虐待醫師》 *The Torture Doctor*
《哥倫布食譜》 *Columbia Cook Book*
《紐約世界報》 *New York World*
《紐約先驅報》 *New York Herald*
《紐約時報》 *New York Times*
《紐約織品報》 *New York Dry Goods Reporter*

十一畫以上

《商業金融新聞》 *Commercial and Financial Chronicle*
《基督興華報》 *Christian Advocate*
《尋找小埃及》 *Looking for Little Egypt*
《湯姆叔叔的小屋》 *Uncle Tom's Cabin*
《評中之評》 *The Review of Reviews*
《費里斯摩天輪手冊》 *Ferris Wheel Souvenir*
《費城公眾紀錄報》 *Philadelphia Public Ledger*
《費城報》 *Philadelphia Press*
《費城詢問報》 *Philadelphia Inquirer*
《費德列克・洛・奧姆斯德傳記》 *FLO: A Biography of Frederick Law Olmsted*
《賀姆斯自述》 *Holmes' Own Story*
《賀姆斯和皮特佐案》 *The Holmes-Pitezel Case*
《聖路易共和報》 *St. Louis Republic*
《聖路易環球民主報》 *St. Louis Globe-Democrat*
《詩刊》 *Poetry*
《精神健全的面具》 *Mask of Sanity*
《翠奧比》 *Trilby*
《赫曼・W・馬吉特，別名H・H・賀姆斯的審判》 *The Trial of Herman W. Mudgett, Alias, H. H. Holmes*
《遠方的一塊空地》 *A Clearing in the Distance*
《墮落》 *Depraved*
《環遊世界八十天》 *Around the World in Eighty Days*
《舊金山紀事報》 *San Francisco Chronicle*

歌 & 詩：

〈光！有光！有光！〉 Light ho! Light ho! Light!
〈我的國家屬於你〉 My Country 'Tis of Thee
〈亞美利加〉 America
〈星條旗〉 The Star-Spangled Banner
〈美好的家鄉〉 Home Sweet Home
〈哥倫布進行曲〉 Columbian March
〈哥倫布萬歲〉 Hail Columbia
〈哥倫布頌歌〉 Columbian Ode

〈宴會之後〉　After the Ball
〈送葬進行曲〉　Funeral March
〈與主更親〉　Nearer My God to Thee
〈趕蒼蠅〉　Shoo Fly

白城魔鬼：奇蹟與謀殺交織的博覽會

作　　者　艾瑞克・拉森
譯　　者　章晉唯
美術設計　高偉哲
版型設計　黃暐鵬
內頁排版　高巧怡
行銷企畫　林芳如
行銷統籌　駱漢琪
業務發行　邱紹溢
業務統籌　郭其彬
責任編輯　吳佳珍
副總編輯　何維民
總 編 輯　李亞南

國家圖書館出版品預行編目(CIP)資料

白城魔鬼：奇蹟與謀殺交織的博覽會 / 艾瑞克.拉森(Erik Larson)著；章晉唯譯. -- 二版. -- 臺北市：漫遊者文化出版：大雁文化發行, 2019.07
472面；14.8X21公分
譯自：The devil in the white city : murder, magic, and madness at the fair that changed America
ISBN 978-986-489-353-9(平裝)
1.馬吉特(Mudgett, Herman W., 1861-1896) 2.伯南(Burnham, Daniel Hudson, 1846-1912) 3.傳記 4.謀殺罪 5.建築師 6.美國

548.6952　　108010678

發 行 人　蘇拾平
出　　版　漫遊者文化事業股份有限公司
地　　址　臺北市105松山區復興北路331號4樓
電　　話　（02）27152022
傳　　真　（02）27152021
讀者服務信箱　service@azothbooks.com
漫遊者部臉書　www.facebook.com/azothbooks.read
發　　行　大雁文化事業股份有限公司
地　　址　臺北市105松山區復興北路333號11樓之4
劃撥帳號　50022001
戶　　名　漫遊者文化事業股份有限公司
二版一刷　2019年7月
定　　價　450元

ISBN　978-986-489-353-9

P.2-3圖片提供：達志影像